LORENZO
OU LA FIN DES MÉDICIS

DU MÊME AUTEUR

La Saga des Médicis
I. Contessina
II. Le Lys de Florence
III. Lorenzo ou la fin des Médicis
Éd. Albin Michel

La Symphonie du destin
I. Élisabeth
II. Antonia
III. Marie d'Agoult
IV. Cosima Wagner
Éd. Sylvie Messinger

La Belle de Philadelphie,
Éd. Lieu commun

Mieux guider vos enfants
grâce à l'astrologie
Éd. Ramsay

SARAH FRYDMAN

La saga des Médicis

***

LORENZO

OU LA FIN DES MÉDICIS

ROMAN

Albin Michel

22, rue Huyghens, 75014 Paris

ISBN 2-226-05350-6

À mes sœurs et à mon frère,
Sonia, Germaine et Armand
À nos souvenirs d'enfance

PREMIÈRE PARTIE

Le marché de la mort

I

COSIMO ET LES MINES DE TOLFA

Florence, novembre 1458

MOROSE, humide et froide, la journée s'achevait comme elle avait commencé. Dans un brouillard épais. Vers les cinq heures de l'après-midi, dans le Palais Médicis, un jeune homme de vingt-deux ou vingt-trois ans attendait fébrilement d'être reçu chez Cosimo. Si l'on en jugeait par ses vêtements crottés, ses bottes boueuses, cet air de fatigue, cette pâleur du visage qu'arborent les personnes qui n'ont pas, ou qui ont mal dormi depuis plusieurs jours, il venait de faire une longue route.

Niccolo Ardinghelli était ce que nombre de ses amis appelaient avec une pointe de jalousie un très bel homme. Grand, mince, élégant, une barbe fine, soyeuse, encadrant son visage régulier au teint légèrement bistré, sa beauté n'avait rien d'efféminé... Il possédait, avant toute autre qualité ou défaut, une inextinguible soif d'argent et de pouvoir, et pour acquérir l'un et l'autre, il était prêt à tout. Cependant, il savait dissimuler cette féroce ambition sous un aspect aimable, souriant, une désinvolture légère qui faisait dire de lui que c'était un homme sans grande portée, un coureur de jupons, voire un bon à rien. Ceux qui disaient cela se laissaient la plupart du temps séduire et très souvent soulager de quelques milliers de ducats sans même s'en apercevoir. En attendant la vraie, la grande fortune qui ferait de lui un nouveau Cosimo de Médicis, Niccolo Ardinghelli maniait les jeux de cartes, les paris sur les courses de chevaux et les escroqueries sur les navires regorgeant de marchandises précieuses et d'esclaves, comme aucun autre homme avant lui. Son savoir-faire était tel que ses victimes ne lui en voulaient jamais, convaincues qu'elles étaient elles-mêmes responsables de leurs pertes.

Héritier d'une grande famille florentine ruinée par l'interminable guerre qui depuis plus d'un siècle avait opposé la France et l'Angleterre, Niccolo s'était lancé dans le seul commerce qui pût lui restituer, dans les plus brefs délais, la fortune qu'il estimait lui être due; le trafic d'armes. Il attendait patiemment qu'un jour la chance se présentât à lui. N'importe quelle chance. Il saurait la reconnaître, et ne la laisserait pas passer. Depuis une semaine ou deux, il pensait que l'ombre de cette chance était en train de l'effleurer. Une idée avait germé dans son esprit enfiévré, et il devait absolument en parler à Cosimo de Médicis qui, seul, pouvait l'aider à la concrétiser. Par un concours de circonstances, il se trouvait à cet instant le messager d'un événement heureux, important, dont Cosimo serait extrêmement satisfait. L'occasion s'était présentée alors qu'il était à Rome, et qu'il y avait rencontré Giovanni Tornabuoni, directeur de la Banque Médicis, avec lequel il avait travaillé sur certains chargements en direction d'Istanbul pour le compte de Mohammed II — et ce, bien que le pape Pie II se fût rigoureusement opposé à la reprise des relations commerciales avec l'Orient. Sa bonne étoile avait conduit Niccolo auprès de Giovanni Tornabuoni, juste au moment où celui-ci venait d'apprendre que l'on avait découvert un important gisement d'alun dans les montagnes de Tolfa. De l'alun ! le sang, l'oxygène des tisserands florentins ! Et pas seulement florentins ! Toute l'Italie vivait sur le précieux minerai.

En ce pluvieux après-midi de fin novembre 1458, le jeune homme attendait dans la grande salle du Conseil que Cosimo de Médicis, le « gouverneur » occulte de Florence, voulût bien le recevoir. Niccolo Ardinghelli se sentait, pour la première fois de sa vie, agité, nerveux, inquiet. Il marchait de long en large, s'attardait parfois devant la cheminée, reprenait sa marche, s'arrêtait devant la fenêtre qui laissait passer la clarté parcimonieuse du jour finissant, rêvait un instant. Puis, derechef, recommençait ses allées et venues impatientes. Elle était là, à portée de main, cette fortune si désirée.

Et avec elle la puissance et la gloire... Mais tout dépendait de Cosimo de Médicis. Niccolo s'efforçait de calmer les battements de son cœur. Il devait paraître détaché, narquois, comme si ce qu'il allait proposer n'était en somme qu'une chose insignifiante, sans grande portée... Et pourtant, sa vie future dépendait de ce qui allait se dire, dans l'heure qui suivrait.

Enfin la porte s'ouvrit devant Cosimo de Médicis, et Niccolo Ardinghelli s'inclina avec politesse.

— Je suis heureux, Messer de Médicis, de vous voir en bonne santé. Et je suis flatté que vous ayez bien voulu me recevoir dès mon arrivée à Florence.

Cosimo de Médicis ne répondit pas tout de suite. Vêtu d'un ample habit de velours doublé de martre d'un joli brun clair, une coiffe de velours couvrant sa tête, son visage émacié ne laissait paraître aucune expression. Il s'arrêta devant Niccolo Ardinghelli, comme interdit. « Quel bel homme... », pensa-t-il le cœur étreint par une curieuse sensation de jalousie. Et, en effet, Niccolo Ardinghelli offrait à cet instant une image d'une force et d'une séduction singulières. Son sourire avait un charme indéfinissable. Cosimo détestait ce sentiment inconnu, mesquin et amer qu'il éprouvait, un mélange de jalousie, de haine, presque de désespoir envieux, qui l'étonnait. Comme pour se faire pardonner, il grimaça un sourire forcé et tendit les mains.

— Bienvenue dans ma demeure, Messer Niccolo Ardinghelli ! Vous m'êtes envoyé par le frère de ma très chère belle-fille Lucrezia [1] et je sais que Giovanni Tornabuoni ne se trompe pas sur la valeur des hommes qui travaillent pour nous. Il m'a fait savoir que vous avez fait des merveilles avec les ventes d'armes aux Turcs.

Avant d'aborder le sujet qui lui tenait le plus à cœur, il céda à la courtoisie, et proposa une collation, demanda si son voyage avait été agréable, des nouvelles du pape.

— Depuis quand travaillez-vous pour notre succursale de Rome ?

— Depuis près d'un an... Outre les ventes d'armes à

1. *Le Lys de Florence.*

Mohammed II, Giovanni Tornabuoni m'a chargé de faire fructifier une partie des fonds pontificaux dont il a la charge, répondit Niccolo Ardinghelli. Je peux me flatter d'avoir fait de beaux placements.

— Rude travail, n'est-ce pas ?

— Passionnant. J'ignorais que le Vatican fût, à ce point, possesseur de si importantes richesses !

— Et encore, vous ne voyez là qu'une faible partie de sa richesse ! dit Cosimo avec un demi-sourire, commençant à mieux saisir son hôte. « C'est un homme d'argent, pensa-t-il. Et aussi un homme de plaisir. »

— Fichtre ! lança Niccolo Ardinghelli sans s'émouvoir. Les nouvelles que je vous apporte vont accroître cette richesse au centuple !

Il constata avec satisfaction le tressaillement de Cosimo dont les mains veinées de bleu s'agrippèrent aux accoudoirs de sa chaise haute.

— Giovanni Tornabuoni m'a demandé de faire diligence, reprit Niccolo, et de vous informer au plus tôt ! C'est ce que j'ai fait. (Il s'interrompit, laissant un petit silence s'installer.) Il s'agit d'une découverte importante, véritablement fabuleuse, capable de doubler bien des fortunes !

Les yeux de Cosimo se rétrécirent et tout son être se tendit.

— Et c'est ? demanda-t-il sèchement. Les résultats des recherches ? Les mines de Tolfa... Est-ce cela ? Giovanni de Castro a donc réussi ? répondez-moi, que diable ! Il a donc réussi ?

— De l'alun ! acquiesça Niccolo. Un énorme gisement d'alun près de Tolfa... Giovanni de Castro en est tout à fait sûr ! On a enfin découvert un énorme gisement d'alun dans les montagnes de Tolfa.

Niccolo avait enflé sa voix et martelait sa phrase, conscient de l'importance de ce qu'il disait.

— On a enfin découvert de l'alun dans les montagnes de la Tolfa, répéta Cosimo lentement, presque religieusement, comme pour bien se pénétrer de cette information capitale. Un grand gisement ? De l'alun... Vous savez, n'est-ce pas, que pour nous Florentins l'alun vaut plus que l'or ?

— Et je précise qu'il s'agit là d'un gisement de grande qualité...

La voix de Niccolo Ardinghelli était si triomphante qu'on eût dit que les mines lui appartenaient. Il était très satisfait de la réaction de Cosimo de Médicis. « Il me faut attendre encore un peu avant de parler de mon idée. Laissons-le savourer l'information que je viens de lui donner, encore un peu... Tout à l'heure, je lui dirai. » Son cœur battit et ses mâchoires se contractèrent. Le regard volontairement bienveillant de Cosimo ne le quittait pas.

Maintenant les deux hommes s'observaient, s'étudiaient. Le plus âgé, Cosimo, se domina rapidement. Certes, la découverte dont venait de lui faire part Niccolo Ardinghelli le comblait de joie. Il savait que, d'une manière ou d'une autre, il ferait main basse sur le gisement d'alun. « Même si je dois aller l'extraire moi-même ! » pensait-il. Mais sa formidable perception des êtres lui disait que Niccolo avait encore une autre information à lui communiquer. Quelque chose d'infiniment plus important que le gisement... Quelque chose de plus profitable, de plus énorme. Comme un fauve humant l'odeur fugitive de sa future proie, l'homme d'argent qu'était devenu Cosimo de Médicis était capable de flairer une bonne affaire, de deviner un monceau d'or, là où précisément rien n'indiquait qu'il pût s'en trouver. Il proposa aimablement à Niccolo Ardinghelli de le loger au Palais Médicis, ce que le jeune homme accepta avec empressement.

— Vous me confierez ce que vous avez à me dire d'autre plus tard ! dit en souriant Cosimo de Médicis. Dès que vous aurez pris un peu de repos. Il faut que je réfléchisse très vite à ce qu'il convient de faire au sujet de ces mines... Voilà une bonne, une excellente nouvelle ! la meilleure depuis des mois ! Et je vous en remercie, Messer Niccolo.

« Je suis dans la place ! pensa Niccolo Ardinghelli triomphalement, tandis qu'il se rafraîchissait dans sa chambre. Ce jeune ingénieur juif, Giovanni de Castro est vraiment exceptionnel en tout point. Il faudra veiller à ce que personne d'autre que moi ne puisse bénéficier de cette manne tombée du Ciel... ou plutôt des Enfers... »

Niccolo se trouvait dans une vaste pièce un peu sombre, entièrement tendue de tapisseries de Florence, garnie de meubles imposants en noyer sombre. Devant la cheminée où un tronc brûlait, une grande bassine de zinc pleine d'eau très chaude, parfumée, attendait pour le bain. Niccolo soupira d'aise. « Un bain chaud et parfumé. Voilà exactement ce qu'il me faut ! »

*

Les mines d'alun ! Cosimo de Médicis ne pouvait empêcher sa pensée d'y revenir sans cesse. Toute l'industrie de la laine et du cuir reposait sur ce précieux minerai. Élément clé de la prospérité de Florence et, par là même occasion de la fortune des Médicis, l'alun était d'une nécessité vitale, mais les mines de Volterra, qui avaient décidé de ce mariage malheureux entre son frère Lorenzo et Ginevra Cavalcanti, s'étaient révélées d'un rendement médiocre. Depuis quelques années, les industries de la soie, de la laine et du cuir étaient prêtes à toutes les compromissions pour s'emparer des précieux minerais... Des guerres éclataient pour s'approprier aussi peu que ce fût des gisements.

Cosimo savourait la nouvelle. Il s'efforçait au calme, à la réflexion, décidait déjà d'un plan pour s'emparer des mines de Tolfa : « Le pape m'appartient ! pensait-il. Mais le prince Orsini... ? » En effet, les princes Orsini étaient propriétaires de la plus grande partie de la ville de Tolfa et l'autre partie appartenait au Vatican. Cosimo n'était, jusqu'à nouvel ordre, que le financier des recherches. Il se redressa sur sa chaise haute et étouffa un gémissement. Avec l'âge, ses infirmités s'étaient accrues et chacune de ses articulations raides, gonflées, douloureuses lui était un supplice. Mais Cosimo de Médicis était de cette race d'homme qu'aucune souffrance physique n'aurait fait reculer devant une action profitable.

Une heure plus tard, impatient d'en savoir davantage, il fit demander Niccolo Ardinghelli, sans se soucier si ce dernier était assez reposé. De nouveau il eut un choc désagréable lorsque le jeune homme fut devant lui. Jamais la beauté, la force, la jeunesse d'un homme ne l'avaient frappé à ce point, et jamais il n'avait éprouvé un tel sentiment de jalousie, d'envie et de chagrin. « Je suis vieux et l'âge n'a en rien altéré ma laideur », pensa-t-il avec amertume.

— Prenez place en face de moi, et causons, dit-il en s'efforçant d'être aimable. Dites-moi tout ce que vous savez. Il n'y a pas d'erreur possible, n'est-ce pas ? C'est tout à fait certain ?

— Tout à fait. Les sondages et les prélèvements donnent à penser que le gisement est d'une importance énorme.

— Qui le sait ? En dehors du pape, évidemment.

— Giovanni Tornabuoni... moi et... vous. Maintenant. J'ai ici copie de la lettre que Messer de Castro a envoyée à Sa Sainteté :

> *Aujourd'hui, je t'apporte la victoire sur les Turcs. Chaque année ils extorquent aux Chrétiens plus de trois cent mille ducats pour l'alun qui nous est nécessaire en vue de la teinture des tissus. Car Ischia ne produit que peu de chose et les mines de Lipari ont déjà été épuisées par les Romains. J'ai découvert sept montagnes tellement riches en alun qu'on pourrait en approvisionner sept mondes. Si tu m'ordonnes d'engager des ouvriers, d'installer des chaudières et d'y faire bouillir la pierre, tu fourniras l'alun à toutes l'Europe et tu enlèveras tout bénéfice aux Turcs. Les matières premières et l'eau sont abondantes. Tu possèdes un port très proche : Civitavecchia. Maintenant, tu peux préparer la Croisade contre les Turcs, les mines te donneront les finances nécessaires*[1].

— Avez-vous d'autres informations ? demanda Cosimo après avoir pris connaissance du parchemin.

— Pour le moment, le Vatican n'est pas en mesure de se lancer dans l'exploitation des mines. Le pape va certainement en offrir l'exploitation aux banques et aux princes les mieux placés.

— Le pape Pie II est un ami. Il me doit son pontificat.

1. Lettre authentique de Giovanni de Castro au pape Pie II.

C'est moi qui l'ai fait nommer... D'ailleurs, c'est un honnête homme.

— Je le sais, Messer. C'est pourquoi le Saint-Père a conféré avec Giovanni Tornabuoni. C'est avec leur accord que je suis ici.

Cosimo de Médicis poussa un bref soupir, le visage détendu.

— Je vous écoute, dit-il.

Longuement, Niccolo Ardinghelli exposa les résultats des découvertes récentes. Jamais sondages préliminaires n'avaient été aussi prometteurs. Tandis qu'il discourait, il entendit derrière la porte restée entrebâillée des chuchotements de voix de femmes et le frou-frou de robes de velours. Il détourna la tête et aperçut deux femmes qui entraient dans la pièce.

Contessina de Médicis portait un plateau chargé de vins fins et de friandises. Sa belle-fille Lucrezia la suivait tout en l'aidant à supporter le poids d'une telle abondance.

— J'ai pensé qu'une petite collation serait la bienvenue...

— Et tu as bien pensé, mon amie, dit Cosimo. Prenez donc place toutes deux et écoutez ce que Messer vient de m'apprendre.

Bien que mécontent de reprendre son récit pour des femmes, et mal à son aise devant le regard pénétrant de Lucrezia de Médicis qui l'écoutait avec un intérêt croissant, Niccolo Ardinghelli raconta à nouveau.

Lorsque Lucrezia de Médicis prit la parole, ce fut en s'adressant à son beau-père, et Niccolo fut troublé par la voix de la jeune femme, une voix grave, profonde, aux inflexions musicales.

— Mon frère Giovanni n'est-il pas le banquier des princes Orsini ? demanda-t-elle.

— Si fait, dit Cosimo.

— Alors, ce sera pour lui un jeu d'enfant de nous faire avoir les droits d'exploitation de ces mines... D'une part Sa Sainteté ne peut rien nous refuser, et d'autre part les Orsini ont tout intérêt à voir leur gisement convenablement exploité. De toute manière, je pense qu'il faut offrir le double de toutes les offres concurrentes... et qu'il ne faut pas trop ébruiter la chose, n'est-ce pas ?

Stupéfait, Niccolo observa Lucrezia. Il était fort impressionné par la beauté de la Signora et par l'expression froide et altière de son visage. Il se força à ne penser qu'à la fortune future qui allait lui venir dès lors qu'il aurait exposé ses idées à Cosimo, mais cela lui fut difficile.

Lucrezia se tourna vers lui et lui demanda :

— Vous connaissez mon frère, j'imagine, de même que le Saint-Père. S'ils vous ont fait confiance, nous devons le faire aussi... Le silence sur cette affaire me paraît aller de soi.

Pour la première fois de sa vie, Niccolo fut désarçonné par une femme.

— Je suis en mission, envoyé par le Saint-Père... et par votre frère, balbutia-t-il.

— Et moi, je vous donne mission de vous en retourner à Rome, s'exclama joyeusement Cosimo, conscient du trouble du jeune homme, et de dire au Saint-Père que ma santé m'interdit désormais de quitter Florence... mais que sa présence à Florence me paraît indispensable... Une visite ! Une visite officielle s'impose ! Florence sera ravie d'accueillir le pape !

Niccolo Ardinghelli jeta un regard arrogant et triomphant sur les deux femmes qui l'observaient.

— Sa Sainteté sait parfaitement que vous ne pouvez plus vous déplacer. Elle m'a chargé de vous proposer de venir rendre visite à la ville de Florence dès le mois de février 1459 pour le carnaval.

Contessina et Lucrezia s'entre-regardèrent avec connivence, et Cosimo eut un rire qui le rajeunit de vingt ans.

— Ah oui ! Vraiment... ! Cela nous laisse deux mois et demi pour préparer des cérémonies telles que Florence s'en souviendra cent ans après ma mort ! N'est-ce pas, mes belles ? Une fête comme...

Il s'interrompit brusquement, mais Lucrezia dit à sa place :

— Comme autrefois, père, tout à fait comme autrefois...

Cosimo lui prit la main et la baisa.

— Florence a besoin de ces mines, ma toute belle,

murmura-t-il. Je veux ces mines d'alun ! Que sais-tu des princes Orsini, que je ne sache déjà ?

Lucrezia réfléchit, puis :

— Ils sont riches, mais cela tu le sais. Imbus de leur personne, soucieux de leurs privilèges... D'authentiques aristocrates. Parents du pape, je crois. Un vague cousinage.

— Hum ! Voilà qui est mauvais pour nous... Quels sont leurs points forts ?

— Beaucoup d'influence sur Rome, dit Lucrezia. Il y a autour d'eux une coterie très particulière... Giovanni m'écrit souvent à leur sujet.

— Particulière ? Que veux-tu dire ?

— Le prince Orsini a des faiblesses pour les très jeunes gens de son sexe... Particulièrement des jeunes Maures qu'il fait venir d'Orient tout exprès pour sa maison. Ils sont faits pages et tout est dit.

Contessina, qui jusqu'alors ne s'était pas manifestée, étouffa un petit rire malicieux et jeta un coup d'œil investigateur à Niccolo Ardinghelli.

— Tiens donc... !

Cosimo s'attarda un instant sur l'opportunité de circonvenir le prince par le don de quelques jeunes esclaves maures d'une beauté propice à intéresser ses sens. Mais il renonça à cette idée. Puis il demanda si le prince avait un fils en âge de se marier. Lui-même avait des petites-filles en âge d'être pourvues d'un mari. « Bianca ? songeait-il. Ou peut-être Nannina ? Non. Nannina a tout juste onze ans. Mais Bianca... »

— Un héritier du prince Orsini ferait parfaitement l'affaire, dit Cosimo à voix haute. Mais peut-être que le prince Orsini n'accepterait pas une union avec les Médicis ?

Niccolo Ardinghelli secoua négativement la tête.

— Cela ne serait pas la bonne raison. Le prince a bien un héritier mâle. Mais il paraît que ses penchants le portent également, tout comme son père, plutôt vers les jeunes gens de son âge et de son sexe. (Il regarda vers Lucrezia de Médicis, espérant un regard complice.)

Remarquez, il peut encore changer d'avis ! Quant à l'autre enfant, c'est tout juste une petite fille de sept ou huit ans ! C'est là toute la descendance du prince !

— Dommage ! soupira Cosimo. Un mariage eût bien arrangé mes affaires ! Le prince connaît-il exactement la valeur de ce qu'il possède ? Est-ce un homme intelligent, un homme d'affaires ?

Niccolo haussa les épaules. Visiblement, l'intelligence du prince Orsini ne l'avait pas frappé.

— Le prince ignore encore l'importance de cette découverte. Il se soucie peu de tout cela.

— Qui peut... retarder quelque peu cette information ?

— Le pape, Giovanni Tornabuoni, l'ingénieur Giovanni de Castro... et moi. C'est moi qui détiens les papiers contenant cette information. Ils sont à votre disposition.

Niccolo sortit de son pourpoint une énorme liasse de parchemins. Cosimo laissa échapper un sourire de satisfaction, mais il se demanda pourquoi le jeune homme avait tant tardé à les lui donner. « Sans doute pour en faire des copies ? » se dit-il, soupçonneux.

Contessina et Lucrezia se levèrent, prétextant le souper à préparer, et laissèrent les deux hommes seuls.

Aucun des deux n'avait envie de parler. Chacun rêvait, et un sourire heureux errait, pour des causes diverses, sur leurs lèvres.

— Il eut été dommage d'être obligé de guerroyer pour obtenir la concession d'alun, dit enfin Cosimo à mi-voix.

Un instant, Niccolo resta silencieux.

— Auriez-vous vraiment songé à provoquer une guerre pour ces mines ? demanda-t-il avec curiosité.

— Pourquoi pas ? Lorsque la prospérité d'un pays est en jeu, tous les moyens sont bons pour l'assurer... Florence a un besoin vital de ce minerai. Toutes les guerres que nous avons menées l'ont été dans le but de s'approprier des mines ! Rassurez-vous, mon jeune ami, j'ai horreur de la guerre, bien que celle-ci me rapporte toujours beaucoup d'argent. Mais je n'aime pas l'idée de ces hommes qui se rencontrent pour s'entr'assassiner, s'entre-massacrer, s'entr'estropier. Je méprise les grands guerriers courageux qui offrent leur poitrine au glaive ennemi. Quelle stupidité ! Oui, la guerre est une maladie des nations, la plus mortelle et la plus épouvantable des pestes. Mais elle est parfois nécessaire. Dites-vous cependant qu'avant de céder à cette nécessité, j'aurai usé de tous les moyens pour obtenir satisfaction autrement. (Cosimo eut un petit rire.) Savez-vous que je me fais fort d'obtenir du pape qu'il interdise aux marchands chrétiens d'importer de l'alun oriental ? Et qui voudra nuire au commerce pontifical de l'alun ? Personne n'osera ! C'est moi qui fixerai les cours, moi ! Le Saint-Siège va devenir l'unique fournisseur d'alun de tout le monde chrétien ! Et moi je doublerai la fortune des Médicis !

Soudain, des cris, des rires et des chants se firent entendre. Une jolie voix de jeune fille vocalisait, dominant le vacarme.

— Mes petits-enfants viennent d'apprendre la venue d'un visiteur et rien ne les réjouit comme une nouvelle figure. Ils préparent les fêtes de Noël. Votre présence sera la très bienvenue. Si vous êtes encore à Florence à cette date, bien sûr.

— Je vous remercie et j'accepte très volontiers, dit Niccolo tout en se demandant comment amener la conversation sur le sujet qui lui tenait le plus à cœur.

Une merveilleuse horloge, comme seuls les Arabes avaient su les faire, sonnait sept heures du soir. Niccolo regardait par la fenêtre la via Larga qui ruisselait sous la pluie. Il faisait déjà nuit, et Niccolo frissonna. « Comment lui parler ? » se disait-il pour la énième fois.

Comme s'il avait lu dans ses pensées, Cosimo lui suggéra :

— Je pense que vous avez d'autres confidences à me faire. Voulez-vous que nous en parlions maintenant avant que le dîner ne soit servi ? Dans quelques instants, mon cabinet de travail sera envahi par mes petits-enfants et je ne sais rien leur refuser...

Un peu surpris d'avoir été si bien deviné, Niccolo eut un moment d'hésitation, puis lança :

— Tout à l'heure, vous avez dit que la guerre était la plus épouvantable des pestes... Le pensez-vous vraiment ? Vous ? un fabricant d'armes ?

— En effet ! s'exclama Cosimo dissimulant un sourire. Qui mieux que les fabricants d'armes et de poudre sont à même de s'en rendre compte ? D'ailleurs, je ne suis pas fabricant d'armes ! Je finance des manufactures d'armement, à Milan, à Pistoia, à Florence... Mais peu importe. Il est vrai que nous travaillons main dans la main avec la science, avec la religion, mais oui, avec le Saint-Père lui-même !... Il a besoin de nous ! Besoin de nos arquebuses, de nos mousquets, de notre poudre, de nos canons pour ses croisades... Croisades qui — soit dit en passant — rapportent beaucoup plus qu'elles ne coûtent ! Et le pontife a également besoin de notre argent ! L'argent est aussi nécessaire à la guerre, que l'air qu'il respire à l'homme ! Et ma force, c'est d'avoir non seulement l'argent, mais aussi les armes... Voyez-vous, mon cher ami, les marchands d'armes sont ainsi faits. Ils fabriquent des armes pour gagner de l'argent, et financent les guerres pour vendre des armes... C'est le mouvement perpétuel... Aucune guerre ne peut éclater dans le monde sans que nous y jouions un rôle primordial. Et pourtant ! C'est vrai que je hais la guerre. C'est la chose la plus abjecte qui soit. Mais l'homme ne peut s'en passer. Il pense qu'il y a de la grandeur, de la noblesse, à mourir pour une grande cause, de grandes Idées... Les croisades, la religion... Que de crimes ont été commis au nom de ces grandes causes ! que de sang versé ! On fera mourir sur la roue un malheureux qui aura tué par inadvertance, et on couvrira d'or et de gloire un autre qui aura fait massacrer mille hommes au nom d'une grande Idée... Le monde est ainsi ! Le monde ! Sait-il seulement que ces « grandes causes » enrichissent des gens comme moi ? comme le pape ? Sait-il seulement que lorsqu'il offre sa poitrine aux glaives qui vont le percer, c'est encore un peu plus d'or qui va entrer dans mes coffres ou dans ceux du pape ? Puis-je vous poser une question ?

— Je vous en prie, murmura Niccolo, un peu désemparé par ce qu'il venait d'entendre.

— Vous êtes venu me voir pour vous enrichir, n'est-ce pas ? Les mines d'alun ont été un bon prétexte pour vous ouvrir ma porte, mais vous saviez très bien que Giovanni Tornabuoni et Giovanni de Castro m'auraient transmis d'une manière ou d'une autre le résultat de leurs recherches. Certes, votre venue me fait gagner un temps précieux sur mes concurrents... Mais si ce n'était vous, un autre vous eût remplacé. Je me trompe ?

— Non, dit nettement Niccolo.

— Bien. Que voulez-vous de moi ?

Niccolo hésita, puis lentement murmura :

— J'ai échafaudé un plan... Je pense que ce plan, s'il était bien appliqué, pourrait rapporter des sommes d'argent considérables.

Puis il se tut, incapable de continuer. Son cœur battait à coups redoublés.

Conscient du trouble du jeune homme, Cosimo demanda :

— Ce plan, est-il basé sur l'alun ?

— Non. Absolument pas.

— Eh bien ?... Faut-il vous arracher les mots un à un ?

— Sur les armes, dit Niccolo, furieux contre lui-même.

— Les armes ? répéta Cosimo, pensif. Auriez-vous inventé une arme nouvelle ?

— Non... Je ne connais rien à cela.

— Alors ?

— Il s'agit d'un plan d'ensemble, de vente et de rachat. Cela demande une longue explication.

— Je vous écoute. Prenez votre temps... Et asseyez-vous donc ! Vous serez plus à l'aise pour parler.

Niccolo Ardinghelli s'exécuta.

Lorsqu'il fut installé face à Cosimo, il se sentit plus calme. Il comprit alors qu'il fallait gagner du temps, ne pas dévoiler toutes ses batteries du premier coup, qu'il fallait d'abord intéresser et allécher ce vieillard émacié qui le regardait avec une ironie amusée. Et c'est sur un ton presque indifférent que Niccolo demanda :

— Iriez-vous jusqu'à provoquer une guerre pour vous enrichir ?

Étonné, Cosimo haussa les sourcils.

— Moi ? Non. Pourquoi le ferais-je ? Les pays n'ont pas besoin de mon aide pour leurs imbécillités. Ils n'ont besoin de l'aide de personne ! Mais qui peut jurer que l'un de mes descendants ne verra pas que l'on peut quintupler sa fortune en provoquant une guerre sur l'un des points quelconques du monde, et ce, sous le plus petit prétexte ?

— Et même sans prétexte ! s'exclama Niccolo Ardinghelli. Les hommes n'ont pas besoin de prétexte pour se battre... (Il réfléchit un instant intensément, le visage empreint d'une convoitise forcenée.) Quintupler sa fortune en une guerre... Imaginez ce que l'on peut faire en provoquant des affrontements sur plusieurs points simultanément ! Les Turcs ne pensent qu'à en découdre avec Venise, qui elle-même lorgne Milan, qui elle-même louche sur le sud de la France... Tout est bon prétexte pour fomenter une guerre ! De riches terres en Bourgogne, un trône en Angleterre, un héritage royal mal partagé, ou bien, comme en Orient, la Guerre Sainte au nom de Mahomet !... Tout est bon pour se battre et s'entre-tuer. Le duc de Bourgogne, Charles le Téméraire, songe à envahir l'Italie, persuadé que l'Italie lui revient de droit... La guerre des Deux-Roses en Angleterre, le royaume d'Aragon contre celui de Naples... Tous ces petits États à feu et à sang depuis des lustres... Vos fabriques travaillant jour et nuit afin d'honorer vos commandes. Et l'argent ! l'argent qui rentre à flots, l'argent que l'on prête à usure, les garanties financières, les places de marché... (Niccolo s'exaltait, éperdu d'enthousiasme juvénile.) Mon Dieu, Messer Cosimo, c'est vous qui dirigez tout cela ! C'est vous qui faites...

— Le malheur du monde ! dit sèchement Cosimo, le visage crispé par le mécontentement. A vous entendre, je serais le responsable direct du malheur des hommes.

Niccolo Ardinghelli haussa les épaules.

— L'homme s'organise très bien tout seul pour faire son malheur. Combien d'années de guerre entre la France et l'Angleterre ? Des dizaines et des dizaines d'années qui vous ont considérablement enrichis, vous autres financiers et marchands d'armes... Mais qui, soit dit en passant, ont ruiné mes parents ! Les Anglais, les Français ont-ils compris que la guerre est une passion ruineuse, destructrice ? Non ! Au contraire ! Ils y ont pris goût ! Ils adorent cela ! Les Anglais s'entre-tuent, et les Français sont tout près d'en découdre avec Milan. Venise craint pour sa sécurité ! Mohammed II est prêt à l'envahir ! Et même, je vais vous confier ce qui m'amuse le plus... Je parie tout ce que l'on veut qu'après un siècle de tueries de part et d'autre, les Anglais et les Français feront alliance sur le dos de l'Espagne ou de l'Italie !

Cosimo se garda de préciser qu'il avait, depuis 1455, secrètement renoué des accords commerciaux avec Mohammed II, accords commerciaux qui portaient essentiellement sur des ventes d'armes. Au fond, que lui importait Venise ? Sa duplicité ne l'empêchait pas de dormir. Pourquoi se serait-il gêné ? Les marchés qu'il n'aurait pas signés par scrupule, Rome ou Naples se seraient empressées de les enlever, sans aucune contrepartie ni pour Venise, ni pour Milan...

— Pourtant, il n'est guère honorable d'aider à détruire le monde, soupira-t-il hypocritement. Si je le pouvais, j'arrêterais ce commerce destructeur...

— Vous savez bien que les armes ont leur utilité ! s'écria Niccolo. Vous cesseriez d'en fabriquer alors que c'est notre sécurité à tous qui est en jeu ? Notre armement est le garant de la paix !

Cosimo eut un petit rire amer.

— Il n'a jamais été dans nos intentions de cesser ni le commerce ni la fabrication des armes. Fol est celui qui renoncerait à de tels profits ! Il est regrettable seulement que ce profit soit le fait de l'imbécillité et de la cruauté des hommes ! La morale chrétienne me paraît singulièrement malmenée ces temps-ci.

— Fabriquer et vendre des armes n'est pas contraire à la morale chrétienne, dit Niccolo âprement. L'important est de savoir s'en servir à bon escient...

— Fabriquer des armes n'est pas contraire à la morale chrétienne ? Voilà une bonne chose à savoir ! Cela me sera utile pour convaincre nos clients que, pour une recherche sincère de la paix, il est nécessaire d'avoir un important stock d'armes. Pourtant, je reste persuadé, contre mon intérêt peut-être, que d'autres solutions que l'armement peuvent exister ! La parole est reine parfois. Elle peut soulever des montagnes. Essayer de convaincre un adversaire que rien ne vaut la paix...

Mais ces mots furent prononcés avec une telle ironie, un

tel accent de dérision, que Niccolo Ardinghelli se sentit mal à l'aise. Il n'arrivait pas à percer à jour le vieil homme facétieux et cynique qui lui faisait face. Il n'avait pas encore dit ce qui lui tenait à cœur, et il sentait que le moment approchait.

— Avez-vous déjà essayé de vous défendre contre un ennemi déterminé, uniquement avec quelques paroles apaisantes et amicales ? dit-il en s'efforçant de parler avec détachement. Vous savez mieux que personne l'utilité d'avoir une bonne épée ou une bonne arquebuse pour se protéger ! Vous prétendez que si la parole peut soulever des montagnes, elle peut aussi convaincre un homme furieux de ne pas céder à la violence ! Quelle erreur ! Quelle dangereuse erreur ! La seule manière de réduire un fou furieux au silence est de lui mettre sous le nez un bon mousquet prêt à tirer.

— Vous avez certainement raison, mon jeune ami ! dit Cosimo, pensif. Il faut d'abord que les hommes apprennent à vivre ensemble et à se respecter malgré leurs différences, pour que les gens comme moi ne profitent pas de leur imbécillité et de leur hargne à s'entre-tuer comme des bêtes féroces. Après tout ! Ce n'est pas moi qui provoque les guerres ! si un groupe d'homme décide d'en massacrer un autre pour des raisons aussi stupides que sauver le tombeau du Christ, libre à eux ! Je vous demande un peu ? Si Christ est Dieu il n'a que faire d'un tombeau, et s'il ne l'est pas, mieux vaut le laisser reposer en paix... Non, voyez-vous, les hommes haïssent leurs semblables et tous les prétextes leur sont bons pour guerroyer. Autrefois, lorsque j'avais votre âge, j'ai cru un homme. Comme j'ai aimé, estimé cet homme... ! Il a été condamné à être brûlé vif pour hérésie parce qu'il avait osé parler comme je viens de le faire. Il était pauvre, seul, convaincu de la justesse de ses propos... Et il est mort des mots qu'il avait prononcés. C'est dangereux, les mots. Plus dangereux qu'une arquebuse. Cela peut transformer un homme bon et simple en une brute sauvage, mais l'inverse est aussi vrai...

— Qui était cet homme ? demanda Niccolo.

Cosimo marqua un temps d'hésitation.

— Jan Hus... Jan Hus brûlé comme hérétique parce qu'il

voulait que l'on revienne à la seule vraie Bible... celle des Juifs... La vérité de la Bible des Juifs contre le mensonge des Évangiles chrétiens. Était-ce de l'hérésie, cela ?

De nouveau, des cris joyeux se firent entendre, arrachant un sourire à Cosimo. Cela venait d'une pièce jouxtant son cabinet de travail. Et brusquement Niccolo comprit qu'il ne fallait pas parler de ce qui lui tenait à cœur. Toute l'attention de Cosimo était centrée sur ce qui se passait dans la pièce voisine d'où venait un brouhaha gai et animé que dominait une voix jeune et joyeuse.

Soudain, la porte s'ouvrit sur une ravissante jeune fille qui resta interdite devant les deux hommes. Ses grands yeux noirs, vifs et moqueurs les regardaient tour à tour. Niccolo fut frappé de la ressemblance de cette jeune personne avec Lucrezia de Médicis.

— Voyons, Maria ! dit Cosimo en souriant. En voilà des manières pour une future fiancée !

Le visage de Maria de Médicis se rembrunit ; visiblement, l'évocation de ses prochaines fiançailles ne lui faisait pas plaisir. Elle eut un bref haussement d'épaules et dévisagea sans vergogne Niccolo Ardinghelli qui l'observait avec admiration.

— Laisse-nous, ma petite fille..., dit Cosimo avec douceur. Nous avons encore à parler, Messer Ardinghelli et moi.

Sans mot dire, la jeune fille, après un bref regard dans la direction de Niccolo Ardinghelli, referma la porte sur elle.

— Reprenons notre conversation, mon jeune ami, dit Cosimo avec entrain. Vous souhaitez donc vous enrichir, et vous êtes venu me voir dans ce but. Qu'avez-vous à me proposer ?

Niccolo Ardinghelli prit une forte respiration, puis exposa :

— Voyez-vous, Messer Cosimo, le temps n'est plus où les guerres étaient gagnées par les hommes les plus braves, le courage supérieur, la race la plus noble ! Elles seront gagnées par les pays qui auront les plus gros canons, le plus de poudre, des arquebuses et des mousquets en quantités illimitées ! Elles seront gagnées par les nations riches qui peuvent s'offrir l'armement le plus inventif, le plus nouveau... Que ces nations soient peuplées de brigands, de voleurs ou d'assassins, peu importe. Dieu choisira son camp et ce sera le mieux armé, et non pas le plus valeureux dans le sens moral du terme. Les guerres futures, ce seront les banques et les fabriques d'armes qui les gagneront !

Cosimo de Médicis aimait entendre ce langage. En face de lui, Niccolo se laisait aller à une exaltation dangereuse.

— Messer Cosimo, s'exclama-t-il avec enthousiasme, les guerres se gagneront grâce aux armements et à l'argent qui achète armes et consciences...

Cosimo l'observait, toujours en silence. Mais son regard était désormais chargé de sympathie et de compréhension.

— Mon neveu Pierfrancesco me tient souvent ce langage... Ah, si mes fils lui ressemblaient ! Hélas, ce n'est pas le cas ! dit-il d'une voix calme. Eh bien, continuez.

Niccolo sentit que le moment était venu de parler. Son cœur battait à grands coups, une légère sueur couvrait son front. De ce qu'il allait dire, de la réponse de Cosimo, dépendait sa fortune future. Une fortune incalculable, une fortune follement désirée... Il eut un bref éblouissement, puis lança d'un ton léger, détaché, comme si ce qu'il disait n'avait qu'une importance relative :

— Mais les petites nations pauvres, celles qui n'ont pas d'argent... ? N'ont-elles d'autre choix que de se laisser submerger par les grandes nations ? Qui a jamais pensé à ces minuscules royautés, ou principautés, pauvres, à la merci de voisins plus riches, plus puissants ? Que va-t-il se passer pour la Bohême, la Hongrie... ? Mohammed II va les attaquer. Les Turcs n'en feront qu'une bouchée... Le monde chrétien le sait. Nous le savons tous ! Qu'importe d'ailleurs à la Curie romaine le sort des orthodoxes ? Et vous, vous vendez des armes à la Turquie !

— Un marché est un marché..., grommela Cosimo. Quant aux petites nations, qu'avez-vous à proposer ? Un crédit ? Est-ce cela, votre idée ? Nous ne serons jamais payés ! Jamais ! Si la Bohême n'a pas les moyens de payer aujourd'hui, comment le ferait-elle demain ? Les marchands d'armes ne sont pas philanthropes. Lorsqu'ils vendent des armes à crédit comme aux princes d'Angleterre, ils savent toujours que d'une manière ou d'une autre ils seront remboursés. Les petites nations pauvres...

— Même là il y a un champ d'action illimité..., interrompit Niccolo, les mains moites, la voix rauque. Un moyen de gagner des sommes considérables pour qui n'épargnera pas sa peine.

Il se tut un instant, laissant à Cosimo le temps de bien saisir ce qu'il allait dire.

— Je pense, reprit Niccolo de sa voix sèche et froide, qu'il serait intéressant de reprendre à bas prix les armes vendues il y a quelques années aux Français, aux Espagnols, ou aux Anglais. Cet armement est souvent encore en excellent état... Qui pourrait empêcher les petites nations des Balkans de l'acheter ? A bon compte évidemment. De plus, les nations puissantes seraient dans l'obligation de remplacer par un nouvel armement plus efficace, plus coûteux, les anciens armements... Les bénéfices ainsi réalisés pourraient être colossaux ! Il n'y a que vous, Messer Cosimo, qui ayez suffisamment de fortune pour payer comptant l'armement ancien, racheté aux Anglais et aux Français. Et songez donc que cet argent que vous allez donner d'une main vous reviendra au centuple dans l'autre, en vendant à ces mêmes pays un armement neuf !

Fasciné, Cosimo écoutait, partagé entre l'irritation de n'avoir eu cette idée lui-même, et les perspectives financières que cela lui ouvrait.

— Et vous pourriez vous occuper de cela ? demanda-t-il à Niccolo.

Il le jaugeait maintenant. Froidement, lucidement.

Incapable de prononcer une parole tant sa bouche était sèche, Niccolo se contenta d'incliner la tête.

— N'en parlez pas. Pas encore, dit Cosimo. Il faut étudier les marchés... Voir quelles sont parmi les plus petites nations celles qui seraient susceptibles d'acheter ferme. En connaissez-vous ?

— La Hongrie... La Bohême... La Pologne... Ces nations sont prêtes à en découdre avec l'Allemagne... Elles pourraient facilement s'offrir à bas prix un armement ayant déjà servi.

— La Bohême ? dit Cosimo pensif. Ah ! oui... Ce roi de Bohême, Giorgio Podiebrad, vient justement de me faire parvenir un grand projet parfaitement utopique, complètement fou, totalement irréalisable, l'alliance des nations européennes contre l'ennemi commun turc-musulman... Une sorte de Confédération européenne, si vous voulez. L'union des nations chrétiennes ! Il a fait part de son projet au Saint-Père. Folie pure ! Deux frères dans une même famille s'entre-déchirent parfois jusqu'au meurtre pour une vulgaire question d'héritage paternel, et Giorgio Podiebrad voudrait que des nations s'entendent sur un projet commun dont elles ne tireraient nul bénéfice ?

— Si ce n'est la sécurité ! s'exclama Niccolo.

Cette réflexion naïve fit sourire Cosimo. Et ce sourire vexa Niccolo qui se sentit soudain très jeune, très petit garçon. Il aurait voulu rattraper ce qu'il venait de dire mais c'était impossible. Furieux contre lui-même, il écouta la réponse de Cosimo :

— La sécurité ? Mais les hommes n'aiment pas la sécurité ! Ils aiment la guerre ! Pour eux un guerrier est un héros !... Pour moi, pour vous, peut-être ?... un guerrier est un assassin... Un vulgaire assassin qui tue pour de l'argent ou pour la gloire, ce qui revient au même ! Les motivations de ses meurtres ne sont en fait que l'exaltation de sa propre personne... Ah ! mon jeune ami, je suis votre homme pour votre projet ! Demain nous aurons tout le temps de nous occuper de cela ! Et je vous donnerai carte blanche pour organiser votre mission à votre guise ! Je ne vous demanderai qu'une chose : des résultats... Et des résultats conséquents et rapides ! Sommes-nous d'accord ?

Pétrifié de joie, Niccolo Ardinghelli se détendit. Il se sentait épuisé comme après une longue course à cheval. Il avait gagné ! Brusquement, il fut surpris par la douleur qu'il ressentait dans ses muscles.

— Messer Cosimo, vous serez plus que satisfait de nos résultats...

— Bien ! Vous resterez dans ma demeure jusqu'à ce que nous nous soyons mis d'accord sur notre... association ? Oui, c'est cela, association. Dès que possible, je vous présenterai le Signor Martelli. C'est lui qui possède les manufactures d'armes qui nous intéressent. Moi, je ne suis que le financier... Vous souriez ?

Niccolo hocha la tête sans répondre, et Cosimo reprit sans s'émouvoir :

— Vous ne retournerez à Rome que lorsque tout sera au point. Ne comptez donc pas prendre la route avant un mois ou deux... Si vous le désirez, ma maison vous est ouverte.

Un peu agacé par cette invitation qui était bel et bien un ordre, Niccolo Ardinghelli se raidit.

— Je dois faire chercher quelques affaires que j'ai laissées dans une auberge, dit-il seulement. Merci pour votre hospitalité. Je suis certain que notre association nous sera profitable à tous les deux ! J'ai l'honneur, Messer Cosimo, de vous saluer.

Et très fier de lui, Niccolo Ardinghelli sortit à grandes enjambées.

Resté seul, Cosimo regarda les flammes qui dansaient dans la cheminée. Ce qu'il venait d'apprendre pouvait se chiffrer en centaines de milliers de florins-or « Que vais-je faire de tout cet or ? se demanda-t-il, les yeux fixés sur le feu. Des voyages ? Je suis trop vieux, infirme, et les voyages ont cessé de m'intéresser... Et au demeurant les gens sont les mêmes partout. Ils changent de langage, de vêtements, de mode de vie parfois, mais leur stupidité ne varie guère, leur inintelligence ne devient jamais intelligence, et tous sont convaincus de détenir la plus belle nation, la plus belle langue, les manières les plus distinguées ! Alors... ? Construire encore un palais ? Des villas ? Oui, cela je le peux. Un autre hôpital pour les malheureux ? Cela aussi je le peux... Mais le reste ? Je peux construire dix palais comme celui que j'habite, acheter toutes les collections byzantines de par le monde, et il me restera encore de l'or à profusion... Une muraille d'or que rien jamais ne viendra abattre ! J'ai suffisamment d'argent pour mes enfants, mes petits-enfants et mes arrière-petits-enfants jusqu'à la dixième génération ! Alors, pourquoi vouloir encore de l'argent ? »

Il s'adressa à lui-même un petit sourire, se rappelant d'autres circonstances, il y avait des années de cela, où la réponse à cette question lui était venue tout naturellement aux lèvres : « La puissance ! » La puissance nécessaire à planter son talon sur la nuque de ceux qu'on déteste à cause de leur stupidité, la puissance qui donne à l'homme le droit inestimable d'être lui-même sans excuse, et sans hypocrisie. Il l'avait maintenant, la puissance absolue ! Il pouvait tuer, voler, escroquer, faire le bien ou le mal, le monde lui pardonnerait tout parce qu'il était riche, immensément riche ! Point n'était besoin de s'enfuir du monde pour être libre ! La richesse suffisait ! La richesse était une porte solide qui protégeait contre tout ! Brusquement, il se souvint d'une petite phrase de son frère Lorenzo lorsque Cosimo déclamait ainsi sa profession de foi : « Une porte solide ? Pourras-tu fermer assez hermétiquement tes portes solides contre la vieillesse ? Contre la mort ? Le pourras-tu, Cosimo ? »

Et Cosimo était devenu cet homme puissant, invulnérable, l'homme le plus puissant de Florence, de Milan, de Venise et de Rome... Mais il était aussi cet homme de soixante-huit ans, infirme, incapable de se déplacer sans un valet pour le soutenir et qui, à cet instant précis, eût donné tout son or pour avoir les vingt-trois ans et la beauté de Niccolo Ardinghelli.

*

Lorsqu'elle se fut retirée dans sa chambre, Lucrezia de Médicis s'étendit sur son lit à baldaquin tendu de velours rouge sombre, et ferma les yeux. Elle bénit le ciel de ce que son époux Piero de Médicis fût absent. Elle avait envie d'être seule, seule... Elle l'était si rarement. Il y avait toujours les enfants, la vie quotidienne et sa lutte incessante contre Pierfrancesco de Médicis qui manœuvrait pour s'emparer du pouvoir, arguant du fait qu'il était l'héritier de Lorenzo [1] et qu'il possédait la moitié de la Maison des Médicis.

Lucrezia s'efforçait de faire le vide dans son esprit. Dans

1. *Le Lys de Florence.*

un instant, elle reprendrait les rênes de la maison que lui avait abandonnées Contessina, dans un instant elle descendrait aux cuisines, monterait avec deux valets dans la chambre de ce nouvel invité, ce Niccolo Ardinghelli qui l'avait dévisagée de si étrange manière. Depuis combien d'années un homme ne l'avait-il pas regardée non comme une épouse, non comme une fille, non comme une mère ou une sœur, mais déjà comme une femme, et une femme désirable ? Si longtemps déjà...

Elle se leva et s'attarda devant un grand miroir vénitien posé sur une table. Comme elle était maigre et pâle ! Méconnaissable pour ceux qui l'avaient connue autrefois, il n'y avait pas si longtemps, en somme. « Comme on change en six ans... », pensa-t-elle avec un amusement désabusé, tout à fait incongru. Et certes, ceux qui l'avaient côtoyée autrefois eussent été tout à fait incapables, au premier abord, de reconnaître Lucrezia Tornabuoni, épouse Médicis. Autrefois, tout sur son visage, dans ses yeux noirs trop grands, dans son sourire, éclatait de joie de vivre, d'une sensualité profonde et secrète... Plus que son indéniable beauté, bien que peu conforme aux modes d'alors, c'était cette expression insolite sur un visage de femme, qui frappait. Mais cela était mort. Vernio de Bardi avait emporté avec lui cette secrète joie de vivre, ce charme troublant, étrange, qui, dans le passé, avait fait de Lucrezia Tornabuoni de Médicis une femme décidément fascinante.

« Seuls ceux qui croient en Dieu peuvent supporter une telle douleur », lui avait dit un jour sa sœur Bianca.

« Est-ce que je crois en Dieu ? se demanda Lucrezia pour la énième fois. De toute façon, je dois faire comme si... Pour mes enfants. Pour mon petit Giuliano. » Surtout pour son petit dernier pour lequel elle éprouvait un amour délirant, totalement déraisonnable, et dont ses autres enfants, surtout sa fille aînée, Maria — pourtant la fille du seul homme qu'elle eût aimé —, étaient férocement jaloux.

Il fallait qu'elle descende. Il fallait faire face à cet invité, face aussi à ce fabuleux message qu'il apportait. De nouveau, elle s'observa dans le miroir, redressa le hennin qui dégageait son visage, considéra la maigreur de son décolleté, sa robe de velours vert sombre, et tenta de mettre un collier de perles fines. Alors une image se superposa à celle que lui renvoyait le miroir. C'était l'image d'une jeune fille de quinze ans qui courait dans la neige de décembre, et elle portait, cette jeune fille de quinze ans, une robe de velours rouge, une longue cape noire, et elle courait, heureuse, essoufflée, très émue. Elle allait rejoindre l'homme qu'elle aimait. Et pour la première fois cet homme l'avait embrassée...

« Cela, je l'ai connu ! pensait Lucrezia, la gorge nouée par une houle irrépressible de douleur. Cette joie parfaite, ce bonheur absolu d'aimer et d'être aimée m'a été donné... Qui pourra jamais m'arracher ces souvenirs ? ces moments ? Et pourtant... »

Elle hésitait, ses perles inutiles dans les mains. « Je ne serai plus jamais ni jeune, ni gaie, ni insouciante... Je ne serai plus jamais une jeune fille de quinze ans qui court dans la neige rejoindre un homme qui l'aime et qu'elle aime... Tout cela m'a été donné, puis repris... oh Dieu ! Tout est mort en moi. Mon corps est mort... Et je dois faire semblant de vivre avec ce cadavre qui est en moi, qui est moi. »

Depuis la mort du comte Vernio, elle avait la sensation parfois d'être sans aucun but ni raison d'être, et la mort l'attirait. Heureusement qu'au plus noir de ces moments l'un de ses enfants surgissait et la ramenait au monde des vivants. Elle les aimait et fondait sur eux de grands espoirs, bien que son favori, Giuliano, certes un adorable petit garçon de cinq ans, pour l'instant préférât nettement les jeux et les caresses au travail. Lucrezia se désolait qu'il ne sût ni lire ni écrire convenablement, alors que Lorenzo, qui allait bientôt fêter ses dix ans, avait su lire et écrire dès cet âge et parlait déjà couramment l'arabe, l'hébreu et le latin. Son précepteur disait de lui qu'il était d'une qualité rare, supérieure. Il fallait absolument que Cosimo fasse de son petit-fils Lorenzo son héritier légitime, fût-ce au détriment de son propre fils cadet Giovanni. « Giovanni, de toute manière, est gravement malade. Est-ce un péché que de penser cela ? » Elle hésitait, puis reprenait le fil de ses pensées. « Si Piero avait été un homme normal, c'est lui qui aurait été choisi, il n'est que juste que mon petit Lorenzo prenne la succession de son père. » Lorsqu'elle réfléchissait ainsi, Lucrezia offrait un visage dur, impénétrable, et si on lui avait annoncé dans la minute la mort de son époux, elle n'eût éprouvé qu'une sorte de soulagement vaguement teinté de pitié. Ses yeux s'attardèrent sur un crucifix en bois doré posé au-dessus de son lit, et elle eut un petit ricanement amer. Depuis peu, tout Florence chantait la piété de la Première Dame de sa ville. Et cependant ! Le regard de Lucrezia se durcit encore. « Dieu ? Ce crucifix, c'est cela Dieu ? ou bien n'est-ce tout simplement qu'un superbe morceau de bois doré par la main d'un artiste... et rien d'autre ? »

Son esprit était encore dominé par ces pensées moroses lorsqu'elle descendit rejoindre la famille qui l'attendait dans la grande salle. Tout de suite ses yeux rencontrèrent ceux de Contessina qui surveillait le couvert tout en plaisantant avec ses petites-filles Maria, Bianca et Nannina, à qui elle enseignait l'art et la manière de dresser une table. Par-delà la tête des trois jeunes filles, les deux femmes se sourirent. Une secrète connivence les liait : le même désir de voir Lorenzo choisi comme héritier légitime de la Maison Médicis. Contessina avait trop de lucide intelligence pour ne pas s'apercevoir qu'aucun de ses deux fils, Piero ou Giovanni, n'était à même d'assumer une aussi lourde succession. Elle en était désolée, mais en femme réaliste elle acceptait ce fait. Piero, trop épris de sa femme Lucrezia, se perdait dans la paresse, la boisson, excès qui aggravaient la fragilité de sa santé. Quant à Giovanni, fin, intelligent, lettré, plein de gaieté et de bon sens, le docteur Élie avait diagnostiqué le mal qui avait tué Lorenzo de Médicis : la phtisie. « Il peut vivre encore de longues années, mais il lui faut du repos, beaucoup de bonne et saine nourriture, et vivre à la campagne... »

Sans en avoir jamais discuté entre elles, Contessina et Lucrezia élevaient Lorenzo comme un prince héritier. Cosimo paraissait très satisfait de cette éducation et y prenait part en invitant son petit-fils à ses audiences. C'était peu dire qu'il aimait Lorenzo. Il l'adorait et lui passait tous ses caprices d'enfant.

Lucrezia s'arrêta une seconde et ses trois filles volèrent vers elle. Maria, si jolie en ses dix-huit ans rayonnants, si inquiétante aussi, un coquette paresseuse, sensuelle, dont nul n'aurait pu dire ce qu'elle pensait sincèrement, et qui ne songeait qu'à séduire. Elle n'aimait que les toilettes, la danse, et être entourée d'une nuée de jeunes gens à qui elle tournait la tête... Bianca, treize ans, était beaucoup moins belle, mais fraîche et appétissante avec ses joues fermes et colorées, sa taille vigoureuse, l'éclat que donne la jeunesse, et une vivacité extraordinaire. On lui eût donné volontiers seize ans, tant elle était déjà développée et vigoureuse. On sentait que chez elle toute la puissance, toute la force des Médicis dominaient le côté gracile, versatile et léger des Tornabuoni. En fait, elle n'avait rien d'une Tornabuoni. Et sa mère la regardait souvent en se demandant comment elle avait pu mettre au monde une enfant aussi différente d'elle. Bianca détestait Maria d'être jolie, d'avoir dix-huit ans et d'être fiancée. Elle détestait sa jeune sœur Nannina qui allait dans huit jours fêter ses onze ans, et qui, elle, tenait beaucoup de sa mère, bien qu'elle manifestât une autorité et une volonté très Médicis. Sa jalousie, déjà féroce, ardente, ne supportait pas que l'on pût s'intéresser à d'autre qu'à elle-même. Or, sa cadette s'entendait fort bien avec son frère Lorenzo d'un an plus jeune. Lucrezia savait que Bianca serait malheureuse plus tard. Elle en souffrait et redoublait d'affection et de vigilance, persuadée qu'une bonne éducation serait un rempart contre sa nature.

Ni Lorenzo ni Giuliano, encore trop jeunes l'un et l'autre, ne participaient aux dîners familiaux. Encore que Lorenzo, d'une intelligence si développée, aurait pu s'asseoir aux côtés de ses sœurs sans faire piètre figure. Cosimo prétendait même que la conversation de son petit-fils était infiniment plus intéressante que celle de bien des adultes !

— Eh bien, mes petites filles, demanda Lucrezia, avez-vous bien compris les leçons de votre grand-mère ?

Maria haussa les épaules avec un dédain appuyé. Elle savait, elle, depuis sa sortie du couvent, tout ce qu'il convenait de savoir pour assurer le maintien d'une maison princière comme l'était celle des Médicis. Comme le serait sans doute celle de son futur, Lionetto de Rossi, qu'elle détestait avant même de le connaître. Ses deux sœurs, en revanche, expliquèrent d'une voix criarde et gaie tout ce qu'elles avaient appris et compris en ce jour.

— Grand-mère Contessina m'a montré comment il faut balayer, faire reluire, récurer, pour qu'ensuite nous puissions exiger de nos servantes ce que nous avons appris, dit Nannina avec importance, les joues rouges de fierté.

Lucrezia hocha la tête en souriant. Ses filles ! Était-ce là les enfants dont elle avait rêvé ? Elle n'en était pas sûre et se refusait à approfondir la question. Mais l'heure n'était plus à philosopher sur ses enfants. Elle eut un petit rire gai qui la rajeunissait.

— Balayer ? Récurer ? dit-elle vivement. Est-ce là tout ? Et vos leçons d'arabe, d'hébreu et de latin ? et vos cours de philosophie ? Voulez-vous que votre frère Lorenzo vous dépasse dans ce domaine ? Attention, il n'est pas loin d'en savoir autant que vous !

Lucrezia rit encore. Se tournant vers Maria, elle dit avec une légère nuance de reproche dans la voix :

— Ma chérie, je t'ai attendue cet après-midi. Ton trousseau n'est pas encore prêt, et tes fiançailles seront célébrées dans moins de trois mois ! Crois-tu cela sérieux ?

Maria haussa légèrement les épaules.

— Bah ! Il sera prêt à temps ! Quelle importance après tout ?

Lucrezia l'observa attentivement et murmura :

— Sans doute, si tu le dis...

La mère et la fille se fixèrent. Ce fut Lucrezia qui détourna les yeux la première.

— Allons, petites ! dit-elle en s'adressant à Bianca et Nannina. Vous devriez être déjà au lit ! Il n'est pas loin de huit heures ! Disparaissez ! J'irai vous voir dans votre chambre tout à l'heure...

Ne pas voir les yeux de Maria. Ne pas se laisser attendrir... Ne pas céder, surtout ne pas céder... Il fallait que ce mariage se fasse, et vite ! Il le fallait absolument. Trop de bruits couraient sur la naissance de Maria, trop peu d'épouseurs s'étaient manifestés pour que l'on pût rejeter celui, honorable, qui somme toute se présentait. Certes, la dot exigée était importante. Certes, Cosimo avait promis la direction d'une compagnie bancaire à Lyon en France. Certes, cela signifiait que Maria devrait quitter sa famille, Florence, mais cela signifiait aussi, peut-être, une promesse de bonheur pour elle. Peut-être ! Lionetto de Rossi n'avait pas encore vingt ans. On le disait ambitieux, désireux de se faire une place dans la société et pour cela prêt à tout. Même à épouser une bâtarde qu'il n'avait jamais vue, mais qui était si richement dotée par la famille Médicis... Lucrezia connaissait maintenant trop bien les us et coutumes de sa ville natale pour ignorer que le destin de sa fille ne tenait qu'à un fil. Pour la jeune fille, sa nature fougueuse, passionnée et sensuelle, le couvent eût été la mort, il valait mieux qu'elle se marie.

*

La table des Médicis était élégante mais frugale. Contrairement à la coutume qui voulait que mari et femme mangent dans la même assiette ou boivent dans le même verre, chacun des convives qui siégeaient autour de la table était pourvu d'assiette et de verre. La nappe de lin blanc, l'argenterie fastueuse, tout était d'un luxe discret mais superbe qui réjouissait l'œil. Niccolo Ardinghelli se sentait à son aise dans cette société choisie, et formidablement heureux.

Ce soir-là, ils étaient dix adultes à table. Dix, le chiffre à ne pas dépasser pour réaliser un repas agréable réunissant les conditions indispensables pour soutenir une conversation où tous participaient. La famille Médicis possédait à la perfection l'art de recevoir. Sachant éviter les questions subtiles, douteuses, les propos grivois, les réflexions difficiles à comprendre, elle s'efforçait de mettre en valeur l'invité.

La conversation, joyeuse, gaie, amusante, tournait autour des peintres nouveaux que Cosimo entretenait, et la bibliothèque que Giovanni de Médicis faisait installer dans sa nouvelle villa de Fiesole, et ces hommes, ces femmes ne laissaient pas d'étonner Niccolo Ardinghelli. Il avait envie de les aimer tous, d'être des leurs. Il n'était pas jaloux, mais une certaine ombre planait sur sa joie lorsqu'il se sentait exclu de la tendre complicité qui régnait entre eux.

Cosimo et Contessina, assis côte à côte, souriants, aimables, liés par cette tendresse et cette connivence que donnent de longues années de vie commune. A gauche de Cosimo, Lucrezia qu'il avait déjà rencontrée, et, à droite de Contessina, son fils Piero. Gras, difforme, visiblement sous l'empire de la boisson, il faisait cependant un effort pour se maîtriser et Niccolo, stupéfait, découvrit que cet homme à moitié invalide possédait une intelligence, une culture étonnantes. Il pouvait parler sur tout, connaissait les réponses à tout, et lorsqu'il évoquait l'astrologie ou l'astronomie, son discours devenait véritablement passionnant.

Près de Lucrezia était assis Giovanni de Médicis. Maigre, pâle, rieur, ses yeux noirs cerclés de mauve creusaient profondément l'orbite. « Voilà un homme qui ne fera pas de vieux os ! » pensa Niccolo Ardinghelli, lorsqu'il le surprit essuyant discrètement sa bouche avec son mouchoir qu'il dissimula très vite, rougi de sang. Et, à côté de Piero de Médicis, Ginevra, l'épouse de Giovanni. Niccolo n'ignorait pas que Ginevra était née Albizzi. C'était une fort jolie blonde, fade et triste, « sans odeur ni saveur », pensa Niccolo Ardinghelli, et un instant il se demanda comment l'héritière de la famille ennemie des Médicis avait pu épouser Giovanni. Il ignorait qu'elle avait enterré son dernier-né il y avait tout juste six mois, et qu'inconsolable elle avait frôlé la folie.

De l'autre côté de la table, face à Cosimo et Contessina, lui-même était encadré par Pierfrancesco de Médicis et sa délicieuse épouse Laudonia, qui riait et faisait des mines. « Une parfaite petite dinde », se dit Niccolo, qui porta son attention sur Pierfrancesco. C'était un fort bel homme vigoureux, rusé, passionné, et dont l'âpreté se devinait à ses gestes, à sa voix rauque, à son regard vif, parfois cruel, parfois naïf, jamais indifférent. Près de Pierfrancesco, Maria de Médicis se taisait farouchement. De temps à autre, elle échangeait un bref regard avec Niccolo Ardinghelli. Puis dans la seconde baissait les yeux sur son assiette. Et ce petit manège de coquetterie amusait Niccolo Ardinghelli qui rendait œillade pour œillade, et se désolait de n'être pas assis au côté de l'aguichante fille de Lucrezia de Médicis.

Les membres de cette famille étaient-ils unis ? Niccolo n'en aurait pas juré. Il remarqua, surpris, que Piero de Médicis ne regardait jamais sa fille et ne lui adressait pas le moindre mot. Indifférence parfaite que lui rendait d'ailleurs Maria dont le regard glissait sur son père comme si elle ne le voyait pas. Il surprenait parfois le regard froid de Lucrezia posé sur Pierfrancesco. Il comprenait à demi-mot les petites pointes féroces que s'envoyaient les trois jeunes femmes, Ginevra, Laudonia et parfois Lucrezia. « La lutte pour la première place ! » pensa Niccolo Ardinghelli, qui se demanda laquelle des trois était la préférée de Cosimo — donc la plus susceptible de lui venir en aide le cas échéant. Il n'y avait pas le moindre doute. C'était Lucrezia. Cosimo lui demandait sans cesse son avis, négligeant le mécontentement manifeste de Contessina, qui pourtant paraissait également très bien s'entendre avec Lucrezia...

Ce qui s'offrit à table ce soir-là pouvait être considéré comme un dîner de luxe, et Niccolo Ardinghelli fut sensible à cette marque d'attention. « Si l'on me traite en invité de marque », c'est que ce que j'ai apporté avec mon projet vaut plus qu'une simple découverte de minerai..., se félicita-t-il. Mon garçon, la fortune est à toi ! » Et il se fit verser par le valet qui se tenait derrière lui un grand verre de Trebbiano.

Après le dîner, la famille s'attarda au coin de la cheminée, et Maria de Médicis prit un luth. Elle jouait remarquablement bien, possédée par la musique, et Niccolo Ardinghelli dressa l'oreille. Maria improvisait sur des airs français du Moyen Âge et elle chantait presque à mi-voix :

Que faire ? s'amour me laisse...
Nuit et jour
Ne puis dormir...
Quand je suis, la nuit, couchée
me souviens
de mon ami...

La chanson de Maria cessa. Elle décrut comme un souffle et s'évanouit doucement dans le silence. Soudain, la jeune fille enfouit son visage dans ses mains. Elle ne pleurait pas, mais paraissait très malheureuse. Tous semblaient accoutumés à ce geste, et l'on savait qu'il ne servirait à rien de vouloir porter consolation ou amitié à la jeune fille qui rejetterait l'une et l'autre. Après son chant, les bavardages reprirent, gais, bruyants, chaleureux. Seule Lucrezia observait attentivement sa fille avec tristesse.

Vers minuit, les membres de la famille s'apprêtèrent à aller se coucher. Sagement, Maria, obéissant aux exhortations de sa mère, était déjà montée dans sa chambre, non sans avoir jeté un rapide regard d'intelligence à Niccolo Ardinghelli. Lucrezia le remarqua et eut un frémissement d'inquiétude qu'elle chassa aussitôt, s'interdisant d'aussi stupides pressentiments.

Installé auprès de la cheminée sur un lit bas recouvert de fourrure, Piero ronflait paisiblement. Lucrezia frappa des mains pour le réveiller. Il souleva péniblement ses paupières alourdies.

— Hein ? dit-il. Quoi... ? Qu'est-ce ?

Lucrezia le secoua légèrement.

— Nous devrions tous déjà dormir !... Notre hôte doit être mort de fatigue, n'est-ce pas, Messer Niccolo ?

Le jeune homme s'inclina avec grâce.

— En effet, Madonna Lucrezia ! J'avoue que je suis rompu et que rien ne me fera plus de plaisir qu'un bon lit !

— Je t'en prie, Piero ! exhortait Lucrezia. Viens te coucher ! il est plus de minuit... !

Après mille soupirs, Piero posa un pied à terre et, soutenu par Contessina et Lucrezia, quitta enfin la pièce. Lorsqu'elle fut assurée que chacun des membres de la famille était dans sa chambre, Lucrezia fit le tour des chambres qu'occupaient ses enfants. D'abord celle des garçons, Lorenzo et Giuliano. Le cœur gonflé d'amour, elle se pencha sur Giuliano. Il était beau. Ses boucles noires encadraient un visage poupin d'angelot, et comme il était paisible et attendrissant ! Si beau en vérité... Puis elle alla vers le lit où dormait Lorenzo. A dix ans, on voyait déjà qu'il ne pourrait jamais prétendre à la beauté si chère à sa mère. Sur son visage se heurtaient sans harmonie les traits des Médicis et des Tornabuoni, et c'étaient malheureusement ceux des Médicis qui dominaient.

— Mon petit, murmura Lucrezia, le cœur serré, mon pauvre petit homme à moi...

Elle arrangea les cheveux noirs collés par la sueur, remonta les couvertures. Lorenzo ouvrit les yeux et reconnut sa mère.

— Maman ? Maman, c'est toi ? Embrasse-moi.

Lucrezia le baisa sur le front.

— Dors, mon petit garçon. Dors...

Aussitôt l'enfant se rendormit, un sourire de béatitude heureuse sur les lèvres. Et là, dans son sommeil, l'espace d'une seconde, il fut beau.

Après être allée vérifier que Bianca et Nannina étaient bien endormies, elle entra dans sa propre chambre non sans avoir marqué un temps d'arrêt devant la chambre de Maria. L'oreille collée contre la porte, elle écouta avec une attention aiguë. Elle entendit la jeune fille chantonner. Rassurée, elle courut dans le couloir comme si on l'avait poursuivie et s'enferma. « Mais que craignais-je donc ? que suis-je allée imaginer ? » Elle s'appuya contre sa porte, haletante, épuisée. « Impossible ! je suis impossible ! »

Dans la cheminée, une bûche tomba dans une gerbe d'étincelles. La lueur du feu se fit brusquement plus brillante... Lucrezia s'allongea tout habillée sur son lit et ferma les yeux. « Au moins..., pensa-t-elle, au moins je puis vivre avec une certitude. C'est que, tôt ou tard, les portes de la mort s'ouvriront devant moi, et cela, en vérité, cela m'est une bien douce consolation... »

*

Cette nuit-là, Niccolo Ardinghelli, malgré sa fatigue, ne dormit pas. Durant des heures il se tourna et se retourna dans son lit. Il se levait, allait à la fenêtre, l'ouvrait, respirait l'air humide et froid, puis retournait se coucher. Tous les événements qui s'étaient écoulés depuis le moment où il avait franchi la porte du Palais Médicis, jusqu'à cette longue et moite insomnie, défilaient dans son esprit enfiévré... La fortune... Elle était là devant lui, souriante, bonne fille en somme, plus facile qu'il ne l'avait supposé. L'aube pointait lorsque le sommeil le terrassa.

Au travers des longues fenêtres étroites, on apercevait le jardin, éclaboussé de lumière hivernale.

Jamais, lorsqu'il descendit, Niccolo Ardinghelli ne s'était senti aussi sûr de lui, insolent et fier.

La famille Médicis était accoutumée à prendre son premier déjeuner ensemble, aussi Niccolo fut-il un peu surpris en voyant autour de la table les quatre plus jeunes enfants de Lucrezia qu'il n'avait fait qu'entr'apercevoir la veille. Après avoir salué cette nombreuse compagnie, Niccolo observa le garçon de dix ans environ qui se trouvait assis au côté de Cosimo et qui échangeait avec lui quelques mots à voix basse. Le regard que l'enfant levait vers le vieillard était empreint d'une telle adoration, d'un tel respect, et celui que Cosimo posait sur son petit-fils était d'une telle tendresse que Niccolo s'en sentit bizarrement remué. Lui était orphelin, seul au monde. Lui avait grandi dans un orphelinat pour enfants de bonne naissance mais sans argent, lui ignorait tout de cet échange de tendresse, de confiance, de respect, qui parfois passe de l'un à l'autre des membres d'une même famille... Il eût souhaité à cet instant précis prendre la place de l'enfant, regarder Cosimo avec ce même regard et l'appeler « père »... Conscient du ridicule de son souhait, Niccolo émit un petit ricanement et se plongea dans un délicieux lait d'amandes chaud, servi avec une profusion de pâtisseries variées.

Il appréciait, lui qui la veille encore avait déjeuné dans une sordide auberge, le linge blanc, l'argenterie et les cristaux fins, les hautes piles de pâtisseries, les saucisses et les œufs à volonté. Pour un peu, il se serait mis à chanter de joie pure, de bonheur parfait. Son corps, son esprit, étaient en parfaite harmonie avec l'intensité de ce moment. Rares sont ces moments, et Niccolo Ardinghelli le savait. Aussi entendait-il n'en pas perdre une seconde.

Cosimo lui demanda des nouvelles de sa nuit et ajouta, la main posée sur le jeune garçon assis à côté de lui :

— Mon petit-fils Lorenzo va venir avec nous ce matin visiter nos manufactures et notre arsenal. La « Camera dell'Arma » n'est pas très éloignée du Palais des Prieurs... Le Signor Martelli nous servira de guide. Tout cela lui appartient !

Il insista légèrement sur ces derniers mots, que Niccolo ne releva pas.

Avec enthousiasme, Lorenzo s'écria :

— Messer Martelli vient de créer des armes de toute beauté ! Ce sont de véritables œuvres d'art ! Grand-père, pourrai-je en avoir une ?

Cosimo secoua négativement la tête.

— Non, mon garçon ! tu es encore trop jeune !

Puis, se tournant vers Niccolo, il continua :

— Dès que vous vous serez rassasié, nous nous mettrons en route ! J'ai fait prévenir Martelli. Il nous attend.

Cosimo offrait ce matin-là un visage un peu plus amène que celui dont Niccolo avait gardé le souvenir. Était-ce la présence de ses petits-enfants qui parlaient tous à la fois, chacun cherchant à capter l'attention du vieil homme, tous manifestant la même adoration, à la fois familière et pleine de respect ? Lorsque le repas du matin fut achevé, il y eut une brusque débandade. Les femmes préoccupées par la bonne marche du Palais Médicis houspillaient déjà servantes, valets, esclaves, tandis que les enfants allaient et venaient, sautaient autour de leur grand-père, qui souriait malgré le tumulte et les cris. Et cette agitation dura une bonne demi-heure. Demi-heure qui parut un siècle à Niccolo Ardinghelli qui s'agitait sur son siège.

Enfin, à son grand soulagement, les enfants, puis Maria disparurent à tour de rôle dans de bruyants éclats de voix mêlés de rires. Seul Lorenzo restait assis au côté de son grand-père et ne bougeait pas. De nouveau, Niccolo le dévisagea avec une curiosité méchante. Les traits de son visage étaient encore confus, imprécis, mais le nez était déjà déformé, la mâchoire s'avançait dans un prognathisme menaçant. Lorenzo surprit le regard de Niccolo et le soutint tranquillement.

Gêné, Niccolo esquissa un sourire qu'on ne lui rendit pas. Un brusque silence apaisant, presque incongru, succéda aux clameurs. Niccolo laissa échapper un bref soupir que perçut aussitôt Cosimo.

— Vous verrez, Messer Niccolo, vous verrez, lorsque vous serez marié, comme l'on aime et que l'on est esclave de ses enfants et de ses petits-enfants ! Je ne sais rien leur refuser. Je suis un grand-père gâteau ! Ma belle-fille me gourmande sans cesse, mais mon seul bonheur est d'être avec eux... Un jour vous vous marierez... Vous verrez alors ! Vous verrez...

Niccolo sursauta et éclata d'un rire sonore.

— Me marier ? moi ? Jamais !

— Allons donc ! s'écria Cosimo, surpris. Un gaillard comme vous ? Une femme saurait vous rendre heureux !

— Et pourquoi une femme ? se gaussa Niccolo. Quand...

Il s'interrompit devant le regard attentif de l'enfant. Cosimo n'insista pas.

— Bien bien ! dit-il seulement. Si un jour vous changez d'avis, je demanderai à mes deux plus jeunes belles-filles, Laudonia et Ginevra, de vous trouver une jolie héritière qui vous donnera une belle assise dans la vie... Une bonne nichée de marmots, voilà qui donne sens à la vie d'un homme.

— Je ne crois pas que ce genre d'existence me conviendrait... Non, en vérité je ne le crois pas ! J'ai eu quelques amis qui se sont mariés et qui six mois après le regrettaient amèrement ! Oh, certes, leur honneur n'était pas en cause ! Mais pourquoi épouser une petite sotte qui fait des manières le premier soir, et qui, ensuite, vous fait payer votre vie durant d'avoir été le premier à la percer ? Grand Dieu ! un honnête homme a mieux à faire en ce monde que de se marier ! Le monde est vaste à découvrir ! L'idée que je pourrais passer ma vie aux pieds d'une oiselle qui m'ennuiera à mourir me fait horreur ! Dès que mes affaires seront en ordre, je retournerai vers l'Orient... Et puis l'Asie, si je le peux... Ah ! Messer Cosimo, comment vous expliquer la griserie qui vous gagne et ne vous lâche plus lorsque votre cheval foule un sol inconnu, lorsque vos oreilles ouïssent une langue aux consonances étranges, incompréhensibles, lorsque votre bouche goûte des mets épicés jusqu'alors ignorés de votre estomac... C'est là une griserie pure !

Niccolo s'exaltait, et perdit de sa morgue. En parlant, son visage retrouvait les traces de l'enfance perdue, et ce furent ces vestiges infimes que perçut Lorenzo qui l'écoutait avec une sympathique compréhension.

— Des voyages... jusqu'au bout du monde ! soupira-t-il avec envie. Oh, partir... partir..., ne serait-ce pas merveilleux ! Qu'en penses-tu, grand-père ?

— Partir ? Il n'y a rien de meilleur en ce bas monde ! Je vous comprends tout à fait, Messer Niccolo. Autrefois, j'aimais partir aussi... Maintenant... Je fais d'autres voyages. Dans mes livres... Mais vous vous trompez en ce qui concerne les femmes. Vous vous trompez absolument !

— Croyez-vous ? siffla Niccolo avec ironie.

— Oui. Certainement. Il n'y a pas que des petites dindes... Il y a des femmes intelligentes, dures à l'ouvrage, qui peuvent vous aider à faire votre fortune...

— Ah ? Eh bien, je n'ai pas rencontré une femme de ce genre.

Il s'interrompit, et il pensa que Maria de Médicis n'était ni une dinde ni une sotte. Et soudain il se rendit compte que ce matin-là elle ne lui avait lancé aucune de ces œillades qui l'avaient si fort amusé la veille. Pourquoi lui battait-elle froid ? Qu'avait-il fait qui lui eût déplu ?

— Une fois lié à une femme, reprit-il avec humeur, vous voilà attaché comme un galérien à sa galère. Tout ce qu'il y a en vous de grandiose, d'ambitieux, de libre, est réduit à néant ! Les hommes qui ont réalisé de grandes choses ne se sont jamais mariés !

— J'aimerais vous convaincre que vous vous trompez, mon jeune ami ! rétorqua vivement Cosimo. Mais ce serait en pure perte ! Sachez seulement que si j'ai quelque peu réussi dans ma vie, mon épouse, ma très chère Contessina, y est certainement pour la plus grande part. Et si mon fils Piero... Mais, laissons cela et partons chez Andrea Martelli ! Il nous attend !

Cosimo se redressa en prenant appui sur l'épaule de son petit-fils. C'était là, visiblement, un geste habituel, car

Lorenzo s'y prêta avec naturel. De nouveau, Niccolo éprouva une impression désagréable de haine, de mécontentement et d'envie.

*

L'atmosphère sinistre, silencieuse, sévère, du Palais Martelli était on ne peut plus différente de celle qui régnait au Palais Médicis. Et lorsqu'il y pénétra, Niccolo Ardinghelli réprima un frisson.

Depuis la mort tragique de sa fille et de son gendre [1], le Signor Andrea Martelli s'occupait de ses petits-enfants, qu'il s'efforçait d'élever, sans y parvenir. Le chagrin l'avait tellement vieilli que, bien que plus jeune que Cosimo d'au moins quinze ans, il paraissait presque aussi âgé que lui.

— Mon cher Cosimo ! j'ai reçu votre message ce matin à l'aube, dit Martelli. C'est bien d'être venu ! Et avec votre petit Lorenzo ! Charmant garçon en vérité... Sa mère peut en être fière ! Allez-vous bien tous ? Ainsi, voilà donc votre invité ?

Le Signor Martelli dévisageait tristement Niccolo Ardinghelli. Bien qu'il s'efforçât d'être aimable, courtois, et même souriant, il ne parvenait pas à donner le change. « Cet homme est à moitié mort ! » pensa Niccolo. Même les rapports que Martelli entretenait avec Cosimo de Médicis n'étaient plus les mêmes que ceux, soumis, qu'il avait eus auparavant. Il n'avait plus qu'une seule raison de vivre : ses petits-enfants, qui cependant ne parvenaient pas à lui arracher un vrai sourire. Il les aimait, mais il était désormais incapable de manifester sa tendresse de quelque manière que ce fût. Il se contentait de s'inquiéter s'ils mangeaient, s'ils dormaient bien, et si leurs précepteurs respectifs étaient satisfaits de leurs élèves.

Cosimo exposa brièvement le motif de sa visite, puis les trois hommes et Lorenzo sortirent.

Moins de dix minutes plus tard, le petit groupe pénétra à l'intérieur de l'arsenal. Jamais Niccolo n'avait vu un tel

1. *Le Lys de Florence.*

amoncellement de bombardes, de cottes en maille de fer (Cosimo lui expliqua que les cottes étaient fabriquée à Florence) et de cuirasses ouvragées.

C'est devant les canons de fer qui luisaient dans l'ombre, que Niccolo Ardinghelli comprit que la chance de sa vie était vraiment là, devant lui. Amoureusement, il caressa les longs tubes sombres, magnifiques dans leur immobilité menaçante.

— Quelles merveilles ! soupira-t-il, extasié. Il n'existe pas un pays au monde qui refuserait d'acheter ces petits bijoux...

— Nous avons un correspondant à Paris, Jehan d'Italie, dit Cosimo qui l'observait avec attention. Je vous donnerai des lettres que vous lui remettrez lorsque vous irez à Paris. Ce que vous voyez là est destiné à l'Angleterre pour le compte de Richard, duc d'York. (Il désigna du doigt une rose sculptée peinte en blanc.) C'est à cet emblème, une rose blanche, que nous reconnaissons les armes destinées au duc d'York. Et c'est heureux ainsi, parce que sinon nous ne saurions les différencier des armes que nous envoyons aux partisans des Lancaster et du roi Henri VI. Celles-ci sont décorées d'une rose rouge [1]. Les roses blanches doivent partir au plus tôt !

— Et le parti d'en face... la rose rouge ?

— Recevra son chargement un peu plus tard... A notre dernière livraison, il a été servi en premier. Tenez, venez voir nos dernières fabrications.

Niccolo suivit les deux vieillards et l'enfant dans une autre salle où se trouvaient des centaines d'armes qu'il ne connaissait pas. Il s'arrêta devant une sorte de couleuvrine portative et la désigna d'un air interrogateur.

— Ce sont des « schiopettis » et des « spingarde [2] ». Ces armes viennent d'être fabriquées, dit Martelli. Chacune d'elles ne nécessite pour son maniement que deux hommes, alors que les canons que vous admiriez tout à l'heure ont besoin d'au moins huit hommes pour être manœuvrés.

1. Et cela s'appellera la guerre « des Deux-Roses » qui opposera la Maison d'York à celle de Lancaster, et qui durera trente ans.

2. Escopette et petit canon.

Niccolo Ardinghelli émit un léger sifflement approbateur. Il ne pouvait parler. Une émotion puissante lui serrait la gorge. Il se félicitait, il se bénissait, la fortune était bien là où il l'avait cherchée, elle se tenait devant lui sous l'aspect de ces longs canons ouvragés, de ces jolies couleuvrines, légères, élégantes, de ces somptueuses cuirasses dont certaines, réservées aux princes, étaient incrustées d'or et de pierres précieuses. Une vision fantastique de son avenir se dessinait devant lui. Un avenir qu'il allait forger de ses propres mains. Un avenir fait de milliers de champs de bataille de par le monde. On se battait en Angleterre — une guerre civile pour des raisons obscures. Un homme, le duc d'York, voulait la place qu'occupait un autre homme : le roi Henri VI, qui ne voyait aucune raison de la lui céder. Et pour cela, des milliers d'individus se jetaient les uns contre les autres et se massacraient joyeusement pour satisfaire le caprice de l'un ou l'autre de ces deux individus... Dans tous les pays, dans toute l'Europe, dans tout l'Orient, les guerres se multipliaient, se chevauchaient, et se multiplieraient et se chevaucheraient jusqu'à la fin des temps, pour des raisons aussi stupides, aussi dénuées d'intérêt, que la satisfaction de l'orgueil ou de la vanité d'individus persuadés qu'ils détiennent la vérité. La Vraie. La seule. La Leur. Et lui, Niccolo Ardinghelli, verrait ses coffres se remplir. Chaque conflit irait grossir son tas d'or.

Il regarda avec une affection débordante Andrea Martelli qui passait et repassait sur les canons une main froide et blanche aux veines saillantes. « C'est lui qui fabrique et qui invente... Cet homme est un génie ! »

Cosimo l'observait sans rien dire. Lorsqu'il parla il s'adressa à son petit-fils Lorenzo, qui sautait d'une arme à l'autre, admiratif, plein d'enthousiasme.

— Tu vois, mon enfant, jusqu'où peut aller le génie de l'homme ? Autrefois, pour régler ses conflits, il se servait de ses poings, puis d'une arbalète... Un homme ne pouvait tuer qu'un homme dans le même instant. Aujourd'hui, à l'aide de ce superbe canon, si élégant, si racé, le même homme peut en tuer huit, dix, d'un coup et d'un seul ! N'est-ce pas un progrès stupéfiant ?

— Ah ! dit Lorenzo, le visage frappé de stupeur et d'inquiétude. Ah, répéta-t-il en proie à une profonde déception. C'est donc fait pour tuer ?

Cosimo et Niccolo éclatèrent de rire, tandis que Martelli grimaçait un sourire.

— Eh bien, mon garçon, dit Cosimo avec bonne humeur, qu'avais-tu donc imaginé ? Mais dis-toi bien que la plupart du temps, les pays ennemis surarmés se regardent comme deux chiens qui se montrent les dents. Tous deux se flairent, se jaugent et s'ils sont de force égale, retournent vers leur arbre et lèvent la patte... C'est à cela aussi que servent les armes. Deux pays de force égale hésiteront à s'attaquer...

Il n'ajouta pas, même s'il le pensait « ... mais aucun d'eux n'hésitera en revanche à s'attaquer à un pays plus faible pour le dépouiller, et parfois même à s'associer pour le faire ! »

Confus, Lorenzo baissa la tête. Il n'avait rien imaginé et surtout pas la guerre. Il avait admiré les sculptures délicates sur le fer du canon, sur les somptueuses cuirasses d'argent, sur les couleuvrines de bronze... Il avait été sensible à la beauté des formes, à l'élégance des teintes... Comment imaginer que la beauté puisse tuer ?

Sa déception était telle qu'il en avait les larmes aux yeux.

Aucun des deux hommes ne parla beaucoup pendant le court trajet du retour. Ils avaient tellement parlé durant des heures ! Ils avaient signé tant de papiers, vérifié tant de comptes que, maintenant, ils se sentaient épuisés. La journée avait passé avec une rapidité confondante, et Niccolo était affamé. Il se sentait particulièrement heureux, à l'aise, au large dans sa peau. Sa gaieté, pourtant, ne se communiqua ni à Cosimo, songeur, ni à Lorenzo, encore naïvement stupéfait par ce qu'il avait appris quelques heures auparavant. « Les armes ne sont pas seulement de beaux objets que l'on peut admirer pour l'harmonie parfaite de leur forme, elles servent aussi à tuer. Et plus leurs formes sont belles et harmonieuses, mieux elles répondent aux lois du fameux " nombre d'or " nécessaires à toute création artistique ou physique, et plus elles sont meurtrières... » Cette phrase dansait dans sa jeune tête de dix ans, et il ne pouvait imaginer les conséquences de ses réflexions. Lorsqu'il sentit que celles-ci allaient porter atteinte aux êtres qu'il chérissait le plus au monde — son grand-père Cosimo, sa mère Lucrezia de Médicis, qui discutait marché et transactions avec la même vigueur que ses oncles Giovanni et Pierfrancesco —, il arrêta de réfléchir.

Quelque part, quelqu'un se trompait, et ce n'était ni sa mère ni son grand-père... Et cette première grande confusion spirituelle qui avait failli l'entraîner hors du cercle familial cessa presque aussitôt qu'elle avait commencé. Restait, cependant, une antipathie profonde, tenace, envers Niccolo Ardinghelli, qui ne se doutait pas en cet instant précis de ce que le jeune Lorenzo de Médicis pensait de lui. Dès que le Palais Médicis fut en vue, Lorenzo s'élança et courut. Le souvenir de cette journée s'échappait déjà de la mémoire de l'enfant.

C'était une journée de vent et de froid, une de ces journées tristes, grises, humides, qui donnent envie d'un grand feu dans une salle bien close aux rideaux de velours sombre et aux tapisseries chatoyantes, qui donnent aussi envie de compagnie, de musique et de rires... Aussi, lorsque la porte du Palais Médicis se referma sur eux, les deux hommes se sourirent avec satisfaction et, nonobstant leurs sentiments réels d'aversion et de méfiance, ils eurent l'un pour l'autre un élan d'amitié factice provoqué par le bien-être soudain, par les odeurs appétissantes qui venaient des cuisines, des odeurs très épicées, très parfumées, qui amenaient l'eau à la bouche. Et cette fallacieuse amitié se traduisit dans la bouche de Cosimo par un vigoureux :

— Ah, voilà qui est bien ! Nous allons dîner de joyeux appétit, qu'en pensez-vous ?

Niccolo acquiesça. D'autant plus joyeusement que la grande salle était pleine de gens et que tous riaient, chantaient, papotaient, comme si tout allait pour le mieux dans le meilleur des mondes. On célébrait l'anniversaire de Laudonia de Médicis.

Il y avait là, outre la famille de Médicis, une bonne vingtaine de personnes appartenant à la haute bourgeoisie marchande de Florence. Peu d'aristocrates parmi eux. Et les présents, les Bardi, les Tornabuoni, les Strozzi ou les Pazzi, n'étaient venus que parce qu'ils étaient liés à Contessina de Médicis par le sang. Un groupe d'enfants de dix à treize ans jouaient dans une autre salle qu'on leur avait réservée. Niccolo observa que Lorenzo de Médicis s'amusait comme un fou à tourmenter une fort jolie fillette de son âge, qui ne se laissait pas faire et rendait coup pour coup.

— Vous observez ma filleule ? dit une voix derrière lui.

Il se retourna brusquement. Lucrezia de Médicis souriait à son fils Lorenzo qui, très occupé à tirer sur les nattes blondes de la fillette, ne prêtait pas une once d'attention aux grandes personnes qui les regardaient.

— C'est une fort jolie petite fille..., dit poliment Niccolo Ardinghelli, et quel caractère ! Voyez comme elle attaque et se défend ! Je n'ai jamais rien vu de pareil chez une petite fille ! En principe, elles devraient être douces et soumises, n'est-ce pas ? Celle-ci me paraît être un vrai démon !

— N'est-ce pas ? dit en riant Lucrezia de Médicis. Lucrezia est la fille de Manno et de Caterina Donati. Caterina Donati est une petite-cousine de ma belle-mère. Elle est née Bardi...

Ce soir-là, Niccolo trouva Lucrezia de Médicis singulièrement séduisante dans une robe de velours rouge d'un modèle que l'on portait vingt ans plus tôt. La robe, bien que démodée, était fort belle et la silhouette de Donna Lucrezia, longue, mince et souple, ravissante à regarder.

— Vous n'ignorez pas que Contessina de Bardi, ma belle-mère, appartient à l'une des plus anciennes familles de Florence. Caterina Donati est la fille de...

Malgré elle, Lucrezia de Médicis éprouvait toujours le besoin de donner la généalogie des gens qui fréquentaient le Palais Médicis.

Mais Niccolo n'écoutait que d'une oreille distraite. Il regardait les enfants qui se disputaient avec force cris. La petite Lucrezia s'était agrippée aux basques de Lorenzo à qui elle envoyait des coups de pied.

— Cette petite peste est votre filleule ? Je vous plains de tout mon cœur ! A moins que ce ne soit surtout sa mère qui soit à plaindre !

— Ah ! Il est bon d'avoir du caractère ! Surtout pour une femme !

— Oui, sans doute, dit pensivement Niccolo, les yeux toujours fixés sur la joyeuse enfant qui maintenant riait et dansait sur place, ayant visiblement réduit Lorenzo de Médicis à crier grâce.

Quelques secondes plus tard, la fillette passa devant lui comme une flèche, coursée par Lorenzo, désireux d'obtenir une vengeance aussi cuisante que rapide.

— Allons nous restaurer, mon ami..., dit doucement Lucrezia de Médicis en posa sa main sur le poignet que lui tendait Niccolo Ardinghelli.

Dans la grande salle, la fête battait son plein, et la jolie et fade Laudonia de Médicis (née Acciaiuoli) recevait les compliments et les vœux de toute l'assemblée avec sa grâce coutumière.

Parmi les groupes, celui des jeunes filles était dominé par Maria, dont la beauté ce soir-là sauta aux yeux de Niccolo Ardinghelli. Et ce fut lui qui chercha son regard, le trouva souvent et le fixa alors comme un serpent cherche à hypnotiser une proie. Niccolo était plein de joie. Son allégresse se manifestait par une gaieté débridée, surexcitée. Il dansait fort bien, chantait à ravir, et se tailla un fort joli succès. Il dansa plusieurs fois quelques passacailles avec Maria qui maintenant le regardait profondément, les yeux interrogateurs, presque inquiets.

Toute la soirée, qui se prolongea fort tard, Maria fut étourdissante de gaieté. Elle riait, se moquait de tout et de tous avec beaucoup d'esprit, et sa mère était la seule personne à savoir combien toute cette gaieté, tout cet amusement, était factice. A mesure que s'avançait la nuit, Maria accumulait les sourires, les provocations et les œillades. Il était clair désormais que Niccolo Ardinghelli la désirait, et non moins clair que ce désir était partagé. Maria avait deviné que le jeune homme était un cynique. Prodigieusement intelligent, certes, superbe et désirable, avec un visage qui paraissait sculpté dans la pierre, d'une gentillesse exquise parfois avec des manières d'une surprenante douceur, mais — et cela Maria ne pouvait l'oublier — Niccolo Ardinghelli était un cynique.

Après avoir dansé avec lui une volte très osée, suivie d'une gaillarde, Maria, essoufflée, demanda grâce. Il l'entraîna à l'écart dans une encoignure des larges fenêtres. Les musiciens jouaient quelque chose de très lent, de très triste, et Maria soupira. Niccolo lui serra la main et la porta à ses lèvres.

— Que faites-vous ? balbutia Maria, frémissante.

— Savez-vous que vous me rendez très malheureux ? dit gaiement Niccolo.

— Allons ! Vous vous moquez ! Pourquoi vous rendrais-je malheureux ?

— Parce que demain vous m'aurez oublié... A peine vous aurai-je connue ! Et je dois partir...

— Quand ?

La voix de Maria était un peu sèche.

— Bientôt. Dans une semaine ? Un mois ? deux mois ? Dès que les affaires qui me lient à votre grand-père seront réglées.

Maria rit, soulagée.

— Il s'en passe des choses en deux mois !

— Vous voulez apprendre à me connaître ?

— Peut-être.

— Moi je connais déjà tout de vous.

— Tiens donc ! Et qui vous a si bien renseigné sur moi ?

— Mon âme. Mon cœur... Ils m'ont dit que vous étiez une délicieuse jeune fille... encore vierge...

Ces deux derniers mots furent prononcés à voix très basse.

— Que dites-vous ? Je n'ai pas entendu !

— Rien, dit Niccolo d'une voix rauque.

Il plaqua ses lèvres contre la paume de la jeune fille. Le cœur de Maria s'affola sous cette caresse brutale et pourtant si douce. Un frisson la parcourut tout entière... Elle eut peur soudain.

— Ne restons pas là... Mère n'aimera pas cela ! dit-elle très vite.

Et elle se sauva en courant.

Sa mère l'intercepta au moment où elle s'apprêtait à rejoindre le groupe fort bruyant des jeunes filles Donati.

— Eh bien, Maria, où étais-tu donc passée ? demanda Lucrezia. tout le monde te cherche...

Elle regardait le visage rouge et animé de sa fille, ses yeux étincelants... Maria rayonnait d'une joie secrète, fulgurante.

— Avec qui parlais-tu ? insista Lucrezia.

Du menton, Maria dévisagea Niccolo qui de loin adressa aux deux femmes un petit salut.

Mécontente, et peut-être déçue, Lucrezia dit avec humeur :

— Ce n'est pas un homme pour toi, mon enfant...

Irritée, Maria répliqua vertement :

— Je le sais bien, maman, que ce n'est pas un homme pour moi ! Mais grand Dieu, qui est un homme pour moi ? Peux-tu me le dire ?

Et, sans attendre de réponse, elle partit en courant.

Restée seule, un peu désemparée, Lucrezia observa que Niccolo plaisantait avec Caterina Donati, une fort belle femme brune, grasse et gaie. Le cœur serré, Lucrezia soupira :

— Seigneur, quelle sotte je suis ! Mais qu'allais-je imaginer ?

II
MARIA

Il était tard lorsque la soirée prit fin. En longue chemise de nuit de linon blanc, ses cheveux noirs dénoués jusqu'à la taille, Maria de Médicis s'apprêtait à se mettre au lit. Elle n'était pas fatiguée, bien au contraire. Elle aurait pu rester éveillée toute la nuit, incapable de dormir, vibrante d'émotion et de tendresse pour tout l'univers.

Sa pensée revint vers Niccolo Ardinghelli et elle se sentit parcourue par une incompréhensible émotion. Ce fut un curieux sentiment qu'elle n'avait ni désiré ni prévu, mais qui s'empara d'elle d'une manière obscure et brutale, et qui la força à réfléchir. « Voilà qui est curieux..., serais-je amoureuse de lui ? Je ne le connais pas... mais... j'ai envie d'être embrassée par lui ! » Et cette image, la bouche de Niccolo sur la sienne, la fit trembler. Elle s'efforça de se calmer. « Bien... Bien ! Voilà qui est bien !... Dans trois mois, je vais me marier avec un homme qui ne m'épouse que parce que je lui apporte un gros sac de florins-or pour compenser le déshonneur d'épouser une bâtarde ! Il faut que cela se paye cher ! Et moi aussi je vais faire payer au sieur Lionetto de Rossi de m'épouser dans ces conditions !

Dans sa rage, son humiliation, elle ne se rendait même pas compte qu'elle parlait à voix haute, criait presque...

Et cette violente impression que Niccolo Ardinghelli avait faite sur elle allait son chemin à travers un dédale d'émotions fortes, mais il lui suffisait de fermer les yeux, de penser à nouveau à Niccolo Ardinghelli pour qu'une multitude de petits frissons fort agréables parcourussent son corps. Brusquement elle éprouva un tel désir de sentir les bras de Niccolo Ardinghelli autour d'elle que, sans réfléchir davantage, elle s'empara d'une mante de laine fine qu'elle jeta sur ses épaules et, furtive, se glissa dans les couloirs.

L'amour n'avait jamais tenu une grande place dans la vie de Maria. Tout son corps, toute son âme ne s'exprimaient que dans la musique, qui jusqu'alors lui avait apporté les émotions que pouvait donner l'amour. Elle ignorait ce que signifiait le mot « amant » et si elle n'était pas tout à fait ignorante de ce qui se passait entre un homme et une femme dans un lit, elle était absolument neuve, pas même effleurée par des mains indiscrètes de pensionnaires, comme cela se faisait souvent dans les couvents où les jeunes Florentines de grandes familles étaient censées apprendre à devenir des jeunes femmes accomplies. Elles y apprenaient, certes, l'art de tenir une maison, mais elles y apprenaient également, par les multiples confidences (ou expériences) ce que toute femme doit savoir sur les choses de l'amour. Nombre d'entre elles y découvraient aussi la douceur des attouchements féminins qui les préparaient mal à subir les futurs assauts de l'homme qu'on leur aurait choisi.

Ce n'était pas le cas de Maria. D'une pudeur farouche malgré sa coquetterie naturelle, elle n'avait jamais accepté en guise d'apprentissage amoureux les petits jeux coquins et innocents de ses compagnes.

Elle s'arrêta un instant devant la porte de Niccolo Ardinghelli. Son émotion était si forte qu'elle tremblait. Le couloir était sombre. A peine si l'on distinguait çà et là la lueur confuse de chandelles achevant de se consumer, et il faisait un froid glacial. Et c'est parce qu'elle frissonnait et avait besoin de feu, de réconfort, d'un lit chaud, que la jeune fille entra dans la chambre de Niccolo Ardinghelli qui, en chemise, debout devant la cheminée, réfléchissait à la soirée qu'il venait de passer. Il pensait à Maria et, lorsque la porte s'ouvrit sur elle, il n'en fut pas autrement surpris.

— Alors vous voilà..., dit-il en souriant. Vous vous êtes bien fait attendre !

Il n'avait encore jamais contemplé sur un visage de femme l'amour naissant, mais il le voyait sur celui de Maria et il en fut profondément touché. Il ne savait comment manifester cette émotion neuve. Il lui tendit les mains et répéta :

— Alors..., répéta-t-il, vous voilà... Enfin.

Maria fut à peine étonnée par ces propos. Peut-être les espérait-elle ? Audacieusement, elle redressa la tête, prit les mains que lui tendait Niccolo et se laissa attirer vers la cheminée.

— J'ai froid, dit-elle pour dissimuler son trouble.

La cheminée était immense ; un tronc entier y brûlait. Maria avança les mains et les présenta aux flammes. Niccolo se dit qu'il n'avait jamais rien vu d'aussi ravissant que cette jeune fille assise sur un tabouret bas, illuminée par la lumière rose et dansante des flammes.

— Sais-tu bien qui je suis ? demanda-t-il en la tutoyant pour l'apprivoiser, impressionné malgré lui par la dignité, la fierté qui se dégageaient de Maria. Peut-être vaudrait-il mieux que tu retournes d'où tu viens ? Allez, va, petite fille...

Cette dernière phrase fut prononcée à voix basse. Maria se redressa et le regarda.

— Je dois me marier au printemps prochain. Le saviez-vous ?

— Oui... On en a parlé tantôt... Puis à table... Es-tu contente de ce mariage ?

— Non.

Il la dévisagea, et son regard fit renaître en Maria le même trouble que quelques instants plus tôt. Elle se sentait sans force pour se défendre, et ne le désirait pas. Mais elle tremblait d'une crainte délicieuse. Elle savait parfaitement pourquoi elle était venue et ce qui allait se passer. Nul n'aurait pu, à ce moment précis, la faire dévier de sa volonté.

— As-tu déjà embrassé un homme ? demanda Niccolo, partagé entre plusieurs sentiments contradictoires, où l'apitoiement dominait.

Incapable de répondre, Maria secoua la tête.

Niccolo avait cette faculté précieuse entre toutes, non seulement de savoir très exactement ce qu'il valait, mais de posséder une connaissance parfaite de la réalité. Il ne s'était jamais raconté d'histoire, et il ne s'en raconterait jamais. Il lui fallait son temps, ses mains, son cœur libres pour édifier son avenir. Cette édification future ne lui interdisait pas un doux amusement avec une ravissante oiselle venue dans sa chambre. Et il la refuserait d'autant moins que, s'il n'avait pas été pris dans l'engrenage de son ambition, il se fût laissé aller à la douceur d'un sentiment inconnu de lui. Mais il jugula ce sentiment avec une vigueur de dompteur qui force un fauve à rentrer en cage.

Il se pencha sur les mains de Maria et en embrassa les paumes avec une sensualité bouleversante. Radieuse, Maria le contemplait les lèvres entrouvertes, tout entière au frémissement de cette bouche sur ses mains. Fasciné, éperdu, Niccolo releva la tête et la regarda. Il se dit confusément qu'il n'avait jamais rien vu d'aussi joli, d'aussi rayonnant que le visage de Maria. « Mais, pensa-t-il, mais elle m'aime ! »

Bizarrement, alors que les deux jeunes gens avaient tout juste échangé quelques paroles au cours du repas, qu'ils ne se connaissaient qu'à peine, ils n'éprouvaient ni l'un ni l'autre aucune gêne. Ils se désiraient mutuellement avec tant de force qu'il leur avait suffi de quelques instants pour franchir les distances qui séparent deux inconnus. Cependant, le désir violent qu'éprouvait Niccolo Ardinghelli se mêlait à un curieux sentiment de tendresse, de respect. En temps ordinaire, il se fût emparé de sa jeune proie, l'eût possédée sans ménagement, voire avec brutalité, et l'eût renvoyée chez elle. Il avait été accoutumé ainsi depuis son plus jeune âge. Étonné par ce sentiment qui n'avait rien à voir ni avec l'amour ni avec le désir, Niccolo attira doucement Maria contre lui et l'embrassa. Aussitôt, Maria devint incandescente, et Niccolo fut fasciné par les promesses de plaisir qu'il pouvait augurer de la nature profondément sensuelle de la jeune fille. Il l'éloigna de lui pour ne pas précipiter le moment de la prendre et la ménagea quelques instants.

— Pourquoi souris-tu ? chuchota Maria.

— Je souris parce que je vois une petite fille triste..., belle mais triste... et je vais l'embrasser et la caresser jusqu'à ce qu'elle soit heureuse... C'est bien, et c'est bon l'amour, ma jolie. Je te ferai l'amour, mais je te promets de ne pas te faire d'enfant. Il faut que tu sois tout à fait calme et sans crainte à ce sujet. Il faut que tu aies confiance en moi... Je te veux. Je te veux très amoureusement. Et je veux te rendre heureuse et gaie...

Maria haussa légèrement les épaules.

— Gaie ! Je ne serai jamais ni gaie ni heureuse... Pourquoi le serais-je ?

— Parce que tu es jeune, belle, et que la vie peut te réserver beaucoup de bonheur...

Les sourcils froncés Maria demanda :

— Partirais-tu avec moi dès maintenant ? Moi je le pourrais... Je crois que je pourrais t'aimer...

Niccolo ne sursauta même pas en entendant cette phrase. Un instant, il eut le désir de s'enfuir avec Maria, puis tout de suite les conséquences d'un tel acte s'étalèrent devant ses yeux. Cela aurait signifié la fin de sa vie peut-être, mais à coup sûr la fin de ses ambitions, de sa fortune, et cela il ne le fallait à aucun prix !

— Chut ! Tais-toi !... Tu dis des bêtises..., chuchota-t-il contre ses tempes.

Puis, pour la faire taire, il l'embrassa sur la bouche jusqu'à ce qu'un tremblement incoercible s'emparât d'elle, signifiant ainsi que la jeune fille ne pourrait plus opposer la moindre résistance. Il la souleva et la porta vers le haut lit à baldaquin dont les rideaux avaient été tirés.

*

Les semaines suivantes allèrent bon train. Tous les matins, il y avait une réunion de travail dans le cabinet de Cosimo. La première heure était sans doute la plus laborieuse. Assis autour de la longue table recouverte d'un tapis de velours aux riches teintes rouge sombre, damassé et brodé, Cosimo et ses fils Piero et Giovanni faisaient face à son neveu Pierfrancesco et à Niccolo Ardinghelli. Les cinq hommes étudiaient, estimaient et décidaient ce que Niccolo devait apprendre pour vendre au mieux les lances, épées, dagues, éperons, heaumes et bassinets à la dernière mode, que Florence vendait à toute l'Europe. Et surtout au Moyen-Orient, défiant ainsi l'ensemble des États italiens et le pape Pie II qui voyait le danger que pouvaient représenter pour la chrétienté des musulmans surarmés.

Cosimo recommanda chaleureusement à Niccolo de prolonger son séjour à Lyon :

— Si ma petite-fille Maria épouse Lionetto de Rossi comme il en est question, vous serez à pied d'œuvre pour prospecter à travers toute la Bourgogne et la Franche-Comté. Il m'est venu aux oreilles que l'on va se battre très prochainement en ces contrées. Un armement nouveau et de qualité ne pourrait que plaire au roi de France et au duc Charles de Bourgogne... Méfiez-vous cependant des héritiers de ce pauvre Datini. C'était un coquin, mais un coquin sur lequel on pouvait compter. Eux sont des forbans. Ils seront pour vous des rivaux redoutables et des concurrents de première force ! Ils emploient une horde de mercenaires qui vont sur les champs de bataille ramasser les armes des soldats morts ou blessés. Il est hors de doute que ceux-ci sont achevés sans autre forme de procès ! Les mercenaires se servent eux-mêmes d'armes encore en bon état, et revendent leurs excédents à la Maison Datini qui en a immédiatement l'emploi. Vous allez, en quelque sorte, marcher sur ses plates-bandes ! Alors... à vous de jouer... ! Avignon vous plaira. Nous y avons beaucoup d'artistes, des orfèvres, des comptoirs de banque, des comptoirs d'étoffes précieuses, de bijoux... Certains commerçants venus de Florence y sont devenus si riches que les mors de leurs chevaux et leurs éperons sont en or fin, merveilleusement ouvragés...

Niccolo Ardinghelli écoutait, enregistrait tout ce que Cosimo et Andrea Martelli lui disaient. Parfois il posait une question qui soulevait de violentes polémiques, puis, après deux bonnes heures de discussion, les trois hommes se rendaient à l'arsenal et choisissaient, étudiaient chaque arme nouvelle. Niccolo devait en très peu de temps en apprendre par cœur le maniement et pouvoir en décrire chaque détail.

Les soirées, invariablement, se passaient de la même manière. Les Médicis, comme tous les Florentins, retardaient le moment du repas du soir, afin de consacrer le temps qui le précédait à recevoir de nombreux amis et voisins. Les mères qui avaient des fils ou des filles à marier allaient de maison en maison en compagnie de leur progéniture, certaines d'y trouver moult jeunes gens en âge de prendre épouse ou époux. Depuis l'arrivée de Niccolo Ardinghelli, il ne se passait pas une soirée au Palais Médicis, où une demi-douzaine de jeunes filles ne vinssent à lui être présentées. C'est ainsi qu'il fut officiellement introduit auprès de l'une des plus anciennes familles aristocratiques de Florence, les Donati. Caterina de Bardi-Donati était une des nombreuses petites-cousines de Contessina, et la malheureuse n'avait pas moins de cinq filles à marier.

La famille Donati, bien que d'illustre ascendance, n'avait pas assez de fortune pour doter ces cinq jeunes filles qui étaient censées faire le bonheur de la Maison. Alexandra et Cosa avaient enfin, après de longues tractations et un endettement plus lourd que prévu, trouvé des maris. Alexandra avait épousé un Vénitien, le prince Trevulzio, et Cosa un riche marchand milanais qui, s'il ne la rendait pas heureuse, du moins la mettait à l'abri du besoin jusqu'à la fin de ses jours. Que les trois plus jeunes, Constanza, Luisa et Lucrezia, fussent jolies, intelligentes et cultivées était sans importance. Seule leur absence de dot comptait. Constanza allait sur ses seize ans et nul épouseur éventuel n'était encore venu lui faire la cour. Tout Florence savait que la Maison Donati n'avait pas un ducat. Aussi Constanza enrageait, craignant, non de mourir vierge (il y avait beau temps qu'elle avait réglé cette intéressante question au mieux de son tempérament ardent et volontaire), mais de finir ses jours au couvent le plus proche. Elle se confiait souvent à ses amies, les jeunes Médicis, Maria, Nannina et Bianca. Cette dernière était déjà fiancée officiellement avec Guglielmo de Pazzi, jeune homme de près de dix-huit ans. Et les familles Médicis et Rucellai avaient aussi signé un contrat de fiançailles entre Nannina, qui venait d'avoir onze ans, et Bernardo, qui en affichait douze... Quant à Maria, les préparatifs de son prochain mariage faisaient jaser tout Florence.

Deux mois avant le départ de Niccolo pour Paris, Cosimo eut une idée qu'il jugea fabuleuse, et qu'à son ordinaire il exécuta sur-le-champ. Il se rendit à l'atelier des célèbres frères Ghirlandaio et choisit deux apprentis peintres dont on lui disait merveille. Séance tenante, il les emmena à l'arsenal et leur dit :

— Dix florins-or pour chacun de vous, si dans les trois jours vous m'avez dessiné tout ce que cet arsenal compte d'armes, cuirasses ou cottes de mailles...

Les deux jeunes artistes ouvrirent de grands yeux étonnés.

— Hein ? firent-ils en chœur. Ces centaines de... ce n'est pas possible !

— Vous ne m'avez pas compris ! Vous devez dessiner un modèle de chaque arme... C'est là tout. Je reconnais que c'est beaucoup. Il y en a au moins vingt, tous différents les uns des autres... Alors ?

Les deux gamins s'entre-regardèrent. Dix florins d'or ! Une vraie petite fortune !

— Nous allons essayer..., dit prudemment le premier.

— Nous le ferons ! assura le second avec fermeté.

Cosimo sourit.

— Si vraiment vous y parvenez... j'ajouterai dix autres florins !

Puis il alla rejoindre Andrea Martelli et Niccolo Ardinghelli à qui il expliqua ses projets. Le jeune homme partirait avec une centaine de dessins représentant les différents modèles à vendre. Les dessins seraient infiniment plus explicites qu'un long discours, et feraient gagner un temps précieux à leurs négociateurs.

*

Depuis la nuit où elle était allée rejoindre Niccolo, Maria vivait dans un rêve qui avait changé toute son existence. Quand il revenait de l'arsenal, ou de l'atelier des frères Ghirlandaio avec une profusion de dessins, elle aimait rester auprès de lui et pouvait, des heures entières, l'écouter parler avec passion des armes qu'il allait vendre, de celles qu'il allait racheter pour ensuite les revendre... Parfois leurs regards se rencontraient, et c'est précisément ces regards furtifs, entendus, qu'avait surpris Lucrezia de Médicis, extrêmement inquiète.

Les Donati vinrent souvent au Palais Médicis au cours des dernières semaines que Niccolo Ardinghelli passa à Florence. Manno Donati et Niccolo Ardinghelli sympathisèrent très vite. Parce que Manno Donati voyait en ce jeune aristocrate célibataire non seulement un gendre futur, mais aussi, mais surtout, un jeune homme plein d'avenir, plein d'ambition, et qui pourrait d'une manière ou d'une autre servir ses intérêts. En réalité, Manno Donati n'avait que deux buts dans la vie. Deux buts, qui l'occupaient du matin au soir, et auxquels il consacrait ce qui lui restait de sa fortune ! marier ses filles et détruire les Médicis qu'il rendait responsables de sa ruine. Ce second souhait ne pouvait être pour le moment qu'un vœu pieux, car Manno Donati n'était pas en mesure de lutter efficacement contre l'influence médicéenne. En effet, jamais la famille n'avait été aussi populaire. Le vrai maître de la cité était Cosimo, et Cosimo savait ce qu'il fallait aux Florentins. Des fêtes, des tournois, des courses de chevaux, des bals, des représentations théâtrales, de la musique.

Hors du Palais Médicis, sans jamais chercher à le dissimuler, Niccolo revit souvent Manno Donati, avec lequel il entretint de longues conversations.

*

Au fil des jours, le travail s'accumulant, Andrea Martelli évoqua à plusieurs reprises la nécessité d'embaucher une centaine de manufacturiers... Cela devenait urgent pour respecter les délais de livraison. Il avait besoin d'au moins trois cents ouvriers supplémentaires. Les mines de fer et de pyrite se développaient à une cadence accélérée, et il fallait une main-d'œuvre capable d'accéder aux nouvelles techniques de fabrication.

— Il faudra voir, dit Cosimo. Trois cents ouvriers supplémentaires représentent une charge bien lourde... Votre compagnie pourra-t-elle le supporter ?

Les yeux d'Andrea Martelli se plissèrent, ce qui à la rigueur pouvait passer pour un sourire.

— Ma compagnie ? dit-il en insistant sur le « ma ». Sûrement pas. Si ce n'est avec l'aide de nos associés...

— Alors nous verrons, grommela Cosimo. Trois cents personnes ! Et vous les ferez venir d'où ? Sans doute avec leurs familles ? Cela va faire mille, mille cinq cents personnes à déplacer, à installer ! Il faut des logements... C'est beaucoup d'argent... Beaucoup d'argent... Nous y réfléchirons...

En vieillissant, Cosimo ne devenait pas vraiment avare, mais extrêmement économe. S'il n'hésitait pas à dépenser des sommes colossales pour des commandes d'œuvres d'art, pour ses hôpitaux, ses bibliothèques ou ses collections d'objets rares, il hésitait à dépenser lorsqu'il s'agissait d'agrandir ou de moderniser ses manufactures. Cette position étonnait et irritait son entourage qui ne comprenait pas sa nouvelle manière de faire.

Pierfrancesco de Médicis échangea avec Niccolo Ardinghelli un regard d'intelligence. Indéniablement, les deux hommes sympathisaient. De six ou sept ans plus âgé, Pierfrancesco avait tous les stigmates de l'ambitieux, avec en plus, et cela pouvait être inquiétant, beaucoup plus d'opiniâtreté que Niccolo.

— Mon cher oncle, plaida Pierfrancesco, si tu obtiens, comme tu le souhaites, l'exploitation des mines d'alun de Tolfa, plus les filatures de velours de soie dont tu t'es rendu acquéreur il y a huit mois, plus les nouvelles machines d'imprimerie que tu veux exploiter avec le juif Soncino, je ne vois pas comment tu pourras faire face à tout cela sans engager d'autres manufacturiers.

Puis, s'adressant avec une fausse désinvolture à Niccolo Ardinghelli, il lui lança en souriant :

— Mon cher Niccolo... Vous êtes venu parmi nous avec une très bonne nouvelle : les mines d'alun, et une très bonne idée : remplacer les armes usagées par un armement neuf et efficace pour les pays riches, et revendre les armes anciennes à bas prix aux pays pauvres. N'auriez-vous pas dans vos basques une autre suggestion ? Un petit miracle par exemple... Comment engager sans trop de frais deux cents à trois cents manufacturiers d'un bon rendement ?

Irrité, Cosimo trancha :

— Voyons, terminons d'abord ce que nous avons commencé ! Sur les moyens de transport et le paiement des traites... Nous verrons le problème des manufacturiers plus tard. Notre correspondant à Paris, Jehan d'Italie, comptabilise toutes nos ventes d'armes en France et en Angleterre. C'est lui qu'il conviendra de voir en premier lieu...

S'engagea alors une longue discussion sur la place bancaire qui, en France, allait prendre le relais des compagnies bancaires Médicis... La conversation s'éternisait. Elle porta aussi sur les délais de livraison qu'il fallait, à n'importe quel prix respecter... Et tout naturellement on évoqua à nouveau le problème de la main-d'œuvre supplémentaire, nécessaire à l'achèvement des commandes espérées.

Niccolo Ardinghelli échangea encore un regard avec Pierfrancesco et revint à la charge. Il y avait peut-être une solution. Il suffisait d'engager une centaine d'esclaves noirs dont il venait de se rendre acquéreur à vil prix. En réalité, peu avant son arrivée à Florence, Niccolo Ardinghelli s'était engagé à payer à terme une cargaison d'esclaves, et la date approchait où il devait se rendre chez les propriétaires. En cet instant précis, et tandis qu'il expliquait son plan à Cosimo et à Andrea Martelli, il pensait avec satisfaction qu'il était en mesure de jouer, et largement, ce qu'il devait, ce qu'il n'aurait jamais pu faire trois mois plus tôt. Cependant, il souhaitait vivement se débarrasser de cette cargaison. Bien qu'officiellement interdit depuis 1235, le commerce illicite des esclaves était très florissant à Venise et à Florence. C'étaient pour la plupart des Noirs africains que les Mauresques enlevaient à leurs tribus et dont ils châtraient les plus beaux pour en faire soit des gardiens de leur harem, soit des compagnons de lit. Devant le refus indigné de Cosimo, qui jusqu'alors n'avait jamais employé ce genre de main-d'œuvre, Niccolo haussa les épaules, et Pierfrancesco eut un mouvement d'irritation vite réprimé. Niccolo vanta la marchandise :

— Ce sont des hommes immenses, robustes. Il le faut pour supporter ce qu'ils supportent et être encore vivants ! Et il y a quelques femmes parmi eux. Des femmes noires de dix à seize ans. Superbes ! Vierges pour la plupart. Celles qui ne le sont plus attendent peut-être un enfant et c'est encore du bénéfice... Pourquoi ne pas étudier sérieusement ma proposition ? Pourquoi pas ? C'est en partie la solution de ce problème de main-d'œuvre !

Obstinément, Cosimo secoua la tête.

— Jamais ! La loi l'interdit et... Oh, jamais !

Niccolo insista :

— Mais pourquoi pas ? Certes, pour l'instant, ces Noirs ne peuvent nous être d'aucune utilité. La plupart d'entre eux sont rongés par la maladie, affamés, épuisés par de longues semaines dans les cales des navires. Si nous ne les sortons pas de cet enfer, qu'adviendra-t-il d'eux ? Les navires sont ancrés à Pise mais les marchands mauresques doivent repartir bientôt et ils veulent repartir les cales vides. Ils sont prêts à céder entre vingt et soixante ducats par « sac d'os[1] » suivant l'âge et la force... Il faut ajouter que la condition actuelle de ces esclaves est horrible. L'on ne peut pas dire que les Turcs musulmans sont des modèles de charité humaine. Mais une fois bien rétablis, convenablement nourris, ils peuvent devenir parfaitement rentables. Songez-y... Une main-d'œuvre qui ne vous coûterait rien ! Juste la nourriture.

Brusquement, Cosimo eut l'impression bizarre d'être au bord d'un abîme. Pour la première fois depuis la mort de ce Lorenzo, son frère bien-aimé, il fut heureux de ce que celui-ci fût enterré et n'assistât pas à cet entretien. Qu'aurait-il ? Il aurait sûrement pris Niccolo Ardinghelli par le col et l'aurait jeté dehors séance tenante. Lorenzo qui disait : « Tout homme est ton frère. Quels que soient la couleur de sa peau, le langage de son pays, la religion de ses pères... C'est ton frère parce qu'il est homme... », Lorenzo qui voulait bâtir un monde où seraient bannis à jamais misère, inégalité, ignorance, crimes et brutalités... C'est pour cela qu'il avait donné toute sa vie et sa confiance à Cosimo qu'il adorait et admirait. Et le propre fils de Lorenzo, ce Pierfrancesco si cher au cœur de Cosimo, entérinait — mieux, approuvait — ce que disait ce coquin d'Ardinghelli. Cosimo avait le cœur au bord des lèvres. Il fixa longue-

1. C'est ainsi que l'on appelait les esclaves sur les marchés vénitiens, florentins ou milanais.

ment, silencieusement, son neveu, espérant malgré tout que celui-ci crierait son refus d'une telle proposition.

Son regard allait alternativement de Niccolo à Pierfrancesco, puis s'attarda sur celui de Niccolo. Il n'y avait rien sur ce visage si parfaitement beau et pur, si jeune aussi, rien à quoi l'on aurait pu adresser un appel à la pitié, à la compassion humaine. Il n'y avait qu'une froide logique souriante. Ces esclaves existaient. Si on ne les utilisait pas au plus tôt, ils mourraient. C'était aussi simple que cela.

Pierfrancesco et Andrea Martelli approuvèrent chaleureusement. Tous avaient à gagner à ce que ce marché se fît. Mêmes les Noirs que l'on allait sauver d'une mort atroce. En effet, il n'était pas rare que les Turcs musulmans jetassent par-dessus bord des cargaisons entières d'esclaves malades ou trop vieux pour être vendus.

« Ils ont raison ! pensa malgré lui Cosimo. Si l'on suit le raisonnement de Niccolo, on peut chiffrer à un florin près ce qu'un bon esclave pourrait rapporter ! » Si l'on suivait le raisonnement de Niccolo... Pris d'une fureur subite, Cosimo s'écria :

— Voyons ! cela n'a pas de sens... et c'est contraire à toute morale ! Employer des esclaves dans mes manufactures... Non ! jamais ! Ni ma femme, ni Giovanni mon fils, ni ma belle-fille, et Dieu sait s'ils sont intelligents et parfaitement au fait de mes affaires, n'accepteraient une chose pareille !

— Et pourquoi pas ? répéta Niccolo, fort de l'approbation que lui manifestaient Andrea Martelli et Pierfrancesco. Des esclaves bien dressés, bien nourris, bien formés, peuvent être la source d'inépuisables profits ! D'ailleurs, si vous refusez, ils sont condamnés à une mort certaine et terrible... Votre morale chrétienne en sera-t-elle satisfaite ? Si vous leur demandiez leur avis, vous verriez que ces esclaves vous remercieraient à genoux de les sauver d'une mort atroce...

Niccolo était très surpris. Jamais il n'aurait pu soupçonner en Cosimo une trace infime d'apitoiement ou de sensiblerie.

— Des esclaves noirs sont des esclaves. Même l'Église accepte ce fait ! Mieux : elle refuse de considérer qu'un esclave converti au christianisme puisse jamais être un homme libre ! Alors, où est le mal ? Il faut acheter cette cargaison de Noirs, et les faire travailler...

— Pas dans mes fabriques ! répéta Cosimo obstinément. Pas dans mes fabriques !

Soudain, il se souvint d'une phrase prononcée par Jan Hus. Une phrase qui, à l'époque, l'avait troublé : « C'est Moïse qui a dit : " Tu aimeras ton prochain comme toi-même... " Tout homme est à l'image de Dieu. Quelle que soit la couleur de sa peau. L'Église catholique a perverti la religion... » Il soupira, et dit à voix haute :

— Il n'y aura pas d'esclaves noirs dans mes fabriques.

— Pourtant, vous en possédez bien une bonne vingtaine qui travaillent dans votre demeure ! reprit Niccolo sans s'émouvoir. Qu'ils travaillent comme domestiques dans votre maison, ou comme manufacturiers dans vos fabriques, où est la différence ? Certes, vos esclaves sont des femmes et elles ne sont pas noires, mais, voyons, pourquoi hésiter davantage ? Ces hommes jeunes et vigoureux peuvent être d'un si excellent rapport...

Déconcerté, Cosimo ne sut que répondre. En effet, il avait des esclaves. Toute grande famille florentine en possédait. La plupart étaient des femmes — les maîtres de maison n'appréciant pas que leurs épouses s'octroyassent les mêmes droits qu'eux avec les jeunes filles qu'ils venaient d'acheter. Ces esclaves étaient blanches : circassiennes, russes, mauresques ou tartares. Rarement noires. Elles s'occupaient de travaux domestiques dans les demeures princières, et la plupart du temps étaient fort bien traitées. De plus elles pouvaient, selon les lois florentines, être libérées et obtenir une dot si elles trouvaient un époux. Les plus jolies étaient souvent traitées comme des maîtresses et ne travaillaient pas. L'un des bâtards de Cosimo, Carlo — celui qui était destiné à la vie cléricale et qui vivait actuellement dans un monastère non loin de Florence, n'était-il pas né d'une esclave ? Mais il l'avait aimée, cette petite Circassienne volée à ses parents par des Mauresques alors qu'elle était tout juste pubère, il l'avait prise en affection et avait été payé de retour.

Sur les 339 esclaves vendus la semaine passée à Florence, il n'y avait que 26 enfants mâles. Et c'était justement parce qu'il était interdit par le gouvernement, que le commerce était si rentable et florissant, et que la république de Venise venait de signer un accord avec le sultan Mohammed II afin de laisser circuler librement les navires transportant des esclaves. Les grands profiteurs de cet état de choses étaient les trafiquants qui jouaient sur les lois qui interdisaient, les coutumes qui permettaient, et l'Église qui bénissait le tout.

Et Cosimo lui-même, n'avait-il pas à Venise plusieurs représentants attitrés pour se procurer des esclaves ? Sans trop insister sur ce fait, Pierfrancesco le mentionna tout de même à plusieurs reprises.

— D'ailleurs, répétait Niccolo, espérant sans doute enlever l'assentiment de Cosimo avec cet argument, l'Église elle-même nc mct aucun obstacle à l'esclavage, pourvu que les esclaves ne fussent pas blancs et chrétiens... !

Niccolo connaissait bien son hôte et il savait qu'on ne bâtissait pas une fortune aussi immense sans prendre quelques libertés avec la morale et la conscience. Il émit alors quelques plaisanteries grivoises sur les magnifiques jeunes femmes noires qui faisaient partie de la cargaison. Pierfrancesco lui donna la réplique, et les deux jeunes hommes s'esclaffèrent bruyamment avec des propos obscènes. Ils se promettaient beaucoup de volupté avec ces drôlesses, persuadés qu'elles étaient plus aptes aux choses de l'amour que les grandes dames Florentines « fort ennuyeuses au lit, il fallait bien l'admettre... » Puis Niccolo ajouta, sans doute pour étayer ses propos :

— A Venise, place San Giorgio du Rialto, sur le marché aux esclaves, je tirerai de chacune de ces négresses au moins soixante ducats !

Cosimo se taisait. Il écoutait et regardait Niccolo Ardinghelli en remuant de sombres pensées : était-ce Niccolo Ardinghelli le coupable ? Était-ce lui qui avait chargé les navires mauresques de cargaisons d'hommes et de femmes noirs enlevés et transportés comme du bétail ? Était-ce lui qui provoquait les guerres ? qui engageait les hommes à se battre les uns contre les autres ? Niccolo, en somme, se contentait de tirer parti d'une situation, intolérable certes, mais que d'autres avaient créée. « De même que pour les armes... Il ne les fabrique pas... Il en serait bien incapable... C'est Andrea Martelli, avec mon aide, mon aide parfaitement efficace, qui a fait inventer et fabriquer canons, couleuvrines, escopettes, poudre de pyrite, explosifs... C'est nous qui avons commercialisé la mort, nous qui avons créé le marché de la mort. Et chacun des manufacturiers, chacun des transporteurs, chacun des inventeurs, du plus infime au plus grand, tous ceux qui travaillent pour nous tirent leur bénéfice et leur substance vitale de la mort que nous fabriquons, et que nous vendons. Il ne sert à rien de nous le dissimuler... Et maintenant, nous ne pouvons plus reculer... Ces machines de guerre et de mort sont devenues un élément vital de l'économie de Florence... Se priver des milliers de florins-or que cela nous rapporte, c'est fermer des hôpitaux, des écoles, condamner à la misère et au désespoir des centaines de familles... Je peux entretenir des artistes de génie sur un pied royal, parce qu'en Angleterre une guerre civile vient d'éclater et que celle-ci sera riche en profits pour Florence... Et pas seulement pour Florence ! Mais également pour Venise ! pour Milan !... Comment tout cela finira-t-il ? Oui, comment ?... Si ce ne sont des hommes comme lui... » Son aversion était telle qu'il ne parvenait plus à nommer Niccolo Ardinghelli par son patronyme. « Des hommes comme lui qui demain seront maîtres du monde ! Il ne faut pas se leurrer. C'est à lui et ses semblables que nous laisserons l'héritage des inventions dont nous sommes si fiers, de notre industrie, de notre savoir... » Il hésita, puis se dit : « Et si ce n'est pas moi qui signe ce marché, ce sera un autre. Et en cela, cela seulement, Pierfrancesco et cet homme-là ont raison. Pourquoi permettre à la concurrence de me battre ? Les Strozzi, les Pitti n'attendent qu'une occasion de ce genre pour vendre leurs produits moins chers que les miens... Autant que ce soit moi qui bénéficie de ce formidable enrichissement. D'ailleurs, si je ne le fais pas, les Noirs vont mourir, et où sera le bénéfice ? »

Lorsqu'il évoqua, au cours d'un dîner, ce qu'il pourrait faire devant toute la famille réunie autour de la table,

Giovanni, son fils préféré, blêmit et, le visage contracté, murmura :

— Ne fais pas cela, père ! Non pas pour l'Église dont tu te moques, mais pour toi... Père, je t'en conjure ! Ne fais pas cela ! Est-ce nécessaire d'avoir autant d'argent ? Je ne puis croire que Dieu ait voulu que l'homme possède tant de pouvoir et tant d'or ! Il est plus dans l'ordre des choses de mener une vie simple, frugale et tranquille, sans haine et sans violence... Il est plus dans l'ordre des choses de vivre entourés d'amis, d'êtres chers, de consacrer son temps aux livres, à la musique, aux arts, à l'amour de son prochain... Père, écoute-moi ! suppliait Giovanni, presque au bord des larmes. Ne fais pas cela !

Une violente quinte de toux l'interrompit. Tous, soudain silencieux, le regardèrent et frissonnèrent. Une présence invisible, mais que toute la famille percevait, était là, derrière le beau, le tendre Giovanni de Médicis. La mort attendait son heure. Elle n'était pas pressée.

Cosimo, songeur, triste, posa la main sur l'épaule de son fils.

— Tu me fais penser à mon frère. Comme lui tu es malade, et comme lui tu vis sur un nuage... L'art ? la musique ? la campagne entourée d'êtres chers ? la tranquillité de l'esprit pour savourer à leur juste mesure ces merveilles que nous offre l'existence et le génie de l'homme ? Oui, tout cela existe... Et cela a un prix... Ce prix, des marchands comme moi sont prêts à le payer... Ce prix, des rêveurs comme toi refusent de le regarder en face... L'argent n'est pas une chose à mépriser ! Tu ne sais pas ce que c'est que de vivre sans argent. Tu ignores ce que c'est que de vivre sans être servi par vingt domestiques et une vingtaine d'esclaves. Tu veux un tableau de Filippo Lippi, ce génial garnement ? Tu l'achètes. Quand et comme tu le veux... Tu as besoin des soins des plus illustres médecins ? Tu peux les avoir. Aussi vite que tu le veux... Toute ta vie tu n'as eu que la peine de désirer quelque chose et de l'obtenir...

— Sauf la santé, père ! dit en souriant Giovanni.

Des larmes jaillirent des yeux de Cosimo, et un instant il ne put répondre. Puis il reprit d'une voix sourde :

— ... Si nous avons encore la chance de t'avoir parmi nous, mon très cher enfant, c'est à l'argent que tu le dois. A l'argent qui a permis de te soigner, de te protéger... peut-être même de te sauver... Dans les familles pauvres, lorsque la phtisie s'empare d'un enfant, rien malheureusement ne peut sauver celui-ci. C'est pour cela que j'ai fondé cet hôpital gratuit qui me coûte très cher... Et c'est aussi pour cela que j'ai besoin d'argent. Comprends-tu ? Pour l'hôpital des Innocents, et pour un autre que je veux faire construire à Pise...

Giovanni baissa la tête et resta silencieux.

Cosimo se tourna alors vers son fils aîné Piero qui somnolait sur son lit bas.

— Et toi ? Que penses-tu de tout cela ? demanda-t-il sèchement. N'as-tu point d'avis à me donner ?

Ce dernier se contenta de hausser les épaules et demanda :

— Les Noirs sont-ils des hommes ? Si oui, cette opération est odieuse, sinon elle est nécessaire... Tout ce que peut raconter Giovanni sur Dieu et sur la bonté des hommes est pure stupidité... de malade. Ne proteste pas ! Je sais de quoi je parle ! Moi non plus je ne suis pas destiné à faire de vieux os ! Est-ce que j'en fais une histoire ?

Contre toute attente, cependant, Cosimo passa outre aux exhortations de Contessina et de Giovanni. Il avait lu dans le visage de Lucrezia, restée silencieuse, que cette entreprise était nécessaire. Elle l'avait regardé et avait très légèrement incliné la tête en signe d'assentiment. C'était aussi cela être Médicis.

Deux jours plus tard, avant de gagner Lyon, Niccolo Ardinghelli partit pour Pise et conclut le marché. Il était temps. Sur la centaine de Noirs, il n'en restait plus guère qu'une cinquantaine en état. Les autres étaient soit déjà morts, soit mourants. Peut-être pour soulager sa conscience, Cosimo insista pour que ces derniers fussent soignés dans les hôpitaux gratuits de Florence. Générosité qui fit hausser les sourcils aux Turcs musulmans qui ironisèrent sur la sottise du Florentin.

— Mieux valait les achever et les jeter à l'eau ! dit le chef de la flotte. C'était tout économie ! Mais enfin, du moment que le Médicis a payé, cette marchandise n'est plus la mienne. Qu'il en fasse ce qu'il voudra !

*

Depuis le début de la matinée, Manno Donati s'était réfugié dans son cabinet de travail. Il avait des comptes à faire, des lettres à écrire, et rien de tout cela n'était plaisant. Les comptes allaient accuser encore un déficit, et les lettres étaient des réponses négatives aux instances de plus en plus pressantes de ses créanciers. Il travaillait depuis plusieurs heures quand on lui annonça la visite de Niccolo Ardinghelli qu'il avait fait mander la veille.

Manno Donati posa sa plume d'oie, sécha les lignes qu'il venait d'écrire avec de la poudre d'ivoire et regarda son vis-à-vis.

Les deux hommes se fixèrent sans prononcer une parole. Enfin, Manno Donati dit :

— Merci d'être venu à ma demande... Que pensez-vous du roi de Bohême, Giorgio Podiebrad ?

Les yeux de Niccolo Ardinghelli exprimèrent de l'étonnement et il hocha la tête en signe d'ignorance. Alors, Manno Donati lui tendit un parchemin posé sur une table basse.

— Lisez ceci ! A voix haute, je vous prie. C'est intéressant.

Niccolo Ardinghelli lut :

— « *Traité d'Alliance européenne... pour résister aux Turcs musulmans...* »

Il interrompit sa lecture et jeta un regard surpris à son interlocuteur.

— Qu'est-ce que cela veut dire ?

— Continuez ! Lisez, je vous prie !

Le jeune homme reprit sa lecture :

— « *Dans notre désir de voir cesser et disparaître entièrement ces guerres, rapines, désordres..., nous nous sommes décidés, en toute connaissance de cause, après mûre réflexion, après avoir invoqué à cet effet la grâce du Saint-Esprit, avec les conseils et l'accord des prélats, des princes, des grands, des nobles et de nos docteurs en droit divin et humain, à cet acte d'alliance, de paix, de fraternité et de concorde destiné à durer inébranlablement...* »

Niccolo s'interrompit de nouveau et eut un petit ricanement.

— Encore un utopiste !

— Achevez, je vous prie ! dit Manno Donati avec agacement. Cette lettre a son importance. Si une confédération européenne s'unit contre les Turcs musulmans, tout le bénéfice en sera pour Cosimo de Médicis. Un bénéfice matériel puisqu'il commerce toujours avec eux, et un bénéfice moral puisqu'il sera considéré comme l'instigateur de l'unité européenne... Achevez cette lettre, je vous prie...

— « *... Nous voulons que si par hasard quelqu'un ou quelques-uns, en dehors de cette convention qui réclame de nous amour et fraternité, et sans avoir été attaqués ou provoqués, ouvrent les hostilités contre l'un de nous, ou s'il arrive qu'elles fussent ouvertes (ce qui paraît fort peu à craindre étant cette amitié et charité), notre Assemblée ci-dessous désignée doive, au nom de tous ceux qui figurent dans ce traité, envoyer immédiatement des ambassadeurs à nos frais communs et sans même en être requise par notre collègue attaqué, pour apaiser les litiges et rétablir la paix, à un endroit convenable aux parties ; et là, en présence des parties en conflit ou de leurs ambassadeurs plénipotentiaires, employer tout son zèle et toute sa diligence à rappeler les adversaires à la concorde et à la paix, à l'amiable s'il est possible, ou les amener à choisir des arbitres ou à plaider devant le juge compétent ou devant le Parlement ou Consistoire ci-dessous désigné. Et si, du fait ou par défaut de l'agresseur, la paix ne peut se faire par l'un des moyens susdits, tous les autres parmi nous, d'un accord unanime, voulons secourir notre allié attaqué ou contraint de se défendre en lui procurant chaque année pour sa défense les dîmes de notre royaume, ainsi que les revenus, gains ou émoluments de nos gens et de nos sujets, qu'ils auront versés à proportion de trois jours par année pour la jouissance de leur maison ou habitation. Giorgio Podiebrad.* »

Après avoir achevé sa lecture, Niccolo Ardinghelli haussa les épaules.

— Un utopiste ! répéta-t-il. Giorgio Podiebrad..., ce nom me dit quelque chose... Ah ! J'y suis ! Cosimo de Médicis m'en avait parlé les premiers jours de notre rencontre... Je pense qu'il venait de recevoir le présent document que vous venez de me faire lire.

— Je le pense, en effet, répondit Manno Donati d'une voix neutre. Et cela le travaille beaucoup... Il a fait dernièrement une déclaration à la Seigneurie...

Il se tut et joignit les doigts, les sourcils froncés.

— Ah ? Eh bien, je vous écoute..., s'impatienta Niccolo.

— Il propose de refuser de vendre des armes à quelque nation que ce soit pour les obliger à régler leurs différends autrement que par la guerre. Il a lu ce document en conseil devant tous les gonfaloniers.

— Quoi ? s'écria Niccolo. Ne plus vendre d'armes ? Cet homme est-il devenu fou ? Il va se ruiner !

— En ce moment, rien ne peut ruiner Cosimo de Médicis. Mais si son projet était accepté, c'est nous qui serions ruinés !

— Tout cela ne tient pas... Aucune nation n'acceptera de renoncer à s'approvisionner d'un bel armement ! Que l'autre commence ! diront-elles. Et nous suivrons... Il n'y a aucun risque.

— Vous avez peut-être raison en ce qui concerne les nations... Mais Cosimo s'est entiché de ce roi de Bohême et il pourrait renoncer à fabriquer et à vendre des armes... Et que deviendrez-vous alors ?

Niccolo Ardinghelli s'agitait.

— Ce Giorgio Podiebrad ! répéta-t-il à plusieurs reprises, un peu ébranlé par sa lecture.

Quelque chose s'était réveillé en lui. Quelque chose qui participait à sa vie d'autrefois lorsqu'il était enfant et que ses parents vivaient encore... Une époque de gaieté et de tendresse qui avait bercé ses premières années. Il secoua la tête, chassant d'inopportuns souvenirs.

— Cosimo de Médicis vieillit, et il est malade. A peine a-t-il un an ou deux à vivre..., dit doucement Manno Donati. Il ne pense plus qu'à ses philosophes, à son humanisme, à un nouvel ordre moral... De telles pensées ne peuvent que nuire à ceux qui le suivent... N'oubliez pas qu'il est sous l'emprise de Marsile Ficin.

Niccolo gardait le visage fermé. Plusieurs fois déjà, il

s'était opposé à Cosimo dont l'humanisme et le pacifisme l'exaspéraient.

— Je lui dois ma fortune, dit-il enfin. Je ne voudrais pas lui devoir ma ruine.

Un silence.

Puis, Manno Donati :

— Plusieurs de mes amis se sont enfin décidés à s'unir pour éliminer les Médicis... Pourquoi ne pas vous joindre à nous ?

Niccolo Ardinghelli resta un moment sans voix. Un peu mortifié tout de même du mépris sous-jacent que cette dernière phrase impliquait... Il allait se fâcher lorsque Manno Donati reprit vivement :

— Il n'est pas question bien sûr de trahir votre bienfaiteur ! Mais, encore une fois, il n'en a plus pour longtemps. Lorsqu'il sera mort, allez-vous laisser le gouvernement de Florence aux mains d'un ivrogne, d'un malade, un incapable comme Piero de Médicis ? Ou à celles d'un enfant comme Lorenzo ? Ils sont en France en ce moment, paraît-il ?

— Ils le sont en effet... Ne vous méprenez pas trop sur Lorenzo. C'est peut-être encore une enfant, mais son intelligence est exceptionnelle... Parfois, lorque nous nous trouvons face à face, j'ai l'impression d'avoir en ma présence un homme de mon âge ! Et pourtant je suis de dix ans son aîné !

— Raison de plus pour agir vite et nous débarrasser des Médicis ! dit vivement Manno Donati. Notre caste aristocratique ne doit pas supporter plus longtemps le joug d'un marchand ! Et vous êtes un aristocrate, Niccolo !

— Sans doute..., dit doucement Niccolo Ardinghelli en dévisageant son interlocuteur avec attention. Mais dites-moi, mon cher Manno Donati, qu'avez-vous à gagner à vous débarrasser des Médicis ?

— Demandez-moi plutôt ce que j'ai à perdre s'ils gagnent le pouvoir ! répliqua avec amertume Manno Donati. Les impôts exigés par les Médicis ont achevé de me ruiner ! D'autre part, il est clair que s'ils... disparaissent... la Seigneurie reviendrait à mes amis... qui peuvent également être *vos* amis... Ne prenez aucune décision pour l'instant. Réfléchissez bien à tout ce que je viens de vous dire... Pour l'heure, il n'y a pas d'urgence. Piero et son fils sont en France et ne rentreront pas avant plusieurs mois... Vous-même, n'avez-vous pas un voyage à faire à Lyon ?

— Si fait... Je pars dans quelques jours.

— En cas de nécessité, où puis-je vous faire parvenir un message ?

— Je vous indiquerai mon adresse au plus tôt. J'ignore encore où je logerai à Lyon...

Un plan encore assez vague se formait dans son esprit. Et ce plan avait nom Maria.

De nouveau un silence, puis Manno Donati dit en reconduisant le jeune Ardinghelli à la porte :

— Songez, mon cher ami, qu'un gendre tel que vous aurait mon pein agrément. J'ai plusieurs filles à marier... Lorsque vous en aurez terminé avec vos amours lyonnaises, venez me voir. Nous en reparlerons...

*

Le jour du nouvel an, on célébra le onzième anniversaire de Lorenzo de Médicis. Ce fut l'occasion de fêtes très gaies qui réunirent au Palais Médicis toute la « brigata » de Lorenzo, les jeunes Pazzi, les Rucellai, les Donati, les cousins Strozzi et Bardi, et les jeunes héritiers de la banque juive Scali — une joyeuse bande de vauriens bien décidés à faire des farces. Une quarantaine d'adolescents de dix à quatorze ans firent oublier au Palais Médicis les cinq années noires qui venaient de s'écouler. Même Lucrezia, très fière de son fils Lorenzo, se surprit à sourire et même à rire devant ces garnements déchaînés. On dansa, on chanta, on fit mille jeux, et cela dura près d'une semaine. Seule Maria ne participait pas vraiment aux fêtes qui se succédaient. Depuis le départ de Niccolo, elle errait comme une âme en peine et sa douleur était beaucoup plus profonde qu'elle ne voulait l'admettre.

Vers la fin du mois de janvier, les Médicis se préparèrent à recevoir Lionetto de Rossi et sa famille. La date de mariage avait été fixée pour le 25 janvier 1459, et le pape Pie II avait accepté de bénir les futurs jeunes époux. Jusqu'au moment du départ de Niccolo Ardinghelli, peu avant Noël, Maria de Médicis avait espéré qu'il la demanderait en mariage. Quelque honte qu'elle éprouvât à s'avouer la vérité, elle devait reconnaître qu'elle aimait un homme qui ne l'aimait pas et qui sans doute la méprisait. Par moments, elle évoquait les regards, les paroles, la tendresse que lui avait adressés Niccolo et elle se disait que le jeune homme l'avait aimée. « Au moins quelques nuits. » Alors elle se disait que jusqu'à son dernier jour Niccolo Ardinghelli serait son unique amour.

Souvent elle revenait par la pensée sur leur dernière nuit. La veille de son départ, Niccolo était venu la rejoindre dans sa chambre après minuit, alors que tous dormaient.

Maria ne dormait pas. Elle était affreusement triste. Son oreiller était humide de pleurs, et elle y enfouissait sa figure ravagée. Soudain, la porte s'ouvrit sur Niccolo.

— C'est moi..., dit-il.

Elle n'eut pas le temps de répondre, déjà il était auprès d'elle, et sa bouche s'emparait de la sienne.

Maria le retint contre elle.

— Tu es donc venu... ? Tu es donc venu... ?

C'était tout ce qu'elle était capable d'exprimer.

Sans mot dire, il l'enlaça et lui fit l'amour comme s'il l'aimait, comme si tout cela ne devait jamais finir.

L'aube se levait lorsque Niccolo s'apprêta à partir. Une dernière fois Maria l'étreignit contre elle avec une force désespérée.

— Je suis bien heureuse... vraiment bien heureuse que tu sois venu... de t'avoir connu...

— Moi aussi, ma petite douce... Je suis bien heureux de t'avoir connue.

Quelque chose de chaud, de tumultueux, s'empara de Maria et balaya toute dignité.

— Je t'aime, Niccolo ! Dieu que je t'aime... ! Emmène-moi avec toi !

Doucement, Niccolo se dégagea.

— Calme-toi... C'est impossible, tu le sais... Mais nous nous reverrons... Si tu le veux.

— Quand ? Quand cela ?

— Ne m'as-tu pas dit que tu devais épouser un certain Lionetto de Rossi, qui va diriger un comptoir de banques à Lyon dès le mariage célébré ?

— Si fait, dit Maria qui commençait à comprendre.

— Je serai à Lyon durant toute l'année et peut-être même jusqu'au milieu de l'année prochaine. J'espère que tu pourras me loger ?

Une flambée de joie balaya toute autre pensée.

— Oh ! Niccolo... Niccolo !... tu jures que tu viendras me voir ?

— Bien sûr, mon ange... Et nous recommencerons...

Mais maintenant, Maria l'écoutait à peine. Elle pensait que dans quelques mois Niccolo et elle, dans une ville étrangère, allaient se retrouver, s'aimer, et que rien ni personne ne viendrait se mettre entre eux. Il y aurait bien un mari quelque part, mais un mari n'était pas forcément gênant.

C'est à peine si elle l'entendit partir, et depuis elle vivait dans l'espoir de le revoir.

Ce qu'elle ignorait, c'est que Niccolo pour sa part avait emporté le souvenir de Maria comme un souvenir de gaieté et de tendresse. La jeune fille l'avait ému, il avait admiré son courage, et il l'aimait autant qu'un homme comme lui pouvait aimer. Quand il pensait à elle, c'était avec amitié, avec chaleur, avec désir, mais sans la passion exaltée qui animait Maria de Médicis. L'idée de la revoir prochainement à Lyon lui était agréable, mais s'il avait dû ne plus jamais la revoir, il n'en aurait pas souffert. Et parce qu'elle était impatiente de se marier afin de retrouver Niccolo au plus tôt, Maria accepta de connaître enfin le fiancé que son père lui avait choisi, et donna son accord pour un mariage éventuel.

L'arrivée de la famille de Rossi coïncida avec l'une des rares tempêtes de neige qui frappaient Florence, et les Florentins en profitèrent pour se livrer à de joyeuses batailles de boules de neige. Pour obéir à la bienséance qui exigeait que les deux fiancés ne vécussent point sous le même toit, la famille de Rossi avait été logée au Palais Tornabuoni, chez les grands-parents maternels de Maria de Médicis. Selvaggia et Francesco accueillirent avec courtoisie, si ce n'est avec chaleur, cette famille de marchands établie à Lyon, et qui commençait à construire une fortune respectable. Riches, ils l'étaient, ces Rossi, mais leurs origines siciliennes, puis leur installation en France — peut-être également le manque de temps — leur avaient fait négliger tout ce qui était fondamental chez les Médicis : l'art de la compagnie, l'art de la conversation.

En guise de première rencontre et afin de faire connaissance, Francesco et Selvaggia Tornabuoni avaient organisé une fort charmante soirée dans la tradition florentine. En pure perte. Causeurs subtils, passionnés de ces joutes oratoires où éclatent l'étendue des connaissances, la finesse et l'alacrité de l'esprit, les Médicis occupaient leurs loisirs à des réunions où tous avaient à cœur de briller. Il en était tout autre des Rossi, et cela sautait aux yeux dès lors qu'on les voyait pour la première fois. Et cette première fois-là fut un désastre. Il était clair que cette famille de Rossi n'était intéressée que par deux choses : Dieu et l'argent. Un jeune abbé les suivait partout. Ceci, à la grande stupéfaction des Médicis qui n'avaient que des rapports succincts avec la religion, préférant les conversations animées sur le « Nouveau Sçavoir » et le platonicisme, tel que l'avait envisagé Pléthon et tel que le transmettait ce jeune prodige d'intelligence qu'était Marsile Ficin. Cosimo et les siens s'intéressaient depuis trop longtemps aux humanistes, à tous les problèmes philosophiques que Pléthon avait soulevés pour accepter de passer une soirée en compagnie de gens bornés, dont la culture s'arrêtait aux textes des Évangiles.

Leurs invités montrèrent des visages froids, fermés, sévères, et s'étonnèrent de l'absence de la jeune fiancée qui, ce soir-là, s'était déclarée souffrante. En réalité, Maria voulait avoir l'opinion de sa mère sur son futur, et elle se souciait peu de le rencontrer. « Je vais l'épouser, n'est-ce pas ? Il sera bien temps pour moi de le connaître le jour de mes noces... ! »

Cosimo, Contessina, Piero et Lucrezia furent consternés

par cette première entrevue, et leur retour au Palais Médicis se fit dans le plus grand silence. Enfin, Cosimo murmura avant de se retirer dans son appartement :

— Si Maria ne veut pas de cet homme comme époux, nous ne la forcerons pas, quoi qu'il dût nous en coûter pour rupture de fiançailles...

Contessina approuva sans regarder Piero qui ne disait rien.

— Quand Maria doit-elle rencontrer son futur ? demanda Contessina.

— Pour le moment, il n'est pas question d'une rencontre, dit sèchement Lucrezia. Elle pense qu'il sera bien temps pour elle de le voir le jour de ses noces...

— Il faut qu'elle le voie avant ! dit impérativement Cosimo.

— Je vais essayer de la convaincre...

— Il le faut ! répéta Cosimo.

Puis la porte se referma sur lui et sur Contessina. Sans mot dire, Lucrezia s'enferma dans sa chambre, laissant Piero aux soins de ses domestiques. Il y avait sept ans que les deux époux faisaient chambre à part.

*

Le jour où elle accepta de rencontrer enfin son fiancé, tous les membres de la famille étaient réunis dans l'une des grandes salles de réception du Palais Médicis. Maria, parfaitement décidée à se montrer odieuse, arborait un air ironique et méchant. Elle avait pris comme confident son jeune frère Lorenzo, le seul d'ailleurs avec lequel elle pouvait s'entendre. Elle n'aimait pas ses sœurs Bianca et Nannina, et considérait Giuliano comme un bébé. Pour impressionner sa future belle-famille qu'elle détestait à l'avance, elle s'était voulue particulièrement séduisante.

Ce soir-là, Maria portait une longue robe d'un étonnant velours de soie d'un beau rouge sang de bœuf, avec de larges manches brodées et une résille constituée de perles fines aux épaules. Dégageant son front haut et rond, elle portait un hennin cylindrique recouvert d'un voile transparent.

— Tu verras, dit-elle à Lorenzo alors qu'elle descendait le grand escalier en ce bel atour, tu verras, mon petit, comme je vais lui faire horreur ! Je vais être méchante. Très méchante... Peut-être s'enfuira-t-il sans insister davantage ? Il paraît que ce sont des marchands de bétail, tu te rends compte ? Je vais épouser un marchand de bœufs et de vaches... Moi !... moi qui suis née Tornabuoni ! Parce qu'il faut que tu le saches, mon petit, je ne suis pas née Médicis ! Ah ! Je vais faire tout ce qui est en mon pouvoir pour me faire prendre en grippe !

— Peut-être, dit Lorenzo, s'efforçant de comprendre pourquoi cette étrange fille de dix-huit ans prétendait ne pas être une Médicis alors qu'elle était sa sœur et pourquoi elle ne voulait pas se marier, alors qu'un mariage était une cérémonie si amusante.

A chaque mariage où sa famille était invitée, il rencontrait ses amis Bernardo Rucellai, Guglielmo de Pazzi, Luigi Pulci, et surtout la jolie petite Lucrezia Donati avec laquelle il aimait tant se disputer. In petto, il pensa que le mariage prochain de Maria serait une occasion de plus pour retrouver sa petite bande, et il se sentait légèrement offensé de ce que Maria ne prît en aucune considération ce qu'il éprouvait, lui, Lorenzo.

— Vois-tu, mon petit, dit encore Maria à mi-voix, le seul que j'aurais épousé avec plaisir... c'était Niccolo. Niccolo Ardinghelli...

— Ah ! s'exclama Lorenzo, dépité. Je le déteste, moi ! Je n'aurais pas aimé qu'il fût mon beau-frère...

— Je sais. Tout le monde le déteste ici. Mais... moi, non. Je ne l'aurais pas détesté... Peut-être même... oui, peut-être l'aurais-je bien aimé...

Puis elle se tut et pensa que si elle se mariait, elle habiterait à Lyon et que là elle reverrait Niccolo.

Lorenzo n'insista pas et néanmoins pensa que c'était une bonne chose que sa sœur aînée n'épousât point Messer Niccolo Ardinghelli.

Un silence général les accueillit dans la grande salle où une dizaine de personnes se tenaient assises, bien droites, se fixant les unes les autres, parfaitement glacées, parfaitement gênées, ne sachant que dire. D'un seul coup d'œil, Maria vit la désolation de sa mère qui gardait les yeux obstinément baissés, la colère de ses grands-parents Tornabuoni, la froideur de Cosimo et de Contessina, et la satisfaction obtuse de son beau-père à demi allongé sur son lit bas.

Piero de Médicis n'avait pas bu ce soir-là pour savourer lucidement ce qu'il considérait comme une victoire personnelle sur sa femme Lucrezia. C'était lui qui avait trouvé ce parti pour Maria, lui qui avait engagé les pourparlers de mariage, lui qui avait donné sa parole... N'était-il pas, selon la loi, le père de la jeune fille ?

Depuis que le mariage avait été arrangé, Cosimo avait confié à Lionetto une succursale de la Banque Médicis à Lyon, et les résultats étaient mieux que satisfaisants. Ils avaient été excellents. Et c'est au vu de ces renseignements que Cosimo avait donné son accord. Un homme capable de gérer une succursale de la Banque Médicis comme le faisait Lionetto de Rossi était certainement un homme de valeur capable de rendre une femme heureuse. Mais il ne les avait encore jamais vus, ces Rossi dépourvus de culture. Et pieux. Oh si pieux ! « A vous dégoûter de la religion jusqu'à la fin de vos jours », pensait Cosimo. S'il avait su, jamais il n'aurait permis une telle union. Devant les chefs-d'œuvre qui ornaient les murs du Palais Médicis, ces marchands n'avaient eu que deux expressions : « Combien cela coûte-t-il ? » Et : « N'est-ce pas conséquent ? » Cosimo fulminait contre son fils d'avoir choisi ces « gens-là ». Pour lui, une œuvre de Donatello, Filippo Lippi, Ghiberti ou Fra Angelico n'avait pas de prix. Quelque fortune qu'il eût payé de tels chefs-d'œuvre, il se sentait encore redevable aux artistes à qui il les avait commandés. Il avait failli les jeter hors de sa vue, lorsque Madonna de Rossi s'était pudiquement voilé les yeux devant une Ève nue et coquine de Lippi.

Laura de Rossi, la mère de Lionetto, était une femme d'une cinquantaine d'années à la figure maigre et affaissée. Habillée avec élégance de somptueux brocarts, elle avait le front rasé afin que celui-ci parût plus haut et plus grand, et portait un turban de soie tressée dégageant un cou mince où s'accrochaient de lourds colliers d'or. Ainsi parée, cette femme eût pu prétendre à une certaine distinction, une certaine allure, et même un certain charme, si son visage fermé, ses lèvres minces et pincées n'avaient eu quelque chose de repoussant. Près d'elle se trouvait ce jeune abbé qui suivait la famille comme une ombre, et dont les yeux inquisiteurs et brûlants se posèrent sur Maria avec une évidente concupiscence.

Le père de Lionetto était un personnage qui ne déparait pas l'ensemble. Aussi maigre et sec que sa femme et son fils, ses yeux « évaluaient ». Quiconque rencontrait son regard savait sur l'instant à combien le sieur Rossi l'estimait. Il avait transmis à son fils, outre des principes religieux rigides, l'art et la manière d' « évaluer ». La famille de Rossi, avec son petit abbé, était bien aise d'être admise chez les Médicis. A en juger par ce qu'ils voyaient, où le moindre bibelot d'argent ciselé, le moindre vase de cristal incrusté d'or et de pierres précieuses, le plus petit retable, le plus petit des nombreux tableaux qui ornaient les murs valaient des sommes considérables, leur fils ne pouvait mieux tomber !

Le regard de Maria rencontra celui de Pierfrancesco son oncle. Elle savait que ce dernier avait pour elle une sincère affection. Il détourna aussitôt les yeux. Ses tantes Ginevra et Laudonia affectaient de tirer l'aiguille. Mais cela ne l'étonna pas de ces deux jeunes femmes à peine plus âgées qu'elle. Maria les avait toujours trouvées sottes et superficielles, et n'avait jamais dissimulé ce qu'elle pensait.

Seul son oncle Giovanni vint vers elle, les mains tendues.

— Ma petite Maria, dit-il avec cette grande tendresse un peu triste, ma petite Maria... voici la famille où tu vas vivre désormais... (Il aurait dit : « Voici le tombeau où l'on va t'enterrer vive », que sa voix n'eût pas été plus triste.)

Alors Maria se détourna légèrement et observa avec effronterie les quatre personnes qui composaient la famille Rossi.

D'abord son fiancé, qui s'avançait vers elle. Il n'était pas laid. Du moins pas aussi laid qu'elle l'avait férocement espéré. C'était un long jeune homme maigre et souple, mis avec recherche d'une vaste cape de velours noir doublée de martre, et rien dans le visage frais aux traits plutôt agréables n'était repoussant. L'œil était grand, noir, velouté, le sourcil épais, bien dessiné, la bouche charnue. C'eût été un jeune homme tout à fait charmant si ses défauts ne gâtaient l'ensemble. Une manière de se tenir légèrement incliné en avant, ce qui gâchait sa belle taille, un regard faux, mais peut-être dû à un excès de timidité...

Maria était parfaitement consciente d'être au centre de l'intérêt général, et elle savoura ce moment insolite.

— Alors, vous allez être mes futurs beaux-parents ? dit-elle avec insolence.

Puis elle dévisagea son fiancé et dit en souriant :

— Oh ! le laid visage ! Quoi ? je dois vivre le reste de mes jours avec toi... ? Qu'ai-je fait au ciel pour mériter cela ?

Lionetto ne broncha pas. Quelque chose en lui avait tressailli en voyant Maria. Quelque chose qui l'empêchait de réagir, de sourire, de tendre la main. Il restait immobile, pétrifié, le cœur pris de glace.

Il est des gens qui peuvent paraître ainsi, froids, sans âme, calculateurs, insensibles à tous et à tout, et qui soudainement flambent comme du petit bois devant une femme dont ils n'auraient jamais soupçonné l'existence quelques instants plus tôt... Et Lionetto fut conquis au premier regard, et, dès l'instant où ses yeux croisèrent ceux de Maria, son destin fut scellé. Il suivrait cette femme jusqu'aux enfers s'il le fallait.

— J'espère, douce amie, dit Lionetto, tout frémissant, que lorsque tu me connaîtras mieux, tu reviendras sur ton jugement...

Puis, à voix basse et pour la première fois de sa vie sans doute, spontanément, il ajouta :

— Moi je n'ai jamais vu plus belle fille que toi... Et je bénis le ciel de m'avoir conduit jusque vers toi.

C'est alors que la porte s'ouvrit sur Bianca, Nannina et le petit Giuliano qui venaient saluer la compagnie. Il y eut une trêve. Le babil des enfants dérida Cosimo qui ne décolérait pas, et l'on permit aux petites filles d'assister au repas. D'une part, mieux valait la gaieté que les enfants allaient déployer en toute innocence que cette chape de plomb qui s'était abattue sur tout le monde. Et puis c'était là un juste plaisir à leur donner, car dès la semaine suivante elles devaient partir pour le couvent où elles allaient parfaire leur éducation.

Grâce aux enfants, à leur gaieté, les personnes en présence se dégelèrent, et la conversation roula sur l'éducation, la nécessité d'apprendre plusieurs langues, de connaître bien les lois de la physique, de la philosophie, des mathématiques. Cosimo parla de Marsile Ficin avec affection et comme d'un précepteur probable pour Lorenzo, qui n'irait pas dans un collège comme nombre de ses condisciples :

— Marsile Ficin parachèvera les études de mon petit-fils avec Gentile Becchi.

Ce nom, totalement inconnu des Rossi, ne fut pas relevé. Ce qui par contre fut relevé comme une incongruité inutile et coûteuse, c'était de donner deux précepteurs à un enfant, aussi intelligent fût-il.

Maria prétendit plus tard qu'elle avait nettement entendu son futur beau-père demander à son fiancé : « Lionetto, dis-moi, ce Marsile Ficin comme précepteur... ça doit coûter gros ?

— Sans doute, avait répliqué Lionetto, ça doit être rudement conséquent ! »

Ce soir-là, pour la première et dernière fois de sa vie, Maria se sentit une Médicis.

Quelques jours plus tard, Lucrezia demanda à son époux un entretien dans sa chambre, ce qui lui fut accordé avec ravissement. Il y avait des années que Lucrezia n'avait pas pénétré dans la chambre de Piero, de même que ce dernier n'était plus jamais venu frapper à sa porte. La mort de Vernio de Bardi n'avait pas rapproché les deux époux ; au contraire, elle n'avait fait que renforcer leur désaccord. Allongé sur son lit bas où le condamnaient désormais ses infirmités, Piero de Médicis leva vers sa femme un regard adorant. Lucrezia était particulièrement charmante dans sa longue robe de laine fine et blanche, les cheveux noirs dénoués pour la nuit. Piero constata que ses tempes s'argentaient, et qu'elle commençait à perdre la fraîcheur de la jeunesse. Cela se voyait à de fines griffures sur les tempes plus creuses qu'autrefois, et aussi à un certain air de lassitude, une pâleur terne. « Elle va sur ses trente-sept ans... », se dit Piero, le cœur battant toujours passionnément pour cette femme qui toujours le repoussait.

— Piero, mon ami..., dit Lucrezia, refermant soigneusement la porte sur elle, Je voudrais te parler.

— Bien sûr. Viens t'asseoir auprès de moi. Il fait froid. Je vais faire remettre une bûche... Holà !

Piero frappa dans ses mains et un jeune page, plus que légèrement efféminé, entra. Il jeta un œil surpris sur Lucrezia, puis son regard revint, interrogateur, sur Piero qui détourna les yeux. Brièvement, le maître de maison ordonna de ranimer le feu.

Lorsque le jeune page se fut retiré, Lucrezia vint s'installer auprès du lit de repos de Piero, sur un tabouret.

— Il ne faut pas laisser faire ce mariage..., commença Lucrezia.

Le visage de Piero s'enflamma de colère.

— C'est pour cela que tu es venue me voir ?

— Bien sûr ! que croyais-tu d'autre ?

Piero détourna la tête en rougissant.

— Tu es ma femme, dit-il humblement.

— Sans doute, répondit froidement Lucrezia, les yeux fixés sur la porte par où le jeune éphèbe était sorti. Mais il paraît que d'autres suppléent parfaitement bien à mes devoirs conjugaux... Là n'est pas le but de ma visite, précisa-t-elle, devançant le torrent de dénégations qui n'allait pas tarder. Piero, je t'en supplie, je ne t'ai jamais rien demandé... Ce mariage... notre mariage, c'était une erreur, une monstrueuse erreur pour nous deux ! Nous nous sommes rendus malheureux l'un et l'autre... Et maintenant... aujourd'hui... ce malheur que nous devons vivre... jusqu'au bout, jusqu'à notre mort, est-ce cela que tu veux pour ma fille ? Pour Maria ?

Aux premiers mots de sa femme, Piero s'était buté, durci. Le visage rouge de colère, il marmonna :

— Lionetto de Rossi est un excellent parti. Ta famille ne peut espérer mieux...

— Pourquoi ?

— Pourquoi ? (La voix de Piero grimpa vers l'aigu comme une voix de femme. Il s'étranglait de cette fureur qui l'habitait depuis des années et qu'il s'interdisait de laisser exploser.) Pourquoi ? répéta-t-il.

Et, s'adressant à des interlocuteurs imaginaires, il cria en désignant Lucrezia :

— Elle demande pourquoi ! Vous l'entendez ? Vous l'entendez tous ? Elle m'a fait le plus grand cornu de Florence et elle demande pourquoi...

Accoutumée à cette explosion, Lucrezia ne répondit pas tout de suite. Lorsqu'elle se décida à prendre la parole, sa voix tremblait légèrement :

— Je vois. Tu te venges sur une innocente enfant du mal que je t'ai fait, c'est cela, n'est-ce pas ?

— Appelle ça comme tu le voudras, ce mariage se fera !

Maintenant, Piero hurlait sans retenue, le visage congestionné, les yeux haineux.

— Ce mariage ne se fera pas, dit Lucrezia calmement, mais sa bouche tremblait. Je m'y opposerai de toutes mes forces !

— Tu oublies, Signora de Médicis, que je suis le père putatif..., que j'ai reconnu ta fille ! que c'est moi qui détiens l'autorité ! Ce mariage se fera ou ce sera le couvent !... Je ne veux plus voir Maria dans cette maison ! Sa vue me donne la nausée !

Le visage de Lucrezia avait pris une pâleur spectrale. Elle tremblait de rage contenue, de haine aussi.

— Bien, soupira-t-elle d'une voix basse et rauque. Bien, puisque tu m'y forces, alors je vais te dire quelque chose... Je vais demander au pape l'annulation de notre mariage pour non-consommation. Et si tu m'y obliges, je peux prouver que depuis des années tu n'as pas touché une femme... Je peux prouver que j'ai eu une liaison suivie avec Vernio de Bardi, je peux mentir et dire que mes autres enfants ne sont pas de toi !... Cela, je le ferai si tu m'y obliges... Pour Maria ! Tu comprends ? Pour sauver Maria. J'ai une lettre de toi qui prouve que tu n'es pas le père !... Une lettre où tu m'écris que tu feras tout pour oublier que Maria n'est pas ta fille. Si tu m'y forces, je ferai tout cela.

Piero se cacha le visage dans ses mains. Lorsqu'il redressa la tête, ses yeux étaient noyés de pleurs.

— Tu ne ferais pas ça, Lucrezia ! Tu te couvrirais de honte, le déshonneur serait pour toi... Je ne parle pas pour moi qui vis dans le déshonneur depuis le jour de mes noces... Mais toi, ma pauvre petite... Tu ne ferais pas un chantage aussi atroce. La honte serait pour toi, et pour toi seule...

— Et pour toi ! poursuivit Lucrezia, impitoyable. Je sais combien ton père et ta mère souffriraient si nous étalions ainsi notre vie intime... Je sais aussi combien ils seraient désespérés d'apprendre que tu entretiens des amours contre nature avec des jeunes gens... J'ai toujours caché tes penchants à ton père. Mais je casserai tout pour Maria ! tu m'entends, Piero ? Je détruirai tout... Je veux que tu me le jures sur la Sainte Bible que ce mariage ne se fera pas... Comprends-tu ? Sinon je détruirai tout !...

Un silence mortel, pesant, s'abattit entre ce mari et cette femme, confrontés aux décombres de ce qu'ils avaient l'un et l'autre patiemment édifié depuis de longues années.

— Lucrezia... (Ce mot paraissait avoir été arraché à Piero par force ; la voix rauque, le visage bouleversé, il se redressa.) Lucrezia, tu ne feras pas une chose aussi horrible ! Ce n'est pas possible ! C'est un affreux chantage ! Je t'aime, moi ! Je n'ai jamais aimé que toi ! C'est pour cela que je n'ai jamais voulu connaître une autre femme. Comment n'as-tu jamais songé que tu m'avais, ta vie durant, infligé la plus mortelle, la plus grande douleur ? Et maintenant...

— Je suis prête à tout pour sauver Maria. Ma fille Maria... Je ne céderai pas sur ce point. Jamais.

De nouveau, Piero de Médicis se couvrit les yeux de ses mains. Il pleurait et s'en voulait de pleurer devant Lucrezia.

— Va-t'en. Va-t'en ! Je t'en supplie, ne me regarde pas pleurer... Fais ce que tu voudras ! Mais va-t'en.

Lucrezia se leva et sortit de la chambre de Piero. Elle ne pleurait pas... Depuis la mort du comte Vernio, elle n'avait plus de larmes.

A la surprise générale, alors qu'à l'unanimité la famille Médicis était d'accord pour annuler le mariage, Maria tempêta, exigea, et ne voulut rien entendre des objurgations de sa mère, ou de Cosimo. Elle voulait se marier. Elle voulait épouser Lionetto de Rossi qu'elle avait parfaitement jaugé, elle voulait l'épouser pour le détruire (mais cela elle ne le savait pas encore), elle voulait l'épouser surtout parce qu'elle voulait quitter Florence. Parce qu'elle voulait partir, loin. Très loin. Lyon lui paraissait une ville convenablement éloignée. Et ce n'était pas seulement dans le secret espoir de revoir Niccolo à Lyon... Il y avait aussi un désir forcené de quitter sa famille. « Si je reste à Florence, pensa-t-elle, si je reste à Florence je suis sous leur emprise à tous ! Rien dans ma vie ne sera à moi. Quel que soit l'homme que je pourrais épouser, c'est eux qui le décideront ; quelle que soit la maison que j'habiterai, c'est encore eux qui me la désigneront... Si je veux que ma vie m'appartienne, il faut qu'il y ait entre eux et moi des milliers de lieues... Ce mariage... c'est ma liberté. » Puis elle se disait : « Et je vais revoir mon amour... mon Niccolo. Je quitterai Lionetto et je vivrai avec Niccolo... Qui pourrait m'en empêcher ? » Des rêves fous l'habitaient, des rêves de jeune fille que la vie avait toujours choyée, protégée, et qui s'estimait la plus malheureuse du monde.

C'était ainsi que raisonnait Maria, c'est cela qu'elle expliqua à sa mère désolée, qui la supplia d'attendre l'éventualité d'un autre fiancé. Devant le regard de sa fille, elle n'insista pas.

— Mais tu ne peux pas aimer un tel homme ! s'écria Lucrezia, à bout d'arguments.

— Certainement pas ! Qui parle d'aimer ? As-tu aimé mon père ? demanda froidement Maria. Je parle de celui dont je porte le nom... Puisqu'il paraît...

— Tais-toi ! grand Dieu... tais-toi ! cria Lucrezia. Ne parle pas ainsi...

Maria se radoucit brusquement et vint vers sa mère, les mains tendues.

— Maman ! il faut que je parte ! tu le sais, n'est-ce pas ? Si je reste à Florence, mon... père me hait. Aujourd'hui, il s'est radouci, mais demain ? Ma présence lui est une constante souffrance... Et moi-même à sa vue, je me sens envahie de dégoût...

— Mais cet homme que tu veux épouser...

— Lionetto ? C'est un imbécile. Un rusé. Un vaniteux violent qui pour une poignée d'or vendrait sa mère... Quant à son âme, n'en parlons pas... En a-t-il jamais eu une ? Il est aussi vif qu'un cadavre, aussi drôle que la peste noire, et lorsque je le vois prier à l'église, je prends Dieu en horreur... Il croit qu'il va me dominer, il croit qu'il va s'emparer de ma dot, puisqu'il paraît que j'ai une dot, mais maman, je voudrais justement que grand-père garde cet argent par-devers lui... qu'il n'en donne que les intérêts, et encore !... Je me méfie de Lionetto, mais je le réduirai à ma merci.

— Comment peux-tu en être aussi sûre ?

Maria hésita un instant. Pouvait-elle dire à sa mère qu'elle s'était aperçue que Lionetto de Rossi la désirait avec violence et passion ? Maria s'était rendu compte de ce désir en voyant battre une veine sur les tempes de Lionetto, la même veine qui battait si fort lorsque Niccolo Ardinghelli la prenait, et elle savait d'instinct qu'une femme sensuelle et ardente pouvait avoir sur un homme une formidable emprise. Elle préféra ne pas évoquer ses récentes expériences et dit :

— Je le sais, maman, je le sais, voilà tout !... Il faut me laisser... maman ! Je te promets que je serai heureuse. A ma façon...

A bout d'arguments, Lucrezia se leva. Elle allait quitter la pièce quand Maria lui demanda d'une voix de petite fille craintive et suppliante :

— Maman... maman, dis-moi... Mon vrai père... comment... qui était-il ?

La main de Lucrezia s'immobilisa sur la poignée. Elle répondit sans se retourner :

— Un homme merveilleux. Un homme que j'ai adoré... Un homme qui est mort, mais il vit en toi, mon enfant chérie, il vit en toi. Et il vivra dans les enfants que tu auras, et les enfants de tes enfants... Une parcelle de lui existera toujours. C'est pour cela que je t'aime...

— Moins que Lorenzo ou Giuliano ! dit-elle en riant avec une espièglerie retrouvée.

— Non. Pas moins. Différemment. Bonsoir, ma chérie.

*

C'est au cours de la visite du pape Pie II en février 1459 que Maria de Médicis épousa Lionetto de Rossi. Quelques jours avant son mariage, Maria espérait encore la venue de Niccolo Ardinghelli. Elle la souhaitait si désespérément que Lucrezia frémissait en voyant sa fille pâlir, maigrir, et tenir ses yeux obstinément fixés sur la fenêtre. Le jour du mariage, Maria comprit enfin que Niccolo ne viendrait ni l'enlever ni même la voir. Elle n'avait été pour lui qu'un passe-temps, quelques nuits assez agréables et rien de plus... Cette vérité qu'elle noircissait à plaisir lui était d'autant plus amère que si elle n'avait pas été la « bâtarde » que l'on marie au plus vite à qui la demandait, Niccolo l'aurait peut-être épousée...

Lionetto de Rossi, qui jusqu'alors n'avait pu supporter les couleurs voyantes et la gaieté coquine des vêtements féminins, pas plus que le chant ou la danse, qui à vingt ans en paraissait le double, tant il affectait un air de décorum et de dignité rigides, Lionetto donc avait été littéralement subjugué par la beauté, l'insolence, et le rire de Maria... Quelque chose de nouveau s'était emparé de lui avec une telle force, une telle violence, qu'il n'allait jamais s'en remettre. « C'est ainsi que l'on doit être..., avait-il pensé, bouleversé lors de leur première rencontre. C'est ainsi, et c'est ce que je ne serai jamais... » Et l'espace d'une seconde, il avait haï l'Église, ses parents, de l'avoir élevé dans la voie étroite de la religion. Jusqu'au jour de ses noces, il vécut dans la terreur d'une rupture possible. Ce n'est qu'au moment précis où il lui passa l'anneau nuptial qu'il sut qu'elle lui appartiendrait. Pour l'éternité. « La même tombe nous verra réunis... », pensa-t-il étrangement.

Les mariages dans la famille Médicis étaient des événements importants. Importants non seulement parce qu'ils rassemblaient tous les membres de la famille disséminés un peu partout, mais aussi parce que c'est alors que les amis et les alliés venaient à Florence. Là, au cours des festivités, les antagonismes, voire les haines, les alliances, les promesses d'unions, se décidaient — en fonction non pas de l'amour ou des affinités, mais des parts de marché, des fortunes, ou même (et dans certains cas souvent) de l'appui de Cosimo...

La cérémonie fut bénie par le pape et lorsque Maria sortit de Santa Maria del Fiore au bras de son époux, toute la population de Florence s'était massée de part et d'autre du parvis pour acclamer les jeunes époux. Tout le monde savait que l'on avait vendu Maria au premier épouseur à peu près présentable, mais tous feignaient d'ignorer la vérité. Le temps était superbe. C'était l'une de ces journées annonciatrices du printemps proche. Un tiède soleil de février illuminait Florence, et Cosimo de Médicis pensait que jamais sa ville n'avait été aussi belle qu'en cette matinée. Et que tout ce qu'il avait fait, tout ce qu'il faisait encore aujourd'hui de vil, de laid, tout cela dût-il lui coûter son âme, il n'avait aucun regret. Florence avait des hôpitaux gratuits pour les enfants pauvres ; les veuves et les orphelins sans fortune et sans appuis recevaient des pensions substantielles fournies par l'État, et jamais le rayonnement spirituel, artistique de Florence n'avait atteint un tel niveau.

C'est au bras de son grand-père Cosimo que Maria pénétra dans la basilique. (Piero avait argué de son impossibilité à se mouvoir pour éviter cette pénible obligation.) Et c'est également Cosimo qui fit un discours au moment du banquet dans la grande salle de la Seigneurie, où il dit notamment : « C'est avec chagrin que nous nous séparons de notre petite-fille et fille bien-aimée Maria, mais c'est avec joie que nous la voyons heureusement mariée à un jeune homme d'honneur et d'avenir... »

DEUXIÈME PARTIE

Le Père de la patrie

III

LA FAMILLE DONATI

Careggi, novembre 1460

La Nymphe, dès son plus jeune âge, fut aimée du gracieux Lauro, berger des monts[1].

LUCREZIA DONATI s'avançait dans la brume, le long d'un chemin creux bordé d'arbres dénudés. Elle leva son visage transi vers le ciel bas et frissonna. Soudain, un meuglement profond et rauque de bétail retentit et, par-delà les prés noyés de brouillard, elle distingua les formes mouvantes et imprécises des vaches que l'on ramenait à l'étable. Un jeune pâtre donnait de la voix, accompagné par un chien, lequel aboyait, bondissait, courait de-ci de-là, et parfois, furieux, indigné, s'attardait auprès d'une bête plus paresseuse et lente que ses compagnes.

Terrorisée, Lucrezia frissonna de plus belle. En cet instant précis, elle se maudissait d'avoir eu l'idée saugrenue de défier Lorenzo de Médicis. « Tu n'oseras pas aller jusqu'au pâturage à la nuit tombée, et attendre le retour du bétail... », avait-il lancé. Et toute la brigata du jeune Médicis avait ri. Car tous savaient combien Lucrezia avait peur des vaches ! Une peur terrible qui lui sciait le ventre. Les monstres ! Non jamais elle ne pardonnerait à Lorenzo... Et jamais elle ne se pardonnerait à elle-même ce défi insensé. Elle détestait Lorenzo en cet instant, avec une telle férocité que si elle l'avait trouvé mort, là, à ses pieds, elle eût dansé de joie. D'abord il se moquait toujours d'elle, l'affublait à cause de sa petite taille de ce ridicule sobriquet, Lucrezina. « Tu ne peux

1. « Ambra », poème épique de Lorenzo de Médicis.

pas t'appeler comme ma mère qui est une grande dame ! Toi, tu es comme une petite sauterelle... Une minuscule Lucrezina... » Et il éclatait de son rire idiot d'adolescent imberbe, dont la voix muait. Si jamais elle revenait vivante de son expédition, si jamais les vaches ne la dévoraient pas, si jamais elle ne rencontrait ni elfes, ni lutins, ni fantômes..., elle... elle ne savait pas encore ce qu'elle ferait pour se venger, mais elle savait que ce serait grandiose. Cramponnée à la clôture, tremblant de tout son être, elle ne bougeait pas. Son petit visage avait une expression rigide de résolution tendue. Elle était pathétique dans sa volonté de relever un défi que nul ne l'obligeait à tenir. Dieu, qu'elle avait peur !... Si peur qu'elle se sentait défaillir, que la tête lui tournait. Mais elle ne bougeait pas. Ce n'est que lorsque la dernière bête l'eut dépassée, que Lucrezia poussa un soupir de soulagement.

Le jeune pâtre la dévisagea un long moment avec fixité. Puis, ayant reconnu la fille de Manno Donati, le propriétaire de la ferme qui l'employait, il esquissa un vague salut : « Hé là !... Hé là ! tout doux ma belle, tout doux... » Alors seulement Lucrezia détacha ses mains de la clôture, en fin de compte très fière d'elle-même : elle avait rempli son contrat. Elle courut aussi vite que possible vers la Villa Donati, où elle irait raconter son exploit à toute la petite bande qui se trouvait chez elle en ce moment. Certes, elle enjoliverait son récit, parlerait de dangers extraordinaires, n'importe quoi, pourvu que Lorenzo la regardât enfin avec admiration et respect. Elle avait surpris ce regard alors que le jeune garçon fixait sa mère, la belle Lucrezia de Médicis, et elle se demandait ce qu'il fallait faire en ce monde pour obtenir qu'un jour Lorenzo de Médicis, et lui seul, la regardât ainsi.

Ses pas résonnaient sur le sol gelé, trouant le silence et la brume qui allait s'épaississant. Soudain Lucrezia s'immobilisa, en proie à une indéfinissable terreur. Ce n'étaient plus les vaches qui l'effrayaient. Les vaches, c'était un danger réel, tangible, identifiable, que l'on pouvait affronter dès lors que l'on avait un peu de courage, et dont à la rigueur l'on pouvait se protéger. Là, le danger que l'enfant redoutait était absolument informe ! Son imagination vive et apeurée s'affolait du silence, des arbres fantomatiques dans la brume épaisse et mouvante. Elle ne distinguait même plus le chemin bordé d'ornières ; le ciel s'assombrissait, lointain, âpre et menaçant. Alors elle connut la peur la plus terrible qu'une enfant de onze ans pût connaître. Ses pensées allaient dans tous les sens. Et si elle se perdait dans le brouillard ? Et si les ombres de la nuit toute proche, ces ombres maléfiques dont Lorenzo lui parlait souvent, allaient la faire disparaître à jamais ? D'autres pensées se pressaient en désordre dans son esprit. Des pensées venues des légendes que l'on racontait le soir au coin du feu, et qui la faisaient frissonner de terreur. Elfes, lutins dansaient devant ses yeux, et allaient l'entraîner à tout jamais vers les ténèbres. Alors, soudain, elle reprit sa course. Elle courait aussi vite que ses jambes le lui permettaient, elle courait, courait, encombrée par ses jupes, sa mante, aveuglée par ses cheveux épars. Elle haletait, le souffle court, prête à hurler sa terreur. Enfin elle arriva au sommet d'une côte, et la villa Donati se dressa devant elle. Des torches brûlaient devant la porte d'entrée, et des fenêtres illuminées par les lumières clignotantes, gaies, rassurantes, on pouvait déjà distinguer tous les gens, tous les bruits d'une maison pleine de monde.

Le souffle de Lucrezia se ralentit, et elle se redressa. Tout avait disparu, les fantômes, les elfes, les lutins. Elle éprouva alors un curieux sentiment de paix et de délivrance.

Soudain, elle entendit une voix familière, reconnaissable entre toutes, jaillir de derrière les buissons.

— Je t'ai vue, tu sais. Je t'ai suivie...

Furieuse, elle se retourna et fit face à Lorenzo de Médicis. Pour le regarder, elle devait lever la tête. Bien qu'il eût le même âge que Lucrezia, Lorenzo, qui avait beaucoup grandi au cours de l'été dernier, la dépassait déjà d'une bonne coudée.

— Et pourquoi m'as-tu suivie ? Quand je dis que je vais faire quelque chose, personne n'a le droit de douter que je le ferai !

— Oh, ce n'était pas que je doutais de toi ! s'exclama Lorenzo avec vivacité. C'était...

— Quoi donc ? demanda Lucrezia avec curiosité.

— Eh bien, reprit Lorenzo, je pense que j'avais peur pour toi... Il fait sacrément sombre et l'on n'y voit pas à une brasse !

Touchée, Lucrezia tenta de déchiffrer le visage impénétrable du jeune garçon. Même dans l'enfance, le visage de Lorenzo de Médicis n'était pas jeune. Il était touchant, osseux, triste et sans innocence. Les yeux seuls avaient une extraordinaire beauté. Non seulement par leur forme allongée, légèrement bridée, mais par l'intensité du regard d'une lumineuse intelligence. « Trop intelligent », disait-on de lui à Florence.

— Peur pour moi ? demanda Lucrezia, en proie à une émotion dont elle ne pouvait déceler la nature, mais qui lui fut douce.

— Oui, dit laconiquement Lorenzo. Bon, ça suffit comme ça. Rentrons maintenant. Il ne faut pas que tes parents ou les miens s'aperçoivent que nous sommes sortis sans leur en demander la permission...

Il s'empara de la main de sa compagne et l'entraîna vers la demeure. Les deux enfants décidèrent de passer par les cuisines, situées à l'arrière de la maison pour éviter les questions intempestives.

Après avoir traversé la cuisine, bruyante et animée, pleine de cris de servantes émoustillées que serraient dans les coins quelques valets en veine de farces, les deux enfants débouchèrent sur un couloir sombre, très large, à peine éclairé par quelques torches fumantes. Un couple enlacé leur barrait le passage. Brusquement, Lorenzo attira Lucrezia dans un renfoncement, lui fit signe de se taire et de regarder. Un homme enlaçait une très jeune domestique et l'embrassait à pleine bouche. Celle-ci, les jupes retroussées jusqu'à mi-cuisses, se débattait mollement en poussant des petits cris mêlés de rires : « ... Voyons, Messer Niccolo... voyons, il ne faut pas... je suis vierge... »

Immobiles, les yeux écarquillés, les deux enfants regardaient sans dire un mot.

— Regarde et tais-toi, chuchota Lorenzo. Tu vas enfin apprendre ce qui se passe entre un homme et une femme, et tu cesseras de te conduire comme une petite dinde dès lors que l'on veut t'embrasser.

Lorenzo allait dans quelques mois fêter ses douze ans, et avait déjà de solides appétits de petit mâle. Soucieux de satisfaire ses désirs naissants mais sans savoir exactement comment cela se passait, et donc a fiortiori comment s'y prendre, Lorenzo était ravi de l'aubaine qui s'offrait à lui. Enfin il allait savoir! Parfois il s'essayait à embrasser Lucrezia, sa petite compagne de jeux favorite, mais celle-ci regimbait, se débattait, et cela se terminait invariablement en pugilat. Il considérait le spectacle qui s'offrait à lui avec une intense curiosité, gêné toutefois par la présence de Lucrezia.

Cependant, la jeune domestique se débattait de plus en plus vigoureusement, et ne paraissait pas du tout désireuse de pousser les choses aussi loin que semblait le vouloir son partenaire. Mais lui, bâillonnant sa bouche avec la sienne, d'une brusque poussée lui écarta les jambes et la prit d'un violent coup de reins. Un cri vite étouffé déchira l'air, la jeune femme se débattit de plus en plus faiblement, puis cessa de se débattre.

L'homme donna encore quelques coups de reins avant d'émettre un long râle, puissant, rauque... Puis il se dégagea.

— Par la madone! s'exclama-t-il en riant, tu étais vraiment vierge! Allons, ne pleure pas, je vais te donner quelques ducats pour la peine... Allez, arrange-toi, et passe-moi un linge pour m'essuyer. Je suis plein de sang... Cesse de pleurer, voyons! Cela ne t'a pas fait si mal qu'il faille ameuter toute la maison.

Après s'être rajusté, il s'éloigna sans se préoccuper davantage de la jeune femme qui pleurait doucement, les jambes écartées, les jupes relevées sur les cuisses.

— Niccolo Ardinghelli! chuchota Lorenzo. Je le connais. Je l'ai vu chez mon grand-père... Il vient de revenir de Lyon... Je le sais... Il a vécu un certain temps chez ma sœur Maria, tu te souviens d'elle, n'est-ce pas? tu étais à son mariage l'année dernière en février...

Lucrezia hocha la tête, un peu dégoûtée par le spectacle auquel elle venait d'assister. Le mariage de Maria de

Médicis et de Lionetto de Rossi était perdu, loin dans sa mémoire d'enfant.

Doucement, la jeune domestique s'essuya le bas-ventre avec ses jupons. Et, hoquetant à petits sanglots secs, elle s'éloigna. Et ces pleurs légers, ces reniflements enfantins, déchirèrent Lucrezia qui conçut un immense dégoût pour le sieur Ardinghelli. Quelque chose d'infiniment dramatique, d'infiniment pénible venait de se dérouler devant elle. Nul n'était mort, ni même, en apparence, blessé. Cependant, Lucrezia eut l'impression que quelque chose venait de mourir, là devant elle.

Sans bruit, gênés par ce qu'ils venaient de voir et évitant de se regarder, les deux enfants rejoignirent aussi vite que possible la grande salle bruissante d'invités.

Ils furent accueillis à la porte par la mère de Lucrezia.

— Où étais-tu donc passée, petite sotte ? s'écria Caterina Donati, furibonde.

C'était une grasse Florentine d'environ trente-cinq ans... Née Caterina de Benedetto de Bardi, elle appartenait, et par sa naissance et par son mariage, aux familles les plus aristocratiques de Florence. Encore très belle avec son visage plein et régulier, ses beaux yeux noirs, à cet instant étincelants de colère, elle aurait pu encore prétendre à la séduction. Mais sa religion, sa philosophie, l'essentiel de sa vie étaient ses cinq filles, et Lucrezia était sa préférée.

— Tu seras punie ! privée de la fête qui aura lieu ce soir... Qui t'a donné l'autorisation de sortir ? peux-tu me le dire ?

Sa voix forte ne parvenait pas à couvrir le bruit ambiant et elle restait sourde aux objurgations de Lorenzo qui s'efforçait d'intercéder en faveur de Lucrezia. Cependant, la fillette ne paraissait pas s'émouvoir. Elle percevait dans la colère même de sa mère quelque chose de forcé. Et elle ne se trompait pas. Caterina, gagnée par la gaieté et les rires qui tournoyaient alentour, ne réussissait pas à simuler correctement une colère qu'elle n'éprouvait pas. Pour donner plus de poids à ses remontrances, elle saisit brusquement le bras mince de sa fille.

— Tu es trempée ! tu vas finir par prendre mal à te promener dans le brouillard ! Allons, monte vite te changer, et demande à ta nourrice de te faire un lait très chaud avec du miel!... Tu descendras nous rejoindre plus tard. File vite! tu devrais être déjà partie! veux-tu donc attraper la mort?...

En fait, la grande crainte de toutes les mères florentines en ces jours de fin novembre était, pour leurs enfants, la phtisie ou la pneumonie qui rôdaient dans la ville. Toutes les grandes familles étaient frappées. Les deux cousines de Lorenzo de Médicis, Lauretta et Luisa, les adorables petites filles de Pierfrancesco, avaient attrapé le terrible mal, et plus personne ne croyait leur guérison possible. Et le fils de Giovanni son oncle, le petit Cosimo que tous adoraient, était mort il n'y avait pas un an, de ce mal dont tant de Médicis étaient atteints.

Caterina Donati insista, féroce soudain :

— Monte dans ta chambre, Lucrezia, et fais ce que je te dis!...

Lorsque Lucrezia eut disparu, Caterina fixa Lorenzo avec sévérité.

— Pourquoi entraîner Lucrezia dans tes jeux de garçon? Tes amis, tes frères et tes cousins ne te suffisent donc pas? C'est une toute petite fille, encore fragile, délicate de santé. Et l'entraîner dans le brouillard et le froid...

L'arrivée du fringant Niccolo Ardinghelli auprès du couple insolite que formaient Caterina Donati et Lorenzo de Médicis les interrompit brusquement.

— Signora Donati! s'exclama Niccolo Ardinghelli en souriant d'un air charmeur. La plus belle des femmes ici présente...

Caterina sourit. Comme toutes les femmes elle était séduite, malgré elle, par l'extraordinaire fascination qu'exerçait Niccolo. Se tournant vers Lorenzo qui le regardait avec un mépris glacial, Niccolo reçut le choc de ce regard d'abord sans réagir, puis il se demanda si cet adolescent ne méritait pas une correction, et s'il lui appartenait de la lui infliger. Effarée, Caterina Donati se demanda un instant s'ils allaient se battre, et pourquoi.

— Lorenzo, mon petit, dit-elle précipitamment. Laisse-nous! J'ai à parler à Messer Niccolo.

Lorenzo haussa les épaules et s'en fut rejoindre ses amis Guglielmo de Pazzi, Bernardo Rucellai et Luigi Pulci.

— Eh bien, Lorenzo ! lui jeta affectueusement Bernardo. Que t'arrive-t-il ? Tu as le visage de quelqu'un à qui l'on aurait volé son déjeuner et son dîner, ou qui se demande comment assassiner son prochain sans se faire prendre...

— La seconde proposition me paraît la plus exacte..., dit Lorenzo. Je viens de croiser Niccolo Ardinghelli ! Il me fait horreur ! Grand-père l'appelle « cet homme-là ».

— Niccolo Ardinghelli ? dit Guglielmo, pensif. Ah oui ! Chaque fois qu'il passe à côté d'un jupon, il ne peut s'empêcher de le trousser... Presque au vu et au su de tout le monde ! Lorsqu'il est venu voir mes parents, combien de fois j'ai dû faire semblant de ne pas voir ce que je voyais ! C'est un homme en rut perpétuel... Mais quel bel homme !... Je n'ai jamais vu quelqu'un repousser ses... hommages !

— Qu'ils le voulussent ou non ! s'écria Lorenzo, qui ne parvenait pas à chasser de son esprit la scène à laquelle il venait d'assister.

— Ah ? Comment le sais-tu ? Toi-même auras-tu été ?...

— Mais non ! s'impatienta Lorenzo. J'ai vu... Et ce que j'ai vu m'a éclairé sur le personnage ! Il vient de trousser une petite domestique presque sous mes yeux... La petite pleurait...

— Bah ! ricana Guglielmo, la plupart du temps, ceux qui y passent sont consentants ! Je suis sûr que cette petite dont tu parles a bien dû l'aguicher quelque peu. Après tout, il n'a jamais menacé par une épée dans le dos l'une ou l'autre de ses « victimes » pour parvenir à ses fins.

— Oh non ! s'écria en riant Bernardo Rucellai avec toute la gaieté bruyante de son âge. C'est une autre épée qu'il leur plante dans le dos... Et dans la plupart des cas, il en reçoit beaucoup de plaisir et des remerciements...

Les jeunes gens s'esclaffèrent.

Luigi Pulci commenta, en quelques mots obscènes, ces actes contre nature, et exposa une longue liste de tout ce qui pouvait se faire en ce domaine. Comme tous les adolescents de leur âge, Lorenzo, Bernardo, Guglielmo ou Luigi étaient très intéressés par les choses de l'amour charnel. L'autre, l'amour platonique chanté par les poètes, ne les intéressait que très médiocrement. Encore puceaux, ils étaient charmants, ces jeunes garçons encore imberbes. Tous les quatre avaient frange et cheveux longs entretenus avec art. Leurs costumes, semblables à ceux de tous les jeunes gens de leur classe sociale, se composaient de long bas de soie épaisse, de gilets brodés de fil d'or ou d'argent, ouverts sur la poitrine, et par-dessus, une longue veste ample et souple de velours, qui descendait jusqu'à mi-jambe et se fermait à la ceinture par des boutons d'or fin. Pour certains, plus coquets, ou plus efféminés, comme paraissait l'être Luigi Pulci, des ornements de dentelle française s'ajoutaient aux poignets, aux basques et au col.

Lorsque les quatre jeunes gens eurent repris un peu de leur sérieux, ils continuèrent à parler de l'amour physique en termes si grossiers, si vulgaires, si explicites aussi, que, soudain écœuré, Lorenzo n'eut que le temps de se précipiter dehors et de vomir.

Lorsqu'il revint dans la grande salle illuminée, ses yeux cherchèrent Lucrezia. Ne la voyant pas, Lorenzo se glissa contre une encoignure de la cheminée et s'attarda auprès du feu, oppressé par une douleur pesante et une peine indicible. Était-ce cela l'amour ? Était-ce cela, vivre ?... L'Amour, pour Lorenzo de Médicis, était un sentiment noble et exigeant qui élevait l'âme, qui donnait envie de conquérir le monde entier pour sa bien-aimée. L'Amour, ce n'était pas cette bestialité brutale, primitive, qui pourtant lui donnait chaud aux reins et le troublait puissamment. Il se redressa pour observer les nombreux invités qui dansaient, chantaient, mangeaient, pris dans un tourbillon joyeux. Comme tout était gai ! Comme tout était joli et plaisant dans cette salle bruyante et tout illuminée...

Comme la plupart des gens intensément intériorisés, Lorenzo adorait la fête, les chants, les danses et les couleurs, mais il était conscient que toutes ces choses si plaisantes, si gaies, sans importance véritable et pourtant si nécessaires au plaisir de vivre, lui étaient et lui seraient toujours étrangères. Il était comme exilé d'une patrie à la fois chérie et inconnue dont il ne comprenait et ne comprendrait jamais, ni le langage, ni les us et coutumes.

*

Au moment précis où Lucrezia allait pénétrer dans sa chambre, elle croisa dans le couloir sa sœur aînée Constanza, qui venait d'achever sa toilette de cérémonie. C'était une fort belle jeune fille de seize ans, déjà remarquablement formée et femme malgré son jeune âge. Grande, toute en rondeurs, très brune de cheveux, très blanche de peau, elle avait, et c'était là sa fierté, les mêmes yeux noirs passionnés, étincelants et quémandeurs que sa mère. Elle dévisagea sa cadette avec froideur, et toute la rancune du monde.

— Toujours à faire l'intéressante, n'est-ce pas ? Maman est là à se ronger les sangs à ton sujet et tu traînes avec Dieu sait qui dans les bois à la nuit tombée... Regarde, tu es toute mouillée ! Si tu prends un bon mal de poitrine, ne viens surtout pas te plaindre... tu ne l'auras pas volé !

Les deux sœurs s'observèrent un long moment en silence. Tout les séparait. Autant l'une, Constanza, était déjà femme, responsable, volontaire, ardente et désireuse de se faire une place honorable dans la haute société florentine, autant l'autre, Lucrezia, était instable, tout entière portée par ses impulsions, orgueilleuse et têtue, n'acceptant de personne conseils, avis ou affection, qu'elle n'eût décidé d'accepter.

— Quand vas-tu te décider à te conduire en enfant bien élevée ? reprit Constanza de sa voix molle et froide qui irritait Lucrezia au plus haut point.

— Jamais ! répliqua-t-elle avec insolence.

Constanza haussa les épaules et réprima difficilement une forte envie de la battre.

— Jamais ! railla-t-elle. Jamais ! Une petite sotte prétentieuse, qui court après tous les garçons de la ville sans se soucier de sa réputation ! Tu crois que je n'ai pas deviné ton manège ? Tu cours après Lorenzo de Médicis ! Toujours accrochée à ses basques, à le regarder... Sais-tu bien qu'il ne sait pas comment se débarrasser de ton encombrante personne ? Il me l'a dit pas plus tard que ce matin !

— Ce n'est pas vrai ! Tu mens ! cria Lucrezia, blanche de rage.

A grand-peine, elle retint ses pleurs et continua, toujours rageuse :

— Si tu crois que je ne sais pas que c'est toi qui veux te faire remarquer par Lorenzo !... Oh, je sais bien ce que tu vas me répondre, qu'il est trop jeune pour toi ! Mais Lorenzo n'est pas comme les garçons de son âge. Dis-toi bien qu'il ne te regardera jamais !...

Lucrezia ne se trompait pas. Ni sur le fait que Constanza, bien que de quatre ans l'aînée de Lorenzo, pensait sérieusement au jeune garçon comme d'un époux éventuel d'ici cinq ou six ans.

Toutes les jeunes filles de la ville en âge de se marier le regardaient avec un intérêt évident. Comme elles regardaient les membres de la brigata de Lorenzo. Qu'importait que ces jeunes adolescents ne fussent pas encore mariables ? Ils le seraient bientôt, mais surtout ils appartenaient tous les quatre aux plus riches familles de Florence. Et ce fait valait à lui seul de patienter quelques années. En attendant, il ne manquait pas de beaux cavaliers qui ne pourraient jamais être des maris, mais qui faisaient des amants très agréables !

Tout en continuant à se chamailler, les deux sœurs descendirent rejoindre la fête. Niccolo Ardinghelli courtisait ouvertement Caterina Donati, lui faisant des compliments grivois sur la beauté de ses seins blancs. Caterina, troublée par la proximité du jeune homme, rougissait parfois, attirante et touchante dans sa maturité naïve. Lucrezia, outrée, fixa Niccolo Ardinghelli avec une sorte de haine froide qui le stupéfia.

— Eh bien, petite..., dit-il avec humeur, on ne t'a pas appris à être respectueuse envers les grandes personnes ?

Sans répondre, Lucrezia le dévisagea avec insolence, puis soudain lui tira la langue, avant de s'enfuir en riant.

Parce que c'était une fête d'anniversaire, une fête familiale, les enfants avaient l'autorisation de rester avec les grandes personnes. Pour la brigata de Lorenzo, filles et garçons, c'était une aubaine. Lucrezia Donati voulut à toute force danser avec Lorenzo quelques gaillardes et quelques voltes. Elle dansait fort bien, avec une gaieté bruyante et débridée, et déjà l'on remarquait sa petite personne remuante et joyeuse. En effet, Lucrezia Donati promettait d'être ravissante.

Lorenzo s'amusait parfois comme un enfant de son âge. Mais avec Lucrezia et seulement avec elle...

*

Le lendemain, Lucrezia se réveilla avec un étrange mal de tête. Elle avait faim, soif, mais non pas une faim et une soif normales, coutumières. Rien n'aurait pu la rassurer ni la désaltérer. Et dans le même instant, elle éprouvait une curieuse sensation de nausée, de pesanteur dans le bas-ventre. « Serais-je malade ? » pensa-t-elle, terrifiée. Son équipée de la veille lui revenant à la mémoire, elle eut peur d'avoir attrapé la phtisie, comme l'en avait menacée sa mère.

Allongée dans son lit, la tête enfouie sous les draps, Lucrezia, malgré son malaise, éprouvait un curieux sentiment de bonheur d'exister. Vaille que vaille, elle allait se lever et reprendre son apprentissage de jeune fille. Apprentissage qui consistait présentement à ourler des draps de lin, à broder des chemises de linon transparent, à confectionner des mets odorants, à planter des fleurs dans un jardin, à tenir une maison, tous ces travaux que sa mère, sa grand-mère et toute la lignée de femmes qui avaient vécu dans cette vieille demeure soigneusement entretenue malgré le manque d'argent chronique, se transmettaient de génération en génération. Bientôt, dans quelques mois, elle irait parfaite son éducation dans un couvent, où elle resterait quatre ans, le temps de devenir une jeune fille accomplie. Or, elle n'aimait pas le couvent, et elle n'avait aucun désir de devenir une jeune fille accomplie. Elle rêvait de ne jamais grandir, de rester toujours auprès de ses parents.

Lucrezia se demandait parfois pour quel époux tous ces efforts lui étaient imposés. La mériterait-il ? Elle savait cependant au plus profond d'elle-même, sans même avoir jamais eu le besoin de se le formuler, que c'était pour

Lorenzo qu'elle acceptait sans trop d'ennui cet apprentissage minutieux, fastidieux et sans intérêt...

Bien qu'elle se sentît curieusement lasse, elle se leva et, comme chaque matin, elle se précipita devant le grand miroir qui ornait l'un des angles de sa chambre. Cette pièce, « sa » chambre, était le seul endroit au monde où elle pouvait se réfugier dans la solitude, où nul, sauf sa mère, n'avait le droit d'entrer. C'était une grande pièce carrée aux boiseries sombres, sommairement meublée d'un lit à baldaquin posé sur une petite estrade et de quelques coffres et armoires en chêne sculpté. Sur la table qui lui servait de plan de travail, plusieurs livres ouverts depuis plusieurs jours, une feuille de parchemin à moitié écrite et quelques plumes d'oie inutilisables indiquaient que Lucrezia n'aimait guère l'étude et trouvait infiniment plus attrayant d'aller s'amuser dans les rues de la ville avec des garnements de son âge.

C'était d'ailleurs l'un des points de divergence qui l'opposait, parfois violemment, à Lorenzo de Médicis. Il l'irritait à être toujours plongé dans des livres de philosophie, de sciences ou d'astrologie. Sa dernière trouvaille, le livre d'astrologie d'Abraham ibn Ezra, un vieux philosophe astrologue juif du Moyen Âge ! Lucrezia ne comprenait pas que l'on puisse s'intéresser à un homme mort. Pour elle le présent seul comptait, et demain... c'était si loin demain. Quant au passé, eh bien, c'était passé, n'est-ce pas ? Alors pourquoi revenir là-dessus ?

Lucrezia s'observait avec une sévérité totalement dépourvue de la plus petite trace de gaieté. Le miroir lui renvoyait l'image d'une fillette, pas encore une adolescente, mais qui, déjà, s'éloignait de l'enfance. Elle était nue. Très mince, bien plantée cependant sur de longues jambes droites aux chevilles fragiles, les hanches grêles, le ventre encore légèrement arrondi, la taille menue à peine esquissée, le pubis recouvert d'un très léger duvet, Lucrezia se demanda si elle était jolie, ou si elle le deviendrait. Ses yeux s'attardèrent sur les deux petites renflures, posées haut sur son torse maigre, ponctuées de deux bourgeons rose très pâle. Depuis plusieurs jours, ses seins lui faisaient mal... pas vraiment mal d'ailleurs... Elle les sentait tendus, comme prêts à éclater. Doucement elle les caressa, et elle aima cela. Puis son regard remonta jusque vers son cou. Il était long, flexible, bien posé sur des épaules basses, droites, au dessin qui promettait d'être joli. « Un port de reine... », disait sa mère. Mais ce mot ne signifiait rien pour elle. Lasse soudain, la tête lourde, les tempes serrées, elle s'enroula dans sa vaste robe de lin épais et retourna s'allonger sur son lit.

La porte s'ouvrit sur Caterina Donati, un peu surprise de n'avoir pas encore vu Lucrezia, alors que la matinée était déjà très avancée. Comme chaque fois qu'elle voyait sa fille adorée, Caterina se sentait gonflée d'amour et de joie. Mais elle masquait ce qu'elle éprouvait par des cris, des sévérités passionnées qui ne trompaient personne et encore moins l'enfant.

— Eh bien, fillette, pas encore levée ? Qu'est-ce que c'est que cette tenue ? Et les devoirs que tu devais finir ? Pas faits ! Évidemment... vraiment, ma petite fille, tu exagères ! Que va-t-on faire de toi, peux-tu me le dire ? Eh bien, tu ne réponds pas ? Tu ne te lèves pas ?... Que se passe-t-il ?

— Je ne me sens pas bien ce matin...

— Tu es malade ? Mon Dieu ! Tu vois ce qu'il arrive d'aller traîner dans le brouillard ! Il faut aller chercher un médecin ! Où as-tu mal, mon trésor, ma petite fille à moi ? Montre à maman.

— J'ai mal au ventre, gémit Lucrezia. Enfin, pas vraiment mal... Mais c'est comme si j'avais mal... Ce n'est rien, maman, je t'assure. Il ne faut pas s'inquiéter... Je vais me lever tout de suite. Elle se redressa et remarqua le sourire mystérieux qui maintenant éclairait le visage de Caterina. Lucrezia la regarda, interrogative.

— J'ai tellement mal à la tête... tellement mal ! Est-ce que c'est grave ?

Sa mère secoua négativement la tête. Tendrement, avec toujours sur ses lèvres ce demi-sourire mystérieux qui intriguait si fort Lucrezia, elle aida sa fille à se rafraîchir le visage, puis à se recoucher. C'est alors que l'enfant aperçut de longs filets de sang qui coulaient sur ses cuisses. Prise de panique, elle poussa un hurlement sauvage. Aussitôt, sa mère prit une cruche d'eau qu'elle jeta à la figure de la fillette qui, hoquetante mais calmée, se laissa soigner, laver, embrasser par sa mère, dont elle ne comprenait ni les agissements incohérents, ni les petits rires amusés, ni a fortiori, les paroles stupéfiantes.

— Ma petite princesse..., disait sa mère, te voilà une vraie petite femme maintenant... C'est un peu tôt... à peine douze ans ! Calme-toi, mon petit ange... Toutes les femmes sont passées par là. C'est tout à fait naturel... C'est la nature. Ne laisse plus les garçons t'approcher... ni t'embrasser. Ne laisse plus la brigata de Lorenzo de Médicis jouer avec toi...

Stupéfaite, Lucrezia demanda :

— Pourquoi ?... mais pourquoi ?

— Parce que, sans que tu saches comment cela s'est fait, tu pourrais bien avoir un bébé... Tu ne voudrais pas avoir un bébé sans être mariée, n'est-ce pas ?

Lucrezia hocha la tête, hésitante.

— Cela a-t-il un rapport avec ce qui vient de m'arriver ?

— Oui, bien sûr, mais..., se hâta de dire Caterina, peu soucieuse d'aller plus avant dans ses révélations, maintenant tu peux être mère... Allons, aujourd'hui, reste allongée, je vais te faire apporter un lait de poule bien chaud...

A peine la porte s'était-elle refermée sur Caterina Donati que Lucrezia se redressa sur ses oreillers, envahie par une immense fierté. Elle aussi était devenue femme ! Tout comme ses sœurs, sa mère, sa grand-mère. Elle savourait cette idée neuve, pleine d'attrait, qu'elle aussi avait reçu ce don magnifique et incompréhensible, cet héritage venu d'on ne sait où : le pouvoir de transmettre la vie. Partagée entre le rire et les pleurs, elle se demanda si elle devait faire part à Lorenzo de Médicis de ce qu'il venait de lui arriver. La prendrait-il enfin au sérieux ? si elle lui disait : « Maintenant, je peux être mère. »

Lucrezia Donati était trop jeune pour savoir, ou même soupçonner, qu'elle s'était passionnément éprise de Lorenzo de Médicis, mais chaque fois qu'elle rêvait à son avenir, sans aucun doute possible, cet avenir avait pour traits le visage ingrat de Lorenzo. Elle était incapable d'expliquer d'où lui venait cette certitude, mais elle savait. Elle savait que Lorenzo la rejoindrait un jour quelque part dans le temps...

Il lui suffisait d'attendre. D'attendre patiemment.

Au cours de la soirée, Caterina Donati connut l'un de ces rares moments de bonheur et de paix qui justifient une existence. Groupée devant la cheminée, la famille Donati se reposait des agapes de la veille. Assise dans un grand fauteuil à dos droit, entourée de ses trois filles non mariées, Caterina soupira d'aise et d'amour maternel comblé. Un peu à l'écart, assis à la grande table, Manno Donati faisait et refaisait les comptes de la journée. Caterina savait que ces comptes n'étaient pas très bons. Mais peu lui importait. Quand sa famille était réunie autour d'elle, les tracas, les soucis journaliers tombaient dans l'oubli... Elle écoutait Constanza chanter une chanson en vogue, et elle admirait la beauté sereine et pleine de la jeune fille. Luisa brodait à merveille, et sa mère soupirait de bonheur devant ses joues roses. Quant à Lucrezia, sa favorite, sa princesse... Un sourire comblé monta de son cœur à ses lèvres et elle reprit son ouvrage. C'était une robe destinée à Lucrezia. Une très belle robe que seule Caterina Donati aux doigts de fée pouvait broder.

Derrière la fenêtre, le vent soufflait, la pluie tombait ; le monde pouvait s'évanouir dans la tempête. Là, dans la grande salle sombre et carrée qui réunissait les Donati, le feu pétillait. Ah ! c'était une famille à laquelle on était fier d'appartenir ! Un nom ancien, des origines aristocratiques sans l'ombre d'une mésalliance ni de son côté — le côté des Bardi — ni de celui de Manno Donati. Un mari affectueux et fidèle, des filles ravissantes... Si seulement Manno Donati était moins paresseux et consentait, tout aristocrate qu'il fût, à travailler ! « Exercer un métier n'est pourtant pas déchoir ! » se disait parfois Caterina, lorsqu'elle se permettait de juger son mari.

Le matin même, Braccio Martelli, le neveu du fabricant d'armes, avait demandé la main de Constanza. Personne n'en avait encore soufflé mot à la jeune fille parce qu'il fallait être sûr que la demande serait faite officiellement par Andrea Martelli, le seul parent de Braccio... Mais tout cela n'était-il pas de bon augure ? Qu'était-ce donc que l'argent et le pouvoir en comparaison d'un tel mari, de si beaux enfants ?... Le visage de Caterina rayonnait et elle ne se rendait même pas compte qu'elle souriait... Et ce dont elle se rendait encore moins compte et dont elle ne se souciait absolument pas, c'était qu'elle offrait à cet instant une image d'une force singulière, d'une beauté parfaite.

IV
LORENZO

1461

LA NOUVELLE génération qui grandissait à Florence, cette génération qui était née vers la fin des années 1440, ne connaissait ni les horreurs de la guerre civile, ni la lutte entre les grandes familles pour s'emparer du pouvoir. Guelfes ou gibelins, les Cerchi, Donati, Bardi, Strozzi, Albizzi paraissaient provisoirement calmés. Pour tous les contemporains du jeune Lorenzo de Médicis, et surtout sa brigata, ces noms, ces partis venus du passé avec leurs querelles et leurs haines d'autrefois, n'étaient plus que des souvenirs de vieillards à la limite de la sénilité.

L'atmosphère qui régnait en ce printemps 1461 au Palais Médicis était des plus gaies. Il ne se passait pas une journée sans que la brigata, au grand complet, de Lorenzo ne vînt le voir. Tous ces adolescents ne pensaient qu'à s'amuser et à se parer des plus beaux atours. Ils étaient riches, brillants, parfois très intelligents, comme le jeune Médicis, souvent beaux, comme Braccio Martelli, le neveu d'Andrea Martelli, et la plupart du temps amoureux, comme Guglielmo de Pazzi et Braccio Martelli, qui frôlaient les seize ans et déclaraient leur amour à leurs belles respectives, Bianca de Médicis et Constanza Donati.

Ces jeunes gens fort exaltés écrivaient à leur « Dame » des lettres célébrant parfois en termes fort crus leurs charmes et leur beauté. Lettres que d'ailleurs ils ne faisaient jamais remettre à leur destinataire et dont ils se faisaient mutuellement la lecture et la critique. Ils échangeaient de multiples confidences sur leurs amours respectives et recevaient en échange moult conseils. Souvent, Braccio Martelli était sur la sellette. Sa demande en mariage avait été agréée par Manno Donati, mais il fallait attendre encore un an afin que Braccio eût seize ans révolus.

Braccio Martelli, bien que de trois ans plus âgé que Lorenzo, était l'un de ses amis les plus intimes. Les deux jeunes gens adoraient la poésie, si bien qu'il ne se passait de jours sans que l'un d'eux n'eût écrit une œuvre qu'il faisait lire à l'autre... Tous les sujets leur étaient bons, y compris (et même surtout) les sujets les plus égrillards. Souvent, ils s'employaient l'un et l'autre à travestir la teneur exacte de leur œuvre et les autres membres de la brigata devaient en deviner le sens.

Peu avant Pâques 1461, Lorenzo avait convoqué chez lui tous ses amis. Il y avait là réunis les jeunes Pazzi, Donati, Pulci, en tout une vingtaine de garnements et de péronnelles qui s'apprêtaient à écouter la dernière œuvre de Lorenzo, œuvre que par malice il fit lire par Lucrezia Donati qui, innocemment, croyait lire un poème de qualité et ne comprenait pas pourquoi chacune des strophes de la « La civette » soulevait autant de rires et de gloussements. Elle avait déjà déclamé une dizaine de strophes avant de comprendre le sens caché de ce qu'elle lisait !

Chanson de la civette

Voici, mesdames, un animal parfait
Pour maints usages : il se nomme civette

Il vient de loin, d'un pays étranger ;
Il vit avec l'humidité, la boue
Dans les lieux bas ; quand on y met la main,
On l'en sort rarement propre.

On prend une sonde longue d'un tiers,
Épointée, pour ne pas se piquer ;
Introduisez-la, qu'elle s'y induise :
Mesdames, cela sera un doux plaisir.

Il faut pour l'introduire assez bien regarder,
Trouver sans erreur où gîte la civette ;
On risquerait de barbouiller la sonde,
D'autre chose et de blesser le petit animal.

Que celle qui n'a pas de sonde s'en arrange,
Recourre à des moyens étrangers ou du moins à son doigt
Et le donne à sentir ensuite à son mari,
S'il n'en a pas ou si c'est de sa faute.

Sa vertu la voici, mesdames :
Mettez-y le nez, elle sort la tête,
Et tout mal cesse chez la femme :
Il n'y a pas mieux pour qui souffre ainsi.

Celle qui aurait la douleur de reins
Devra avec soin oindre bien la pointe :
La mettre à l'endroit du mal, aussitôt
La chaleur survient, et elle a grand plaisir.

Elle a le grand plaisir d'engrosser :
Et bien d'autres, mais nous n'en dirons pas plus...
Peut-être en avons-nous trop dit : Allons, mesdames,
Vérifiez si ce que nous avons dit est vrai.

Si vous le voulez, nous vous en vendrons ;
Il faut bien vous servir de ce que vous avez de plus vivant en vous ;
Ne vous obstinez pas : Il faut céder enfin,
Et en accepter un petit flacon[1].

Et ce n'est que lorsqu'elle fut à la fin du « poème », devant les éclats de rire des garnements qui se tenaient les côtes, que Lucrezia comprit enfin le sens de ce qu'elle lisait. Furieuse, vexée de s'être ridiculisée, elle se précipita sur Lorenzo toutes griffes dehors, et il fallut que Bernado Rucellai et Guglielmo de Pazzi, pliés en deux par le rire, vinssent sauver leur ami des griffes de la petite panthère déchaînée.

1. « Chansons de carnaval » de Lorenzo de Médicis.

Attirés par le vacarme, Lucrezia de Médicis et Cosimo étaient entrés dans la pièce où se tenaient les jeunes vauriens. Cosimo s'appuyait sur sa belle-fille. Eh bien, que se passe-t-il ici ? Qu'as-tu fait à cette petite furie pour qu'elle te mette dans un tel état ? ajouta-t-il en s'adressant à son petit-fils, qui se calmait enfin.

Lorenzo offrait en effet un spectacle lamentable. Ébouriffé, le visage griffé, les vêtements arrachés et en désordre..., tout indiquait un pugilat dont il n'était pas sorti vainqueur. Il allait avouer la cause de cette bataille, prêt à en supporter les conséquences et donc à être puni pour avoir manqué aux usages d'élégance et de courtoisie, quand Lucrezia Donati s'écria :

— C'est parce qu'il se moque toujours de moi ! Il m'appelle sans cesse Lucrezina et j'ai horreur de ça !

— Et c'est pour cela que tu t'acharnes à défigurer mon pauvre Lorenzo ? demanda Cosimo.

— Oui. Euh... Oui ! parfaitement ! D'ailleurs je vais m'en aller !... Je ne veux plus jamais le voir ! (Lucrezia Donati était au bord des larmes et sa mâchoire tremblait de rage contenue.)

*

Cosimo de Médicis s'amusait de ce qu'il voyait autour de lui. Il aimait s'entourer de la jeunesse et déclarait à qui voulait l'entendre que les vieux avaient encore beaucoup à apprendre. Et quand Tommaso Soderini, son conseiller favori, lui répliquait, un peu excédé : « Et les jeunes gens dont vous faites si grand cas... ils n'ont plus rien à apprendre ?

— Si fait..., riait Cosimo.

— Ah, quoi donc ?

— Tout. Mais ils sont convaincus du contraire, et c'est cela qui fait leur force... Finalement, le savoir scientifique et la connaissance des choses humaines sont un grand danger pour l'homme civilisé. Ils le désarment... Rien ne vaut une brute épaisse, un homme convaincu qu'il a raison envers et contre tous. Cet homme-là avancera, là où l'homme cultivé, raffiné, hésitera. »

Cosimo n'oubliait rien. Médiateur de la paix, il était persuadé que seul l'amour de l'or pouvait unir des gens qui se haïssaient. Alors il s'arrangeait — et parfois c'était fort difficile — pour que chaque famille rivale trouvât largement son compte dans la paix. Cependant il savait cette paix précaire, à la merci d'un coup de sang, ou d'un complot. Il connaissait surtout que ses ennemis, dont les plus redoutables étaient Luca Pitti et Dietisalvi Neroni, n'avaient pas désarmé et n'attendaient qu'une occasion !

Ce n'était pas pour les siens ni pour lui-même que Cosimo craignait de voir ses ennemis prendre le pouvoir. C'était pour sa ville bien-aimée ! Il était certain que dès sa disparition, le retour des ambitieux, des sanguinaires, des dictateurs, ne se ferait pas attendre.

« J'ai bientôt soixante et onze ans ! se disait Cosimo. Qui me remplacera ? Giovanni est si malade ! »

Cosimo de Médicis était inquiet et las de vivre. Il n'aimait pas la vieillesse qui affaiblissait son cœur, courbait sa haute taille, émaciait ses traits d'une manière telle que sous la peau, d'une vilaine teinte d'ivoire, l'on pouvait deviner les os des pommettes, des mâchoires, du menton. Les yeux seuls, immenses, noirs et tristes, gardaient encore un semblant de vie.

Souvent il aimait parler tard le soir avec Contessina de l'avenir du clan Médicis.

— Alors, demandait Contessina, as-tu pris une décision ? Qui vas-tu choisir comme héritier ? Pierfrancesco n'a pas de fils... Giovanni non plus...

Elle hésitait à avancer le nom de Lorenzo son petit-fils adoré, et, se taisant, laissait le maître de maison parler.

— Je leur ai tout donné ! monologuait Cosimo à mi-voix. Ils me doivent tout ! La paix de Florence que j'ai achetée à Lodi il y a sept ans, c'est à moi qu'ils la doivent. Mais ils sont terribles... et je n'ai aucune confiance en eux...

— Mais de qui parles-tu donc, Cosimo ? répondait invariablement Contessina en hochant la tête.

Elle avait l'habitude de ces phrases abruptes que Cosimo laissait échapper, trahissant ainsi son tourment.

Alors Cosimo regardait cette déjà vieille dame, au visage encore beau sous les mille rides qui le sillonnaient en tous sens. Lui seul devinait sous la peau un peu ternie par les ans le beau visage d'autrefois, celui qu'il aimait prendre entre ses mains serrées et dont il avait été si amoureux... Il soupira. De nouveau il sentit l'étreinte habituelle, angoissante et familière, lui serrer la poitrine comme un étau. Il haleta, le regard fixe. Cela passa aussi vite que c'était venu et il inspira une longue goulée d'air frais. Il reprit la conversation comme si rien ne s'était passé.

— Quand je pense que c'est moi qui ai fait nommer au Conseil des Cent les grandes familles... Ces Pitti, Rucellai, Acciaiuoli... Tous me sont redevables...

— Je sais bien ! dit Contessina. Mais que crains-tu donc ? Acciaiuoli est allié à notre famille par le mariage de sa fille avec Pierfrancesco notre propre neveu... De plus, Laudonia est fort attachée à notre famille... Il n'y aura pas de trahison de ce côté-là... Tu ne penses tout de même pas qu'il va se retourner contre nous ? Et Rucellai... Il va marier son fils avec notre petite-fille Nannina... ! Et Pazzi va marier le sien avec notre petite Bianca !

Sombre, Cosimo dévisagea sa femme, puis baissa les yeux sans répondre. Comme parfois Contessina lui paraissait naïve et droite ! Il lui était difficile de penser que le mal puisse venir de ceux-là mêmes que l'on couvre de bienfaits... Ces alliances purement politiques se révélaient provisoirement profitables. Mais pour combien de temps ? Cosimo regretta de n'avoir pas ce soir-là sa belle-fille Lucrezia. Avec elle, il eût pu discuter jusqu'à l'aube de la nature humaine. Elle était — quoique foncièrement droite, bonne et généreuse — assez avisée et cynique pour n'avoir aucune illusion quant à la nature des hommes. Plus Cosimo avançait en âge et plus il aimait parler avec Lucrezia. Il admirait sa force, la puissance de son intelligence, le regard froid et ironique qu'elle posait sur son entourage, et surtout son refus de se laisser berner par des illusions...

De nouveau l'étreinte mortelle lui serra la poitrine et une sueur froide couvrit son front. Contessina, les yeux fixés sur son époux, frémit, épouvantée, mais serra les dents sur sa peur et son envie de hurler et d'appeler à l'aide. Elle savait que rien ne déplairait davantage à Cosimo que de se voir entouré de cris, de bruits et de médecins aussi incompétents que possible. « Depuis la mort du docteur Elias, il n'y a aucun médecin digne de ce nom à Florence... », avait coutume de dire Cosimo en riant.

— Tu... tu ne te sens pas bien, mon ami ? demanda Contessina d'une voix aussi neutre que possible.

Mais l'oreille exercée de Cosimo distingua immédiatement combien elle était inquiète.

Ce qui faisait encore hésiter Cosimo à dévoiler ouvertement sa décision, à savoir de nommer Lorenzo son héritier, était le fait que, dès qu'il l'aurait annoncé officiellement, Pierfrancesco n'hésiterait pas une seconde à rompre son association avec son oncle, à réclamer la part qui lui revenait. Et cette part était énorme. Non seulement elle amputerait de cinquante pour cent la puissance de la Banque Médicis, mais, héritier de sa mère, Ginevra Cavalcanti[1], morte folle, Pierfrancesco obtiendrait tous les droits d'exploitation des mines d'alun de Lucques et de Volterra. Et les manufactures de Cosimo sans alun, enfin sans un alun lui appartenant et dont il pourrait chiffrer le coût à sa guise, c'étaient des manufactures sans air, sans vie, promises à brève échéance à la mort.

Tourmenté, Cosimo ne savait quel parti prendre et remettait toujours au lendemain l'annonce de sa décision. La nuit, en proie à l'insomnie caractéristique des vieillards, il s'agitait dans son lit, incapable de prendre une décision.

— Tu comprends, disait-il à Contessina qui s'efforçait, elle, de rester éveillée, Pierfrancesco est un jeune homme capable, mais il ne mènera jamais notre politique... C'est un homme dur, sans principes... Il a des qualités certes. D'excellentes qualités ! Il est sobre, travailleur, intelligent... le contraire de Piero... mais peut-il être le gouverneur occulte de Florence ?

Il se tut. Il savait que non. En raison même de ses qualités et de ses défauts, Pierfrancesco avait l'étoffe d'un dictateur,

1. Contessina.

qui, poussé par l'appât du gain et du pouvoir, n'hésiterait pas à écraser le faible devant le puissant, ou quiconque se dresserait sur sa route.

— Pierfrancesco s'est acoquiné avec Niccolo Ardinghelli, Luca Pitti et Manno Donati..., dit doucement Contessina. Il faut se méfier de lui désormais. Il t'en veut beaucoup de ne pas l'avoir encore choisi comme héritier...

Cosimo se redressa sur ses oreillers avec une vivacité qui lui arracha un gémissement de douleur. Chacune de ses articulations le faisait souffrir.

— Que dis-tu ? Pierfrancesco ne peut nous trahir ! Un Médicis ! Le fils de mon frère ? D'où tiens-tu cela ?

— Lucrezia... Elle sait faire parler ces jeunes péronnelles, amies des petites (c'est ainsi que Contessina appelait communément les épouses respectives de Giovanni et de Pierfrancesco) qui viennent sous différents prétextes nous voir...

— Lucrezia... Peut-on se fier à elle ?

Contessina haussa les sourcils, étonnée.

— C'est toi qui dis cela ? Tu manifestes pour notre belle-fille une admiration et une estime qui parfois, je dois te l'avouer, m'irritent quelque peu...

— Jalouse ? dit doucement, ironique, Cosimo.

— Voyons ! gronda Contessina, toute rougissante.

— Lucrezia n'a en vue que Lorenzo, interrompit Cosimo. Pour son fils, elle est prête à tout, même à mentir ou à propager des calomnies...

— Je partage son point de vue, dit sèchement Contessina. Il ne me plairait pas de voir Pierfrancesco héritier de la Maison Médicis... Maintenant que je sais que mon pauvre Giovanni... Il ne guérira jamais, n'est-ce pas ?

La gorge serrée, Cosimo ne répondit que par un hochement affirmatif de la tête.

— Écoute... malgré tout j'ai confiance en Pierfrancesco. Il peut lutter contre moi, certes. Jusqu'à un certain point. Je ne pense pas qu'il trahira la Maison Médicis. Il adorait son père, n'oublie pas cela...

— C'est vrai.., reconnut Contessina. Mais Pitti ? Mais Ardinghelli ?

— Oh ! ces deux-là évidemment..., c'est différent. Ardinghelli est d'une ambition démesurée... Est-ce vraiment un malhonnête homme ? Jusqu'à ce jour je n'ai vraiment rien de bien précis à lui reprocher ! Mais j'ai l'œil sur lui ! Pour le moment, ni lui, ni les autres, ni personne d'ailleurs ne peuvent rien contre moi...

— Pour le moment ?... Seulement pour le moment ?

— Hélas, qui peut prévoir l'avenir ? Je ne suis pas astrologue ! les contrats pour l'exploitation des mines de Tolfa ne sont toujours pas signés. Le Vatican ergote, les Orsini sont gourmands... Je donnerais n'importe quoi pour qu'un mariage unisse nos deux maisons ! La Maison Médicis rayonne en ce moment. Cependant...

— Cependant ?... Eh bien, achève !

— Pour le moment, nous sommes associés au Vatican et au prince Orsini. Qu'arrivera-t-il si demain le pape meurt ? Dans quelles mains tomberont les parts du vatican ? Des mains amies ? ennemies ?... Les princes Orsini père et fils sont trop portés sur l'amour grec pour que je puisse me fier à leur parole. Si jamais le nouveau pape est de leur bord, le Vatican et les princes Orsini seront deux contre moi... Je dois trouver un moyen de neutraliser les Orsini... Quel dommage que le prince Latino Orsini ait ces goûts bizarres ! Je lui aurais donné Nannina comme épouse !

Cette dernière phrase avait été lancée comme une boutade, mais, tout comme autrefois — lorsque Contessina entendait son époux décider du destin des siens sans prendre la peine de les consulter —, elle eut une réaction de vivacité coléreuse :

— Ah ! nous y voilà ! cria-t-elle d'une voix stridente. Tu sais fort bien que notre petite Nannina est follement amoureuse de Bernardo Rucellai qui l'aime aussi... Nous avons accepté cette union dès qu'ils seront en âge de se marier, et toi...

— Moi ? dit Cosimo en ouvrant des yeux innocents. Qu'ai-je dit ? qu'ai-je fait ? J'ai rêvé voilà tout... j'ai rêvé, d'un impossible rêve, d'une union avec les Orsini. Union improbable pour le moment... rassure-toi !

— Pour le moment ? insista Contessina, vindicative.

— Oui là. Pour le moment ! Il y a une petite princesse

Clarice Orsini, que je sache ? Et nous avons un petit-fils... Lorenzo.

— Il n'a pas treize ans !

— C'est bien ce que je dis ! Il serait bon que Lucrezia aille rendre visite à son frère à Rome et voie un peu cette canaille d'Orsini... Pour le moment, nos relations se borneront à ceci. Des relations amicales de part et d'autre.

Les deux époux respèrent allongés côte à côte dans l'obscurité de la chambre. Lentement, Contessina se réchauffait. La chaleur de celui qui était à ses côtés la gagnait, réconfortante, douce. Combien de nuits avait-elle passées auprès de cet homme qui était sien si profondément ! Cinquante années de mariage... Elle respirait l'odeur de Cosimo. C'était une odeur d'homme mêlée des parfums subtils dont Cosimo usait à profusion. Elle devinait qu'il ne dormait pas, bien qu'il fût absolument immobile et qu'il feignît une respiration régulière et profonde.

Cosimo fit un mouvement et Contessina sentit sa main peser contre sa poitrine... ce geste qui autrefois signifiait... Son cœur battait, comme autrefois. Ne se passerait-il plus rien ? Jamais ? Était-ce à jamais fini les battements de cœur, l'émotion envahissante, le grand fleuve de vie qui vous emportait vers des ténèbres d'où l'on revient régénérée ? C'était cela la vie ! Le poids d'un homme sur son ventre, la houle affolée d'un cœur contre son cœur, le souffle qui s'accélère jusqu'à l'apothéose du cri ou du gémissement libératoire... Plus jamais. Tant d'années passées à dormir ensemble, à s'aimer, à se quereller pour en arriver à cette tristesse, à cette amertume, à cette faim insatiable... Plus jamais. Oh ! que la vieillesse était donc chose terrible et cruelle... Vivre. Il fallait vivre, avec cette main inerte posée sur sa poitrine, avec ce ventre vide, mort... Doucement, elle voulut retirer la main de Cosimo, mais celle-ci insista sa pression, puis remonta jusqu'au visage baigné de larmes silencieuses.

— Ne pleure pas, va..., murmura Cosimo d'une voix à peine audible. Ce calvaire sera bientôt fini...

Contessina ne répondit pas. Y avait-il d'ailleurs une réponse ?... Elle se souvint d'une nuit... il y avait longtemps déjà ; elle se souvint de ce qu'elle pensait alors : « Qui suis-je ?... un point insignifiant dans l'univers... Juste un peu de poussière dont personne ne se souviendra lorsque tout sera fini... »

Pour la première fois depuis des années, elle pensa à sa mère, la belle Adriana de Bardi [1], à son père, à tous ceux qu'elle avait aimés et qui étaient morts... Tous disparus, sans laisser d'autres traces que dans la mémoire de ceux qui les avaient aimés et connus, et qui disparaîtraient tout à fait lorsque ceux-là mêmes qui se souvenaient allaient disparaître à leur tour. Elle serait comme eux. Un souvenir impalpable, imprécis dans une mémoire de plus en plus défaillante. Qui donc se souviendrait combien elle était belle en ses quinze ans, le jour de son mariage en 1415 ?...

1. *Contessina.*

V
LA PROMESSE

Florence, octobre 1461

Le mariage de Constanza Donati et Braccio Martelli fut « simple » mais charmant. Braccio et Constanza s'aimaient, cela était visible, et les cloches de San Lorenzo sonnaient joyeusement en cette belle matinée d'octobre. Après la remise de l'anneau nuptial et la bénédiction religieuse, toute l'assistance se rendit à la Seigneurie qui avait prêté ses salles de réception. Les rues de Florence étaient pavoisées, fleuries, les trompettes avec leur pennon carré orné du Lys rouge sur champ blanc sonnaient. Et la mariée, ravissante, marchait au bras de son époux sous les acclamations.

Ce mariage n'était pas un événement important comme l'étaient ceux des Médicis qui se décidaient en fonction d'alliances politiques ou économiques ; mais c'était malgré tout un mariage de hauts personnages qui comptaient dans la cité. Braccio Martelli était le neveu d'Andrea Martelli. Quant à Constanza, nulle jeune fille de Florence ne pouvait aligner autant de quartiers de noblesse. Elle était la descendante du célèbre Corso Donati le chef des « Noirs », ami de Dante, et sa mère était une Bardi... Elle n'avait pas un florin, mais elle possédait deux très beaux coffres de mariage que parents et amis avaient remplis de tout le superflu luxueux et nécessaire à un jeune couple bien né. Toute la parenté s'était réunie pour offrir une fort jolie fête de mariage où régnaient un plaisir enfantin, une joie sans mélange, et, à profusion, affection, gaieté, légèreté d'esprit. Chacun pouvait s'amuser sans penser aux fortunes, aux alliances, sans songer à parler à un tel ou une telle pour gagner une amitié profitable.

Il y avait dans ce mariage quelque chose d'exquis, une grâce touchante et charmante qui gagnait tous les cœurs. Même Niccolo Ardinghelli qui, trois jours plus tard, devait partir pour Lyon, se laissa gagner par l'émotion légère et gaie de ce jour. Il pensait à sa maîtresse Maria de Rossi qu'il avait laissée en France, et se sentait fort près de l'aimer pour de bon. « Finalement, l'amour n'est pas forcément un boulet... Cela peut être même fort agréable de s'accoupler à quelqu'un que l'on aimerait sa vie durant... »

Le clan des vieillards et des politiciens se laissait gagner par l'euphorie ambiante, et oubliait provisoirement leurs stratégies et leurs petites « combinazioni ». Cependant Niccolo Ardinghelli alla chuchoter quelques mots à l'oreille de Cosimo de Médicis, et celui-ci eut un petit rire satisfait et fit signe à Giovanni de venir les rejoindre. La fête battait son plein, et nul, sauf Lucrezia de Médicis ne remarqua le bref conciliabule des trois hommes... Aussi, le visage enjoué, un sourire aux lèvres s'approcha-t-elle, feignant l'indifférence.

— Vous ne participez donc pas à la fête ? demanda-t-elle innocemment.

Cosimo ne se méprit pas et lui lança un clin d'œil amusé.

— Si fait, ma fille ! D'autant plus que Messer Niccolo vient de me donner une fort heureuse nouvelle...

— Ah oui ? Qu'est-ce donc ?... Avez-vous enfin signé le contrat avec le Vatican au sujet des mines de Tolfa ?

Le visage du vieux Médicis se rembrunit.

— Non, pas encore ! Pie II se fait tirer l'oreille. Non. Il s'agit de l'Angleterre. Ces Anglo-Saxons, quelle race de dégénérés ! Il n'y a rien à attendre de bon de ces gens dont la peau a la couleur des porcs... (Il eut un rire désagréable.) Le duc Richard d'York a été tué voici cinq mois. Et sais-tu ce que ses adversaires lui ont fait ? Ils lui ont coupé la tête et l'ont exposée sur les murailles d'York ornée d'une couronne de papier !... Cette guerre civile va aller en s'amplifiant ! C'est très bon pour nous, ma petite ! Les manufactures ne suffiront pas à satisfaire nos commandes. Il va falloir en créer une autre ! insista Cosimo devant la grimace dégoûtée de Lucrezia. Cela signifie que nous allons encore longtemps fournir les deux parties en armes de toutes variétés... Ils peuvent s'entre-tuer encore longtemps, que m'importe! Je n'aime pas les Anglo-Saxons. Ce sont des brutes épaisses et bornées qui n'ont rien de la finesse latine, qu'elle soit française, italienne ou espagnole... Allons, buvons un peu de Lacrima Christi! Voilà une bonne et heureuse nouvelle!

Lucrezia poussa un soupir de soulagement. Elle surprit le regard amusé de son beau-frère et elle rougit. Elle savait que Giovanni avait deviné ses craintes, et elle en était à la fois contente et confuse sans pouvoir s'expliquer ce curieux sentiment. « Lorenzo mon fils, seul, doit être choisi... », pensa-t-elle. Elle chercha des yeux son fils, mais ne parvint pas à le trouver tant la foule était dense et mouvante.

Les plus jeunes s'amusaient dans une salle voisine. Ils étaient juste à l'âge où le mot « mariage » a une signification troublante, et cela les excitait au plus haut point. Encore innocents, aucun n'avait eu de vraie expérience charnelle, mais tous voulaient en parler. Lorenzo de Médicis et Lucrezia Donati, évitant de se regarder, se souvinrent de la scène dont ils avaient été témoins un an plus tôt et s'efforcèrent de la raconter avec précision. Mais ils se coupaient sans arrêt la parole, riaient trop fort, les joues rouges, les yeux brillants, et personne ne comprenait ce qu'ils voulaient dire. Tous savaient quelque chose, tous avaient vu, qui les animaux, qui parfois des hommes et des femmes couchés l'un sur l'autre et gémissant de plaisir, mais aucun n'aurait su expliquer ni comment ces choses-là pouvaient mener à un comportement aussi bizarre, ni pourquoi elles arrivaient... Tous les jeunes membres de la brigata qui regroupait les Médicis, les Rucellai, les Pazzi, les Pulci, les Donati, se sentaient curieusement excités. Malgré la fraîcheur de cette fin d'après-midi d'octobre, ils avaient très chaud, et ils ne pouvaient rester en place. Les garçons taquinaient les filles en les pinçant, cherchant le plus souvent à toucher et attraper les jeunes seins qui commençaient à se dessiner sous les vêtements de soie ou de velours...

Lucrezia Donati n'était pas la moins déchaînée. Elle riait d'un rire perçant, aigu, ses cheveux couleur de blés mûrs répandus jusqu'à la taille, les yeux étincelants, lumineux, ardents. Elle fuyait en riant à perdre haleine devant Lorenzo qui cherchait à l'attraper. Finalement, elle se réfugia dans une petite salle déserte qui donnait sur un jardin et servait probablement de réserve à outils... Les bruits de la fête du mariage s'estompaient... Les chandelles, les torches, les lampes à huile à profusion illuminaient les fenêtres de la Seigneurie et jetaient des flaques de lumière mouvantes sur les ombres du jardin. Lucrezia ouvrit la porte et aspira une grande goulée d'air humide.

— J'aime cette odeur d'automne après la pluie..., dit-elle, subitement calmée.

Surpris par cette réflexion, Lorenzo s'approcha d'elle. Très près. Si près que son nez vint buter sur les cheveux défaits de Lucrezia et qu'il en chercha l'odeur encore enfantine. Un moment, les deux adolescents restèrent là, sans bouger, brusquement apaisés.

Soudain, Lucrezia prit la main de Lorenzo et la porta vivement à ses lèvres. Le garçon eut un sursaut.

— Voyons, Lucrezina ! s'écria-t-il. Que t'arrive-t-il ?

Lucrezia leva vers lui son regard étrangement lumineux et tendre.

— Soyons des amoureux ! soupira-t-elle à voix basse. Constanza vient de se marier... Luisa va bientôt se fiancer. Et moi... Eh bien, ce sera le couvent ! Des années, au moins quatre ans ! Je vais être très malheureuse sans personne à qui penser, et qui ne serait qu'à moi... Si je sais que tu es mon amoureux, cela me consolera... Toi tu penseras à moi, et moi je penserai à toi... Ce sera délicieux...

— Voyons, Lucrezina... tu es encore une si petite fille...

Le visage de Lucrezia se fronça de colère.

— Je ne suis plus une petite fille !... Après tout, nous avons le même âge !

Lorenzo eut un petit rire contraint. Il se sentait horriblement mal à l'aise, et, dans le même instant, il mourait d'envie d'enlacer Lucrezia et de couvrir son visage de baisers. Ses yeux se fixèrent sur la bouche rose enfantine qui disait de si étranges paroles.

— Exact ! dit-il enfin, treize ans et demi ! Cela ne me paraît pas bien vieux...

— Lorenzo ! dit-elle d'une voix basse.

Étonné par son expression, Lorenzo la regarda. Et quelque chose se passa. Il n'aurait su dire exactement ni ce que c'était, ni l'importance que cela avait, mais il sentait que ce qui se passait là, en cet instant, était un terrible moment de son existence. Un moment qui allait se graver à jamais dans son cœur.

Lucrezia passa ses bras autour du cou de Lorenzo et l'embrassa. D'abord ce fut un baiser malhabile, inexpérimenté, et puis... Surprenante et merveilleuse douceur d'une bouche fraîche, délicatement humide, où jouait avec une timidité nonchalante, paresseuse, le bout d'une langue inexperte et pourtant si agile, si pleine de vie... Surprenante sensation d'ardeur et de tendresse, d'un frisson qui parcourait le corps comme une caresse...

Lorenzo la serra contre lui. Plus rien n'existait que cette bouche fraîche sur la sienne. Plus rien n'existait que cette palpitation du corps de Lucrezia contre le sien. Puis la fillette s'écarta de lui, et le monde redevint vide et froid.

Lucrezia leva les yeux vers lui. Elle souriait, timide, soudain.

— Nous sommes fiancés, Lorenzo, n'est-ce pas ?

— Hum..., éructa péniblement le jeune garçon. Oui... si tu veux...

— Bien sûr que je le veux ! Tu me seras fidèle ?

Étonné, Lorenzo la dévisagea. De nouveau, il eut la sensation, désagréable celle-là, d'être un niais doublé d'un sot.

— T'être fidèle ? Cela veut-il dire que je ne pourrai jamais approcher une autre femme ?

— Bien entendu ! triple sot ! Comment veux-tu m'être fidèle si tu vas avec d'autres femmes ?

— Oui. Bien sûr. Évidemment, dit Lorenzo, pensif. Mais comment apprendrai-je à faire l'amour si je ne vois pas d'autre femme ? Il faut bien que j'apprenne à le faire !

Furieuse, les yeux étincelants de colère, Lucrezia cria :

— Ah ! l'animal ! voyez-vous ça ! Nous apprendrons ensemble !... Alors, tu le jures ?

— Bien. Je le jure.

— Nous sommes fiancés. (Lucrezia eut un sourire ravi. Puis, triste soudain, elle dit :) Sais-tu bien que nous ne nous reverrons pas d'ici quatre ans ? Toi, tu vas partir en France pour un an, avec ton père. Je le sais ! Mes parents en parlent ensemble. Et moi je vais aller au couvent. Quatre ans ! Cela va me sembler long, terriblement long...

Soudain, Lorenzo comprit brutalement qu'il ne reverrait pas Lucrezia, sa petite Lucrezina, avant des années, qu'il ne connaîtrait plus cette sensation exquise qu'il venait d'éprouver lorsqu'il l'avait embrassée. Alors il connut la douleur. La vraie. Celle qui brise le cœur, celle qui laisse chancelant sous le coup, imbécile, inerte, incapable d'un mouvement.

— Cela ne se peut ! dit Lorenzo d'une voix blanche. Cela ne se peut ! Je ne pourrai le supporter !

— Il le faudra bien, mon doux ami..., dit Lucrezia. Tu souffres beaucoup ?

La découverte de cette emprise nouvelle qu'elle exerçait sur Lorenzo, la ravissait. Cela la consolait un peu de sa propre peine.

Lorenzo baissa la tête. Il pleurait sans honte.

— Je ne pourrai supporter de ne pas te revoir de si longtemps... N'y a-t-il donc rien d'autre à faire ?

Pensive, Lucrezia lui caressa la joue.

— Moi non plus, mon Lorenzo, moi non plus je ne le supporterai pas... Et pourtant... que faire sinon... s'enfuir ensemble ? Est-ce cela que tu veux, mon Lorenzo ? Embrasse-moi encore.

Cette fois-ci, le jeune garçon ne se fit pas prier et l'embrassa avec un emportement aussi passionné que maladroit.

VI

PIERFRANCESCO DE MÉDICIS

Été 1462

— Il faut abolir la religion, si l'on veut que les hommes soient libres..., dit Pierfrancesco, prenant le frais sous les pins parasols de la Villa Médicis.

La chaleur de juillet était à son zénith. Pas un souffle d'air ne venait alléger aussi peu que ce fût la chape de feu qui pesait sur la campagne. La sécheresse ambiante faisait des ravages dans les cultures, mais sur les douces collines du Chianti, les vignes mûrissaient et promettaient une année exceptionnelle.

Pierfrancesco de Médicis et son cousin Giovanni étaient allongés sur l'herbe, en chemise largement ouverte sur le torse, les hauts-de-chausse dessinant leurs muscles. Bien que Giovanni, qui venait d'avoir trente-sept ans, fût de dix ans plus âgé que son jeune cousin Pierfrancesco, il paraissait aussi jeune. La maladie qui le rongeait avait eu ce pouvoir de le maintenir exagérément mince, avec une peau lisse et pâle. Son beau visage émacié qu'encadraient de souples ondulations châtain clair était le plus souvent pensif. Il se désolait de ne pas avoir un autre enfant, et se désolait encore plus de voir sa femme qu'il avait épousée contre l'avis de son propre père se confiner dans la religion la plus obtuse depuis la mort de son fils. Pierfrancesco aimait bien son cousin. Il l'aimait, maintenant d'autant mieux qu'il savait que jamais Giovanni ne pourrait être nommé par Cosimo chef de la « Consorteria » Médicis... Piero était hors de course. Il ne restait que lui, Pierfrancesco, lui qui serait l'héritier de la famille, lui qui dirigerait les banques, les filatures, les mines, les trafics vers l'Orient... Avec gentillesse il posa fraternellement sa main sur l'épaule de Giovanni.

— La religion est vraiment une belle imbécillité ! Comment peut-on imaginer de nos jours une telle servitude, et devant quoi ?... Une folie grotesque qui pue le Moyen Age, une chose qui sent le cachot, le martyre, la sorcellerie... Mais oui, la sorcellerie ! Comment une femme point trop sotte comme l'est Ginevra peut-elle se laisser gagner par de telles superstitions ?... Toutes les recherches de nos philosophes, de nos écrivains, tendent à prouver que l'Église repose sur la plus grande escroquerie morale des siècles... Il suffit d'ouvrir un livre, d'apprendre ! et l'on est immédiatement édifié...

— Ginevra est malheureuse. Tu devrais comprendre ça, toi qui viens de perdre deux petites filles.

Le visage de Pierfrancesco se contracta.

— Perdre ses enfants. Rien au monde ne peut être plus horrible. Mais je n'ai pas besoin d'aller pleurnicher dans la robe d'un prêtre qui va me dire : « C'est Dieu qui vous envoie cette épreuve, mon fils... qu'il faut accepter. » Je n'ai pas besoin de ce genre de consolation et je n'accepte pas... (La voix de Pierfrancesco s'érailla et il ne put continuer.)

Les deux cousins s'observèrent un instant avec amitié. Ils se ressemblaient comme peuvent se ressembler deux frères. Pierfrancesco avait hérité de sa mère, une Cavalcanti, une allure d'aristocrate, élégante et virile, que Giovanni avait héritée de la sienne, Contessina de Bardi. Le même malheur absolu (la perte presque dans les mêmes mois de leurs enfants morts de phtisie) avait rapproché les deux cousins, et, pour couronner leur amitié, ils partageaient l'un et l'autre la même méfiance vis-à-vis de Lucrezia de Médicis, qui ne cachait pas son désir de voir son fils Lorenzo devenir le chef de la Maison Médicis... Bien qu'en leur for intérieur ils enviaient à Piero la possession d'une femme aussi intelligente que belle, aussi passionnée qu'ambitieuse.

Après ce court moment d'émotion, les deux cousins se turent, par pudeur. Chacun comprenant l'autre, chacun en proie à la même douleur. Mollement allongés à même l'herbe chaude, ils se laissèrent gagner par la torpeur de cet après-midi de juillet et somnolèrent quelques instants. Tout était silencieux dans la villa que venait de faire construire Cosimo et dont il avait fait présent à son fils Giovanni.

Giovanni avait été ravi et touché par ce don. La villa s'élevait sur un promontoire d'où l'on dominait tout le panorama qui s'étendait jusqu'à Florence... C'était une splendide et noble villa, construite comme un palais princier et dont l'architecte favori des Médicis, Michelozzo, avait spécialement arrangé les vastes salles du rez-de-chaussée en bibliothèque et pièces réservées à la musique. Tout ce que Giovanni aimait se trouvait réuni dans cette demeure. Sur les murs, des fresques de Donatello, de Fra Angelico, de Filippo Lippi... Les domestiques et les esclaves dormaient dans les resserres, les écuries et autres annexes diverses, d'une construction élégante et spacieuse... Michelozzo, qui avait pour Giovanni une amitié profonde, peut-être un peu contre nature, avait déployé là tout son génie. Cette villa était faite pour défier l'éternité.

— Quelle belle maison ! soupira avec envie Pierfrancesco les yeux fixés sur la demeure. Presque aussi belle que Careggi. (Il se tut, puis reprit :) C'est dans un mois que l'on va inaugurer officiellement l'Académie platonicienne... Mon père aurait été content d'assister à cela... J'aimais beaucoup mon père, acheva-t-il.

Giovanni se redressa sur un coude et observa son jeune cousin avec intérêt. Pierfrancesco, un parfait étranger pour tous les autres membres de la famille, sauf pour Cosimo et pour lui Giovanni. Ces deux-là étaient les seuls à pénétrer derrière ce beau visage régulier, impassible, parfois un peu dur. Lorsqu'il souriait, ce qui lui arrivait très rarement, sa ressemblance avec Lorenzo était stupéfiante. Cette similitude de traits et d'expression frappa Giovanni.

— Tu lui ressembles, tu sais...

— Physiquement, oui..., dit Pierfrancesco. Moralement, je ne crois pas. Moi, je ne suis pas un idéaliste. Je pense que je tiens davantage d'oncle Cosimo.

— Je sais. Moi aussi j'aimais beaucoup oncle Lorenzo...

— Toi aussi tu lui ressembles. Physiquement et moralement...

— C'est étrange, n'est-ce pas ?

— Ah ? pas si étrange que cela. Nous sommes du même sang. Il est normal que nous nous ressemblions.

— Oui. Peut-être. Tu tiens moralement de mon père. C'est cela que je trouve étrange et moi, je tiens de l'oncle Lorenzo. Je lui ressemble beaucoup et j'ai hérité aussi de sa faiblesse, de sa tare... Moi je vais mourir de phtisie avant d'atteindre la quarantaine. Je n'aurai pas la chance de laisser un fils. Je ne ferai plus d'enfant à Ginevra. Elle m'oubliera, se remariera sans doute. Ginevra n'est pas faite pour vivre sans un homme dans la tête... Six mois après ma mort je serai remplacé. Donc je n'aurai plus d'enfant. Mais... veux-tu que je te dise ? Je ne suis pas sûr d'en être vraiment triste. Je lui aurais peut-être laissé ma tare. Comme l'autre, mon petit garçon mort.

Sur ces derniers mots, sa voix se brisa. La plaie vieille de plus d'un an était encore à vif et ne se refermerait jamais. Giovanni laissait des larmes glisser le long de ses joues maigres, sans songer à les essuyer.

De nouveau, le visage de Pierfrancesco se contracta comme celui de quelqu'un qui ne veut pas pleurer et se retient par un énorme effort de volonté.

— Nos enfants aussi ont hérité de cette tare maudite... Dieu a-t-il fixé les yeux sur nous pour nous punir d'on ne sait quel péché ?

— Peut-être Dieu nous punit-il ? soupira Giovanni. En effet... nous attachons trop d'importance aux biens matériels... Nous ne sommes pas assez proches de Lui ! Tu vois, lorsque je suis ainsi, allongé dans l'herbe, à l'ombre d'un cyprès et que mon regard va jusqu'à l'horizon, que je savoure ce panorama, cette paix délicieuse, et ces parfums qui montent jusqu'à nous, je me dis que tout est bien dans la nature des choses... Que la vie c'est cela, uniquement cela : jouir du moment qui passe, en toute quiétude, en tout amour... Pourquoi passons-nous notre vie à courir après ces mirages que sont l'or et le pouvoir ? Est-ce indispensable pour vivre heureux ? Je vais mourir, je le sais, mais la mort n'a pas pour moi beaucoup d'importance. Le peu que j'aie vécu était si beau ! J'ai eu des parents admirables qui ne m'ont apporté que tendresse et réconfort. J'éprouve pour mon père une très profonde admiration, une tendresse infinie. Je sais qu'il a œuvré pour le beau, pour le bon, pour améliorer le sort des misérables. Les moyens qu'il a employés peuvent être discutables, mais comme il le dit toujours : « Toute chose ne peut être jugée que sur sa fin, quels que soient les moyens employés. » Il sait, lui, que dans le monde où nous vivons, la bonté, la générosité, l'amour du prochain ne sont pas des forces mais des faiblesses... C'est malheureux à dire, à vivre, peut-être impossible à admettre, mais c'est ! Ton père, Pierfrancesco, ton père était un homme bon, généreux, idéaliste, passionnément épris de justice, de morale, il voulait lutter contre tout et contre tous... Contre la misère, contre l'ignorance, contre la cruauté. Il voulait le respect des autres... Et tout son idéalisme, toute sa morale, toutes ses faiblesses — je les connais, j'en ai hérité — étaient impuissants à donner ce qu'il souhaitait aux misérables. Sans argent, cela ne pouvait que rester des vœux pieux... Des bonnes paroles inutiles. Il est mort malheureux, très malheureux... Mais je crois qu'il est mort délivré d'une vie qui lui était devenue odieuse !... Mon père, lui, est plus lucide. Il a toujours été plus lucide, plus clairvoyant, et ne s'est jamais laissé aveugler par ses sentiments. Même lorsqu'il s'est opposé à mon mariage avec Ginevra que j'ai adorée, eh bien je ne parvenais pas à lui en vouloir... Il avait, en définitive raison...

— Comment ! s'écria Pierfrancesco. Mais je me souviens fort bien ! Tu étais malheureux comme tout ! Tu pleurais... tu maigrissais... Tu menaçais de te suicider. T'ai-je assez envié de vivre une belle histoire d'amour ! Tu la voulais, ta belle Ginevra...

— Je voulais surtout coucher avec elle ! J'avais surtout faim de son corps... Un an après... que dis-je ? un mois après mon mariage, je savais que j'avais épousé une sotte...

— Oh, là, là ! dit en riant aux éclats Pierfrancesco. Quand je pense à la comédie que tu nous as fait pour en arriver à cette constatation... (il s'arrêta de rire, puis) Remarque, tu n'est pas le seul à avoir épousé une sotte...

Giovanni lui lança un regard interrogateur.

— Oh, ne fais pas semblant de ne pas t'en être rendu

compte ! Tu sais fort bien que Laudonia est une vraie petite oie ! Je donnerais n'importe quoi maintenant pour me retrouver non avec une jolie femme, mais avec une femme intelligente et capable, comme la femme de Piero, Lucrezia... Ah ! en voilà une qui sait y faire...

Giovanni eut un demi-sourire.

— Oui. Cela est clair. Ma chère belle-sœur est ambitieuse pour son fils. Qui peut le lui reprocher ? Lorenzo est vraiment une nature exceptionnellement intelligente. N'aurais-tu pas fait de même ?

— Et toi ?

— Moi... C'est vrai, avant 1453, durant quelques mois j'ai rêvé de reprendre le flambeau. Mais il y a eu Constantinople... Alors...

Intrigué, Pierfrancesco dévisagea son cousin.

— Giovanni !...

Le jeune homme se redressa.

— Oui ?...

— Dis-moi ? Que s'est-il passé lorsque tu as été pris en otage à Constantinople ? Tu n'en as jamais parlé...

Giovanni ferma les yeux.

— L'horreur... Le pire qui puisse arriver à un homme.

— Tu veux dire... que tout comme moi[1]... qu'ils t'ont...

— Traité comme on viole une femme ?... Oui. Et j'ai compris que l'abjection de ces gens-là n'avait pas de limites... Non, pas de limites.

— Que s'est-il passé Giovanni ? Moi, j'ai pu retourner à Florence et j'ai pu oublier... vraiment oublier... Parfois même, je me demande si tout cela a existé ou s'il s'agissait d'un cauchemar... Que s'est-il passé de pire que ce que tu as subi ?

Giovanni ne répondit pas. Pierfrancesco vit nettement sa gorge se nouer et sa mâchoire se contracter.

— Le pire qu'un homme puisse voir...

— Dis-moi.

— Tu le veux vraiment ? Moi je n'ai jamais pu m'en remettre. Et même, je vais te dire, je meurs content de quitter

1. *Le Lys de Florence.*

cette terre qui supporte de telles abominations. Voir ce que j'ai vu, entendre les cris que j'ai entendus te dégoûtent à jamais d'être un homme, et de vivre.

— Qu'était-ce ? insista Pierfrancesco. Il faut que je le sache ! Oncle Cosimo veut soutenir Mohammed II contre Venise... Il y a un chargement d'armes nouvelles en partance pour Istanbul. C'est Niccolo Ardinghelli qui est chargé de ces négociations. Il faut s'attendre au pire...

Giovanni se redressa tout à fait. Assis, il observa son cousin.

— Es-tu sûr de ce que tu dis ?

— Tout à fait...

— Père ne fera pas cela...

— Oh si, il le fera ! Tu connais oncle Cosimo ! Il n'y a que la sécurité de Florence qui compte, sa sécurité et son rayonnement. S'il estime que ce prestige et cette sécurité passent par une alliance avec Mohammed II, il n'hésitera pas une seconde malgré le dégoût que lui inspire l'homme, il signera un traité d'alliance. Pour l'heure, nos seuls rivaux immédiats, c'est Venise et le Doge... Pourquoi ne le ferait-il pas ? Et si ce n'est lui, ce sera Milan ou Rome ? Alors, que s'est-il passé ?

De nouveau, Giovanni s'allongea sur l'herbe chaude, les yeux fermés.

— Tu te souviens de la ville, de Constantinople, Pierfrancesco ? dit-il. Tu te souviens de notre éblouissement lorsque nous y débarquâmes... Et tu te souviens de cette horrible vision lorsqu'on nous traîna enchaînés vers la basilique Sainte-Sophie...

Il s'interrompit, l'émotion lui coupant la parole.

— Va... va ! continue ! dit Pierfrancesco, le visage contracté.

— Le sultan Mohammed II nous précédait. Il se plaignait de ce que ses janissaires n'aient pas épargné une dizaine de jeunes gens et de jeunes filles dont les cadavres horriblement mutilés gisaient sur le sol. Il laissa éclater sa colère : « De si beaux garçons !... Les avoir tués et mutilés alors que j'aime tant ces beaux jeunes gens minces et musclés, quel gâchis d'avoir tué ceux-là !... Et ces jeunes filles ! quelles ravissantes esclaves elles auraient fait[1]... » Puis il ordonna à l'un de ses soldats de ne plus tuer les jeunes gens de vingt ans et de les prendre en captivité pour ses plaisirs particuliers...

— C'est comme cela que j'ai été sauvé..., grinça Pierfrancesco, les dents serrées.

— Moi aussi, mais toi, tu fus libéré, et moi on m'emmena avec d'autres compagnons d'infortune dans l'une des grandes salles de réception du palais de l'empereur. C'est alors que j'ai... que j'ai vu... Les janissaires musulmans s'étaient emparés d'un vieillard entièrement dénudé et le sciaient en deux, devant Mohammed II qui riait et s'excitait. Pour accompagner les hurlements du vieillard, le sultan criait en même temps que lui... Et ces cris... Ces cris de douleur du vieillard et ceux obscènes de jouissance de Mohammed II me poursuivent encore... Enfin, le vieillard mourut. Ses clameurs désespérées cessèrent... Dépité, le sultan dit : « Cela a été bien rapide !... » Et déjà ses yeux cherchaient parmi nous celui qui saurait satisfaire son caprice. Cet homme jouissait devant le crime, devant l'horreur ! Il jouissait comme s'il possédait une femme ou un jeune garçon ! Je n'avais jamais vu cela ! C'est alors que je dis : « Si vous ne me tuez pas sur-le-champ, tout ce que je viens de voir sera dit, tout, vous entendez ? » Je ne me possédais plus ! Je voulais mourir. Mourir sur l'heure. Oublier les cris que je venais d'entendre, la scène que je venais de voir... Mohammed II me regarda longuement. Je compris que je lui plaisais. J'en étais arrivé à ce degré d'horreur où cela ne me dégoûtait même plus. Je voulais mourir, voilà tout. J'aspirais à la mort comme d'autres aspirent à la vie. « Par Allah ! qui es-tu ? demanda-t-il. — Je suis Giovanni de Médicis, lui répondis-je. — Ah !... le fils de Cosimo de Médicis... »

Puis, se tournant vers ses gardes, il ordonna : « Détachez-le ! Tu seras libéré. Mais si tu ne me promets pas sur ton Dieu de chrétien que tu tiendras ta langue, je te promets, moi, non pas de te tuer, mais de te garder vivant afin que tu

1. Phrases prononcées par Mohammed II au moment du massacre de Constantinople le 29 mai 1453.

saches jusqu'à la fin de tes jours que les cinq cents prisonniers florentins, romains et vénitiens que je garde captifs subiront le même sort que ce vieillard... As-tu compris?... » J'ai promis. Que pouvais-je faire d'autre? Mohammed II a encore cinquante otages florentins... C'est pour cela que père cède à ses volontés. Jusqu'aux derniers otages, père cédera et je l'approuverai de céder. Il faut signer avec ce monstre. Mais je serais content de mourir avant de le voir un jour triompher et annexer tout le sud de l'Europe de l'Est comme il en a l'intention. Oui, mon cousin, mon père a raison.

— Même de s'allier avec Mohammed II contre Venise?

— Cela ira-t-il jusque-là?

— Sans aucun doute. Pas tout de suite. Dans un an ou deux...

— Alors, Dieu soit loué! je serai mort d'ici là, et je n'aurai pas la peine de voir cette ignominie...

Pierfrancesco soupira. L'évocation de ce passé assez récent — huit années ne peuvent suffire à effacer l'horreur — l'avait bouleversé.

— Il ne faut plus penser à cela, dit-il sourdement. Il ne faut plus y penser, parce que sinon c'est à devenir fou... Parfois, je t'envie, Giovanni... Oui, je t'envie. Au moins, toi tu sais que tu n'as plus longtemps à vivre... Et vivre, si c'est cela, et seulement cela, je n'en vois pas l'absolue nécessité...

C'est dans ces moments-là que le jeune homme était le plus attachant. Dans ces moments où les derniers vestiges de générosité, de bonté, jetaient encore leurs dernières lueurs. Pierfrancesco savait qu'il ne serait plus jamais heureux; ce qu'il avait subi à Constantinople, puis la mort de ses petites filles, tout cela avait rendu impossible à cet homme, encore jeune et pourtant déjà si affreusement marqué, la recherche d'un bonheur véritable...

— Laudonia veut un autre enfant, dit-il d'une voix creuse. Elle veut lutter contre Lucrezia et avoir un héritier mâle!... Je vais le lui faire. Elle pense que cela pourrait faire changer d'avis oncle Cosimo et faire pencher la balance de mon côté...

— Et toi, qu'en penses-tu?

— Oh ! moi !... (Il se leva, aida Giovanni à se redresser, puis d'une voix nette, rapide :) Si je ne suis pas choisi comme héritier, je compte me séparer d'oncle Cosimo. Je veux ma part d'héritage, celle qui me revient de mon père et de ma mère... Oui ! Je sais ce que tu vas dire... Je risque d'affaiblir la fortune des Médicis ?... Je ne le pense pas... Vois-tu... Avant que tu ne me racontes ce qui s'était passé à Constantinople, j'hésitais encore... Maintenant je sais.

— Grand Dieu ! que sais-tu ?

— Jamais je ne pourrai donner mon consentement à une alliance avec Mohammed II. Moi je chercherai plutôt une alliance avec les Vénitiens, avec n'importe qui luttera contre ces gens insensés et malfaisants que sont les musulmans... Ce qu'ils ont fait doit se savoir... Ce qu'ils s'apprêtent à faire, on doit les en empêcher ! Ce ne sont pas des hommes, ce sont des monstres, des êtres ignobles et fanatiques qui peuvent devenir dangereux pour l'humanité tout entière !

— Pierfrancesco ! s'écria Giovanni alarmé. Les otages ? As-tu pensé aux otages ?

Mais Pierfrancesco ne répondit pas. Son visage s'était durci.

— Moi, je n'aurais pas promis le silence..., dit-il brièvement.

*

Au début du mois d'octobre de l'année 1462, Laudonia de Médicis annonça à Pierfrancesco qu'elle attendait un enfant. Et, bien qu'incroyant, bien que méprisant la religion et les religieux, le futur père fit un vœu. Celui d'aller prier chaque matin en l'église San Lorenzo pour qu'il eût un fils. Un héritier. « Si j'ai un héritier... » Ces mots revenaient sans cesse dans son discours. « Un héritier ! et alors, ou l'oncle Cosimo me nomme héritier de la compagnie Médicis, ou je le quitte ! Et si je pars, j'emporte avec moi tout ce qui m'apppartient. »

Tout à ses rêves ambitieux, Pierfrancesco n'oubliait pas cependant la force que représentait Lucrezia de Médicis. Elle ne quittait plus Cosimo et discutait sans fin avec lui des futurs contrats des mines de Tolfa. Lucrezia savait que seules les signatures d'exploitation exclusive de ces mines d'alun appartenant pour moitié aux princes Orsini et au Vatican permettraient à Cosimo de nommer son petit-fils Lorenzo successeur de la Compagnie Médicis. Elle le savait si bien que, secrètement, elle entretenait un abondant courrier avec son frère Giovanni Tornabuoni qui dirigeait toujours la Banque Médicis de Rome. Dans ses lettres, elle ne se lassait pas de demander des précisions sur la petite princesse Clarice Orsini, et sur le jeune prince Latino Orsini qui venait, à peine âgé de dix-huit ans, d'être nommé au Vatican clerc apostolique.

> *... Ne compte pas trop sur le prince Latino pour épouser l'une de tes filles...*, écrivait Giovanni Tornabuoni. *D'une part le prince Latino n'aime guère les femmes et ne vit qu'entouré de jeunes gens. C'est un jeune homme très imbu de ses origines aristocratiques et qui verrait certainement d'un très mauvais œil une union entre sa famille et des marchands enrichis comme les Médicis... Il me tolère auprès de sa brigata parce que mes origines sont au moins aussi anciennes et pures que les siennes.. Il ne t'admettrait pas dans sa demeure parce que, bien que ma sœur, tu as épousé un Médicis, ce qui pour lui est une mésalliance. Quant à la petite princesse Clarice... Que te dire ?... c'est encore une enfant. Ni belle, ni laide, ni grande ni petite, ni intelligente ni sotte... Elle a onze ans, elle joue encore à la poupée et vient chaque jour avec sa mère prier aux offices du Vatican. Voilà tout ce que je peux te dire concernant la famille des princes Orsini... Le mieux qu'il y aurait à faire sans doute, en ce qui concerne les contrats d'exploitation des mines de Tolfa, serait que ton beau-père ou toi-même veniez traiter des choses sur place...*

C'est surtout cette idée-là que Lucrezia retenait. Aller à Rome et se rendre compte elle-même de ce qu'elle pourrait faire pour protéger les intérêts de Lorenzo.

Lorsqu'au mois de mai 1463, Pierfrancesco eut enfin ce nouveau-né, ce fils follement désiré, qu'il baptisa Lorenzo en souvenir du grand-père, l'inquiétude de Lucrezia fut à son comble. Mais, très vite, Cosimo la rassura.

— Pourquoi t'inquiéter, ma fille ? lui dit-il quelques semaines après la naissance du petit Lorenzo. N'aie aucune crainte, Piero sera mon héritier et le fils de Piero sera son successeur. En ce moment, ils sont encore à Paris... Sais-tu que Sa Majesté le roi Louis XI a été absolument subjugué par notre Lorenzo ? Mon petit-fils se conduit comme un véritable ambassadeur... Et il n'a que quatorze ans [1] !

Lucrezia fut si soulagée, si heureuse, qu'elle sentit des larmes lui picoter les yeux.

— Pourquoi pleures-tu, ma fille ? la taquina Cosimo.

— C'est parce que je suis heureuse, père... si heureuse...

— Tu as là une curieuse manière de manifester ton bonheur.

Lucrezia reniflait sans fausse honte.

— On ne doit pas pleurer lorsque l'on est malheureux... Mais personne ne nous empêche de pleurer de joie ! Tu verras, père ! Lorenzo est un être exceptionnel ! Il ne te décevra pas...

Cosimo hocha la tête

— Je ne vivrai pas assez vieux pour m'en rendre compte. Je sais que Lorenzo possède de précieuses qualités. Je l'ai toujours su... Je ne me suis jamais trompé sur mes enfants ou mes petits-enfants. Sauf sur Piero... Sur lui je me suis toujours trompé... Et cela est impardonnable. Piero a beaucoup de qualités. Nous avons été bien coupables envers lui de l'avoir si mal jugé... Que t'en semble ?

Lucrezia rougit.

— Oui. Sans doute... Nous n'y pouvons plus rien maintenant, n'est-ce pas ?

— Non. Tu as raison, soupira Cosimo. Effectivement, nous n'y pouvons plus rien.

Ils échangèrent un long regard. Puis Lucrezia sortit du cabinet de travail de Cosimo.

1. C'est à la suite de ce voyage que Louis XI, roi de France, accorda aux Médicis le privilège de fleurdelyser leurs armes.

Dès qu'il apprit que Piero d'abord et Lorenzo ensuite reprendraient le flambeau des Médicis, Pierfrancesco fit valoir ses droits sur la partie de la fortune qui lui revenait.

Sans aller jusqu'à l'alliance avec les ennemis de son oncle Cosimo, il s'arrangea de telle manière que ces derniers pussent le considérer comme neutre, et penser qu'il ne ferait rien ni contre la Maison Médicis, ni pour elle.

Très rapidement, sa propre banque « Pierfrancesco de Médicis et fils » fut infiniment prospère. On le respectait en raison de ses capacités, de ses manières alertes, franches, et de ses décisions rapides toujours empreintes de réalisme et de bon sens. D'ailleurs, sur le plan des affaires, il lui était impossible de faire mal quoi que ce fût, et, bien que ses visées fussent plus politiques que strictement bancaires, il y consacrait le meilleur de ses aptitudes.

Sa femme Laudonia était ravie d'avoir quitté enfin le Palais Médicis. Tout de suite après la naissance du petit Lorenzo, la famille Pierfrancesco de Médicis avait emménagé dans un superbe palais situé au bord de l'Arno, et Laudonia s'en donnait à cœur joie, après douze ans de mariage, d'être enfin maîtresse chez elle !

Cette séparation brouilla les deux familles qui ne se parlèrent plus durant quelques mois. En novembre 1463, la mort de Giovanni de Médicis les réconcilia. Pierfrancesco pleura sincèrement ce cousin qu'il affectionnait particulièrement. Mais, s'il refusa de réintégrer la banque de son oncle Cosimo, il accepta de travailler « main dans la main » avec Cosimo et Piero en souvenir d'un certain après-midi d'été 1462.

VII
LE TEMPS DE L'AMOUR

Careggi, mars 1464

Amour est la seule récompense d'un amour payé de retour
Amour nous apporte la paix éternelle
Amour est vrai, parfait et assuré salut[1].

LES BRUMES crépusculaires s'élevaient déjà de l'Arno. C'était l'heure que préférait Lorenzo. Une heure mélancolique qui convenait à sa nature sensible d'adolescent de seize ans. Il se sentait vieux... Non, ce n'était pas le mot exact. Il sentait que quelque chose était à jamais perdu pour lui. Quelque chose d'irremplaçable, dont il n'avait pas assez joui, parce qu'il en ignorait jusqu'alors l'importance vitale, et dont maintenant, à cet instant précis — et parce qu'il venait de la perdre —, il sentait déjà le manque : l'innocence de l'enfance. Il aurait voulu revenir quelques heures en arrière, juste avant que Guglielmo de Pazzi, Bernardo Rucellai et Luigi Pulci, forts de leurs récentes expériences, ne l'eussent entraîné chez Angelica, la courtisane la plus cotée, la plus courue de Florence, pour le déniaiser. Non que Lorenzo n'eût apprécié, et même très fortement apprécié, tout ce que la jeune putain lui avait enseigné. Il avait aimé les parfums forts et sucrés dont Angelica inondait son lit, il avait aimé la peau fraîche et satinée, la bouche humide, la douceur de la langue pointue qui se promenait sur son corps, provoquant en lui des sensations bizarres, exaspérantes, insupportables, et pourtant délicieuses... Il avait aimé serrer ce corps nu d'une femme encore inconnue quelques minutes

1. « L'altercation », poème de Lorenzo de Médicis.

plus tôt, caresser les seins fermes et s'enfoncer dans la chair tiède et palpitante. Il avait joui trop vite... Gentiment, et parce que c'était la première fois qu'il venait, Angelica l'avait aidé à recommencer. La seconde fois, il parvint à retenir son plaisir et à le savourer quelques secondes de plus... Ensuite, il dut entendre les quolibets de ses amis qui jouaient déjà aux hommes d'expérience, parlaient femmes avec mépris et concupiscence, bref se comportaient en parfaits petits mâles florentins : « Maintenant, tu es un homme, Lorenzo !... », s'esclaffait Guglielmo de Pazzi qui, fraîchement marié à Bianca de Médicis, passait pour l'homme expérimenté de la brigata. « Tu vas pouvoir te choisir une maîtresse et même une épouse ! Commence par la maîtresse... C'est d'elle que te viendra toujours le plaisir, et c'est elle que tu pourras toujours choisir librement... Qui peut choisir librement une épouse ? Personne ! Cela n'est jamais arrivé ! Moi, j'ai épousé ta sœur Bianca, et Bernardo va se marier avec Nannina... Nous a-t-on consultés ? les avons-nous choisies ? Non, n'est-ce pas ? Tandis qu'une maîtresse ! Une jolie jeunesse pas trop farouche, choisie pour le plaisir qu'elle donnera...

— Et pourquoi n'en choisir qu'une ? dit Bernardo, rêveur. Tu peux en avoir autant que tu peux en honorer ! Elles se battront pour venir dans ton lit ! Laisse ton père te choisir une épouse, et donne-toi la joie de choisir la Dame de ton cœur !

Suivirent alors des réflexions fort grossières sur le rôle des femmes dans la vie d'un homme.

Lorenzo pensait à tout cela, alors qu'il se rendait chez lui. Une chasse à courre devait avoir lieu le lendemain en l'honneur de l'anniversaire de sa mère. A cette évocation, il sourit, et un instant son visage ingrat s'adoucit.

Il adorait chasser, il adorait passer des heures entières à cheval, à l'affût d'un sanglier. Aussi ne comprenait-il ni son malaise, ni sa lassitude, ni cette impression d'écœurement et de vide dont il n'arrivait pas à se débarrasser. Était-ce les heures qu'il venait de passer chez la courtisane ? Pourtant, toutes les sensations éprouvées auprès d'Angelica lui manquaient déjà. C'était devenu une sorte de nécessité urgente à satisfaire comme la faim ou la soif, mais plus douloureuse, plus exigeante. Il avait quitté Florence assez tard dans l'après-midi, et Careggi n'était qu'à une heure à peine.

Son cheval allait, et parfois trébuchait sur les pavés inégaux déjà humides de brume de la route.

Lorsque Lorenzo mit pied à terre, le crépuscule commençait à descendre sur les plaines embrumées, chargées d'effluves printaniers. Cependant, il faisait encore assez clair, et au loin, vers le couchant, de longues traînées de nuages pourpres annonçaient que les jours prochains seraient beaux. Toute la journée, une petite pluie fine, intermittente, avait balayé la campagne, mais, comme par miracle, elle cessa juste au moment où Lorenzo arriva. Jusqu'alors, il avait lancé sa monture au petit trot à travers la campagne ruisselante, et tout le paysage paraissait noyé. A présent, Lorenzo égouttait son pourpoint trempé et secouait ses bottes boueuses. Il aspira à grandes goulées l'air frais chargé d'âpres odeurs humides, où se mêlaient des relents de fumée d'un feu de bois. Le regard de Lorenzo se porta vers la Villa Careggi qui dominait la colline. Sans doute avait-on allumé un feu dans l'énorme cheminée de la grande salle où avait lieu la réception donnée pour l'anniversaire de sa mère. Il imagina son plaisir lorsqu'il pénétrerait dans la grande pièce, s'approcherait du feu, y présenterait ses mains glacées tout en répondant aux quolibets et aux rires des jeunes gens et des jeunes filles invités. Tenant son cheval par la bride, évitant tant bien que mal les flaques d'eau qui giclaient sous les sabots de sa monture, il se dirigea à pas lents vers la maison, le cœur dilaté d'aise. Maintenant, les chants et les rires se faisaient entendre clairement, et Lorenzo sifflota de contentement. Soudain, son cheval se mit à boiter. Lorenzo s'immobilisa.

— Eh bien ! s'exclama-t-il, alarmé. Que se passe-t-il ?

Il s'agenouilla à même le sol trempé, souleva le sabot d'Étoile filante et l'observa avec attention.

— Ah..., dit-il, toujours agenouillé à même le sol, et flattant de sa main les flancs de sa jument. Il va falloir changer tes fers...

Il resta ainsi quelques minutes, attentif, et enleva la petite pierre qui blessait la bête.

Doucement, il reposa le sabot du cheval qui hennit, peut-être de joie, et c'est alors que le regard de Lorenzo fut attiré par deux pieds, deux très petits pieds de jeune fille, deux pieds finement chaussés mais pour l'heure trempés de boue. Le regard de Lorenzo grimpa le long des jambes minces, joliment fuselées, et dénudées par une jupe que deux mains parfaites de forme tenaient fermement. Un rire de jeune fille se fit entendre. Un rire gai, joyeux, auquel Lorenzo eut envie de répondre sur-le-champ.

— Messer Lorenzo, vous vous faites bien attendre... Voyez ! Je suis venue voir ce qui pouvait bien vous retenir... Je n'imaginais cependant pas vous trouver à plat ventre sous un cheval !

Rouge de confusion, Lorenzo se redressa. De l'autre côté de sa monture qu'il maintenait par la bride, une jeune fille riait. Sur le moment, il fut incapable de mettre un nom sur cette ravissante, cette très jeune femme qui lui faisait face, la bouche largement ouverte sur des petites dents blanches à ravir.

— Vous ne me reconnaissez pas, Messer Lorenzo de Médicis ? Aurais-je tellement changé en trois ans de couvent ? Vous, vous n'avez pas changé... Mais peut-être avez-vous encore grandi ?

Furieux de se sentir imbécile, furieux du ton moqueur de la jeune personne qui le dévisageait avec une ironie grandissante, Lorenzo allait répliquer grossièrement lorsque soudain la mémoire lui revint, et avec la mémoire un flot de souvenirs chauds, tendres, une marée envahissante qui ne laissait place à aucun autre sentiment.

— Lucrezina..., murmura-t-il d'une voix étranglée par l'émotion. Lucrezina Donati...

Ce fut au tour de la jeune personne de se sentir vexée, et d'un coup elle oublia son attitude compassée.

— Ne peux-tu éviter de m'affubler de cet affreux sobriquet ? cria-t-elle, oubliant le pompeux vouvoiement et reprenant le tutoiement des jours anciens. Mon nom est Lucrezia ! Pas Lucrezina. Lucrezina, c'était bon lorsque j'étais enfant ! Maintenant je suis une dame. Il faut me dire vous, et m'appeler Signorina Lucrezia...

Lorenzo éclata de rire. Il la détaillait sans vergogne, admiratif.

— Certes, tu es devenue une fort jolie jeune fille... Certainement la plus jolie fille de Florence ! Mais pour moi tu seras toujours la petite Lucrezina. La preuve ! c'est à peine si tu arrives à mon épaule.

Partagée entre l'envie de se mettre en colère et la joie de revoir son ami d'enfance, Lucrezia finit par rire de bon cœur.

— Je crois que tu te moques de moi, mais je suis bien contente de te revoir. Je croyais que tu ne viendrais pas ce soir à cause de la pluie. Je guettais ton retour, tu vois ! L'on m'a dit que tu avais passé la journée à Florence ? Qu'es-tu donc allé faire à Florence, dis-moi ? Ah, je vois... C'est un secret ? Il ne faut pas avoir de secret pour moi, Lorenzo ! As-tu tenu ton serment ? Ne réponds pas tout de suite... Allons, ne reste pas planté là à me regarder comme si j'étais une apparition... Eh bien, puisque tu es si grand et si fort, porte-moi donc jusque vers la maison. Mes chaussures sont trempées et ma robe toute crottée. Je ne peux continuer à marcher dans cette boue.

D'un mouvement souple et robuste, Lorenzo la souleva de terre, et la tint serrée un moment contre lui. L'étonnement et le trouble qu'il ressentit au contact de ce jeune corps, qui pesait si peu dans ses bras, lui firent monter le sang à la tête, et il rougit. Un instant, sa joue frôla l'épaisse chevelure couleur de blés mûrs, et son regard rencontra celui de Lucrezia. Elle riait, moqueuse et tendre. De quel serment parlait-elle ? Il constata que jamais jeune fille n'avait été aussi jolie, qu'il la portait serrée contre lui, et que lui-même se conduisait comme un paysan. Constatation qui, en l'occurrence, n'avait rien de spécialement réjouissant. Il marchait sans tituber, d'un pas long et ferme, tenant précieusement contre lui ce fardeau tombé du ciel, et tout en marchant, tout en évitant autant que faire se pouvait les flaques d'eau, il s'efforçait de contrôler une violente émotion.

Des flots de pensées contradictoires, aussi affolantes et douces les unes que les autres, se heurtaient dans son esprit. Sa journée avec Angelica, et puis cette rencontre soudaine, cette femme-enfant qui riait, et qui parlait, parlait, sans qu'un traître mot de ce qu'elle disait pénétrât l'esprit embrumé de Lorenzo. Quel serment lui avait-il fait ? Un serment ? Quand cela ? Où ? Tout cela se mélangeait, se bousculait et provoquait en lui un trouble qui le fit à plusieurs reprises chanceler. Il ressentait avec une extraordinaire intensité les sensations physiques qu'il était en train de vivre, telles que la faim, le poids de cette petite Lucrezia qui ne pesait pas plus qu'une jeune biche dans ses bras, la pluie fine qui s'était remise à tomber et qui lui cinglait le visage, le froid. Mais même cela n'était pas désagréable... Et, dominant cet amalgame de sensations, une fantastique exaltation, jointe à un sentiment de bonheur total. Dans un vertige délicieux, il crut un instant qu'il allait tomber. Mais il se ressaisit juste à temps. « Si cet instant pouvait ne finir jamais... », eut-il le temps de penser avant qu'à son grand regret, l'un portant l'autre, ils atteignent le perron de la villa. Lorenzo déposa Lucrezia. Alors il s'inclina doucement et, mi-ironique, mi-tendre, il murmura :

— Bienvenue dans ma demeure, Signorina bellissima Lucrezina...

Les jours qui suivirent furent sans doute pour Lorenzo les plus beaux de son existence. La Villa Donati n'était éloignée que de deux ou trois lieues environ de la Villa Careggi, à peine une demi-heure de cheval. Aussi ne se passait-il pas de jours sans que Lucrezia Donati et Lorenzo de Médicis ne se vissent.

Un début de peste avait chassé de Florence pratiquement tous les habitants qui s'étaient réfugiés dans leur campagne. Tous les prétextes étaient bons pour que la jeunesse se réunisse. La brigata de Lorenzo fut rapidement au fait de ses amours avec Lucrezia. Avec amitié, complaisance et peut-être une certaine malice, tous s'ingénièrent à les réunir souvent, à les laisser seuls encore plus souvent, et parfois à rendre jaloux Lorenzo qui n'avait pas besoin des taquineries de ses amis pour être malade dès qu'il voyait Lucrezia sourire ou parler à l'un ou l'autre des membres de la brigata.

En ce merveilleux printemps et jusqu'au début de l'été, la

vie de Lorenzo et de Lucrezia se transforma tout à coup en une chose exquise et parfaite. Il régnait autour d'eux une atmosphère de beauté, de jeunesse, de complicité aussi, où tout ce qui pouvait être sujet d'inquiétude, ou même d'incertitude, fut aboli.

A mesure que les semaines, puis les mois passaient, cette même atmosphère de joie pure et romanesque domina toute la brigata. Ils étaient tous amoureux... Guglielmo de Pazzi, de sa jeune et toute nouvelle épouse Bianca ; Bernardo Rucellai, de Nannina de Médicis ; et Giuseppe Rosselli chantait les louanges de Luisa Donati.

Toutes les réunions avaient lieu à la Villa Donati. Les deux filles encore à marier de Manno Donati attiraient la gent masculine alentour comme autant de pots de miel parfumé peuvent attirer les guêpes du voisinage, et cela provoquait des petits drames amoureux, des jalousies, des scènes et des réconciliations passionnées.

La brigata de Lorenzo organisait des fêtes en l'honneur de ces jeunes personnes, et Lucrezia y prenait part avec une fougue et un plaisir évident. Elle adorait danser, s'amuser, nager dans l'Arno en compagnie de ses sœurs et de ses amies... Tout lui était prétexte à jeux, rires et amusements de toute sorte. Sa beauté inspirait à Lorenzo une telle passion que ses amis s'employèrent bientôt à le convaincre de passer aux actes « et à ne pas laisser en friche un si doux terrain... ». Tous avaient déjà fait de leurs amies d'ardentes maîtresses, et tous s'étonnaient du recul de Lorenzo. Il n'était que de regarder Lucrezia pour comprendre qu'elle n'attendait que cela, qu'elle était prête à céder à la passion du jeune homme (et à la sienne) sans plus tergiverser.

Lucrezia n'en dormait plus et se demandait chaque matin si « cela » se passerait aujourd'hui, pour se coucher aussi vierge que déçue, mais pleine d'espoir pour le lendemain... Alors elle se faisait belle, parfumait sa chevelure blonde, choisissait une robe de soie blanche transparente toute rebrodée de fleurs, assez décolletée pour que chacun pût admirer ses jolis seins ronds et blancs, légèrement ponctués par les mamelons rose tendre. Mais tout cela en pure perte.

Car Lorenzo hésitait. Il aimait Lucrezia d'un amour assez

pur et assez profond pour s'inquiéter des suites d'une telle liaison. Il voulait être sûr de pouvoir épouser la jeune fille dès qu'il aurait l'âge requis pour en faire sa femme. Malheureusement, et c'était la seule ombre qui parfois venait troubler le bonheur du jeune homme, cette certitude-là, il ne pouvait l'avoir. Il n'y avait pour s'en persuader nul besoin de paroles. Les regards fuyants, lorsqu'il évoquait Lucrezia Donati, suffisaient à lui faire craindre le pire.

Des conversations chuchotées, des regards évasifs, vite détournés, une froideur, aimable certes, mais peu réelle devant Lucrezia, tout démontrait que les Donati n'étaient pas « persona grata » dans la Villa Careggi des Médicis. Pour expliquer cette froideur, Cosimo évoquait vaguement certaines malversations dans les comptes de la Seigneurie, malversations dont les bénéficiaires étaient Manno Donati et Dietisalvi Neroni.

Conscientes de cela, les sœurs Donati venaient rarement chez leurs voisins, et c'est Lorenzo, ses propres sœurs et toute sa brigata qui se rendaient à la Villa Donati, où dans un tourbillon de danses, chants, fêtes, Lucrezia fut consacrée à l'unanimité « la plus belle de Florence ».

Chez les Médicis, l'atmosphère était un peu attristée par la désertion de la jeunesse, et surtout par l'aggravation du mal de Cosimo. Aussi recommandait-on aux jeunes gens d'aller s'amuser ailleurs.

Comme elle est belle la jeunesse
qui nous fuit déjà !
Qui veut être heureux, le soit :
de demain nul n'est certain[1].

Parfois, devant la fébrilité de Lorenzo qui ne pouvait prononcer une phrase sans citer au moins trois fois le nom de Lucrezia Donati, Cosimo et la mère de Lorenzo échangeaient un regard d'intelligence. Aussitôt Cosimo parlait des mines d'alun de Tolfa, des énormes sommes investies

1. « Chansons de carnaval » de Lorenzo de Médicis.

là-bas, et de l'incompétence, pour ne pas dire de la malhonnêteté du Vatican qui n'avait pas encore signé les contrats promis.

— Seul le prince Orsini qui détient cinquante pour cent des parts peut faire fléchir le Saint-Père, disait Cosimo. Pie II va mourir. Celui qui le remplacera doit impérativement être notre associé. Ma chère Lucrezia, il serait bon que tu retournes à Rome pour voir ce qu'il en est... Qu'en penses-tu, Lorenzo ? Accompagnerais-tu ta mère ?

Inconscient, Lorenzo répondait invariablement :

— Pourquoi pas ? mais plus tard, grand-père, beaucoup plus tard ! Pas maintenant !

Cosimo insistait :

— Mais qu'est-ce qui te retient donc à Florence ? Un tel voyage pour un garnement de ton âge, c'est une aubaine...

Alors, Lorenzo levait vers son grand-père un tel regard que celui-ci, remué, d'abord se taisait puis :

— Va... va..., disait-il. Va t'amuser chez les Donati... Va ! Et dis-moi si Niccolo Ardinghelli est enfin arrivé. Je sais qu'il doit passer quelques mois d'été chez eux et je me méfie de ce chenapan.

Un soir de juin, Lorenzo rentra fourbu d'une journée de chasse avec ses amis. Il était de mauvaise humeur car il n'avait pu voir Lucrezia à sa guise. La jeune personne était retenue par une obligation familiale.

— Ah ! grand-père, Niccolo Ardinghelli est arrivé cet après-midi. C'est vraiment un très bel homme..., soupira-t-il. Je l'ai aperçu quelques minutes. A peine m'a-t-il reconnu. Du reste, il n'avait d'yeux que pour ma Lucrezina... Je ne me fais guère de tristesse de ce côté-là... Lucrezina a toujours détesté Niccolo Ardinghelli. Mais cet homme est vraiment beau... très beau.

Cosimo dévisagea son petit-fils.

— C'est important pour toi, la beauté ? demanda-t-il.

Lorenzo hésita, puis :

— Oui. Très important. La beauté est un don du ciel, un don parfait. Un être beau ne peut être méchant, car tous viennent à lui le cœur sur la main, prêts à tout donner. Un être beau n'a rien à prouver pour se faire aimer, ni intelligence ni génie, ni don particulier. Il est. Tout simplement. Et parce qu'il est beau, alors il est aimé... Et surtout ne me dis pas que la beauté est une vue de l'esprit ! Est-ce que la laideur est une vue de l'esprit ? Je la vois chaque matin dans mon miroir... La beauté existe. C'est une harmonie de traits, de couleurs, un rythme des volumes qui s'arrondissent et s'épousent l'un l'autre... La beauté comme la laideur s'imposent, irrémédiables... irrévocables... Être beau, c'est être aimé sans le mériter...

— Je crois que tu te trompes, dit doucement Cosimo. Des êtres beaux comme Niccolo Ardinghelli peuvent être amoraux, cyniques et pervers, et ne semer autour d'eux que haine et désespoir... Des êtres laids comme moi...

— Et comme moi..., dit douloureusement Lorenzo.

— Oui. Peut-être... Des êtres laids comme nous peuvent être aimés. Passionnément. Ta grand-mère m'a aimé...

Étonné, Lorenzo dévisagea son grand-père. Il lui semblait étrange, inconcevable, voire indécent, que ses grands-parents eussent pu éprouver l'un pour l'autre la même fulgurance passionnée qui l'avait jeté vers Lucrezia Donati. « Grand-père se trompe ! pensa-t-il. Ce que j'éprouve pour Lucrezia, nul ne l'a jamais éprouvé... »

VIII
NICCOLO ARDINGHELLI

Careggi, juin 1464

Il est parfois des années, ou encore des heures, des moments où toute une existence, tout un destin prend une voie nouvelle, irrémédiable. C'est peut-être ce qui arriva à Niccolo Ardinghelli en ce beau jour de juin 1464, alors qu'il venait rejoindre Manno Donati en sa Villa de Careggi.

Personne, parmi ceux qui connaissaient Niccolo Ardinghelli, n'aurait jamais pu l'imaginer, mais, dès la première heure où le regard de Niccolo rencontra celui de Lucrezia Donati, il s'éprit d'elle si intensément, si totalement, qu'il lui sembla durant bien des jours que son esprit avait été fendu par un tremblement de terre. Mais cet enfer qu'il portait en lui était si farouchement gardé que rien dans son attitude n'aurait pu dévoiler, ne fût-ce qu'une seconde, la violence de la passion qui le tourmentait.

Lucrezia Donati fut sans doute le seul être vivant qui eut raison du cynisme de Niccolo Ardinghelli et qu'il aima toute sa vie, véritablement.

C'est en mai 1464 qu'il avait décidé de revenir à Florence, appelé par un message de Manno Donati qui lui disait que Cosimo de Médicis ne passerait probablement pas l'été. Niccolo Ardinghelli se trouvait à Lyon chez sa belle maîtresse Maria de Rossi qui, amoureuse folle, n'hésitait pas à tromper son mari dans sa propre maison, prenant parfois le risque de se faire surprendre. Le voyage de Lyon à Florence avait duré plus de quinze jours en raison des intempéries, et Niccolo se rendit directement à la Villa Donati à Careggi, l'esprit entièrement préoccupé par la mort prochaine de

Cosimo. Mort qui allait changer la face des choses à Florence et transformer bien des alliances. C'était une délicieuse journée de juin, lumineuse et chaude, et quand Niccolo eut mis pied à terre devant le perron de la Villa Donati, il éprouva une curieuse sensation. Celle d'être arrivé là où il devait arriver depuis toute éternité. Étonné, il regarda autour de lui pour voir ce qu'il y avait de changé dans cette ravissante demeure qu'il connaissait pourtant bien. Il était déjà plus de deux heures de l'après-midi et, sans doute, toute la famille faisait la sieste. Il ne comprenait pas cette sensation qu'il éprouvait devant cette maison et ce jardin, devant ce silence troublé par quelques pépiements d'oiseau. Il se sentait bien... Un chien s'approcha de lui, le flaira et leva sur lui des yeux confiants et amicaux.

— Bon chien, bon chien..., dit Niccolo en lui caressant la tête. Où sont tes maîtres ?

C'est alors qu'un page lui ouvrit la porte et le fit entrer dans un vaste vestibule sombre et carré. Il y faisait frais et cela sentait la cire parfumée. Niccolo reconnut cette maison. Il y était venu fréquemment et, bizarrement, s'était toujours senti chez lui en cette demeure.

On était maintenant presque à la Saint-Jean. En moins de trois jours, l'été brûlant avait pris possession de la campagne toscane, et tous les volets de la Maison Donati avaient été fermés. C'est dans cette demi-obscurité que Manno Donati vint accueillir son visiteur.

— Bienvenue, Messer Niccolo ! Je ne vous attendais pas de sitôt !

— J'ai fait vite. Aussi vite que possible. Alors ?

— Vous ne voulez pas vous rafraîchir avant que nous parlions ?

— Non, non ! Dites-moi d'abord...

— Le vieux Médicis ne passera pas l'été... Et les contrats d'exploitation des mines de Tolfa ne sont toujours pas signés.

Le visage de Niccolo se détendit et il eut une expression joyeuse.

— Il a pourtant dépensé des dizaines de milliers de florins ! Avez-vous pu vous allier à Giovanni de Castro ?

— Ce juif ? Y pensez-vous, Messer Ardinghelli ?

— C'est pourtant lui qui a découvert l'alun, et qui a obtenu du pape et des princes Orsini une grande partie des droits d'exploitation !

— Peut-être... Mais moi ?... Travailler main dans la main avec un juif ?... Y pensez-vous sérieusement ?

Niccolo dévisagea son interlocuteur et dissimula son irritation. « Le sot ! l'imbécile ! le niais... Comment lui faire comprendre que pour nous emparer du contrôle des mines il nous faut l'alliance de Giovanni de Castro ? » Il allait répliquer vertement quand brusquement la porte s'ouvrit, et toute sa vie bascula, si soudainement, si totalement, que jusqu'à la fin de ses jours il devait se souvenir de ce moment précis. Ce moment où Lucrezia Donati ouvrit précipitamment la porte et entra, un sourire joyeux sur les lèvres.

Avec elle entra une bouffée d'air tiédie par le vent, une bouffée des parfums sensuels, troublants, du crépuscule d'été... Il avait fait très chaud, et tous aspiraient à ce moment de la journée où la fraîcheur du soir allait succéder à la chaleur. Lucrezia était singulièrement belle, cet après-midi-là.

Manno Donati continua de parler sans se rendre compte que Niccolo ne l'écoutait plus. Il avait pris la main de Lucrezia et s'inclinait sur elle avec cette élégance française, qu'il avait apprise chez les Rossi à Lyon. Il vit qu'elle avait des yeux d'une extraordinaire luminosité, sans pouvoir discerner s'ils étaient verts, ou bleus ou violets..., que c'étaient des yeux uniques par leur forme, par leur douceur amicale, par leur regard un peu égaré aussi... Il vit son visage parfait, sa silhouette sans défaut. Il ne comprenait ni les battements précipités de son cœur, ni le tremblement de son corps, ni le désir puissant jailli de ses reins qui lui donnait envie de s'emparer de cette belle jeune fille et de la posséder, là, tout de suite, à même le sol... Dès que Lucrezia eut formulé des paroles banales de bienvenue, il sut qu'il l'aimait et qu'il l'épouserait. Un dernier reste de raison l'empêcha de formuler sa demande sur-le-champ. A regret, il lâcha les mains de Lucrezia, qui le dévisageait, vaguement étonnée.

Sans plus se soucier de lui, elle s'était adressée à son père :

— Ah ! Je croyais bien que Messer Lorenzo de Médicis était ici ! Ne devait-il pas venir ce soir ?

Manno Donati avait secoué la tête.

— Pas aujourd'hui, mon enfant. Demain !...

— Ah !... Alors, j'aurai confondu...

Et comme elle allait se retirer, son père l'avait retenue.

— Messer Niccolo va rester à dîner avec nous. Veux-tu ordonner de faire ajouter un couvert ?

Ensuite, Niccolo avait du mal à se souvenir... Toute la soirée s'était passée fort agréablement. Il avait remarqué la passion que Caterina portait à sa fille Lucrezia. Et parce que Caterina aimait sa fille, cette femme lui fut chère et respectable, comme lui fut cher l'homme à qui il allait demander la main de cette merveille, comme lui furent chers ses sœurs, les chiens avec qui elle jouait en riant, la femme de chambre qui vint chercher un instant Lucrezia pour qu'elle se préparât pour le souper. Lorsque la jeune fille disparut de son champ de vision, tout s'obscurcit pour Niccolo.

Au cours du repas, lorsque ses yeux consentaient à quitter Lucrezia, il admirait ses sœurs, étonné de la beauté des jeunes femmes. « Il est des familles où la beauté se transmet de mère en fille, et des familles où la laideur domine.... », avait-il pensé, à cause des Médicis. En effet, sans qu'il pût en comprendre la raison, l'unique sujet des conversations avait été les Médicis. Lucrezia parlait sans arrêt de Nannina ou de Bianca de Médicis. Et si le nom de Lorenzo ne venait pas dix fois dans les phrases qu'elle prononçait, c'était sans doute parce que quelqu'un lui coupait la parole, excédé.

Peu avaient été, dans la vie de Niccolo, les moments où il avait perdu son sang-froid, où l'intelligence n'avait pas dominé les élans du corps, ou du cœur. En fait, à sa souvenance, cela n'était jamais arrivé avant ce soir d'été 1464. Il s'était efforcé de suivre la conversation, d'être brillant, parlant de Lorenzo de Médicis avec admiration et amitié, parce que lorsqu'il parlait ainsi, et sans qu'il pût à ce moment-là en soupçonner la raison, le regard de Lucrezia Donati se posait sur lui avec une tendresse, une chaleur amicales particulièrement douces, et, pour sentir encore ce regard posé sur lui, Niccolo se sentait capable de tout, même de danser tout nu sur la table.

En ce délicieux après-midi d'été 1464, juste pour les fêtes de la Saint-Jean, Lucrezia offrait aux invités qui se pressaient dans la grande salle de la Villa Donati une image ravissante. « Un portrait de Fra Angelico... », soupirait Bernardo Rucellai, cependant récemment fiancé à Nannina de Médicis, qu'il aimait sincèrement, et qui était depuis peu sa tendre amie. Mais Nannina de Médicis ne pouvait en aucun cas se comparer à Lucrezia Donati qu'en cet instant elle haïssait de bon cœur. De plus, la jeune personne ne supportait pas de voir son frère Lorenzo souffrir d'amour pour cette « damnée petite coquette » qui, il est vrai, avait de quoi faire verdir de jalousie ses « plus chères amies ».

Elle portait ce jour-là une robe de soie d'une finesse arachnéenne, sans manches, très largement décolletée en carré, qui laissait deviner assez précisément des formes parfaites, une chair dense et ferme, et une peau fraîche et lisse sur laquelle les regards masculins s'attardaient avec concupiscence. Au couvent, Lucrezia avait appris les « bonnes manières ». Et si elle se tenait avec beaucoup d'élégance, elle n'en avait pas moins gardé toute son insolence, toute son impertinence, et cette originalité lui donnait un charme de plus. Lucrezia Donati captivait non seulement par son incontestable beauté, mais également par son charme, son intelligence aiguë, sa voix un peu basse, profonde, une voix qui envoûtait littéralement. Musicienne, elle chantait souvent et participait aux concerts organisés par les riches familles des environs, dont c'était la distraction favorite au cours de ces merveilleuses soirées d'été chaudes et parfumées que seule la campagne toscane peut offrir. Tous les admirateurs de Lucrezia Donati admiraient et chantaient en chœur la superbe teinte de ses yeux, et la couleur chaude, dorée, de son abondante chevelure élégamment relevée en chignon « à la grecque ». Mais le plus épris de tous était certainement Niccolo Ardinghelli.

Plus âgé que tous ces jeunes gens qui s'empressaient autour de Lucrezia, il restait à l'écart, sombre, le visage empreint d'une passion contenue. Il ne la quittait pas des yeux. Sa bouche lui faisait mal du sourire forcé qu'il s'imposait. Une semaine à peine après avoir revu la jeune fille, il avait demandé la main de Lucrezia — demande qui avait été acceptée avec empressement par Manno Donati, mais repoussée par sa fille avec une insolence joyeuse, rieuse, sans méchanceté. Et Caterina Donati avait été ravie de ce refus. Elle voulait garder encore un peu près d'elle sa petite dernière. Niccolo Ardinghelli ne pouvait admettre ce refus. Il voulait Lucrezia et il avait décidé de l'épouser. Quelqu'un lui avait-il jamais résisté ? « Elle sera à moi ! à moi seul... », avait-il pensé lorsqu'il l'avait revue la première fois.

Il le pensait encore maintenant, une semaine plus tard, au milieu de ces jeunes niais qui allaient danser autour du feu de la Saint-Jean, qui osaient s'emparer des mains de Lucrezia et les baiser, qui osaient la regarder, la respirer, lui parler..., qui allaient sans doute danser la volte ou la gaillarde, ces danses indécentes qui permettaient aux cavaliers d'enlacer leurs cavalières, de leur planter un baiser au creux des seins...

« Je la veux... », se répétait-il silencieusement, agacé, jaloux, férocement jaloux de ces jeunes gens qui s'empressaient autour de Lucrezia, rivalisant d'esprit et de gaieté.

*

Huit jours après la fête de la Saint-Jean, par un superbe après-midi au début du mois de juillet, alors que le soleil obligeait toute personne douée d'un semblant de raison à se réfugier dans l'ombre épaisse et fraîche des vastes salles aux volets tirés, Lucrezia entendit le galop familier, un galop régulier qu'elle reconnaissait entre tous. Lorenzo ! Elle se précipita en chemise à sa fenêtre et entrouvrit le volet. Elle reçut de plein fouet une bouffée d'air chaud. Lorenzo était toujours sur sa monture qui moussait d'avoir galopé dans la chaleur, à folle allure.

Lucrezia fit claquer le volet, et Lorenzo leva la tête. La

jeune fille esquissa un geste de la main, indiquant qu'elle allait descendre. Rapide, légère, comme une elfe, elle passa une robe de linon bleu et descendit, les cheveux dénoués, ne voulant pas perdre une précieuse seconde. Lucrezia ! Il l'attendait sous les cyprès. Il était descendu de cheval. Dieu qu'il était grand !

— Lorenzo, n'aurais-tu pas encore grandi ?

Il rit, en proie à cette émotion incontrôlable qui s'emparait de lui chaque fois qu'il était auprès de Lucrezia.

— Si fait, dit-il en rougissant. Tu n'as pas pris la peine de te coiffer ? Est-ce ainsi que l'on vous apprend à vous tenir au couvent ? J'aime à te voir les cheveux libres. Comme tu es belle, ma Lucrezia... Allons-nous-en d'ici. On pourrait nous surprendre. Sais-tu monter à cheval ?

Lucrezia haussa les épaules.

— Bien sûr !

— Alors, accroche-toi à moi.

Lorsque Lucrezia se fut convenablement installée, Lorenzo grimpa sur la selle, et la jeune fille l'enlaça pour se maintenir en équilibre.

— Il fait chaud..., dit-elle à voix basse. Cela ne t'ennuie pas que je te tienne ainsi, contre moi ?

— Non. Pas du tout...

Il allait ajouter « au contraire », quand une pudeur stupide retint ces derniers mots sur sa langue. « Pourquoi est-on ainsi ? pensa-t-il en lançant son cheval au petit trot à travers la campagne écrasée de chaleur. Pourquoi avoir tellement peur de dire à quelqu'un que l'on aime sentir ses bras autour de soi, que son parfum est grisant......

— Nous nous arrêterons dès que possible au bord du fleuve pour rafraîchir ma jument !

— Et nous aussi..., dit Lucrezia, la tête posée sur le dos frémissant du jeune garçon. Moi aussi j'ai chaud ! et je veux me rafraîchir dans le fleuve... Lorenzo, mon doux ami, je connais un endroit délicieux, le fleuve y forme comme un petit lac tranquille... Allons là-bas.

Lorenzo, troublé, ne répondit pas. Il était partagé entre plusieurs désirs tout à fait contradictoires. D'une part, il eût aimé trotter ainsi éternellement dans la fraîcheur de la forêt déserte, Lucrezia en croupe derrière lui, et que cette promenade ne s'arrêtât jamais... D'autre part, avec la même intensité, il lui tardait d'arriver à cet endroit du fleuve mentionné par Lucrezia et qu'il connaissait bien. Là, l'eau était pcu profonde et coulait fraîche, claire, rapide. Et l'idée de l'eau sur son corps était ce qu'il pouvait désirer de plus... Du moins en était-il convaincu.

— Que va-t-on dire chez toi, si l'on s'aperçoit de ton absence ? parvint-il à proférer malgré sa bouche desséchée, pour rompre le silence qui s'épaississait entre lui et Lucrezia.

— Oh, rien ! Ils ont l'habitude. Ils savent que rien ne peut m'empêcher d'aller courir dans la forêt, d'aller me baigner aussi, dans cet endroit que je connais bien, non loin de la Villa de Martelli...

— Est-ce bien raisonnable d'aller nous baigner là-bas ? demanda Lorenzo.

— Oh, mon Lorenzo, je t'en supplie ! Il fait si chaud... Où aller ?

— On risque de nous surprendre ?

— Quel mal faisons-nous ?

— Rien !... Rien, bien sûr !

— Et puis, qui veux-tu qui nous surprenne ? Mes parents sont partis ce matin à Fiesole et dormiront ce soir à San Miniato. Niccolo Ardinghelli les accompagne. Sais-tu qu'il a demandé ma main ! J'ai dit non naturellement. Mais tout de même, j'ai été fort étonnée. Il connaît l'état de notre fortune, et il est si vieux ! Il doit avoir au moins trente ans ! Enfin, me voilà débarrassée de lui ! Il me met mal à l'aise... Il ne reste à la villa qu'une demi-douzaine de servantes et deux valets.

La voix de Lucrezia ne parvenait à Lorenzo qu'indistincte et lointaine. Il ne comprenait pas un traître mot de ce qu'elle disait. Depuis longtemps, raison et bon sens l'avaient abandonné. S'il n'avait été à cheval, il eût violenté Lucrezia dans l'instant. Le désir de la posséder lui fit mal. Il ne savait comment juguler le tumulte de son sang, et il retint un gémissement.

Bientôt les eaux devinrent plus vives sur les pierres et les rochers, et c'est au bord d'un petit lac naturel que Lorenzo arrêta sa monture. Il aida Lucrezia à descendre, et la retint contre lui un instant. Elle était en sueur, une fine moiteur perlait à son front.

— Il fait si chaud !... Attends, on va se rafraîchir... Avant.

Interdit, Lorenzo se demanda : « Avant ?... Avant quoi ? » Mais il se refusa à trouver une réponse. Déjà Lucrezia avait retiré sa robe et en chemise s'élançait dans le fleuve. Elle riait de bonheur et nageait fort bien.

— Oh, viens ! Viens ! criait-elle. L'eau est délicieuse et si fraîche ! Viens donc !

Lorenzo ne se le fit pas dire deux fois. En deux temps, trois mouvements, il se retrouva en chemise dans l'eau jusqu'au cou.

Et au cours d'un petit quart d'heure enchanteur ils ne furent plus que deux enfants s'aspergeant, cherchant à se faire perdre mutuellement l'équilibre, rieurs, farceurs, innocents et purs.

Enfin épuisés mais rafraîchis, ils s'effondrèrent sur l'herbe chaude et fermèrent les yeux. Leurs chemises mouillées séchaient doucement au soleil, soulignant, impudiques et précises, les formes de leurs corps. Lorenzo se redressa sur un coude et observa Lucrezia. Elle avait les yeux fermés, mais sa respiration s'était précipitée. De fines gouttelettes d'eau coulaient sur ses tempes, son cou... Tout naturellement, les lèvres de Lorenzo se posèrent sur la veine qui battait si rapidement sur ce cou blanc, long, offert.

— Lorenzo... Oh, Lorenzo ! murmura-t-elle en passant ses bras autour de lui et l'attirant sur elle.

Puis elle l'embrassa. Alors un brûlant délire s'empara de Lorenzo. Nul homme ne saura jamais quels dieux le dominent à cet instant. Mais c'est à ce moment-là, et seulement celui-là, qu'il devient lui-même, Dieu et homme à la fois, c'est à ce moment-là que sa vie prend un sens...

Il embrassait Lucrezia dont le corps s'agitait, ondulait sous le poids du garçon. Alors Lorenzo perdit la tête. Il oublia éducation, promesses, serments, il oublia qu'elle n'avait pas seize ans, il oublia qu'elle était vierge... Ardentes, ses mains explorèrent son corps à la recherche des plus secrets recoins, sa bouche s'égara sur les seins durcis, sur le ventre, le long des cuisses si douces... Il sentit son sexe se gonfler, se durcir, il sentit l'impérieuse et douce obligation de s'enfoncer dans la chair palpitante de la jeune fille. Et ses reins brûlants se tendirent, se contractèrent, se tendirent encore, soumis à l'ardente nécessité de se rapprocher, de se fondre, de s'unir plus étroitement à l'intérieur du ventre de cette femme aimée entre toutes. C'est alors que les muscles deviennent de pierre, que le souffle se suspend. Enfin vient le moment de la délivrance, le moment où le cri d'amour de la femme rejoint celui de l'homme... Puis, haletants, palpitants, toujours enlacés, l'homme et la femme restent là, immobiles.

Les arbres reprirent leur forme, le ciel son azur. Rien n'avait changé, et pourtant tout était transformé.

Lucrezia, mollement étendue, vibrante encore, reprenait souffle. De lentes larmes de joie coulaient le long de ses joues. Elle ouvrit les yeux et regarda Lorenzo ; un soupir léger s'échappa de ses lèvres.

— Oh, Lorenzo ! qu'as-tu fait de nous ?

Il l'embrassa doucement, presque timidement, puis caressa les cheveux répandus sur l'herbe.

— Je t'ai aimée. Aimée, comprends-tu ? T'ai-je fait souffrir ?

Elle secoua la tête.

— Non... Oh non ! Comme je suis contente que tu sois le premier... Tu seras le seul, le seul, comprends-tu ? Il n'y en aura jamais d'autre ! Je t'aime tellement... Jamais... Jamais personne d'autre que toi !

Il but les derniers mots sur ses lèvres et le miracle se renouvela. De nouveau la puissante, l'étrange force amoureuse s'empara de ses reins, de nouveau la musique de l'amour chanta à ses oreilles, mais moins rapide, plus voluptueuse, plus tendre aussi... Si bien que l'éblouissement final fut encore plus intense et plus profond.

Il était assez tard dans l'après-midi lorsque Lorenzo ramena Lucrezia. Il l'aida à descendre de cheval, la maintint un long moment contre lui. Dans les yeux de son amie, une adorable confusion, sur son visage une rougeur d'enfant. Cette exquise et soudaine timidité l'enchanta et le surprit. Où était donc l'arrogante Lucrezia Donati ?

— Je t'aime..., dit-il à voix basse. Je t'aime... Je viendrai te voir demain.

— Oui ! oh oui !

Elle le regardait, rouge et lasse, éclatante de bonheur, échevelée, les vêtements en désordre et si tendre soudain.

— Lorenzo..., chuchota-t-elle.

— Oui, ma douce ?

— Lorenzo, est-il vrai que tu vas me mépriser maintenant ?

Il sursauta.

— Es-tu devenue folle ? Te mépriser ? Pourquoi ?

— Maman m'a dit que lorsqu'une jeune fille va avec un homme sans être mariée, elle est une femme perdue, une femme que l'homme méprise après l'avoir possédée... Si tu devais me mépriser, Lorenzo, j'en mourrais...

Lorenzo l'écarta de lui et la regarda dans les yeux.

— C'est l'homme qui éprouve de tels sentiments, qui est méprisable... Toi, ma Lucrezia, je t'ai aimée, je t'aime, je t'épouserai dès que je serai en âge de le faire... Je n'épouserai jamais que toi ! Il n'y aura que toi dans ma vie... Cela, je t'en fais le serment !... Avec toi je pourrai vivre... Avec toi, je pourrai peut-être me sentir heureux et joyeux... Parce que tu es la seule personne au monde à me rendre heureux et joyeux de vivre... Longues seront les heures qui vont me séparer de toi...

IX

LE TEMPS DE LA MORT

Été 1464

PLUS Cosimo vieillissait, et moins il aimait la vie. Mais il avait assez de franchise pour admettre que ce qu'il détestait en vérité était sa propre vieillesse. Il haïssait la décrépitude de son corps, ses douleurs constantes, son incapacité maintenant à se mouvoir sans l'aide de quelqu'un pour le soutenir... « Vieillir c'est l'enfer... le plus inconcevable, le pire des enfers pour qui possède une vivacité, une intelligence intactes. Nous payons en quelques années les fautes de notre jeunesse... J'espère que Dieu nous fera quitus du reste ! Quelles que soient nos fautes, nous en payons largement le prix avec la vieillesse... »

Non, rien ne lui plaisait dans la vieillesse. Parfois, dans un miroir, son regard s'attardait longuement sur son visage. Il avait toujours été laid, mais autrefois la jeunesse corrigeait quelque peu certaines disgrâces.

Il était vieux. Cette constatation le déchirait, le révoltait comme d'une injustice criante, car son esprit restait vif, alerte, indemne de toute atteinte. Parfois, le matin au réveil, un très court instant, plongé dans une demi-torpeur, il était à nouveau le fringant Cosimo de Médicis qui courait le monde à la recherche d'inventions nouvelles capables de l'enrichir, de marchés nouveaux pour les armes qu'il venait de faire fabriquer. La vie était devant lui, facile, pleine d'attraits... Le soleil brillait sur le fleuve, un chat miaulait, ses membres, son corps au repos ne le faisaient plus souffrir. Il était de nouveau jeune et plein d'ardeur. Il était de nouveau l'amoureux fou d'une très jeune et très jolie femme, Contessina de Bardi dont il allait faire sa femme... Puis très vite la réalité s'emparait de lui. Contessina était devenue une charmante vieille dame de soixante-quatre ans, toute ronde et vive sous ses cheveux blancs, et beaucoup plus préoccupée du bon train de la maison, d'économie ménagère et de soigner son époux avec beaucoup de tendresse et de dévouement, que des choses de l'amour... Si Cosimo regrettait tout de sa jeunesse, il en regrettait surtout les excès amoureux, les attentes pleines d'angoisse, lorsque, jeune marié, il se demandait si Contessina qu'il venait d'épouser pourrait, un jour, l'aimer. Il regrettait de ne plus pouvoir bousculer dans l'ombre propice une servante ou une esclave, et le soir même honorer Contessina sans remords et sans difficulté. Il regrettait la jalousie passionnée qu'il éprouvait alors, la fougue qui l'habitait. Parfois ses regrets étaient si amers que des larmes mouillaient ses yeux. « Mieux vaut la mort que cette non-vie qu'est la vieillesse », pensait-il avec une rage impuissante devant ce corps qui maintenant lui refusait tout plaisir. Il n'avait jamais été un gros mangeur et les alcools ou les vins l'incommodaient. Parfois, il déplorait que ce plaisir-là, le plaisir de gourmandise qu'il aurait pu satisfaire à satiété, ne l'eût jamais intéressé. Alors, sa nature profondément sensuelle recherchait avidement quelques plaisirs arrachés de-ci de-là. Il restait des heures à demi allongé sur une chaise spécialement construite pour lui, dans son jardin, à l'ombre parfumée des magnolias. Il pouvait encore jouir des odeurs, de la caresse du soleil sur sa peau parcheminée et de la musique... La musique qui seule avait le pouvoir de desserrer l'étau qui en permanence lui tenait la gorge. La musique et l'art... C'est devant un tableau, ou une sculpture, où une superbe architecture, que Cosimo respirait librement.

En cet été 1464, la chaleur était telle qu'il n'y avait âme qui vive capable de se promener dans la campagne aux heures chaudes de la journée. Tout le monde se calfeutrait, volets clos, à l'abri des murailles épaisses de la Villa Careggi. Il n'y avait que dans l'obscurité des chambres qu'un semblant de fraîcheur pouvait permettre le repos. Depuis quelques jours, Cosimo avait beaucoup de peine à respirer, et il était enflé de partout. Très inquiète, Contessina avait envoyé chercher le tout jeune docteur Elia del Medigo, et maintenant elle attendait la compagnie de Lucrezia.

Les deux femmes se relayaient à son chevet, Cosimo ne supportant aucune autre présence. Parfois il demandait Lorenzo. Et lorsque son regard se posait sur son petit-fils, ce dernier pouvait y lire de la tendresse, la même tendresse que Cosimo lui avait toujours manifestée, mais aussi une sorte de pitié confuse qui ne laissait pas d'étonner Lorenzo. S'il avait pu surprendre les dialogues qu'échangeaient parfois sa mère et son grand-père, le jeune homme eût été édifié. Mais comment aurait-il pu deviner, alors que son esprit était prisonnier, tout à l'amour qu'il vivait avec Lucrezia Donati, tout entier occupé à assouvir la faim insatiable qu'il avait de son corps, de sa peau, de son rire, d'elle-même tout entière à la fois possédée et cependant toujours insaisissable ? Certes, lorsqu'il était auprès de son grand-père, il était ému, le chagrin de le perdre s'emparait de lui. Mais, dès lors qu'il quittait la chambre du malade, dès lors qu'il sautait sur Étoile Filante dont le galop l'emportait vers la Villa Donati, il ne pensait plus à Cosimo. D'ailleurs, il ne pensait plus à rien. Seule Lucrezia le souciait, seuls les instants qu'ils allaient voler à leurs familles respectives comptaient pour lui. Non, il ne comprenait pas le regard de pitié que lui lançait Cosimo, lorsque, déjà impatient après une heure de visite, Lorenzo regardait vers la porte d'un air anxieux, comme un jeune animal désireux de s'échapper mais retenu par une laisse puissante.

— Va, mon petit, va la rejoindre ! souffla Cosimo, un après-midi où la chaleur caniculaire atteignait des sommets jamais égalés.

Stupéfait, Lorenzo dévisagea son grand-père, qui souriait faiblement, le souffle court.

— Je sais..., dit le mourant. Nous savons tous... Ne la compromets pas trop tout de même...

Le visage d'un illuminé, Lorenzo murmura :

— Je veux l'épouser, grand-père... Je veux l'épouser, quand j'aurai l'âge évidemment.

— Cela aussi je le sais, dit Cosimo en fermant les yeux. Va... Va maintenant, va la rejoindre... Et ne lui fais pas d'enfant. Vous êtes trop jeunes l'un et l'autre... Envoie-moi ta mère. Je veux qu'elle m'emmène à Bagno a Morba. Les eaux me feront du bien.

Après deux semaines passées en cure à Bagno, il n'y eut aucune amélioration dans l'état de Cosimo. L'uricémie faisait des ravages et il éprouvait toujours plus de difficultés à respirer.

À peine revenu de Bagno a Morba, il fit demander Piero et Lucrezia.

— Emmenez donc Lorenzo en voyage à travers le pays de France... Il doit connaître au mieux les pays qui sont nos clients... Son regard s'attarda sur Lucrezia d'un air significatif. Alors, cette petite Orsini ? lui demanda-t-il en haletant. Ta lettre n'était guère engageante.

Lucrezia se sentit défaillir. Comment avait-elle pu penser que Cosimo, au seuil de la mort, oublierait ce projet d'union ?

— Elle est mignonne..., dit-elle. Pas très intelligente, mais gentille...

— Et son père ?

— C'est encore pire que ce que nous savions de lui. Mais la princesse Orsini est très bien.

— Le prince accepterait-il un mariage ?

— Le prince ? Sans doute. Son fils, sûrement pas.

— Son fils ? Le futur cardinal ? Qu'a-t-il à dire là-dessus ?

— Son Éminence Latino Orsini ne verrait pas d'un œil favorable une union entre sa sœur et un Médicis. Son influence est très importante. Il a l'oreille du nouveau pape Paolo II.

— Seulement l'oreille ? ricana Cosimo. Je te parie bien qu'il a aussi la queue !

Malgré elle, Lucrezia sourit devant la crudité du langage de son beau-père.

— Cela lui permet d'avoir son mot à dire. Un refus strict de sa part peut faire casser ce projet.

— Et que lui faut-il pour dire oui ?

— Peut-être une grosse part des mines ?

— Ah !... Je me disais aussi ! Ce que possède son père ne lui suffit pas ?

— Ce que possède son père est... à son père, qui le donnera en dot à sa fille. Le prince Orsini ne reviendra pas là-dessus. Mais son fils, le prince Latino, m'a clairement fait comprendre qu'il ne voulait pas être moins bien loti que sa sœur la princesse Clarice. Les mines de Tolfa sont d'une richesse fabuleuse...

Pensif, Cosimo ferma les yeux. De grosses gouttes de sueur couvraient son front.

— Donne-moi à boire, ma fille..., dit-il d'une voix rauque. Que peut-on promettre ? Les contrats ne sont pas encore signés, et Lorenzo n'est pas encore mariable !

Malgré elle, Lucrezia poussa un soupir de soulagement.

— C'est bien ce que je pensais ! Rien ne pourra être décidé avant des années !

Cosimo la dévisagea avec amitié.

— Je pensais que tu étais heureuse de mon choix ? Lorenzo, héritier des Médicis...

— Je le suis, père. Tu sais bien que je le suis.

— Alors ?... Être héritier des Médicis, c'est important. Grave. Lorenzo ne peut se permettre une existence banale, ou une union qui ne renforcerait pas la puissance de la Maison Médicis.

— Je le sais bien... Mais...

— La petite Donati ?

— Oui. Il est amoureux.

— Comme on peut l'être à seize ans...

— Peut-être... C'est grave aussi à seize ans..., dit Lucrezia.

La dernière semaine de juillet, un léger mieux donna quelques espoirs à la famille Médicis. Cosimo fit envoyer un mot à Marsile Ficin :

> *... Je suis venu à la villa de Careggi, non pas pour y cultiver mes champs, mais mon âme. Venez à nous, Marsile, dès que vous le pouvez. Apportez votre traduction de*

Platon, car je ne désire rien que d'apprendre la voie du plus grand bonheur[1].

Le jeune philosophe arriva à Careggi le soir même, et Cosimo connut quelques jours de répit heureux.

Mais, le plus souvent, Cosimo préférait rester seul avec Contessina. Il lui prenait la main, regardait le jardin en fleurs, en respirait les multiples odeurs, et fermait les yeux... Contessina n'aimait pas qu'il restât si longtemps à feindre le sommeil. Un jour — on était à la veille d'août —, elle lui en fit le reproche.

— Je m'habitue à les tenir fermés, haleta-t-il en plaisantant. Dans peu de temps, ils resteront fermés à jamais...

Contessina baissa la tête sans répondre. Elle savait la mort proche, inéluctable, et elle se demandait combien de temps elle lui survivrait.

Elle regardait Cosimo alors qu'il s'efforçait de respirer. Il avait beaucoup maigri. Même sa large carrure s'était comme rétrécie... Elle se rendit compte alors qu'il l'observait avec attention à travers ses yeux à demi fermés.

— Tu regardes comme j'ai vieilli ! dit Contessina avec un petit rire gêné.

Elle eût donné n'importe quoi au monde pour que la dernière image qu'il emporterait d'elle fût celle de ce qu'elle était cinquante ans plus tôt, lorsqu'il l'avait vue la première fois, alors qu'elle était encore au couvent, au cours de l'été 1414. « Cinquante ans ! cinquante ans à ses côtés à l'aimer, à le soutenir, à lui donner des enfants, à lui donner une vie... Et maintenant, il part sans moi... »

Une colère sourde se mêlait à sa douleur, une jalousie ancienne renaissait de ses cendres. Malgré elle, elle pensa avec un petit rire désolé pour sa propre sottise : « Il part sans moi comme autrefois... avec qui ? Et pour quoi ?... » Et elle se révoltait, parce que de ce voyage, Cosimo ne reviendrait plus jamais.

1. Lettre authentique envoyée par Cosimo de Médicis à Marsile Ficin, quelques jours avant sa mort.

— Mon ami, as-tu mal ? demanda-t-elle pour dire quelque chose.

Cosimo ne répondit pas. « Contessina est une vieille femme..., pensait-il. Il y a peu de chance que quelqu'un me succède ! » Alors cette pensée saugrenue, presque indécente, l'emplit d'une joie profonde, une joie telle que sa souffrance s'envola comme par miracle. Il avait eu dans ses bras une vierge de quinze ans, et il laissait une vieille dame que nul ne toucherait après lui. « Moi seul ! pensa-t-il avec un orgueil démesuré, moi seul... »

Il lui fit signe d'approcher la tête.

— Écoute... tu diras à Lucrezia... Lorenzo ne doit pas épouser la petite Donati... Ce mariage... ne peut pas se faire. Donati est un traître. Il va signer avec... les Vénitiens contre Florence... Je le sais... Promets-moi... Dis à Lucrezia... Il faut que dès que possible elle parte à Rome avec Lorenzo... Un mariage entre Lorenzo et la princesse Clarice... est nécessaire... Pour les mines d'alun !... Qu'elle pense aux mines d'alun ! Promets-moi ! Lucrezia doit partir...

— Je te promets ! Calme-toi... calme-toi. Oublie cela. Je t'en conjure... Lucrezia ira à Rome... Et Lorenzo épousera la princesse Clarice, et nous exploiterons les mines de Tolfa... tu verras, Florence sera protégée.

Elle pleurait maintenant sans songer à dissimuler ses larmes. Il la regarda avec intensité, puis d'une voix presque inaudible :

— Il ne faudra... pas trop tarder à venir me rejoindre... Je m'ennuierai sans toi...

Il haletait. C'étaient des petits souffles rauques, pressés, si rapides qu'il s'épuisait seulement de respirer.

Des heures passèrent, lourdes, poisseuses de chaleur. Parfois une garde-malade pointait son museau, toute moite de transpiration. Aussitôt Contessina la renvoyait. Elle voulait être seule avec lui. Elle n'aurait pu supporter que les derniers moments de Cosimo lui fussent volés par une tierce personne. De même elle renvoya Piero, Lucrezia, Marsile Ficin et d'autres encore. A l'heure de sa mort, Cosimo lui appartenait enfin.

— Contessina... Contessina... Allume une torche... on n'y voit rien.

La voix hachée de Cosimo la fit sursauter. Elle s'était assoupie, assommée de chaleur. Affolée, Contessina regarda Cosimo. Une dizaine de torches, autant de bougies et de lampes à huile, illuminaient la pièce d'une jolie lumière mouvante, joyeuse, toute dorée. Mais sur son oreiller, les yeux clos, Cosimo allait maintenant sur le dur chemin qui devait le conduire jusqu'à la délivrance de la vie. Contessina retint son souffle. Les mains de Cosimo griffaient le drap avec une régularité monotone. Machinalement, elle regarda l'heure sur la pendule dont le tic-tac résonnait doucement dans la chambre. Il était un peu plus de 22 heures.

— Quel est le sens de cette vie ? parvint-il à éructer. Aucun, n'est-ce pas ? Aucun sens... Pourquoi ?

— Veux-tu voir un prêtre ? chuchota-t-elle, la gorge nouée.

— Non... pas encore... Qu'est-ce donc que vivre ? répéta-t-il plusieurs fois, et qu'est-ce donc que mourir ? Ne reste-t-il rien d'un être humain après sa mort... dis-moi ? Parle...

Contessina inclina la tête. Elle dit la beauté de la vie, la douceur des matins de printemps, l'eau fraîche sur la peau brûlante en été, et les odeurs... Ah, les odeurs, toutes les odeurs de ce monde fait de fleurs, de terre, de pluie, de mers et de montagnes. Elle dit l'amour qui les avait unis si longtemps, elle dit la beauté des choses humaines, la splendeur des blés mûrs en été, au moment des moissons, le ravissement de la jeune mère aux premiers mots de son enfant... Elle dit les heures riches et pleines de l'existence qu'elle avait vécues avec lui, elle dit... Elle parla longtemps tandis que la main de Cosimo refroidissait dans la sienne.

C'est ainsi que s'éteignit en cette nuit du 1er au 2 août 1464, à l'âge de soixante-quinze ans, l'homme auquel s'était donnée Florence, l'homme qui n'avait vécu que pour sa cité... Il avait toujours protégé le faible contre le fort, le misérable contre le riche, le travailleur contre l'aristocrate, l'artiste contre le parasite, et ce choix était la cause de la haine et du mépris que lui vouaient les riches aristocrates regroupés autour de Luca Pitti et de Dietisalvi Neroni, qui accueillirent la nouvelle de la mort du « tyran » avec des transports de joie. Demain Florence serait à eux ! Demain ils ne paieraient plus de taxes iniques, d'impôts ruineux... Mieux valait attendre que l'enterrement eût lieu avant de reprendre le pouvoir, mais demain... Ah ! que ne ferait-on pas demain ?

C'est au milieu d'une affluence immense, recueillie dans sa douleur, ou pleurant sans honte, que le cercueil de Cosimo fut transporté en l'église de San Lorenzo.

Cosimo fut exposé sur un lit d'apparat à San Lorenzo. Il était entièrement recouvert, à l'exception du visage, des fleurs qu'il avait aimées entre toutes, les lys de Florence. Des vitraux de l'église, une lumière rouge, orangée, jaune et bleue jouait sur ses traits paisibles. Il paraissait dormir.

Durant deux jours et deux nuits, malgré la chaleur, une foule de « popolani [1] » vint pleurer et prier. « Le Père de la patrie... » C'est pour répondre au vœu unanime de la population florentine que la Seigneurie décida de donner ce titre à Cosimo. Et n'avait-il pas été, pour les Florentins, un père aimant ? Cosimo avait aimé Florence autant, sinon plus, qu'il avait aimé ses propres enfants dont il avait souvent sacrifié les désirs et le bonheur qu'ils pouvaient revendiquer légitimement, aux intérêts de la cité. Il avait été juste et bon, nul misérable n'était venu en vain frapper à sa porte...

Il laissait Florence en paix, en pleine prospérité, rayonnante dans le monde civilisé, assurée de la pérennité. Il laissait une justice sociale jamais vue dans les États italiens, il laissait à ses enfants une fortune inégalée, « une muraille d'or ». Le peuple aimait Cosimo. Car le peuple ne se trompe jamais. Il sait, lui, qui œuvre en sa faveur ; il sait, lui, parce que sa cité est heureuse et prospère, parce que les arts, les lettres, la musique triomphent dans une extraordinaire explosion, oui, le peuple sait qu'il vient

1. Travailleurs, artisans.

de perdre un père aimé, et que cela est une perte irrémédiable.

Le service funèbre fut court. Une foule énorme accompagna Cosimo à sa dernière demeure. Sept mois plus tard, en mars 1465, un autel fut érigé sur son tombeau, portant l'inscription méritée entre toutes : « Au Père de la patrie. »

TROISIÈME PARTIE

Les années d'apprentissage

X

FUTURES ALLIANCES

Automne 1464

Amour qui enflamme tout, m'exalte à chanter[1].

LA DISPARITION de Cosimo de Médicis avait éveillé bien des convoitises, et pas seulement à Florence où ses vieux ennemis redressaient gaiement la tête, persuadés de ne faire qu'une bouchée de ce malade ivrogne qu'était Piero de Médicis et de son fils Lorenzo, qui, s'il n'était plus un gamin, n'était pas encore un homme. D'autres principautés se sentirent brusquement délivrées des liens que la prudente politique de Cosimo avaient tissés entre elles pour maintenir la paix. Par chance, le nouveau pape Paolo II paraissait soucieux de maintenir la paix, et dès son intronisation il le fit savoir à Piero de Médicis.

Depuis l'enterrement de Cosimo, Piero ne buvait plus, se levait tôt, et dans la mesure du possible s'efforçait de marcher un peu. La mort de son père paraissait lui avoir donné une seconde naissance. En quelques semaines il avait maigri et paraissait rajeuni. Son bien-être physique n'empêchait nullement un chagrin sincère, car lui avait toujours adoré son père et s'était souvent plaint à sa mère de n'être pas aussi doué que les autres enfants de Cosimo. Cela avait toujours irrité Contessina qui savait, elle, combien Cosimo avait aimé Piero et quels espoirs il avait fondés sur lui... Cette incompréhension entre les deux hommes avait été s'aggravant au fil des années, et maintenant la mort avait

1. « L'altercation », poème de Lorenzo de Médicis.

créé l'irrémédiable. Plus jamais le père et le fils ne pourraient se rejoindre.

La carrière publique de Lorenzo commença dès la mort de son aïeul. Cosimo avait donné un tel prestige aux Médicis, et une telle force, une telle ampleur à leur « Consorteria », que personne à Florence ne douta un seul instant de la valeur de son petit-fils, qui très certainement deviendrait chef du clan dès que — dans deux ans —, il aurait atteint l'âge requis. Dix-huit ans.

Piero acceptait cet état de chose avec une simplicité et une humilité qui ne laissaient pas de surprendre Lucrezia. Elle découvrit que Piero adorait son fils et que celui-ci éprouvait pour son père plus qu'un simple respect filial, elle découvrit aussi en Piero un homme qui, s'il n'avait aucune des qualités de son père et a fortiori aucun de ses défauts, avait cependant une probité totale, un souci du bien des Florentins et de maintenir la paix dans la cité qui le rendaient tout à fait apte à assurer cette sorte de « régence » entre Cosimo et Lorenzo. Certes, il était plus « goutteux » que jamais, immobilisé par la souffrance les trois quarts du temps, et certes l'ambition de sa femme le rebutait toujours, mais il savait qu'il avait *besoin* de Lucrezia et de Lorenzo pour maintenir solidement le cercle Médicis.

C'est surtout Lorenzo qui assistait son père. Deux mois après la mort de Cosimo, ni Piero ni Lorenzo ne pouvaient se passer l'un de l'autre et travaillaient ensemble quotidiennement. Et toujours les deux hommes faisaient appel à Lucrezia, non seulement par amour pour elle, mais aussi pour son intelligence politique, pour son sens des affaires, et parce qu'elle seule était dépositaire des volontés de Cosimo. Souvent le petit Giuliano qui avait fêté ses onze ans au printemps dernier assistait aux réunions. Lorsqu'il était présent, Piero ouvrait la séance de travail en souriant et disait à ses fils :

— Voici une nouvelle journée qui commence... Et voici venu le temps de prendre votre part du fardeau que représente notre maison... Il n'est plus temps d'être des enfants, est venu le temps d'être des hommes...

Lorsqu'il observait ses parents, Lorenzo de Médicis était toujours partagé entre l'étonnement et le chagrin. Il aurait aimé comprendre ce qui se passait entre eux, ce qui les avait séparés. Il savait que son père adorait sa femme, qu'il n'attendait d'elle qu'un geste, qu'un regard pour se sentir le plus heureux des hommes. Certes, ses parents ne se disputaient jamais. Encore que, parfois, du fond de sa mémoire, des scènes atroces refaisaient surface... Mais, il fallait convenir que depuis quelques années leurs rapports étaient parfaitement agréables, courtois, pleins d'égards l'un pour l'autre. Ils avaient souvent (plus fréquemment d'ailleurs depuis la mort de Cosimo) de longues conversations sur de multiples sujets, et Lorenzo qui les écoutait se disait que ces deux brillantes intelligences étaient vraiment faites pour s'estimer et se comprendre.

« Pourquoi ne se sont-ils pas aimés ? se demandait Lorenzo de Médicis. Maman est très douce avec papa... Et pourtant... cela ne sonne pas juste... » Ce qu'il n'osait pas se dire, c'est qu'il y avait en sa mère une flamme, une passion de vie, qui n'existait pas chez son père. Vaguement il comprenait que « sa » Lucrezia avait les mêmes qualités que sa mère, et cela le troublait.

Lucrezia de Médicis, très attentive aux afflictions de Piero, l'aidait de son mieux, suivait à la lettre les prescriptions du docteur Elia del Medigo. Ce goût qu'avaient ses parents pour s'entourer de philosophes et scientifiques juifs ne surprenait pas Lorenzo, qui lui-même aimait discuter avec les philosophes hébreux, encore que cela soulevât de nombreux commérages dans la cité. « Mais qu'est-ce qui ne soulève pas de commérages dans la cité ? disait comiquement Lucrezia de Médicis. Dès que l'on sort du Palais Médicis, on est suivi par cent regards qui interprètent, jugent et condamnent sans appel... Il m'a fallu beaucoup de temps pour m'y accoutumer, mais maintenant je n'y prête même plus attention... »

Lorenzo, lui, ne supportait plus d'être épié. Et ce, surtout depuis qu'il avait fait de Lucrezia Donati sa maîtresse. Il tremblait d'être un jour découvert, et il ne pouvait s'empêcher de la voir... quotidiennement. Parfois il se disait bien qu'un accident pouvait se produire, qu'un enfant... Mais rapidement il chassait cette pensée. Il avait seize ans, bientôt dix-sept, des sens enflammés par la passion, et l'idée même d'y résister était au-dessus de ses forces.

Vers le début du mois d'octobre, Lucrezia de Médicis reçut de Rome un message de son frère Giovanni Tornabuoni. Dans ce message, son frère lui faisait part des très grandes difficultés qu'il avait à convaincre les princes Orsini et le nouveau pape Paolo II de respecter les engagements de Pie II au sujet des mines d'alun. L'ingénieur Giovanni de Castro était au désespoir, car il savait que seuls les Médicis pouvaient garantir les droits de concession qu'il avait obtenus. Cette lettre jeta la famille Médicis dans une grande affliction. Piero ne décolérait pas :

— Père a engagé près de soixante-dix mille florins-or dans cette affaire... Comment peut-on nous demander de nous retirer maintenant ? Le pape Paolo II pourrait-il nous rembourser ?

— Certainement pas ! dit Lucrezia. De plus, il nous faut ces mines d'alun ! Volterra ne rend plus ce qu'elle devrait et bientôt nous serons en manque de minerai... A moins de l'acheter à prix d'or aux Turcs... Et cela est interdit par le Vatican ! Cependant..., ajouta-t-elle, il y a peut-être une solution. Unir nos deux familles pour l'exploitation des droits.

— Unir nos deux familles ? Comment l'entend-il ? Une association ?

— Pas seulement. La fille du prince Orsini, la princesse Clarice, est en âge d'être mariée maintenant... Elle n'est pas jolie...

Piero haussa les épaules.

— Je ne connais aucune famille au monde qui hésiterait un seul instant à s'unir aux princes Orsini ! Ils sont riches, puissants...

— Toi... accepterais-tu ?

— Accepter quoi ? A-t-il fait une proposition ?

— Oui. Il a fait entendre... La réputation de notre

Lorenzo est parvenue jusqu'à lui... Un gendre supérieurement intelligent, capable et riche ne serait pas pour lui déplaire. Il aimerait dans deux ou trois ans l'accueillir chez lui comme un fiancé possible...

Le visage de Piero devint apoplectique. La colère, la fureur, le dominait.

— Notre Lorenzo chez ce... ce dévoyé ? Notre fils... Et c'est toi... toi qui me parles de cela ? Il n'en est pas question !

— Écoute, mon ami, il n'est question de rien en ce moment... Sauf des mines d'alun ! Venise est sur les rangs et le prince Trevulzio, le gendre de Manno Donati, est à Rome.

— Ah ! dit seulement Piero, brusquement calmé. (Puis il ajouta, amer :) Le prince Trevulzio !... ce paltoquet...

— Richissime..., dit doucement Lucrezia.

— Et nous ? nous sommes plus riches !

— Peut-être. Pour le moment. Si nous perdons les mines d'alun de Tolfa et que Venise s'en empare, nos manufactures connaîtront de sérieuses difficultés d'approvisionnement. L'alun en provenance de Turquie est hors de prix. Nous ne pourrons lutter avec les autres manufactures qui l'emporteront sur les prix !

— Que faire alors ?

— Laisse-moi partir pour Rome. Je vais aller chez mon frère et je prendrai tous les renseignements possibles. D'ailleurs, ne faut-il pas faire porter au pape notre tribut au Vatican ?

C'est dans une expectative inquiète que Lorenzo apprit le prochain voyage de sa mère à Rome, et, durant quelques jours, il tourna autour de la chambre de Lucrezia sans comprendre pourquoi, instinctivement, il le redoutait avec une telle violence... Des bribes de conversations perçues par la porte entrouverte lui revinrent à la mémoire, des mots qu'avait prononcés son grand-père : « Lucrezia, ma fille, désormais tout repose entre tes mains. Une union avec Rome s'impose. Si ce Vénitien de malheur est intronisé pape, c'en est fait de nous ! Il faut qu'une alliance scelle nos deux Maisons ! Il le faut ! As-tu compris ce que j'attends de toi ?

— Oui, père..., avait dit la voix de Lucrezia. (Puis après

un instant de silence, elle avait ajouté :) Comme il va souffrir... ! »

Sur le moment, Lorenzo s'était demandé « qui » allait souffrir, et maintenant il comprenait soudain qu'il s'agissait de lui. « Je n'accepterai pas..., se disait-il fermement. Je n'accepterai jamais !... Lucrezia seule ! »

Fort de cette conviction, au début d'octobre 1464, il aida sa mère dans ses préparatifs de voyage, et fit mine d'ignorer les airs de compassion que sa famille arborait devant lui.

*

Dans la Maison Donati, il ne se passait pas une semaine sans qu'une fête réunît toute la parenté et les amis. Des fiançailles avaient été fêtées dans une Florence de septembre encore tout endolorie : celles de Luisa Donati et de Luigi Pulci. Manno Donati s'était saigné à blanc pour les festivités et la promesse de dot, promesse qu'il ne pourrait tenir. Sauf miracle. Caterina s'efforçait de faire bonne figure. Elle taillait, cousait, brodait les somptueuses toilettes que ses filles portaient au cours des soirées où elles étaient conviées. Comme nul ne connaissait à Florence ce talent que Caterina cachait soigneusement (une descendante des Bardi, travailler de ses mains ! Cela aurait été le comble du déshonneur !), personne ne croyait vraiment à la ruine absolue de Manno Donati. Sinon, comment expliquer la fortune que représentait l'habillement de ses filles ? « Même les dames Médicis sont moins bien habillées ! disait-on dans Florence sur le marché Vecchio. Il paraît que Manno Donati fait venir directement de France leurs toilettes ! »

Par une belle soirée d'automne, un petit dîner réunissait chez Manno Donati une partie de sa Consorteria, Nero Capponi, Luca Pitti et Niccolo Ardinghelli. La réunion avait un but précis : empêcher à tout prix la signature des contrats qui allaient lier la Maison Médicis au Vatican.

— Voilà plus de quinze jours que Donna Lucrezia de Médicis est partie pour Rome chez son frère Giovanni Tornabuoni. Les pourparlers avec le prince Orsini doivent être très avancés. Qu'en pensez-vous, Messer Donati ? demanda Niccolo Ardinghelli.

Le matin même, Manno Donati lui avait donné l'assurance que sa fille l'épouserait. Niccolo se sentait donc particulièrement en joie. A ses côtés, Lucrezia souriait à ses saillies, à ses traits d'esprit.

— Le prince Orsini est un ami..., répondit Manno Donati... Ah, ne souriez pas ! Un ami en tout bien tout honneur ! Sa famille est liée à la mienne par des liens de parenté, éloignés certes, mais qui existent bel et bien... Si quelque chose avait été signé... si une réponse avait été donnée, j'en aurais été le premier informé.

— Quelle réponse ? demanda Niccolo.

— Mais la réponse pour le mariage de Lorenzo..., dit brusquement Manno Donati. Vous ne savez donc pas que l'on ne parle que de cela dans tout Florence ? Le prince Orsini va peut-être accepter de marier sa fille, la princesse Clarice, à Lorenzo de Médicis. S'il dit oui, les mines d'alun sont perdues pour nous, mon cher Niccolo !

Soudain, quelque chose changea dans le visage de Lucrezia. Seul, Niccolo s'en aperçut. Il n'aurait su dire ce qui avait exactement changé. Elle souriait. Mais quelque chose s'était éteint en elle. Que s'était-il passé ? qu'avait-elle surpris, entendu ? Que lui avait-on fait, ou dit, pour qu'elle changeât ainsi, si subitement ? Niccolo dressa l'oreille et l'observa avec attention.

— J'ignorais que Lorenzo de Médicis allait se fiancer, dit Niccolo Ardinghelli, les yeux toujours fixés sur Lucrezia. N'est-il pas encore bien jeune ?

— Il aura dix-sept ans le 1er janvier prochain, dit Manno Donati. Dans trois mois ! Rien n'est encore signé...

— La princesse Clarice n'a pas treize ans ! Ce mariage ne se fera pas tout de suite... ! s'écria Nero Capponi, soudain très agité. Mais s'il se fait, il n'arrangera pas nos affaires ! Les Médicis auront par cette union plus de cinquante pour cent des parts des mines de Tolfa. Peut-on empêcher ce mariage ?

Les yeux de Lucrezia s'éclaircirent l'espace d'une seconde.

— Oh ! il n'y a rien de fait encore, dit Luca Pitti. Le prince Orsini est assez pointilleux quant à ses alliances... Et

Lorenzo est fils d'un parvenu... Les Médicis ne peuvent aligner autant de titres que les Orsini, alors que les Orsini peuvent aligner une fortune égale à celle des Médicis... Mais ce n'est ni pour la fortune de la princesse Clarice, ni même pour ses origines que Lucrezia de Médicis veut ce mariage !

— Si les Médicis veulent ce mariage, il se fera ! dit ironiquement Niccolo en glissant une œillade malicieuse vers le jeune Pitti. Lorenzo sera le maître de Florence ! Il obtiendra l'alliance de Milan... de Venise... Allons, messieurs, lequel d'entre vous peut brûler de vitesse Lorenzo de Médicis et demander la princesse Clarice en mariage ? Et auquel d'entre vous le prince Orsini donnerait-il sa fille ?... Pas de réponse ? Donc, nul ne peut rivaliser avec les Médicis ! Et voilà pourquoi ce mariage se fera et voilà pourquoi nous devons l'empêcher à tout prix...

— Pour quand, ce mariage... ? S'il a lieu, bien sûr ! ajouta nonchalamment Niccolo, qui ne parvenait pas à détacher son regard de Lucrezia Donati.

Elle regardait droit devant elle, un vague sourire errant sur ses lèvres, les mains, ses belles mains blanches et longues, croisées sur ses genoux. Elle se taisait et paraissait détachée de ce qui se disait autour d'elle. Son visage était impassible, mais Niccolo vit distinctement sur le joli cou blanc cette veine battre précipitamment. Cette veine, qui l'émouvait, qui lui donnait envie de mordre puis de lécher là, précisément, dans le creux léger qui se formait à la base du cou, et où se lovait un superbe saphir serti de brillants.

— Vous ne dites rien, amie Lucrezia..., lui dit-il à voix basse. Vous êtes très liée aux Médicis... Je me souviens quand vous étiez enfant... Je vous apercevais toujours chez eux, vous amusant avec Lorenzo. Il est surprenant que vous ne sachiez rien. Vous n'étiez donc pas au courant de ce mariage ?

— Non..., dit simplement Lucrezia d'une voix plate. Je suis un peu étonnée. Ce projet de mariage me paraît tellement extravagant ! C'est cela... extravagant ! Lorenzo ne connaît même pas celle.... Qui donc, déjà ?

— La princesse Clarice Orsini ! s'écria Luca Pitti en riant. Lucrezia, vous êtes stupéfiante ! Mais si jolie... ! Ce soir particulièrement.

Et c'était vrai. La douleur que ressentait Lucrezia, étonnée, effrayée même, par l'intensité de cette souffrance, la parait d'une lumière nouvelle. La jeune fille coquette, dominatrice et vaine, venait de faire place à une jeune femme au visage qui exprimait enfin autre chose que le désir de séduire... Quelque chose venait de mourir en elle, quelque chose d'irremplaçable, d'insouciant, de gai, de jeune, et quelque chose venait de naître. Quelque chose d'inconnu, d'irréel, de douloureux.

Niccolo, en proie à une irritation grandissante, s'écria avec une mauvaise humeur à peine dissimulée :

— Si les Médicis n'obtiennent pas le monopole d'exploitation de ces mines, c'en est fait de la puissance médicéenne. Seul un mariage entre un Médicis et un Orsini peut lier le pape...

Il s'interrompit, inquiet soudain de ce qu'il venait d'entr'apercevoir, de comprendre ou de se refuser à comprendre, en regardant Lucrezia Donati. Serait-elle éprise de Lorenzo de Médicis ? Les bruits qui couraient à Florence seraient-ils exacts ?

Un instant, Luca Pitti se demanda s'il devait provoquer en duel Niccolo dont le ton lui avait profondément déplu, et il le fixa d'un air menaçant. Mais Niccolo souriait en le regardant, il reprit d'un ton plus doux :

— Mais ceci n'est pas le plus important. L'important, c'est Rome ! Avoir les Orsini dans son clan, c'est avoir le Saint-Père avec soi. Dommage qu'il n'y ait personne chez les Médicis qui aime les amours contre nature ! Dommage surtout que le beau Giuliano de Médicis soit encore trop jeune et que tout indique qu'il ne sera pas attiré par son sexe ! Le Saint-Père en eût été fou, et Madonna de Médicis n'aurait pas eu besoin d'aller jouer les entremetteuses à Rome !

— Je ne crois pas que ce mariage se fasse !... dit alors Lucrezia avec une nonchalance étudiée.

Son visage n'exprimait rien. Rien qu'une morne lassitude, une tristesse hébétée qui serra le cœur de Niccolo. Et c'est dans cette expression douloureuse, poignante, qu'il acquit la certitude que l'amour existait bel et bien entre Lucrezia et Lorenzo.

— Et pourquoi donc ? demanda-t-il.

Elle eut envie de hurler : « Parce que Lorenzo m'aime ! Parce que je l'aime ! Parce que depuis trois mois je suis à lui ! Je suis sa femme devant Dieu !... Voilà pourquoi... »

Mais cela, qui était la vérité, elle ne pouvait le dire. Elle se contenta d'accentuer son sourire.

— Pourquoi ? répliqua-t-elle avec une insolence joyeuse dont seul Niccolo devina qu'elle était artificielle. Eh bien, parce que... ! acheva-t-elle en riant.

Il y eut un brouhaha venu des étages supérieurs et les jeunes gens s'aperçurent qu'il était tard, que dehors il pleuvait, que la nuit était tombée et qu'il ne fallait plus tarder à rentrer chez soi. Après force plaisanteries auxquelles ne participa pas Niccolo, tous se promirent de se revoir pour la fête anniversaire des vendanges, et Lucrezia dit en riant qu'elle-même fêterait ses seize ans peu après.

— Le 10 du mois d'octobre..., précisa-t-elle. Il fera encore beau, et nous danserons...

Lucrezia semblait aussi insouciante et gaie que ses amis. Seul, Niccolo devinait que cette gaieté apparente cachait quelque chose. Des souvenirs imprécis, confus, surgirent du fond de sa mémoire. Lucrezia enfant, et toujours derrière elle, collé à elle, Lorenzo... Chaque fois qu'il se trouvait à Florence, soit chez les Médicis, soit chez les Donati, il était sûr que s'il voyait l'un, il verrait l'autre. Cela l'avait frappé et combien de fois avait-il plaisanté sur ces deux enfants qui ne se quittaient pas ? Comme il était étrange qu'il eût occulté ce souvenir dès qu'il était tombé amoureux de la jeune fille. Lucrezia et Lorenzo... Ils s'aimaient depuis toujours... Où en étaient-ils exactement ? Se contentaient-ils de baisers, de quelques attouchements innocents, ou bien... ? D'évoquer Lucrezia dans les bras de Lorenzo fut pour lui un tel choc qu'il eut un gémissement... Si Lorenzo de Médicis avait été présent, il l'eût tué sur place.

Jamais il ne put exactement se rappeler comment il avait pris congé de Lucrezia Donati, de ses amis, comment il s'était retrouvé à cheval, et bientôt devant sa porte. Il entra chez lui, secouant la pluie de ses vêtements, demanda un domestique pour l'aider à se dévêtir, donna quelques ordres brefs à son esclave, et s'approcha du feu qui flambait dans l'une de ces immenses cheminées où pouvaient facilement brûler des troncs d'arbre entiers.

« Je la veux..., se disait-il. Elle sera à moi de gré ou de force !... » N'avait-il pas toujours obtenu ce qu'il voulait lorsqu'il s'en donnait la peine ? Mais la route qui devait le conduire jusqu'au lit de Lucrezia Donati lui parut soudain longue et semée d'embûches.

*

A la fin de l'automne de l'année 1464, Piero de Médicis reçut un message de sa femme. Après en avoir pris connaissance, il fit venir Lorenzo, Giuliano et Nannina, pour leur lire la lettre de leur mère.

> ... *Ici à Rome, l'honnêteté, l'intégrité ne sont point regardées comme des vertus, elles sembleraient même confiner à la sottise... L'habileté, la virtuosité ont plus de charme. Sa Sainteté Paul II est un « homme » ? passablement déroutant, mais d'une remarquable finesse. Certes, il ne possède en aucune manière ni notre culture, ni notre goût pour les arts et la musique, mais il me semble soucieux de maintenir la paix entre nos Principautés... Je suis allée souper chez les princes Orsini et j'ai fait la connaissance de la princesse Clarice... Que dire... Mon Dieu, que dire ?... Une taille convenable, blanche de peau, de douces manières, mais pas aussi gentilles que les nôtres ; cheveux point blonds, mais roux et assez fournis, visage rondelet mais pas franchement déplaisant, gorge que l'on voit mal, car la mode romaine est de la tenir toute bouclée, la princesse Clarice n'a point de hardiesse comme chez nous, elle est timide, peu causante... Sa main est longue, fine, fort jolie... Au total, bien mieux que commune*

mais en rien comparable à nos filles Maria, Bianca ou Nannina[1]...

— A en croire la description que maman nous donne de la princesse Clarice, ce n'est pas là une grande beauté...

— Elle a treize ans ! Comment peut-on savoir, à cet âge..., commença prudemment Piero en regardant son fils par en dessous.

Lorenzo, les yeux pleins de larmes, détournait la tête.

— Bah..., dit-il enfin d'une voix un peu voilée. Je ne suis pas très beau moi-même... Alors !

— Rien n'est encore décidé, mon fils ! soupira Piero de sa couche. (La nuit avait été pour lui si mauvaise qu'il ne pouvait plus bouger.) Bien, maintenant, mes enfants, j'aimerais que vous nous assistiez, Tommaso Soderini et moi. Nous devons écrire en commun un appel à Florence...

Quelques instants plus tard, le chambellan introduisit dans la chambre de Piero l'homme de confiance que lui avait laissé Cosimo en mourant. C'était un homme de haute culture, d'une très grande probité, et qui avait perdu à Constantinople deux fils, lesquels avaient été mariés aux filles de Cosimo et de Contessina[2]. Le vieil homme ne s'était jamais remis de cette perte, et il ne devait sa survie qu'à son labeur.

— L'opposition redresse la tête, Messer Piero ! dit-il en entrant. (Puis, se tournant vers Piero :) Avez-vous écrit quelque chose contre le parti de Neroni ?

— Oui. Cette nuit, je n'ai pu dormir tant je souffrais. Aussi j'ai jeté quelques mots sur un parchemin...

... Vous dépouillez le voisin de ses biens, vous trafiquez de la justice, vous vous soustrayez aux lois de la cité, vous opprimez les citoyens pacifiques... je ne crois pas qu'il y ait en Italie autant d'exemples de violence et de rapacité que dans cette ville... La patrie vous a-t-elle donné la vie afin que vous l'assassiniez[3] *?...* »

1. Lettre authentique de Lucrezia de Médicis.
2. *Le Lys de Florence.*
3. Déclaration authentique de Piero de Médicis à la Seigneurie, aux opposants des Médicis.

Tommaso Soderini, approbateur, hocha la tête :

— Bien..., dit-il. Très bien.

Après une petite demi-heure de travail avec Tommaso Soderini qui, en l'absence de Lucrezia, réglait les dépenses du palais, Piero demanda à Nannina :

— Comment va ta grand-mère aujourd'hui ?

— Un peu mieux... Tu sais, papa... Depuis la mort de grand-père, c'est terrible ! C'est à peine si elle existe encore... Quand je suis auprès d'elle, parfois... elle ne me reconnaît pas... Elle m'appelle Bianca ou Maria...

— Va la voir. Dis-lui que ce matin je ne puis me déplacer, mais que cet après-midi je pourrai me faire porter dans ses appartements... Va, ma fille. Viens d'abord que je t'embrasse.

Nannina s'approcha de son père et lui tendit le front.

— Ce tantôt pourrai-je aller chez les Donati ? Lucrezia m'attend pour une promenade à cheval, dit-elle en évitant soigneusement le regard de Lorenzo.

— C'est bon, tu peux y aller. Fais-toi accompagner par ta gouvernante.

Nannina s'envola. Elle était déjà dans les escaliers, qu'un pas précipité, derrière elle, la fit se retourner.

— Nannina ! cria Lorenzo. Attends un peu, petite sœur !

Nannina s'immobilisa. Son visage, un peu lourd mais assez beau dans sa plénitude fraîche et régulière, se rembrunit.

— Je ne donnerai aucun message de ta part à Lucrezia Donati, dit-elle, péremptoire. Si tu as quelque chose à lui dire, tu n'as qu'à y aller tout seul ! Tu connais le chemin !

— Nannina ! supplia Lorenzo. Je dois aller à la Seigneurie avec Tommaso Soderini et c'est très important ! Parle à Lucrezia ! Dis-lui... dis-lui...

— Eh bien ? quoi donc ?

— Ah ! le sais-je ?... Dis-lui que le pire est arrivé ! le pire !

Interdite, Nannina s'immobilisa tout à fait.

— Tu ne vas pas épouser la princesse Clarice ?

Lorenzo inclina la tête.

— Si fait, dit-il.

— Es-tu devenu fou ? Et Lucrezia, que vas-tu lui dire ?

— La vérité... Oh ! Elle se doute bien de quelque chose, va ! Pas plus tard que la semaine passée, elle m'a demandé ce qu'il y avait de vrai dans les bruits qui couraient à Florence... Je l'ai rassurée.

— Pourquoi ? C'est à ce moment-là qu'il fallait lui dire la vérité !

— Je... Je crois que j'ai manqué de courage...

Nannina, apitoyée, hocha la tête.

— Je verrai ce que je peux faire..., dit-elle en soupirant. En passant, je demanderai à Bianca de venir avec moi... Si elle veut m'accompagner.

— Oh, tu n'auras aucune difficulté. On voit beaucoup Bianca et Guglielmo chez les Donati...

— En quoi est-ce surprenant ?

— Ce ne sont pas précisément des amis. Ce serait même le contraire. Manno Donati reçoit chez lui nos pires ennemis ! Ils complotent contre nous, et je sais bien qu'ils feront tout pour faire échouer mon mariage avec la princesse Clarice...

— Cela ne t'empêche pas de courir après Lucrezia Donati..., dit Nannina en riant.

— Ni toi d'aller la voir ! répliqua Lorenzo.

— J'aime beaucoup aller chez elle. C'est vrai ! C'est plus gai qu'ici !

— C'est vrai, soupira Lorenzo. Je me souviens qu'avant sa mort grand-père disait toujours : « Trop vaste demeure pour trop petite famille... »

Le frère et la sœur, émus à l'évocation de ce passé désormais révolu, se regardèrent avec affection.

— Nous avons eu de bons moments n'est-ce pas Nannina ? dit enfin Lorenzo. Va, va voir Lucrezia...

Cet après-midi-là, les Donati avaient organisé une partie d'échecs, et de nombreuses personnes se pressaient autour de l'échiquier, tandis que les deux joueurs, Guglielmo de Pazzi et Manno Donati, s'efforçaient de se concentrer sur la partie. Chacune des personnes présentes voulait donner son avis sur le coup qui devait assurer à Manno Donati la victoire.

— Le cheval attaque la reine..., disait l'un.

— Quel âne vous faites mon ami ! La tour ! Il doit déplacer la tour et attaquer le roi !

— C'est vous qui êtes un âne, Niccolo Ardinghelli ! Auriez-vous appris à jouer aux échecs avec des enfants de trois ans ? Si la tour se déplace, elle met en danger la reine ? Le cheval, vous dis-je !

— Un peu de silence, que diable ! s'écria Manno Donati, irrité. Je ne m'entends plus penser !

A ces mots, toute l'assistance éclata de rire. Et c'est en pouffant que Lucrezia accueillit Nannina de Médicis et sa gouvernante. Cependant, Nannina ne riait pas. Son visage sérieux, ses yeux fuyants alertèrent Lucrezia.

— Et Lorenzo ? demanda-t-elle rapidement. Viendra-t-il tantôt ? Il me l'a promis...

Nannina détourna la tête. Jamais elle n'avait été aussi mal à son aise. Puis, comme tous les Médicis, devant une difficulté, elle fonça en avant.

— Lorenzo ne viendra pas. Il est à la Seigneurie avec Tommaso Soderini pour régler certaines affaires... Et puis... Écoute, puisque tu me le demandes, autant te le dire tout de suite. Ce matin, papa a reçu une lettre de Rome. Maman a fait la connaissance de la princesse Clarice... tu connais comme moi les bruits qui courent...

Lucrezia ne riait plus. Blême, elle dit d'une voix telle que Nannina sut qu'elle s'en souviendrait toujours.

— Que dis-tu ? Il va... La princesse Clarice, dis-tu ?

Soudain, elle s'en prit violemment à Nannina qui la regardait, effarée. Lucrezia lui démontra que tout cela n'était que mensonges et qu'elle n'avait été qu'une sotte de venir lui raconter de telles sornettes.

— Pas plus tard que ce soir, Lorenzo sera ici... ! Et toi, tu peux t'en aller... ! Allons, va-t'en ! Va-t'en, te dis-je... !

En pleurant, Nannina s'enfuit en courant... Quand la porte se fut refermée sur la jeune fille, Lucrezia s'efforça de se calmer. « Elle ment ! Elle ment ! Mais pourquoi ment-elle ? Oui, pourquoi... ? »

Dans la grande salle, la partie d'échecs s'achevait dans de violentes exclamations :

— Échec et mat ! et sans discussion, mon ami ! disait Manno Donati avec un rire.

— Et avec le cheval ! comme je vous l'avais dit, renchérit Luigi Pulci en jetant un regard triomphant à Niccolo Ardinghelli qui cherchait des yeux Lucrezia et qui se demandait où la jeune fille avait bien pu aller.

Quand enfin Lucrezia se retrouva seule dans une petite salle déserte, elle poussa un soupir de soulagement. Enfin seule ! Elle allait pouvoir réfléchir, prendre une décision... Mais quelle décision ? Que pouvait-elle faire ? Lorenzo lui avait promis de l'épouser. Promis ! « Dès que j'aurai l'âge requis ! Dans deux ans, Lucrezina, dans deux ans j'aurai dix-huit ans... »

Il fallait qu'elle voie sa mère. Elle avait passé la journée à la Seigneurie. Elle devait avoir des nouvelles toutes fraîches de ce qui se tramait. Sans plus tergiverser, Lucrezia se précipita vers la chambre de sa mère.

Caterina feignit une grande colère quand elle vit sa fille :

— En voilà des manières de pénétrer dans ma chambre sans y être invitée !... Eh bien, que me veux-tu donc ? Les amis de ton père sont-ils partis ? A-t-on idée de rester ainsi durant des heures... Au lieu de me venir en aide, tu restes là-bas à écouter Dieu sait quoi ! Comme si c'était la place d'une jeune fille au milieu de tous ces hommes... Qu'as-tu à rester ainsi la bouche ouverte comme une petite oie ?

De temps à autre, Lucrezia essayait d'endiguer ce flot de paroles. Mais en vain... Pourquoi Caterina s'obstinait-elle à parler de choses insignifiantes, affectant une colère qu'elle était loin d'éprouver, dissimulant les larmes qui perlaient à ses yeux ? Pourquoi, sinon qu'elle savait ? La chose... Les fiançailles allaient-elles vraiment être annoncées ? Ce n'était pas possible, non cela ne se pouvait... Hier encore... Lorenzo l'avait entraînée dans la salle du Conseil de la Seigneurie, et là, à l'abri d'une vaste embrasure derrière le rideau de velours pourpre, il l'avait prise debout... C'était devenu un jeu, une provocation, une nécessité. Et ce n'est qu'après qu'elle avait pensé que quelqu'un, n'importe qui aurait pu les surprendre encore enlacés. Mais elle n'avait peur de rien. Il lui suffisait d'être au côté de Lorenzo pour avoir tous les courages. Mais Lorenzo ? Lorenzo aurait-il le courage de tenir tête à sa mère ? L'ambitieuse Lucrezia de Médicis avait des visées si hautes pour son fils... Et ce fils adorait sa mère, et la vénérait comme si elle était la Madone en personne.

Lucrezia rencontra enfin le regard de Caterina, et ce qu'elle y lut la remplit de terreur. C'était un regard plein de tristesse, un regard plein de compassion, le regard que l'on a pour quelqu'un de condamné, et à qui l'on n'ose pas dire la vérité.

Caterina n'eut pas le courage de dissimuler plus longtemps ce qu'elle savait. « Parfois une bonne plaie bien franche, bien nette, est préférable à l'angoisse et à l'ignorance. Celui qui sait, sait d'où vient la douleur et il peut se protéger... », pensa-t-elle.

— Lucrezia, ma princesse, j'aimerais te parler un instant.

Maintenant c'était Lucrezia qui ne voulait plus savoir... Surtout ne pas savoir... Et pourtant, elle restait là, sur place, immobile. Toute sa vie, elle devrait se souvenir de ce moment. De cette vaste chambre un peu sombre, du lit conjugal immense en bois noir sculpté, le lit où elle avait vu le jour, où elle aimait, petite, venir se blottir contre sa mère, lui raconter ses malheurs d'enfant...

Lucrezia ferma les yeux. Elle fit une courte, une dernière prière : « Mon Dieu... mon Dieu, faites que ce ne soit pas ça. Mon Dieu, faites que ce soit simplement que l'on nous a surpris... que papa va me fouetter... Oh, mon Dieu, faites... »

— Lucrezia, ma petite..., commença Caterina d'une voix si triste que Lucrezia comprit. La Chose était là, ignoble, invisible et menaçante. La Chose allait la tuer et personne ne pourrait rien faire pour l'en empêcher.

— Lucrezia, ma douce petite fille, ne me regarde pas ainsi... J'ai vainement essayé de te mettre en garde... Lucrezia de Médicis a écrit de Rome. Je l'ai su. On en a parlé à la Seigneurie... Je veux dire, on a parlé d'un accord très proche au sujet des mines d'alun. (Caterina bégayait et disait n'importe quoi, sans réfléchir.) Alors, tu comprends, les mines d'alun, je veux dire la lettre de... Elle... elle dit dans sa lettre... que... enfin... D'ici à deux ans, Lorenzo pourrait épouser la princesse Orsini... Dès qu'elle aura atteint ses quinze ans.

Lucrezia humecta ses lèvres desséchées.

— Hein... ? Quoi... ? parvint-elle à éructer péniblement.

— Tu m'as entendue, mon enfant. Il est possible... que — hum ! — Lucrezia de Médicis signe l'accord officiel d'un prochain mariage entre Lorenzo de Médicis et la princesse Orsini... Il y a promesse de mariage.

Caterina ne pouvait supporter l'expression hagarde du visage de sa fille. Lucrezia tremblait de la tête aux pieds. Ses dents faisaient un petit bruit continu comme si elles grinçaient les unes contre les autres.

— Lorenzo...

— Il ne sait rien. Pas encore. Lucrezia le lui annoncera elle-même dès son retour de Rome...

Lucrezia inclina la tête.

— Maman ! gémit-elle. Maman...

— Et Caterina reçut sa fille sanglotante dans ses bras.

— Là... là..., disait-elle. — Puis elle pensait : « Voici venu le temps où l'on ne peut pas se dresser entre son enfant et la douleur, barrer la route à la souffrance... Si l'enfant n'a pas de quoi manger, si l'enfant est malade, si elle a froid ou sommeil, ou si elle se blesse en jouant, on est là, on est toujours là, à voler pour qu'elle mange à sa faim, à prendre sur son sommeil pour la veiller quand elle est malade... On est prêt à tuer pour la protéger de ceux qui cherchent à lui faire du mal... Et puis un beau jour l'enfant s'en va... innocente et si sûre d'elle !... L'enfant part. Elle rit, elle est heureuse et elle va tout droit vers la douleur. Et je suis là, impuissante, je ne peux rien pour elle. Rien. Même au prix de ma vie.. »

— Maman ! Maman, dis-moi quelque chose ! Pourquoi ne dis-tu rien ! Mens-moi, maman ! Mens ! Dis-moi que cela va passer, que je suis jeune, que j'oublierai... Mens !

— Ma petite, ma petite à moi... C'est cela que tu voudrais entendre ? Je pourrais te dire que cela passera. Mais ce n'est pas vrai... Peut-être rencontreras-tu un jour un autre homme, peut-être l'aimeras-tu... Mais oublier ce que tu as vécu avec Lorenzo ? Non !... Chaque fois que tu aimeras... tu penseras à lui... Avec le temps, la blessure sera peut-être moins douloureuse, mais le regret de ce qui aurait pu être et qui n'a pas été durera, lui, aussi longtemps que tu vivras...

— Alors... Alors on n'oublie jamais ? bégaya Lucrezia.

Caterina hocha la tête. La pitié l'emporta sur la vérité.

— On oublie... parfois..., dit-elle en soupirant.

Cette nuit-là, Lucrezia ne put trouver le sommeil, toutes les conversations de la journée lui revenaient à la mémoire. Soudain, une lueur d'espoir vint poser un baume sur sa souffrance. Deux ou trois ans ! Il pouvait s'en passer des choses en deux ou trois ans ! Le parti de son père, les Nero Capponi, Ardinghelli, Pitti et toute la « Consorteria », n'avait aucun intérêt à ce que ce mariage se fît ! Mieux même ! Ils avaient tous intérêt à ce qu'il ne se fît surtout pas ! Et encore mieux, connaissant son père comme elle le connaissait, Lucrezia savait qu'il ferait tout ce qui était en son pouvoir pour l'empêcher... Alors calmée, presque soulagée, elle s'endormit à l'aube comme l'enfant qu'elle était encore. Elle s'endormit en pensant à l'anniversaire de ses seize ans que l'on fêterait la semaine suivante... Lorenzo serait là... Elle porterait la robe que sa mère venait de lui terminer... et Lorenzo la trouverait encore, toujours « la plus belle de Florence... ».

XI
LA PASSION DE NICCOLO

Les plaisirs des sens sont guerre perpétuelle,
Ils supposent une passion intérieure
Méfiance les accompagne et les dirige
Puis le regret, quand le plaisir a fui
De cette volupté qui ne dure qu'un instant,
Alors, que la Passion emplit le cœur
De désir et de rage[1].

NICCOLO savait maintenant que, s'il n'y prenait garde, jamais Lucrezia Donati ne l'épouserait. Aussi décida-t-il de s'assurer d'abord que Lorenzo et Lucrezia s'aimaient vraiment. Acquérir cette certitude-là lui fut étonnamment facile. Rien de plus aisé que de faire bavarder des jeunes gens sur leurs amours et celles de leurs amis. Niccolo invita un soir, entre hommes, Luigi Pulci, Braccio Martelli, Guglielmo Pazzi et Bernardo Rucellai. Ces deux derniers, l'un époux et l'autre fiancé officiel des sœurs de Lorenzo, Bianca et Nannina, devaient forcément être au courant de tout ce qui se disait, de tout ce qui concernait les deux jeunes gens. Après quelques bouteilles de Chianti, les langues se délièrent et toute la société mâle présente ce soir-là évoqua les vicissitudes de la vie amoureuse en général, et de la leur en particulier. Niccolo Ardinghelli en profita pour amener la conversation sur le seul sujet qui l'intéressât.

— A propos, l'on parle beaucoup du prochain mariage de ton beau-frère avec une princesse romaine... lança Niccolo jetant dans la conversation ce qui maintenant faisait le sujet des médisances florentines. ... On le dit très amoureux. Est-

1. Poème que Lorenzo de Médicis a dédié à Lucrezia Donati.

ce vrai ? demanda-t-il à Bernardo qui lui paraissait le plus ivre de tous ses convives.

La langue pâteuse, Bernardo s'esclaffa :

— Hein ? Mais tu n'y penses pas, mon pauvre ami ! Lorenzo est amoureux fou, et depuis des mois, de Lucrezia Donati ! Fou à lier ! Il tremble devant elle, écrit des poèmes fort touchants et, ma foi, joliment troussés. Il nous casse les oreilles avec son amour !

— A-t-il enfin couché avec elle ? demanda Guglielmo Pazzi. L'été dernier, il hésitait encore... Il ne se décidait pas à déflorer la « Dame » qui, soit dit en passant, n'attendait que ça ! Quelqu'un sait-il quelque chose ?

Niccolo prêta l'oreille avec une attention telle que ses mains tremblèrent d'impatience. Son cœur battit à se rompre et, un instant, il crut que tous pouvaient voir son malaise. Mais l'empire qu'il avait sur lui-même était si puissant que nul ne s'aperçut de son trouble.

— Eh bien ? dit-il aussi sobrement que possible. Quelqu'un connaît-il la réponse ?

— Oh... je pense que oui !... répliqua Bernardo. Cela a dû se passer peu avant la mort du vieux Médicis.

— Ah ? éructa péniblement Niccolo. Il t'a fait quelques confidences sans doute ?

— Oh non ! Mais je connais bien mon Lorenzo ! Un jour, il est arrivé épanoui, heureux, vibrant, me lançant à la tête poème sur poème. Je n'en pouvais plus de l'entendre ! Alors je lui ai demandé s'il était enfin passé aux actes avec sa belle... Il s'est mis dans une telle fureur que j'ai compris que c'était là un sujet sur lequel je ne devais plus jamais plaisanter ! J'en ai conclu que c'était chose faite... ! Et Lucrezia est tellement amoureuse qu'elle a dû jouir avant même qu'il ne la perce.

— Alors c'est fait ? cria joyeusement Luigi Pulci. Buvons aux amours non platoniques de notre ami Lorenzo avec la plus belle fille de Florence... J'ai nommé Lucrezia Donati... Ah ! j'envie Lorenzo. Baiser la belle Lucrezia... ce doit être le paradis... Imagine ses jolis seins blancs, son ventre doux, ses cuisses.

Deux ou trois jeunes gens firent chorus et chantèrent la beauté de Lucrezia. Nul ne prêtait attention à Niccolo

Ardinghelli. Tous buvaient, riaient, proféraient mille grossièretés, évoquaient en termes crus ce qui s'était passé entre Lucrezia et Lorenzo.

— Lorenzo est très fier de la longueur et de la grosseur de son pénis... La petite a dû souffrir... au moins la première fois...

La première sensation de Niccolo en écoutant ces paroles dépourvues d'ambiguïté, ce fut que toute la salle brillante se renversait, avec sa table, son argenterie, ses murs, ses fenêtres illuminées, ses occupants rieurs et obscènes. Il lui sembla que tous ses sens s'étaient transformés en un tourbillon unique qui s'élançait sur lui, le submergeait, le jetait à terre. Il avait envie de pleurer, de rugir comme un fauve blessé à mort.

Ensuite, il essaya de se maîtriser. Il lui sembla même qu'il souriait et qu'il trinquait avec l'un des jeunes gens. Lequel? Il eût été incapable de le dire... D'ailleurs, il ne connaissait plus personne... Il ne reconnaissait plus aucun de ses amis, tous lui étaient devenus étrangers... Il riait maintenant en vidant une bouteille à même le goulot. Ô douceur bienfaisante de l'alcool sur les blessures à vif, sur le chaos, sur sa vie qui s'effondrait... Boire encore... et les blessures, les déchirements, l'amertume et la douleur s'évanouiraient tous ensemble dans le divin brouillard de l'ivresse. Vive le vin pétillant d'Asti. Vive l'eau-de-vie brûlante et bienfaisante.

Dans le brouhaha de rires et de cris qui l'entouraient, il sut reconnaître son propre rire, ses propres cris, et il pensait : « Comment vais-je endurer cela ? » Puis une haine féroce l'envahit, une haine telle qu'il en souffrît physiquement. Il devait se délivrer de cette haine atroce. Pour cela, il lui fallait tuer Lorenzo. Le tuer... L'étrangler de ses propres mains. Ne pas laisser à d'autres le souverain plaisir de voir réduit en cadavre celui qui avait défloré Lucrezia. Sa gorge était serrée au point qu'il suffoqua et qu'il s'évanouit.

Quand il revint à lui, il était étendu sur son lit ; Guglielmo de Pazzi et Bernardo Rucellai le déshabillaient prestement, aidés par deux domestiques. Il voulut se redresser sur sa couche mais Bernardo, d'une chiquenaude, le rejeta sur ses oreillers.

— Ne te lève pas maintenant ! Grand Dieu ! tu nous as fait une belle peur... On te croyait mort ! Grâce à Dieu, tu n'étais qu'ivre mort ! (Puis, le dévisageant d'un air songeur, le jeune homme ajouta :) C'est pourtant bizarre ! C'est la première fois que tu ne supportes pas de boire... Serais-tu malade ?

Niccolo secoua négativement la tête. En reprenant conscience, toute la souffrance qu'il endurait était revenue en bloc. Et cela l'étouffait comme un étau. Bernardo l'observa avec attention et quelque chose se fit jour dans son esprit encore embrumé par l'alcool. Il demanda à rester seul auprès de Niccolo sous un vague prétexte, et dès que la porte se fut refermée sur Guglielmo et sur les domestiques, il questionna sans ambages :

— Lucrezia ? Lucrezia Donati ? Est-ce cela ?...

Niccolo, affaibli, inclina la tête. Bernardo émit un petit sifflement et dit sans conviction :

— Il ne s'est peut-être rien passé ? Ce ne sont après tout que des suppositions... Pourquoi avoir posé la question ?

— Pour... pour savoir.

— Savoir quoi ?

— Savoir s'il l'aime... Si elle l'aime.

— Cela, je peux te l'assurer, et cela ne date pas d'hier... Que veux-tu faire ? Si cela peut te rassurer, il ne l'épousera pas parce que la famille des Médicis veut une autre alliance. Pour obtenir les mines de Tolfa, le vieux bougre aurait vendu sa femme, ses enfants et ses petits-enfants. Et sa belle-fille, la mère de Lorenzo, marche sur ses traces ! Donc tu peux espérer l'épouser !

Niccolo secoua la tête.

— Épouser une femme qui en aime un autre ? Posséder une femme qui a déjà joui dans les bras d'un autre ?

— Pourquoi pas ? Tu n'en es pas à tes premières amours !

— Hein ? Mais ce n'est pas la même chose !

— Ah ?

— Lucrezia est à moi ! à moi ! Personne n'avait le droit de la toucher...

Lorsqu'il fut seul, une pensée furtive vint éclairer un peu les ténèbres dans lesquelles il se débattait. « Le mariage de

Lorenzo de Médicis et de la princesse Clarice ? Oh, Dieu ! il faut que ce mariage se fasse ! » Pour la première fois de sa vie, Niccolo Ardinghelli fit passer ses sentiments avant son intérêt. Et il décida vite, très vite, de tout mettre en œuvre pour que le parti de l'opposition ne pût nuire aux Médicis dans leur volonté.

Une fois débarrassé de Lorenzo, Niccolo se faisait fort de conquérir Lucrezia. Une femme lui avait-elle jamais résisté ?

*

Une semaine plus tard, Niccolo Ardinghelli vint dîner chez les Donati, comme Manno et Caterina, qu'il affectait déjà de considérer comme ses futurs beaux-parents, l'en avaient prié.

Il ne quittait Lucrezia ni des yeux, ni d'un pas. Caterina le fixait avec peine et tristesse. « Est-ce donc toi, dont tout le monde dit que tu es un forban, un homme sans honneur, qui veut me prendre ma petite fille ? »

Il faisait singulièrement tiède et beau en ce soir d'octobre. Si beau que toutes les fenêtres étaient ouvertes sur la via Larga.

De la rue montaient des bruits doux et furtifs. Passants qui se pressaient, chevaux trottant sur les pavés, rires d'enfants, miaulements de chats, aboiements de chiens... Parfois un chant, l'une de ces voix de ténors florentins, s'élevait dans la nuit, une voix ample, chaude, égrenant ces complaintes où toujours la gaieté se mêle à la mélancolie...

Niccolo Ardinghelli parlait avec animation et gaieté, et Caterina Donati dut reconnaître que l'homme était remarquablement beau, remarquablement intelligent. Même Lucrezia souriait en l'écoutant. « C'est une canaille. Il n'y a là pas l'ombre d'un doute. Mais au moins il a l'honnêteté de le reconnaître. »

Aider sa mère à faire face aux soucis grandissants pour maintenir la Maison Donati avec un semblant d'éclat... Lucrezia se demandait comment faire et se disait : « Lorsque j'aurai épousé Lorenzo, toute notre maison retrouvera sa grandeur d'antan ! Et nous serons si heureux alors !... »

Épouser Lorenzo... Elle eut un petit rire tendu et triomphant... Sourire que surprit Niccolo qui en devina aussitôt la cause... La jalousie lui mordit le cœur.

— A quoi pensez-vous, ma douce amie ? lui demanda-t-il à voix basse.

Elle allait lui répondre quand soudain, par les fenêtres ouvertes, un claquement rapide de sabots sur les pavés inégaux de la via Larga se fit entendre. Lucrezia, qui était en train de servir du vin, s'arrêta court, et se sentit envahie par une onde de bonheur intense. Immobile, le cœur en tumulte, elle attendit.

— Qu'est-ce qu'il y a, Lucrezia ? s'écria Caterina, angoissée.

Lentement, Lucrezia se retourna. Son visage à la fois radieux et bouleversé offrait un spectacle déchirant.

— Je... je crois que c'est Lorenzo de Médicis..., dit-elle, défaillante. Je crois qu'il vient nous voir... Je reconnaîtrais le galop de son cheval entre mille...

Les deux femmes se précipitèrent dans le hall d'entrée et, quelques secondes plus tard, la porte s'ouvrit sur Lorenzo de Médicis, plus basané, plus maigre, plus grand que jamais. Ses mouvements, rapides, nerveux, pleins d'une vivacité coléreuse, indiquaient sa tension, son tourment.

Lucrezia eut toutes les peines du monde à ne pas se jeter dans ses bras.

Après avoir salué la famille Donati qui s'était regroupée autour du feu, Lorenzo de Médicis fixa un moment Niccolo Ardinghelli. Les deux hommes échangèrent un long regard chargé de haine et de mépris. Le plus âgé eût souhaité prendre le plus jeune par la peau du dos et le jeter hors de sa vue sans plus de cérémonie.

— Je suis venu..., commença Lorenzo.

Puis il se rendit compte qu'il avait oublié le mensonge qu'il avait forgé au fil des heures pour expliquer sa venue dans une maison qui ne pouvait en aucun cas être considérée comme une maison amie.

— ... Je suis venu..., répéta-t-il, espérant contre toute logique que la mémoire lui reviendrait s'il reprenait son discours par ces trois premiers mots. La suite ne venant pas, son visage olivâtre, mince au point d'en être émacié, s'empourpra. Il haussa légèrement les épaules et dit sans plus d'ambages :

— Mes parents vous envoient mille civilités et souhaiteraient votre présence dans leur loge pour le prochain tournoi... Le tournoi de la fin des vendanges.

Tout cela était faux. Un instant, très bref, Lorenzo se demanda avec angoisse ce qui risquait de se passer si jamais Manno Donati acceptait cette invitation. Il fut bientôt rassuré. Quoique extrêmement surpris et secrètement flatté, Manno refusa avec sécheresse. Il ne pouvait accepter cet insigne honneur, expliqua-t-il, parce qu'il devait se rendre à Venise où l'appelaient des affaires de première importance. Et ses yeux brillants et rusés laissèrent passer une joie féroce. Il ne mentait pas... Dans trois jours il partirait pour Venise ! Et ce qu'il allait faire à Venise en compagnie de Niccolo Ardinghelli, cela, la famille Médicis n'avait nul besoin de le savoir. Pour Manno Donati, qui n'avait pas les mêmes préoccupations que Niccolo, rien n'avait changé.

— Les Turcs musulmans sont dans de bonnes dispositions en ce moment..., dit nonchalamment Niccolo Ardinghelli, les yeux fixés sur Lucrezia.

Lorenzo pensa : « Il va vendre des armes aux Turcs ! » Puis, tout comme son rival, son regard se posa sur Lucrezia et, d'une manière fugitive, intense, un moment, un court moment, il devint beau.

Caterina s'interposa entre les deux jeunes gens. La présence de Niccolo la gênait et elle aurait souhaité que Lorenzo ne s'incrustât point. Un pugilat était toujours possible avec un blanc-bec aussi coléreux.

— Resterez-vous à dîner avec nous, Signor Lorenzo ?

— Non merci, Signora Donati... Je passais juste en coup de vent et je vais me retirer... Je vous souhaite le bonsoir...

— Ne vous sauvez donc pas aussi vite..., cria Luisa en riant. Serez-vous au bal du mariage d'Alexandra Rosselli ?

— Au bal du mariage ? Non... non bien sûr !... Je suis en deuil ! vous le savez bien...

Tout en répondant à la jeune fille, le regard de Lorenzo ne quittait pas celui de Lucrezia.

Et un instant, toute la jeunesse présente s'excita sur le bal, imaginant des déguisements et des farces. Nul ne prêtait attention à Niccolo Ardinghelli qui, assis sur une chaise haute, observait avec attention Lucrezia et Lorenzo qui se parlaient à mi-voix. Les jeunes gens paraissaient avoir oublié la réalité dramatique qui était la leur, et se fixaient dans les yeux amoureusement, sans se soucier de leur environnement. Sans doute éprouvaient-ils cette sensation étrange d'être protégés, isolés du reste du monde, par leur amour même.

Manno s'approcha de Niccolo et murmura :

— Ne vous offusquez point. Lucrezia vous épousera.

— De son plein gré ?

— Je vous en réponds !

Sans cesser de fixer Lucrezia, Niccolo Ardinghelli soupira d'un air sombre :

— Je voudrais bien vous croire. Mais regardez-les ! Ils semblent vous défier... me narguer...

— Voyons ! Ressaisissez-vous ! s'impatienta Manno. Vous êtes un homme, que diable ! Et ce n'est pas un gamin comme Lorenzo qui peut vous inquiéter !

— Je ne parviens pas à me rapprocher de votre fille. Elle me tient à distance. C'est tout juste si elle me permet de lui parler...

— Elle a seize ans... Vous l'effrayez peut-être avec votre passion d'homme mûr.

A ces mots d' « homme mûr », Niccolo, qui n'avait pas trente ans, lui jeta un regard de travers.

— Peut-être ? dit-il à voix basse.

— Les jeunes filles sont des sottes..., dit Manno Donati, et la mienne en particulier ! Peut-être allez-vous un peu vite en besogne ? Peut-être manquez-vous de finesse ? Peut-être votre passion trop manifeste l'effraie-t-elle ?

Niccolo se raidit.

— Au diable la finesse ! dit-il durement. Je suis un homme ! J'ai passé l'âge des courbettes et celui de conter fleurette... Et vous voulez insinuer que je lui fais peur ? Comme vous connaissez peu votre fille ! Elle n'a peur de rien ni de personne... ! Elle me tient tête comme aucune péronnelle de son âge n'oserait le faire... Regardez comme elle est ce soir ! Elle sait que son attitude est une offense pour vous, un défi contre moi. C'est une orgueilleuse, voilà ce qu'elle est... Elle n'est nullement blessée par ma passion. Ses sentiments virginaux, sa pudeur de jeune fille ? Voyons, Vous voulez rire ! Elle ne veut pas de moi, voilà tout... mais mon amour la flatte, elle s'en amuse, elle serait furieuse et vexée si je me détachais d'elle...

— Pensez-vous qu'elle soit réellement attachée à ce godelureau ?

De nouveau, Niccolo Ardinghelli fut tenté de jeter au visage de ce père aveugle une vérité que tout Florence connaissait, et que tout Florence applaudissait. C'était aussi cela qui le rendait amer et furieux. La popularité dont jouissait Lorenzo était telle qu'elle rejaillissait sur celle qu'il aimait. Attendris, les Florentins approuvaient cette union entre « la plus belle fleur de Florence » et « le plus intelligent de ses princes-poètes ». Le petit-fils héritait non seulement de la fortune de son grand-père Cosimo, mais aussi de la faveur du peuple. Comment Manno Donati pouvait-il ignorer à ce point cette vérité-là ? Niccolo Ardinghelli dévisageait son hôte avec un étonnement grandissant.

— Si Lucrezia aime Lorenzo ? dit-il, la bouche pleine de fiel. Sans aucun doute.

— Amours d'adolescente ! de fillette encore dans les jupes de sa mère, ricana Manno Donati.

Niccolo Ardinghelli dévisagea son interlocuteur.

— Lucrezia est très amoureuse de Lorenzo. Mais si jamais Lorenzo de Médicis parvenait à ses fins et épousait « ma » Lucrezia, alors je passerais le restant de mes jours à le détruire... Je tuerai quiconque s'interposera entre Lucrezia et moi... (Il s'interrompit pour reprendre aussitôt avec un accent tel que Manno frémit :) Je l'aurai ! Dussé-je la prendre de force ! Quant aux Médicis... (du plat de la main, Niccolo frappa son accoudoir d'un geste significatif), je les réduirai en charpie, acheva-t-il dans un souffle rauque. Et vous savez que j'en aurai bientôt les moyens ! Nos amis, Luca Pitti, Nero Capponi et tous les autres, sont prêts à agir ! Il suffit d'une occasion ! Vous le savez, n'est-ce pas ?

Les deux hommes se dévisagèrent en silence. Ils se

comprenaient, se devinaient, et savaient qu'ils pouvaient, en cas de nécessité, compter absolument l'un sur l'autre. Même si leurs motivations respectives étaient différentes, leur but était le même. Réduire les Médicis ! Le rêve de toutes les familles aristocratiques de Florence ! Reprendre le pouvoir à ces parvenus, s'emparer de leurs richesses... Les détruire jusqu'au dernier.

Ni l'un ni l'autre ne s'étaient aperçus que Lucrezia et Lorenzo avaient disparu. En effet, quelques instants auparavant, sous un vague prétexte, Lucrezia avait entraîné Lorenzo jusque vers le jardin d'hiver.

Dès que les deux amants furent seuls, ils s'embrassèrent avec transport.

— Ta mère a écrit, paraît-il, dit enfin Lucrezia. Les choses ont-elles pris une telle tournure ? Ce mariage avec la princesse Clarice est-il si avancé ? Ta sœur Nannina est venue ici, et elle m'a dit...

Mais Lorenzo l'interrompit :

— Tais-toi ! ne parle pas de cela ! Je n'accepterai rien de ce qui pourrait me séparer de toi... J'ai un plan ! Écoute-moi, mon aimée...

— Si tu savais combien j'ai pleuré..., combien je me suis tourmentée.

— Je sais... Je sais ! Mais tu dois me faire confiance... Tu dois savoir que tu es tout pour moi...

Il l'attira contre lui et l'embrassa.

Puis ils sortirent ensemble dans la nuit florentine.

— Comme il fait tiède, presque chaud... Jamais je n'ai connu automne si doux..., dit Lucrezia en pressant la main de Lorenzo.

Les rues étaient désertes. La lune, suspendue dans un ciel noir, répandait une clarté argentée. Une brume légère flottait sur les pavés inégaux.

— C'est beau, la nuit..., dit encore Lucrezia, et ce silence ! Si tu savais, Lorenzo, comme j'aime me promener dans les rues désertes, la nuit...

Elle lui tenait le bras qu'elle pressa sur son flanc. Ils marchèrent côte à côte, oubliant tout. Parfois, au même instant, leurs visages se tournaient l'un vers l'autre. Alors ils s'arrêtaient pour s'embrasser. La lumière de la lune luisait sur le visage de Lucrezia.

— Vingt-quatre mois ! s'écria Lorenzo. Comment attendre vingt-quatre mois ?

— Trop long ! beaucoup trop long... Embrasse-moi, dit Lucrezia.

Ils s'arrêtèrent dans l'embrasure d'une porte et leurs corps se soudèrent dans cette étreinte. Il la prit debout, sans effort, comme s'il achevait dans cet acte le baiser commencé...

Puis ils poursuivirent leur promenade. Des rues, des places défilèrent devant eux, à peine éclairées par la lumière pâle de la lune. Soudain, sans raison précise, ils se mirent à courir à perdre haleine, la main dans la main, et ils éclatèrent de rire... Des volets claquèrent et une voix les pria de faire silence. Alors ils reprirent leur course folle, incapables de retenir leur juvénile gaieté.

Ils s'arrêtèrent pour reprendre souffle, et Lorenzo baissa la tête. Lucrezia avait cessé de rire et pleurait.

— J'ai peur, mon Lorenzo ! J'ai si peur que nous ne soyons jamais heureux... Il va sûrement nous arriver quelque chose... On va nous séparer... Tes parents ?

— Mes parents céderont si je refuse d'épouser la princesse Clarice. Et ton père ?

Lucrezia réfléchissait.

— Je vais te confier un secret. Sous un prête-nom, il s'est fait prêter beaucoup d'argent par la Banque Médicis. N'y aurait-il pas là un moyen de le faire revenir sur ses préventions ?

— Peut-être ? J'y réfléchirai... Mais, rassure-toi, je trouverai un moyen !

Devant la porte du Palais Donati, ils s'arrêtèrent pour un dernier baiser, une dernière étreinte.

— Attends ! Tu vas voir..., dit brusquement Lorenzo. Je vais immédiatement demander ta main à ton père... Immédiatement ! Viens ! Allons, viens !

Lucrezia souriait, heureuse soudain, délivrée de toute angoisse. Tendrement enlacés, ils pénétrèrent dans la grande salle, espérant provoquer un scandale. Mais leur arrivée ne troubla personne. Et pour cause. La salle était vide. Seul un vieux domestique arrangeait quelques bûches dans la cheminée. Aux questions de Lucrezia, il répondit :

— Messer Ardinghelli est parti, et vos parents sont montés se coucher... Ainsi que vos sœurs. Il est tard, vous savez...

— Tard ? dit Lorenzo, éberlué.

— Plus de minuit, répondit le domestique. Madonna Donati m'a bien recommandé de vous attendre, Signorina Lucrezia...

— Mais... et mon père ?

— Il pense que vous êtes montée vous coucher. Votre mère leur a dit que vous étiez souffrante. (Le domestique hésita un peu, puis ajouta :) Le Signor Niccolo Ardinghelli a attendu jusqu'à la dernière seconde. Il paraissait fort chagrin de votre absence. Il reviendra demain à la première heure. Il semble qu'une chasse à courre soit organisée en votre honneur, Signorina...

Lucrezia haussa légèrement les épaules.

— Je n'irai pas ! dit-elle d'un ton définitif. Demain, j'aurai autre chose à faire...

Puis, sans se soucier de la présence du vieil homme, elle se suspendit au cou de Lorenzo.

— Oh, mon doux ami... mon Lorenzo ! Tout va recommencer pour nous... Nous allons nous fiancer très vite et nul ne trouvera à redire à ce que nous nous voyions souvent.

Il l'étreignit, la serra contre lui.

— Demain, chuchota-t-il. Mon père viendra avec moi demander ta main ! Je te le promets. Rien ne pourra m'en empêcher !

— Pars maintenant... Va !...

*

La demande en mariage projetée par Lorenzo fut retardée de quelques semaines. Piero de Médicis fut atteint d'une telle attaque d'uricémie que toute la Maison Médicis craignit de le perdre. Lucrezia n'osa rappeler à Lorenzo sa promesse tant elle le voyait inquiet et malheureux du sort de son père.

Ils se voyaient quotidiennement en cachette et devaient inventer mille ruses pour ne pas être découverts.

Novembre, décembre et janvier passèrent sans que l'état de Piero de Médicis s'améliorât et ce n'est qu'au début du mois de février que la famille respira. Piero était sauvé.

XII
LE CARNAVAL

Février 1465

Comme elle est belle et joyeuse
La jeunesse qui s'enfuit
Qui veut être joyeux le soit
De quoi demain sera-t-il fait[1] *?...*

PEU AVANT les fêtes du Carnaval, les Donati avaient vendu leurs derniers beaux chevaux (il ne restait plus dans les écuries que quelques vieux canassons que même la boucherie refusait), mais ils offraient un visage indifférent et fier à tous ceux qui faisaient mine d'avoir quelque compassion pour eux.

La somme que Manno Donati avait obtenue de la vente de ses chevaux avait tout juste suffi à payer les dettes les plus urgentes, mais Caterina avait su en tirer un tel parti que le jour du Carnaval ses filles Luisa et Lucrezia portaient des robes superbes, taillées dans des tissus princiers. Les quelques bijoux de famille restants avaient été généreusement distribués, et l'apparence fut sauvée. Qu'importait si les jours, les semaines ou les mois suivants, l'on devrait se contenter de pain, de lait et d'œufs, et des quelques volailles en provenance de la ferme Donati ?

Caterina cachait jalousement à sa fille préférée les nouvelles qui lui étaient parvenues du Palais Médicis : l'affaire du mariage de Lorenzo prenait une tournure décisive. « Il vaut mieux que ma petite n'en sache rien ! Cela ne servirait à rien..., qu'à la rendre malheureuse..., qu'à donner à ce

1. « Chansons de carnaval », Lorenzo de Médicis.

Lorenzo de malheur l'occasion de la déchirer en lambeaux, nerf par nerf... » Alors elle se tenait constamment à l'affût. Chaque servante, chaque esclave avait été menacée des pires corrections si jamais elles colportaient les ragots qui traînaient dans les cuisines de la ville. « Moins Lucrezia en saura sur ce qui se passe à Rome et mieux cela vaudra pour elle ! » Ainsi en avait décidé Caterina Donati alors que le carrosse fatigué, tiré par les quatre haridelles efflanquées qui leur restaient, emmenait toute la famille vers le bal du Carnaval organisé par la Seigneurie. Parfois, une pensée inopportune, vite chassée venait la troubler. « Si elle pouvait l'accepter, cet Ardinghelli ! Si seulement... C'en serait fini de notre misère... » Mais elle se fût laissé hacher plutôt que de chercher à influencer Lucrezia...

Toute la matinée, un pâle soleil de février avait éclairé la ville, mais au début de l'après-midi le temps avait brusquement changé, et maintenant en flocons épais et denses, la neige tourbillonnait autour du carrosse.

Toutes les rues étaient illuminées par des milliers de torches, et une multitude d'hommes, de femmes, d'enfants masqués et déguisés se livraient à la danse, au chant, à la farandole, aux batailles de boules de neige. Seule, parfois, Lucrezia se serait un peu attristée. Il y avait peu de chance qu'elle rencontrât Lorenzo soit au bal de la Seigneurie, soit dans les rues où le Carnaval battait son plein. La famille Médicis en grand deuil ne participait pas à la fête. Mais, malgré l'évidence, elle espérait.

Son père avait cessé, sur les conseils exprès de sa femme, d'exhorter Lucrezia à accepter un époux qui ne lui agréait pas. Et en ce jour de Carnaval, ravi d'apprendre que Lorenzo de Médicis ne participerait à aucune festivité, Manno Donati se sentait plein d'indulgence pour sa fille.

Un moment, le carrosse des Donati se trouva complètement immobilisé. Des chars décorés, fleuris, bondés d'arlequins et de colombines gesticulant, dansant, jonglant avec des torches, encombraient la place de Santa Croce. Dans le grouillement de la foule masquée, dans la neige tourbillonnante, dans cette effervescence, le spectacle qui s'offrait avait quelque chose de fantasmagorique.

Soudain, mais personne n'en fut véritablement surpris car cela arrivait souvent, la porte du carrosse s'ouvrit sur un groupe d'arlequins et de pierrots masqués qui s'emparèrent des jeunes Donati, rieuses et déjà prêtes à s'envoler... Une main s'empara de Lucrezia. En quelques rondes endiablées, sans trop savoir où elle se trouvait, la jeune personne se retrouva bientôt étreinte contre une poitrine haletante, et l'homme masqué qui l'avait entraînée s'empara de sa bouche.

Étourdie, Lucrezia ne songeait pas à se débattre, elle goûtait la saveur de ce baiser qui se prolongeait, « Lorenzo ! » pensa-t-elle presque défaillante.

Quand l'homme la relâcha, elle murmura, extasiée :

— Lorenzo... mon doux ami... Comment as-tu fait pour échapper à ta famille ? Tu es donc venu malgré ton deuil... ?

L'homme la détacha de lui. Un long moment il la maintint ainsi. Il tremblait. Soudain inquiète, Lucrezia murmura :

— Lorenzo ? Lorenzo... ?

Alors l'inconnu la libéra. Il enleva son masque. C'était Niccolo Ardinghelli.

— Déçue, mon ange ? (Il était tout à fait ivre.) Eh oui ! l'un part et l'autre arrive, dit-il en riant toujours d'un rire obscène, presque effrayant. J'ai croisé ton Lorenzo, ma petite garce, il te cherche dans la foule, et ne te trouvera pas... Allons, souris-moi... Il n'était pas bon, mon baiser ? Tu me l'as rendu avec une telle ardeur que je ne peux que bien augurer de la suite... Et ne me dis pas que tu ne t'étais pas aperçue que ce n'était pas Lorenzo qui t'embrassait ! Aucun homme au monde n'embrasse de la même manière !

Il l'avait reprise contre lui et cherchait à l'embrasser.

— Canaille... ! être vil ! espèce de porc... ! Comment osez-vous ?

Elle se débattit comme un beau diable, cherchant à éviter la bouche de Niccolo qui la maintenait rudement.

— Eh oui, j'ose ! Et même je vais recommencer...

De nouveau, il voulut l'embrasser, mais elle détourna la tête et s'efforça de se dégager.

— Lâchez-moi, espèce de brute immonde, d'être puant... Lâchez-moi tout de suite ou j'appelle !...

Elle essayait de le frapper mais ses poings se heurtaient contre la poitrine de Niccolo sans qu'il parût même s'en apercevoir.

— Alors, tu pensais vraiment que c'était Lorenzo qui t'embrassait, hein ? Allons, réponds-moi !

— Pensez-vous un seul instant que je vous aurais permis de m'embrasser ? Lâchez-moi, espèce...

— Cela suffit maintenant. Tu embrasses comme une putain, ma belle. Lorenzo est un bon professeur. Voyons s'il t'a bien enseigné la suite...

Lucrezia fut si surprise que sur le moment elle ne comprit pas exactement ce que voulait dire Niccolo.

— Moi ? une putain ? cria-t-elle, blessée, humiliée par le terme. Vous êtes complètement fou... et vous êtes ivre ! acheva-t-elle avec un mépris cinglant. Ivre mort... ! Je déteste les ivrognes ! vous sentez le vin ! Demain vous regretterez ce que vous êtes en train de faire !

— Oh, demain... ! De quoi demain sera-t-il fait, le sais-tu, ma jolie ? Demain je peux mourir...

— Ce serait pour moi une très grande joie ! Lâchez-moi.

— C'est une joie que je te donnerai peut-être... Demain ! Ce soir j'attends de toi tout autre chose... Ce soir, je te veux à moi... je te veux depuis trop longtemps maintenant.

En un sursaut d'animal acculé, elle parvint à se dégager. Ses yeux noyés de larmes lançaient des éclairs glacés de haine. Elle leva la main et d'un geste fulgurant lui assena une gifle retentissante.

— Porc... ! glapit-elle, la respiration haletante.

Jamais Niccolo n'avait été frappé par une femme et jamais aucune d'elles n'avait repoussé ses hommages en l'injuriant. La gifle qui lui brûlait la joue et la résistance de Lucrezia ne firent qu'ajouter au désir qu'il avait d'elle, en même temps qu'à l'envie de lui infliger la même souffrance, de la soumettre à sa loi de mâle, de la dominer, de la posséder...

Elle esquissa un mouvement de fuite, et il bondit sur elle comme un fauve sur sa proie, l'attrapant par les poignets qu'il lui maintint derrière le dos. Hurlant de rage, Lucrezia tournait la tête de tous côtés. Niccolo se baissa pour l'embrasser au creux des seins.

Leurs corps étaient comme soudés l'un à l'autre. Soudain, Lucrezia cessa de lutter. Niccolo sentit la chaleur de ses longues cuisses contre les siennes, l'élasticité de ses seins... L'eût-il voulu qu'il n'aurait pu à ce moment-là dominer le désir sauvage qui lui brûlait les reins. Le désir qu'il avait ressenti jusqu'alors n'était rien à côté de celui qui le tordait à présent.

La maintenant toujours par les poignets, il l'attira plus avant dans le couloir obscur. A moins d'une brasse, la fête continuait, les chants et les rires parvenaient à Lucrezia. Avant qu'elle ne pût crier, Niccolo lui bâillonna la bouche d'une main et d'un croc-en-jambe la renversa à même le sol.

Lucrezia n'avait pas vraiment peur. La haine et la colère l'emplissaient de dégoût. Elle se débattait en poussant des petits grognements sauvages et elle luttait désespérément contre l'homme qui pesait sur elle. Il riait et ses doigts pressèrent la chair douce et satinée. Il grondait : « Lucrezia... Lucrezia... », et sa bouche fouillait celle de Lucrezia. La prendre, la prendre là tout de suite à même le sol et mourir ensuite de honte et de désespoir...

— Tu vas te laisser faire... ma belle tigresse... Tu vas te laisser faire. Tu verras si je suis aussi bon que ton Lorenzo... Je crois même que je suis meilleur que lui... allons, cesse de te débattre... Ouvre-toi.

Il pesait sur elle de tout son poids, ses lèvres soudées aux siennes.

— Je dirai tout à mon père..., chuchota-t-elle entre ses dents. Il vous tuera.

— Pas si je t'épouse... Ton père t'a donnée à moi... Là, je vais t'épouser avant l'heure... Mais je t'épouserai aussi plus tard. Tu seras ma femme, mon ange... Avant ou après la cérémonie, qu'importe ? Allons, ne te débats plus ! tu vois bien que c'est inutile ! Je suis plus fort que toi... je te veux... Je te veux et je t'aurai... Tu m'as trop fait attendre, ma belle ! Et puis, tu n'es plus vierge, n'est-ce pas ? Alors, pas de simagrées, hein !

Enfin il réussit à lui écarter les jambes avec ses genoux, et, d'un coup de reins violent et précis, malgré les larmes et les supplications de sa victime, il s'enfonça dans son ventre.

Visiblement, les pleurs et les cris de douleur de Lucrezia ne faisaient que. l'exciter davantage. Il insistait en longues ruades violentes comme s'il avait voulu déchirer la jeune femme, se venger sur elle de toutes les souffrances qu'il avait endurées, comme si par cette profanation il allait enfin pouvoir se délivrer de sa propre désespérance.

Quelques minutes plus tard, dans un gémissement rauque il se déchargea, puis il se retira lentement. Pantelante, secouée de sanglots, Lucrezia resta un moment immobile, incapable de bouger. Très doucement, Niccolo tenta un geste caressant. Alors, telle une furie elle se redressa, folle de douleur, de rage, d'humiliation. Niccolo resta à même le sol. En proie à un délire de fureur, Lucrezia prit sa chaussure au talon pointu qui était tombée au cours du viol et se mit à le frapper... le frapper sur la tête, le visage, le corps. Niccolo ne faisait rien pour se protéger, ni même se défendre. On aurait dit qu'il accueillait les coups avec plaisir, reconnaissance même... Comme si chacun des coups reçus pouvait le laver de l'horreur qui venait de s'accomplir. Son front saignait abondamment et Lucrezia frappait encore.

— Je vais te tuer... te tuer... espèce de porc... de porc... Tu es un être vil... ignoble. Tu ne mérites pas de vivre !

Elle n'arrêta de frapper que lorsque, épuisée, elle ne put continuer. La tête dans ses mains, Niccolo pleurait. Alors, froidement, Lucrezia remit sa chaussure, arrangea sa robe déchirée, tachée, posa son masque sur son visage tuméfié et dit :

— Si vous voulez mon avis, Signor Niccolo..., mon tendre ami Lorenzo est bien supérieur à vous dans ce genre d'amusement... Vous avez encore beaucoup à apprendre... L'amour, voyez-vous, est un art. Et je ne pense pas que vous y soyez particulièrement doué... Une femme avec vous ne peut éprouver que de la haine et du dégoût... Avec Lorenzo, il en est tout autrement, croyez-moi !

Et elle partit en courant. Elle courait, courait, encore secouée de honte, de fureur, de désolation, mais aussi, bizarrement, d'un autre sentiment, encore plus sauvage, plus intense. « Je l'ai réduit à ma merci... à ma merci.. J'aurais pu le tuer et il se serait laissé faire sans un geste pour se défendre... Cet homme est à moi... à moi... » Et ce sentiment de possession la grisait, l'exaltait comme jamais rien auparavant ne l'avait grisée ou exaltée.

Toute cette scène s'était déroulée en moins d'une demi-heure, bien que toute sa vie Lucrezia eût l'impression qu'elle avait duré des heures. Elle retrouva les siens presque à l'endroit où le carrosse s'était immobilisé, et personne ne parut s'apercevoir du désordre de sa toilette. Mais qui aurait pu s'apercevoir de quoi que ce fût dans la foule en délire qui dansait dans la neige tourbillonnante et glacée ? Les masques se succédaient, rieurs et grimaçants. Malgré elle, malgré son désespoir et sa honte, Lucrezia fut entraînée dans une folle farandole, puis, lorsqu'un danseur voulut lui dérober un baiser, elle lui mordit la bouche avec une telle violence que l'homme, saignant abondamment, hurla de douleur.

*

Lucrezia n'avait pas revu Lorenzo depuis la semaine qui avait précédé le Carnaval et maintenant l'attente était longue, insupportable. Par un étrange concours de circonstances, auquel Manno Donati n'était pas étranger, Lucrezia ne parvenait jamais à s'échapper de la maison pour aller rejoindre son ami, au lieu où ils se donnaient secrètement rendez-vous. Elle savait que Lorenzo l'y attendait, et cette situation lui était intolérable.

Un après-midi, sa sœur Constanza vint leur rendre visite. Elle était sur le point d'accoucher, et cette grossesse avait singulièrement adouci le caractère ombrageux de cette superbe jeune femme. Après avoir embrassé toute sa famille et échangé quelques potins, Constanza monta rejoindre Lucrezia qui se morfondait dans sa chambre.

Lucrezia sursauta en la voyant. Le visage de sa sœur était pâle et fermé, et c'est cette pâleur, ces yeux fuyants qui renseignèrent Lucrezia mieux que ne l'auraient fait des paroles. Ce qu'avait à lui dire Constanza allait la blesser. Déjà elle se recroquevillait, dans l'attente du coup qui allait la frapper. Cependant, elle se figea dans l'expectative.

— Eh quoi ? dit Lucrezia d'une voix blanche. Tu n'es donc pas retournée chez toi ?

Si seulement Constanza pouvait partir... ou lui lancer vertement quelque insolence ! Tout aurait mieux valu que ce regard plein de compassion, et cette tristesse, qui n'était pas feinte.

— Eh bien ? Pourquoi rester ici ? Qu'as-tu à me dire ? Si... si... tu es chez moi, c'est que tu as quelque chose à me dire, n'est-ce pas ?

— Oui, répondit Constanza.

La jeune femme paraissait s'être ressaisie et, dans un geste d'apaisement, tendit la main à sa sœur, comme pour atténuer l'importance du coup qu'elle allait porter.

— Eh bien ? Parle, je t'écoute. Tu ne dis rien ? C'est donc si... si grave ? Faudra-t-il que je t'arrache la langue ? cria Lucrezia, à bout de nerfs. Tu as vu Lorenzo ? Je sais que tu l'as vu ! Pourquoi ne veut-il pas me parler ?

— Tu vas le voir ! Il t'attend à l'endroit habituel... C'est là son message, ma chérie...

— Quand ?

— Maintenant... Tout de suite... Il est là-bas qui t'attend...

— Et c'est maintenant que tu le dis !

Lucrezia se précipita. Mais vivement Constanza se planta devant la porte et retint sa sœur par les épaules.

— Attends... juste un moment. Il faut d'abord que tu saches...

— Quoi donc ?

— Il va partir pour Rome et dans toute l'Europe avec son père. Le départ, fixé depuis longtemps déjà, est pour la semaine prochaine... Il va rencontrer la princesse Clarice, et il a accepté que l'on annonce officiellement leurs fiançailles... Mais il m'a parlé de toi. Il t'aime... Il t'aime comme au premier jour. Pour lui rien n'a changé... et rien ne changera... Ce mariage... dont il est question n'est-ce pas ? n'est rien de plus qu'un arrangement... Cela n'engage pas son amour... L'amour c'est pour toi qu'il l'éprouve...

Blême, Lucrezia se débattait :

— Que signifie ce discours ? Qu'est-ce que tout cela veut dire ? Partir pour Rome... ? Des fiançailles avec...

Lucrezia tremblait. Lorenzo... Lorenzo allait se marier. Lorenzo la trahissait... Il avait promis que ce mariage ne se ferait pas ! Il avait promis qu'il l'épouserait, elle ! Qui l'avait détourné de sa promesse ? Que s'était-il passé ? Constanza mentait ! Constanza mentait pour lui faire du mal... Mais il n'était que de voir le visage de Constanza, sa pâleur, sa tristesse, pour se rendre compte qu'elle disait vrai.

— Seigneur ! essaie de comprendre..., bégaya Constanza. Tu dois l'oublier ! L'oublier, comprends-tu ? Il va épouser la princesse Clarice Orsini ! Oublie-le, Lucrezia ! Oublie-le au plus vite !

— Moi, oublier Lorenzo ? (Égarée, Lucrezia fixa sa sœur comme si celle-ci était brusquement devenue une folle dangereuse.) Oublier Lorenzo ? Mais nous sommes liés ! liés depuis l'enfance ! Nous sommes les doigts de la main... Nous sommes les deux faces d'une même médaille... Si l'on me sépare de lui... c'est ma mort que l'on signe... Il ne peut vouloir cela ! c'est impossible...

Elle haletait, hoquetait sans larmes, les mains crispées sur sa poitrine, comme si, par ce geste dérisoire, elle pouvait soulager l'abominable douleur qui la transperçait.

— Il ne m'aime donc plus ? dit-elle enfin à voix basse.

Constanza secoua la tête.

— Il ne s'agit pas de cela !... Il t'aime. Il est affreusement malheureux. Il pleure. Il t'adore... Mais...

— Mais ?

En cet instant, Constanza aurait tué toute la famille Médicis avec une joie sans mélange. La douleur de sa sœur était la sienne. Aussi, c'est avec une dureté froide qu'elle s'écria :

— Mais vas-tu comprendre à la fin, espèce de petite sotte ? Pourquoi faire semblant de ne pas comprendre ? Tu n'as pas de dot... et tu n'es pas princesse... Clarice Orsini lui apporte une couronne princière. Et ses coffres sont aussi pleins que ceux des Médicis ! Serait-elle la jeune fille la plus laide du monde, nul ne s'en apercevrait tant il serait aveuglé par la lumière de l'or... Et puis il y a l'alun ! Dans la corbeille de mariage il y a les mines d'alun ! Tu ne pèses rien face à cela... N'as-tu pas encore compris ? Comment te le faire comprendre, hein ?...

Lucrezia secoua la tête.

— Je ne veux pas t'entendre ! Je dois... je peux le convaincre. Il est temps encore de le faire changer d'avis... Oh ! c'est impossible... impossible !... Il ne peut avoir oublié ?... Mais il m'a promis. Il m'a dit... (Leur dernière entrevue revenait dans sa mémoire... Les courses folles dans les nuits de Florence.) Je vais lui parler ! Je vais lui parler tout de suite !...

— Es-tu devenue folle, Lucrezia ? Aller te donner en spectacle maintenant. Il sera bien temps d'aller demander des explications plus tard. Sauve ce que tu peux sauver. Ta dignité...

Égarée, Lucrezia allait en tous sens dans sa chambre. Elle se retourna vers sa sœur.

— Ma dignité ? Mais qu'ai-je à faire de ma dignité... ?

Constanza attira Lucrezia contre elle et très doucement lui caressa la tête.

— Crois-moi, Lucrezina, crois-moi ! La dignité c'est bien. Cela peut te servir à garder la tête droite, à ne pas être humiliée...

Mais Lucrezia se dégagea brutalement.

— Où est-il... là, maintenant ? Est-il encore là-bas ? (Constanza fit oui de la tête.) Alors j'y vais.

Une fois arrivée devant la grange abandonnée où tant de fois ils s'étaient rencontrés et aimés, Lucrezia s'immobilisa. Son cœur s'arrêta une seconde, puis repartit à coups redoublés. Il fallait d'abord qu'elle reprît son calme... Elle allait dire... Tout était faux, n'est-ce pas ? Un mensonge. Un mensonge abject. Elle aimait Lorenzo et Lorenzo l'aimait, et cela seul comptait. Tout le reste... Qu'importait Florence ? Qu'importait l'alliance avec les Orsini ? Elle était décidée à se battre, à se battre jusqu'au bout.

Cependant, à son réel désespoir se mêlait une curieuse sensation d'exaltation. Tout ce qu'elle éprouvait, ces sensations multiples, douloureuses, étaient comme décuplées par une autre sensation extrêmement vivifiante qui aurait pu se traduire par : « Je souffre, donc je vis... » Bien entendu, elle ne se disait pas cela en ces termes, mais c'est portée par cette puissante sensation d'invulnérabilité qu'elle ouvrit la porte de la grange.

Lorenzo entendit la porte grincer en s'ouvrant, puis grincer de nouveau en se refermant. Il ne se retourna pas, feignant de s'absorber dans la contemplation du fleuve que l'on apercevait par la grande lucarne ouverte sur les berges de l'Arno. Il savait que Lucrezia était là. Il savait qu'elle savait, sinon elle se fût déjà précipitée dans ses bras. « Parle ! Dis un mot ! s'admonestait-il avec un désespoir rageur. Comme elle doit souffrir ! Oh, ma Lucrezia... Pourquoi faut-il... Si je me retourne, saurai-je ne pas faiblir devant ses pleurs... »

Brusquement, il se retourna et fit face à la jeune fille qui le regardait. Longtemps ils restèrent ainsi les yeux dans les yeux, incapables de parler.

— Ainsi, c'est vrai ? Tu... tu vas accepter ce mariage ?

Lorenzo inclina la tête. Lucrezia reprit :

— Est-ce tout à fait conclu ? N'y a-t-il aucun espoir ?

Il savait à ce moment-là qu'il était nécessaire qu'il mente. Que ce mensonge allait sauver un peu de l'orgueil de Lucrezia.

— Rien n'est encore définitivement arrêté..., murmura-t-il.

— Est-elle... est-elle jolie ?

— Vraiment... je l'ignore.

— Ah ? bégaya Lucrezia, incapable de prendre sur elle. Ta mère cependant était à Rome. N'a-t-elle pas rapporté de portrait ? Ne l'a-t-elle pas vue ?

— Si fait... Je veux dire, elle l'a connue. Mais n'a pas rapporté de portrait.

— Alors, elle a dû au moins te la décrire ? Dis-moi ? Comment est-elle... Va... va donc ! Dis-moi.

— Ai-je seulement retenu ? Quand bien même elle serait Aphrodite elle-même..., ce qui n'est pas le cas, je puis te l'assurer ! Ceux... ceux qui l'ont approchée l'ont trouvée quelconque... banale... assez banale en somme. Et c'est encore une petite fille. Une petite fille assez souffreteuse...

— Mais tu vas l'épouser... L'amour viendra peut-être ? qui sait ? Et moi ? Que vais-je devenir ?

— Oh ! ma douce, mon amie... Pourquoi m'accabler ainsi, Lucrezia ?

— Tu as cédé ? (La voix de Lucrezia était basse, presque inaudible.) Et moi, répéta-t-elle, que faut-il que je fasse... ? Que je meure ?

L'un et l'autre se regardaient souffrir comme on peut souffrir à seize ans, avec cette délectation jubilatoire qui venait de l'excès même de leur passion.

— Tais-toi..., dit Lorenzo. Ne parle pas ainsi... Ta douleur est la mienne.

— Non ! Comment oser comparer nos souffrances ? Tu décides de rompre... tu décides et tu pars... Ai-je seulement été consultée ? M'as-tu parlé de tes projets ? Ai-je été informée de ta volonté ? Je subis... Tu m'aimes, me dis-tu ? Et tu me dis aussi que ma douleur est la tienne. Pourquoi dire une chose pareille ? Ta douleur est celle que tu as choisie, que tu as voulue, mais moi ? Ma douleur est immense, et c'est toi qui me frappes... Je n'ai rien voulu de tout cela... Je ne voulais que t'avoir à moi. Tu savais ! tu savais que jamais tu ne pourrais m'épouser ! tu savais que je n'avais pas de dot, que ma famille ne pourrait en aucun cas t'apporter ces brillantes alliances auxquelles tu parais tant tenir ! Tu le savais ! Et pourtant tu es venu à ma porte... Tu m'as emmenée sur ton cheval... Et tu m'as prise sur le bord du fleuve... Souviens-toi de cela, Lorenzo... Souviens-toi ! Qu'ai-je fait pour mériter une telle souffrance ? Quelqu'un peut-il me le dire ? Et... Pourquoi Lorenzo ? Pourquoi as-tu fait cela ?

— J'espérais, Lucrezia... J'espérais, je t'assure. J'ai supplié ma mère. Peut-être aurai-je pu la fléchir... elle est bonne, tu sais. Mais... je suis un Médicis, ma Lucrezia. Et il paraît que les Médicis ne font pas de mariage d'amour.

Lucrezia secoua la tête, toujours furieuse.

— Que m'importe ! Que m'importe les Médicis... Toi seul...

— Je n'existe pas. Je ne m'appartiens pas. Sur mes épaules reposent vingt banques, six filatures, une cinquantaine de mines et six fabriques d'armes... Dans mes mains reposent des parchemins, des traités de paix avec Milan, avec Venise... et maintenant avec Rome ! Je dois maintenir l'ordre dans la République et nul autre que moi ne peut le faire...

Malgré lui, la voix de Lorenzo s'enflait, presque triomphante, devant l'accumulation de ses richesses et de sa puissance. Il était encore si jeune ! Tout ce qui défilait devant lui et qui allait lui appartenir le grisait déjà, malgré lui.

— ... Des centaines, des milliers de personnes, des paysans, des manufacturiers, des artisans, des teinturiers, des filateurs..., poursuivait-il. Tous dépendent du bon fonctionnement de notre compagnie. Si mon père n'obtient pas du nouveau pape le monopole des mines de Tolfa, les risques que nous courons sont incalculables... Je suis un roi sans couronne, le fils et l'héritier d'un empereur sans trône, et cependant toute la puissance des rois et des empereurs se trouve entre les mains de ma famille... Je pourrais certes abandonner tout cela... Pour l'amour de toi. Et je te jure que j'y ai déjà songé...

— Et ?

— Si je l'avais fait... Si je le faisais... De ma vie je ne pourrais me regarder dans un miroir sans rougir de honte... Lucrezia, il faut me comprendre.

— Je comprends ! oh ! je te comprends... C'est toi qui ne peux imaginer ce que j'éprouve ! Cette humiliation, cette impuissance... (Elle exprimait son douloureux tourment avec une sorte de stupeur enfantine qui touchait Lorenzo mieux que ne l'auraient fait des cris et des pleurs.) D'autres que moi décident de ma vie... de mon désir... de mon amour... Alors, rien ne m'appartient ? Pas même le droit de savoir ce qui m'attend... (Elle se tut, respirant à petits coups brefs pour ne pas céder à l'humiliation des larmes et de l'effondrement. Elle reprit d'un ton froid, sec :) Quand vas-tu te marier ?

Lorenzo haussa les épaules.

— A quoi bon... ?

— Je veux le savoir...

— Dans deux ans, dans trois ans. Rien n'est encore fixé.

— Dans deux ans... trois ans... (ne pas pleurer. Cela

devenait son idée fixe.) Va-t'en maintenant, Lorenzo... Va-t'en. Nous ne nous verrons plus jamais... Moi je serai mariée dans quelques semaines.

— Quoi ? que dis-tu ?

— Qu'espérais-tu ? Que je resterais ta maîtresse ? que j'accepterais que tu couches avec ta femme nuit après nuit, pour ensuite me rejoindre au petit jour et me faire l'amour encore tout chaud des étreintes de ta femme ? Est-ce vraiment cela que tu espérais ? Non ! Cela ne sera pas !

Blême, Lorenzo demanda :

— Qui est-ce ?

Lucrezia haussa les épaules. Un instant, l'image de Niccolo Ardinghelli se dessina dans son esprit. Image qu'elle chassa vite avec haine et dégoût.

— Le sais-je ? Le premier qui me demandera aura mon consentement.

— Folle ! tu ne sais pas ce que tu dis... Pourrais-tu supporter un autre homme que moi dans ton ventre ?

Lucrezia secoua la tête, incapable de répondre. Tout ce qu'elle pouvait dire ne signifiait rien. Elle savait qu'elle avait perdu, et elle se sentait à la fois désespérée et résignée.

— Ce que je souffre..., bégaya-t-elle soudain. Ce que je souffre est insupportable... Je ne pensais pas que cela puisse faire si mal...

Des larmes coulaient sur le visage de Lorenzo. Songeuse, Lucrezia l'observait.

— Tu pleures ? C'est bien. Il faut bien que tu pleures. Il faut que quelqu'un pleure puisque moi je ne le puis... Tu vois... c'est comme un étau qui me serre là... autour du cou... un étau qui m'empêcher de pleurer, et de respirer... et qui me fait si mal... Cela va-t-il durer longtemps ? Peux-tu répondre à cette question ?

— Oui..., souffla Lorenzo. Je le crains... On ne guérit jamais de ces douleurs-là. (Il la contemplait avec une telle passion contenue que ses yeux lui faisaient mal.) Ma Lucrezia... Pardon. Si tu savais comme je t'aime... comme je t'ai toujours aimée...

— Ah !... Ah ! bien..., dit seulement Lucrezia. Alors, il vaudrait mieux que je meure...

— Tu ne vas pas... Lucrezia... tu ne vas pas commettre quelque sottise...

Elle parut réfléchir un instant. Puis secoua la tête.

— Me tuer ?... A quoi bon ? Pourquoi infliger tant de honte et de souffrance à ma famille ? Je suis déjà morte... tout est mort en moi... La source de vie s'est tarie, mon bien-aimé... C'était toi ma source de vie... Va... pars. Laisse-moi seule. Je t'en prie...

Et comme Lorenzo s'apprêtait à partir, contenant à peine ses sanglots, Lucrezia poussa soudain un cri :

— Attends !...

Elle se précipita vers lui, l'étreignit contre elle avec une force désespérée. Sa volonté s'était effondrée, sa maîtrise de soi évanouie. Elle ne voulait plus à présent qu'une chose unique. Elle attira la tête de Lorenzo contre la sienne et l'embrassa avec une violence telle qu'elle en eut les lèvres meurtries. Ils prolongèrent ce baiser, ne pouvant se détacher l'un de l'autre, incapables de se dessouder. Puis enfin ils se séparèrent.

— Je n'accepte pas ! chuchota-t-elle. Je n'accepte pas de te perdre...

Sans mot dire, Lorenzo referma la porte sur lui...

Cependant que Lucrezia rentrait chez elle, une pensée curieuse se glissa dans son esprit : « Niccolo, lui, eût agi différemment... Entre moi et son devoir ou son ambition, c'est moi qu'il aurait choisie... » Et, bizarrement, cette certitude-là fut comme un baume sur son cœur endolori, et elle éprouva un peu moins de haine et de mépris pour Niccolo.

*

La semaine qui suivit sa séparation d'avec Lucrezia Donati, Lorenzo commença à préparer avec l'aide de sa mère et de ses sœurs le voyage qui devait les conduire, lui et son père, à Rome, à Milan, à Naples et à Venise. Puis, si tout se passait bien, le père et le fils iraient en France, à Lyon d'abord et ensuite à Paris... Ils allaient consacrer plus d'une année à cette immense randonnée.

Lorenzo se sentait partagé entre la tristesse d'abandonner Lucrezia et l'excitation que provoquait en lui l'idée de ce voyage dans différentes contrées inconnues... Ah ! s'il avait pu emmener sa Lucrezina avec lui ! Mais il ne pouvait s'empêcher de penser qu'un voyage comme celui qu'il s'apprêtait à faire n'avait nul besoin d'une présence féminine, aussi adorable, aussi adorée fût-elle...

Une semaine avant le départ, fixé au 29 mars, Piero de Médicis fut soudain atteint d'une telle crise de rhumatismes qu'il resta incapable de bouger. Très inquiète de voir le voyage de Lorenzo remis en question, Lucrezia demanda au précepteur de son fils, Gentile Becchi, un homme en qui elle avait toute confiance, de se substituer à Piero. Pour atténuer les hésitations de son fils, et surtout ne pas lui permettre de sauter sur ce prétexte pour retarder ou annuler son départ, elle se fit fort de convaincre les parents de Bernardo Rucellai de laisser ce dernier accompagner Lorenzo. Le soir même, elle se rendit au Palais Rucellai et évoqua longuement les bienfaits d'un tel voyage pour ces deux écervelés qu'étaient encore Lorenzo et Bernardo.

— Rendez-vous compte, dit-elle en souriant à Messer Rucellai qui hésitait encore, Bernardo doit épouser ma fille Nannina dans le courant de 1466... Auparavant, une année loin de Florence lui ferait beaucoup de bien. Pensez aux fort mauvaises habitudes que nos fils ont prises en accumulant farce sur farce... Il serait bon qu'ils se fissent quelque peu oublier. Les Florentins commencent à être irrités contre eux...

Les Rucellai finirent par donner leur accord. Quelle plus merveilleuse expérience pour un jeune homme qu'un long voyage en Europe sous la conduite d'un lettré tel que Gentile Becchi, et quel plus profitable compagnonnage que celui de Lorenzo, ce fils dont Florence s'enorgueillissait ? De plus, ils étaient flattés par le choix qu'avait habilement fait Lucrezia de Médicis.

Le 28 mars, la veille de son départ, Lorenzo, malgré la promesse faite à sa mère, n'y put tenir. Il vint se présenter au

Palais Donati pour y faire ses adieux. Caterina et Manno le reçurent avec cette courtoisie froide qui désormais était de règle entre les Donati et les Médicis. Seule Luisa manifesta beaucoup de curiosité sur le fabuleux voyage qu'il allait entreprendre et ne se lassait pas de lui poser mille questions. Silencieuse, Lucrezia écoutait, pâle, distraite, volontairement absente. A un moment de la soirée, Lorenzo lui demanda tout bas, à l'insu de la famille Donati :

— Je voudrais bien que nous soyons en accord tous les deux pour la dernière fois que nous nous verrons... Si tu trouves que c'est beaucoup te demander, pense que depuis notre enfance je t'ai toujours aimée. L'idée de me séparer de toi m'est insupportable... Est-il vrai que tu es officiellement la fiancée de Niccolo Ardinghelli ?

Lucrezia hocha la tête avec mépris.

— Lui ? Je ne l'épouserai jamais ! Le jour de mes noces si, elles doivent avoir lieu, sera aussi le jour de ma mort !

— Lucrezia ! voyons-nous encore une fois ! je t'en supplie... Il faut que nous parlions...

Lucrezia murmura :

— A quoi bon ? Ne nous sommes-nous pas tout dit déjà ? Que veux-tu encore de moi ? N'est-ce pas toi qui as voulu cette séparation ? N'es-ce pas toi qui as choisi d'en épouser une autre ? Pars !... Je ne veux plus te voir ! Ne reste pas ici... Mon père pourrait te surprendre et te chasser...

— Une dernière fois, Lucrezina, une dernière fois..., supplia Lorenzo, toujours à voix basse mais les yeux pleins de larmes.

Alors Lucrezia promit de venir, si elle pouvait s'échapper de la maison. Elle accepta de le retrouver plus tard dans la nuit, dans leur grange déserte. Qu'il l'attende là. Dès qu'elle le pourrait, elle le rejoindrait. Très vite Lorenzo abrégea les adieux. Nul ne songea à le retenir pour le dîner et lui-même ne se formalisa pas de cette atteinte à la tradition courtoise.

La neige s'était remise à tomber, une neige molle, mouillée de pluie. Le brouillard apparut, flottant sur les bords de l'Arno.

Dans la vaste grange soigneusement close sur l'humidité de la nuit, Lorenzo parvint un peu à se réchauffer. Il y régnait un froid intense et l'obscurité était totale. Alors, l'attente commença.

Grâce à la complicité de ses sœurs, il ne fut pas difficile à Lucrezia de quitter la maison familiale sans être vue. Enveloppée dans une vaste mante doublée de fourrure, elle sortit et courut aussi vite que possible. Dans la rue, une bouillie de neige fondue, de boue et d'eau l'éclaboussait de part en part. Elle entendait le fleuve gronder; les nuages noirs, lourds, menaçants passaient au-dessus d'elle; de temps à autre, épuisée, terrorisée, elle s'arrêtait dans sa course pour reprendre souffle... Dix minutes plus tard, les portes de la grange s'ouvrirent devant elle, et elle s'abattit, haletante, contre la poitrine de Lorenzo.

— Tu es là..., dit-il, la serrant contre lui et embrassant ses cheveux, son front, son nez, ses lèvres. Tu es là...

Mouillée, glacée, mais soulagée, Lucrezia respirait enfin.

— Tu es là... tu es là, répétait Lorenzo. Je n'aurais pu partir sans t'avoir une dernière fois serrée contre moi.

Ils restèrent un moment silencieux, à la fois heureux et désespérés. Lucrezia le respirait avec adoration; doucement ses doigts caressèrent le visage de Lorenzo.

Ils s'attardèrent sur les joues maigres et fraîches, sur la mâchoire trop carrée, le nez difforme, sur le front trop grand, dans les cheveux épais, noirs, soyeux cependant, puis fureteurs, ces doigts indiscrets s'arrêtèrent sur la bouche trop grande de Lorenzo, qui les baisa avec avidité.

— Je suis si laid, ma Lucrezina..., gémissait-il entre chaque baiser. Comment peux-tu m'aimer?

— Je le sais bien que tu es laid..., chuchota Lucrezia dans son cou. Mais peu m'importe, puisque tu es toi...

Alors Lorenzo l'attira sur une botte de foin, et pour Lucrezia tout fut oublié. Oubliés le viol de Niccolo, le départ de Lorenzo, sa vie en miettes. Une longue plainte venue du fond d'elle-même, une plainte semblable au feulement d'une chatte, salua enfin l'oubli des heures sombres qu'elle venait de vivre et sa délivrance.

Plus tard, étroitement serrée contre Lorenzo, Lucrezia attira la tête de son ami vers ses lèvres et chuchota :

— Avant que nous nous séparions, je veux te dire... Quoi qu'il puisse nous arriver, mon Lorenzo, n'oublie jamais ceci. J'ai été à toi dès que tu en as exprimé le désir... Et je serai à toi dès que tu le voudras... N'importe quand, n'importe où... Il te suffira de me dire viens... et je viendrai... Pour moi tu es beau mon Lorenzo... Beau comme jamais aucun homme ne le sera...

Lorenzo resserra son étreinte à en étouffer Lucrezia.

Son amie retint un gémissement. Les bras de Lorenzo étaient un étau d'acier et un instant elle pensa sans déplaisir qu'elle allait mourir ainsi, écrasée contre lui.

— Lucrezia..., dit encore Lorenzo. Je t'en supplie, attends mon retour avant de prendre quelque décision que ce soit... Est-il possible que nous puissions vivre séparés l'un de l'autre ?

Et comme elle se taisait, il ajouta :

— Il n'est tout de même pas concevable que tu puisses épouser un autre que moi ? Peux-tu le penser sérieusement ?

— Je ne le voudrais pour rien au monde..., dit-elle. Toi je t'aime... Mais, que pouvons-nous faire ?

Lorenzo l'embrassa. A la fois parce que le désir s'était de nouveau emparé de lui, et parce qu'il n'y avait pas de réponse à donner.

— Dieu nous aide, ma Lucrezina... Dieu nous aide..., murmura-t-il.

La nuit passa ainsi. Parce qu'ils étaient jeunes et si amoureux, leurs amours renaissaient presque aussitôt qu'ils s'affaissaient, épuisés, l'un contre l'autre.

L'aube allait bientôt poindre dans le ciel clair débarrassé de ses nuages. Lucrezia s'était endormie contre l'épaule de Lorenzo qui la veillait les yeux grands ouverts.

S'il n'y prenait garde, on allait les surprendre là, et le scandale serait épouvantable. Doucement, il réveilla son amie.

— Il faut partir, ma douce..., dit-il.

Avant de se séparer, il la souleva de terre et à plusieurs reprises embrassa son visage, puis il la reposa sur le sol.

— Dieu nous aide, Lucrezia, car nous ne sommes encore que des enfants... Tu es si belle, ma chérie, et encore si jeune ! Moi, ma laideur m'a rendu vieux avant l'âge. Tu ne sais pas combien l'on peut souffrir de rencontrer son laid visage dans un miroir... et toi, tu es si belle... ! Et tu ne comprends pas combien je souffre en mon cœur de te perdre... Oh, ma Lucrezina... (Il la tenait serrée contre lui, et la berçait tendrement.) Nous avons grandi ensemble comme deux moineaux sortis du même nid, sur la même branche... Aussi vrai que Dieu existe pour moi, je n'imagine pas que je puisse jamais être heureux après cette nuit.

Lucrezia pleurait. Elle leva son visage de façon qu'il pût l'embrasser encore.

— Ne parle pas ainsi, mon Lorenzo... ne parle pas ainsi ! Tu vas m'enlever le peu de courage qui me reste...

— Lucrezina ? Pourras-tu m'attendre... ? Deux ans ! Il ne sera pas question de mariage pour moi avant. Patiente encore un peu avant de te marier ! Deux ans, Lucrezina ! J'aurais dix-huit ans alors ! Personne ne sait ce qui peut se passer en deux ans...

— Il faudra bien que je fasse comme ils le veulent à la maison ! dit Lucrezia en sanglotant.

Des larmes coulaient sur les joues de Lorenzo.

— Tu ne te doutes pas, Lucrezina, combien je t'aime...

Il s'arracha des bras de son amie et bientôt le bruit de ses pas disparut vers le haut de la via Larga.

Hébétée, Lucrezia resta adossée contre la porte de la grange. En contrebas, l'Arno grondait, grossi de toutes les pluies, de toutes les neiges de l'hiver finissant... Un peu de neige traînait sur ses berges... Lucrezia s'approcha du fleuve, un instant fascinée par l'eau boueuse. Puis elle se mit à courir, à courir vers le Palais Donati. Là étaient sa maison, son refuge, sa mère...

Caterina, le visage ravagé par l'inquiétude, l'attendait dans sa chambre.

— Où étais-tu ? Où ? gourgandine... ! Fille de peu... ! commença-t-elle à crier, soulagée et folle de colère, prête à battre son enfant bien-aimée.

— Maman... maman !

Sanglotante, Lucrezia s'effondra dans les bras de sa mère.

— Là, ma petite fille... Là... là... ne pleure plus... ne pleure plus...

Longtemps Lucrezia resta ainsi, pleurant dans les bras de sa mère. Enfin elle se calma et dit :

— Cela va faire un an que je suis sortie du couvent ! Un an... Il s'en est passé des choses en un an...

— Ma petite fille a grandi..., dit Caterina en lui caressant la tête.

— Oui. C'est vrai. J'ai grandi.

Un instant, Lucrezia fut tentée d'ajouter « ... et je suis devenue femme... » Mais elle se tut.

*

Au Palais Médicis, Madonna de Médicis attendait son fils. Pâle, préoccupée, elle savait qu'il était allé rejoindre Lucrezia Donati. Elle craignait par-dessus tout qu'un scandale n'éclatât et que Manno Donati ne demandât réparation dans un duel à mort à son fils. Certes, Lorenzo était de taille à se défendre, mais Manno Donati n'avait jamais perdu un duel. « Pourquoi a-t-il été la rejoindre ? Malgré ses promesses ! » se disait-elle, folle d'inquiétude. Et si ces enfants étaient partis ensemble ? ou pire... s'ils... Enfin elle entendit un bruit dans la grande salle du bas... et elle se précipita.

Dès qu'elle aperçut Lorenzo, un remords violent l'envahit. Elle embrassa son fils et demanda :

— Comment est-elle ? A-t-elle... Quelles sont ses dispositions pour l'avenir ?

— Mère..., commença Lorenzo.

Lucrezia tressaillit. Pour la première fois de sa vie, son fils venait d'abandonner l'affectueux maman.

— Mère..., reprit Lorenzo, j'ignore ce que va faire Lucrezia. La seule certitude que j'aie, c'est qu'elle ne se tuera point et que je suis très malheureux !

Lucrezia ne répondit pas. Elle attira son fils vers la cheminée. Il tremblait de froid et marmottait en claquant des dents :

— Elle m'a promis de m'attendre... Deux ans, mère !... Je lui ai demandé deux ans ! La princesse Clarice peut mourir pendant ce temps... N'est-elle pas de santé fragile ? D'autres solutions que mon mariage peuvent se présenter pour forcer le pape à respecter les engagements de son prédécesseur ?

Lucrezia dévisagea son fils.

— Lorenzo..., dit-elle à mi-voix. Dans quelques jours, tu vas partir avec ton père. Rien n'est encore vraiment décidé entre la princesse Clarice et toi. Tu peux encore dire non... Aucune promesse de mariage avec qui que ce soit ne peut être scellée avant tes dix-huit ans révolus... A Rome, tu rencontreras la princesse Clarice, tu verras si elle peut te convenir comme épouse, tu décideras entre ton cœur et ton devoir... Si tu refuses ce mariage, et Dieu sait si je comprendrais ton refus !... Dis-toi bien que c'en sera fait des mines d'alun. Ni les Orsini, ni Paolo II le nouveau pape ne nous pardonneront ce qu'ils considéreront comme un affront... Ceci est la vérité mon enfant. Tu ne dois pas te la dissimuler. Mais sache que, quelle que soit la décision que tu vas prendre, le sort de notre république de Florence en dépendra.

Lorenzo ferma les yeux, las soudain. Quoi qu'il eût pu promettre, il ne renoncerait pas à Lucrezia... Vaguement, il caressait l'idée que peut-être... que sans doute Lucrezia accepterait qu'il épouse la princesse Clarice, et qu'elle, sa « Dame » adorée, resterait dans l'ombre à l'attendre, aimante... fidèle... Absolument fidèle.

*

Ce n'est que lorsque l'équipage de Lorenzo et des gens qui l'accompagnaient eut disparu aux confins de la cité, que Lucrezia poussa un soupir de soulagement et laissa un pleur glisser sur sa joue. Une main de jeune garçon pressa la sienne. Elle baissa les yeux sur Giuliano. Giuliano qui allait fêter ses douze ans et qui promettait d'être si beau... si beau... Son cœur se dilata du fol amour qu'elle éprouvait pour son plus jeune fils.

— Je suis là, maman, tu sais..., dit-il d'une voix tranquille, quoiqu'un peu discordante du fait de son âge. Tu pourras enfin me consacrer un peu de temps.

Lucrezia sourit.

— La maison est bien vide, n'est-ce pas ? Maria est loin de nous, et je ne connais même pas les enfants qu'elle a eus, mes petits-enfants... Ton frère vient de partir ; Bianca nous a quittés pour suvire la famille de son mari ; Nannina ne songe qu'à son prochain mariage.

— Mais je suis là... moi, répéta Giuliano avec gaieté, et moi je ne te quitterai jamais ! ajouta-t-il passionnément.

Lucrezia le serra contre elle.

— Mon petit... mon petit homme à moi..., soupira-t-elle entre rires et larmes. On dit cela à ton âge ! Bientôt, tout comme Lorenzo, tu rencontreras une jolie fille qui te fera perdre la tête. Et tu partiras, tu laisseras ta vieille maman, et ce sera bien ainsi...

Giuliano dévisagea sa mère avec un air de reproche.

— Oh ! maman ! Comment peux-tu dire cela ? Jamais je ne regarderai une autre femme que toi ! Je te le promets...

Lucrezia sourit et le regarda : si sincère, si vrai !

Il lui baisait les mains avec une tendresse passionnée.

— Je n'aimerai jamais que toi, maman ! Pour moi, tu es la plus belle ! Plus belle que la Madone !

De nouveau Lucrezia serra son fils contre elle. Comme la vie passait vite ! Tant d'années venaient de s'écouler depuis la mort de Vernio... Mai 1453... avril 1465... douze années qui lentement avaient creusé leurs sillons d'oublis dans sa mémoire. Douze années depuis le jour où Contessina lui avait annoncé la mort prochaine du comte Vernio alors qu'elle allaitait ce nouveau-né assoiffé de vie qui, maintenant du haut de ses douze années, lui disait gravement : « Moi... je ne te quitterai jamais... »

Main dans la main, la mère et le fils rentrèrent dans la maison, puis Giuliano courut rejoindre son précepteur

Marsile Ficin. Le départ de son frère ne devait en aucun cas lui permettre de « sauter » ne fût-ce qu'une heure de leçon.

Après l'agitation causée par le départ de Lorenzo, le Palais Médicis retrouva son calme et son désormais trop grand silence... Tard dans la nuit, une torche à la main, Lucrezia erra dans les salles désertes où l'ombre de Cosimo planait encore, cet homme que des souverains du monde entier, des papes, des savants et des philosophes, cet homme que des plus humbles des habitants de Florence aux plus élevés avaient aimé. Elle s'attarda devant un portrait encore inachevé de son beau-père. C'était un tableau que le jeune et talentueux Sandro Botticelli avait commencé peu avant la mort de Cosimo [1]. Le profil décharné, le regard triste et la bouche amère de Cosimo frappèrent Lucrezia. « Mes enfants sont les petits-fils de cet homme, se dit-elle avec orgueil. Cosimo a-t-il été heureux ? Pas les dernières années de sa vie en tout cas... », pensa-t-elle. Soudain, il se fit une lumière dans son esprit. Du jour où Niccolo Ardinghelli était venu voir Cosimo par un froid après-midi de novembre 1458, toutes les certitudes de son beau-père s'étaient effondrées. Et ce tableau qu'elle avait là, devant les yeux, avait été commencé peu après. Mais quel lien y avait-il entre cette amertume désespérée dont le visage de Cosimo était empreint et la venue de ce beau monstre froid qu'était Niccolo Ardinghelli ?

Troublée, Lucrezia entra sans réfléchir dans la chambre de Piero qui sourit en la voyant.

— Bienvenue, ma chère... Notre fils est parti. Loin de Lucrezia Donati. Sait-il au moins qu'elle va épouser Niccolo Ardinghelli dans trois semaines ?

— Je ne pense pas. Il doit se douter cependant que quelque chose se prépare. J'ai chargé Gentile Becchi de l'avertir... Heureusement que Bernardo est avec lui ! J'espère que la présence de son ami le plus cher atténuera quelque peu sa douleur...

1. *Adoration des mages.*

— Je l'espère aussi..., soupira Piero. Mon fils va me manquer.

— Il t'aime. Il t'aime énormément.

— Cela te déplaît-il ?

— Voyons ! Quelle drôle d'idée... Pourquoi me dire cela ?

— Tu ne m'as jamais manifesté, en vingt-cinq ans de mariage, ni beaucoup de tendresse... ni beaucoup d'amitié..., dit Piero à voix basse sans regarder Lucrezia.

Elle le regarda. Vingt-cinq années ! Plus de la moitié de sa vie passée aux côtés de cet homme toujours malade, toujours aux prises avec la souffrance physique... Cet homme jeune encore pourtant, que parfois elle estimait, parfois elle haïssait, et pour lequel elle s'étonnait de ne plus éprouver ni aversion ni dégoût.

— Eh bien, amie ? A quoi penses-tu ? demanda-t-il doucement.

Apitoyée, elle vint s'asseoir sur le lit et lui passa la main sur le front.

— A toi..., dit-elle, à nous... à toutes ces années... Je suppose que lorsqu'un fils quitte la maison, il en est ainsi pour tout le monde ?

— Je le suppose aussi... Tu souffres, sans doute ?

— Oui. Lorenzo va me manquer... Va *nous* manquer, corrigea-t-elle avec un sourire.

Les mots tombaient, détachés. Elle avait froid. Envie d'un bras autour d'elle. De tendresse. De réconfort aussi... Quelqu'un pour l'aimer — n'importe qui.

— Je suis bien coupable envers toi, ma pauvre amie... soupira Piero. Non ! Ne dis rien. Donne-moi simplement ta main. Comme cela. Reste auprès de moi... et parlons si tu le veux bien... Mon père et ma père parlaient ensemble des nuits entières. Je le sais. Parfois, enfant, je me levais et j'allais écouter à la porte de leur chambre. Je trouvais cela merveilleux... si réconfortant ! J'ai toujours rêvé de faire cela avec toi... Parler... Au lieu de cela... je me souviens... Je me souviens, amie... Je me jetais sur toi, je ne pouvais m'en empêcher... et ensuite tu partais. Tu me quittais et je restais là, tout seul, avec tous ces mots à travers ma gorge... Tous ces mots qui auraient dû sortir et qui m'étouffaient... Donne-moi ta main... veux-tu... veux-tu t'étendre un moment à mes côtés ?

Lentement Lucrezia s'étendit sur le lit. Ce lit qu'elle avait déserté depuis tant d'années.

— J'ai mal, Lucrezia ! si mal...

Elle se méprit sur la plainte.

— Veux-tu que j'aille chercher de l'aide ? proposa-t-elle.

— Non ! Non, ce n'est pas de ce mal-là dont je souffre cette nuit... Lucrezia, mon amie, pose la tête sur ma poitrine... Laisse-moi caresser tes cheveux...

Lucrezia ferma les yeux. Et parce qu'elle-même se sentait si seule et si lasse, parce que son corps était affamé de caresses, elle se laissa caresser, puis prendre par son époux, et pour la première fois de leur longue union, elle ne fut dégoûtée ni par l'acte d'amour ni même par les baisers de Piero.

*

Quelques jours après le départ de Lorenzo et de son précepteur, Lucrezia Donati errait dans le Palais Donati en proie à une peine affreuse. Elle était partagée entre son désir de rester fidèle à Lorenzo et celui de se précipiter dans une décision qui la séparerait à jamais de cet adolescent.

Ces jours pluvieux de printemps obligeaient Lucrezia à se terrer chez elle. Elle errait comme une âme en peine dans le jardin d'hiver quand elle entendit un bruit de voix. L'une des voix était sa mère, l'autre venait d'une vieille amie de la famille Donati, une riche veuve sexagénaire, Alexandra des Albizzi, la marraine de l'aînée des filles Donati. Agacée par cette visite intempestive, Lucrezia se dissimula derrière des caisses d'orangers, et, bien à l'abri de sa cachette, écouta avec attention.

— Ah ! ma chère amie, disait Caterina Donati à la vieille Alexandra des Albizzi. Comme tout est devenu difficile ! Je ne sais où trouver l'argent pour doter mes deux dernières ! Il me faut au moins trois mille cinq cents florins pour chacune d'elles... et je n'en ai pas le premier... Si encore...

— Si encore... quoi ? demanda Alexandra des Albizzi avec intérêt, bien qu'elle connût parfaitement la suite.

Elle s'était assise face à Caterina et tendait vers les flammes de la cheminée ses mains aux veines saillantes.

Caterina Donati la dévisagea avec humeur.

— Oh ! tu sais très bien ce que je veux dire...

— Niccolo Ardinghelli ?

— C'est ça ! Pas plus tard que ce matin, il est encore venu voir Lucrezia... Et le pire c'est qu'il... Eh bien, il est venu avec un coffre plein de bijoux à faire rêver une reine ! Bien entendu, il n'était pas question d'accepter un tel présent ! Ils ne sont pas encore fiancés, s'ils le sont jamais...

— Et ta fille ?

— Elle ne veut rien entendre !

— Pourtant elle sait bien... Elle sait très bien, n'est-ce pas, que Lorenzo de Médicis ne l'épousera jamais. Quand doit-il partir pour son grand voyage à travers l'Europe ?

— Il est parti voici deux ou trois jours.

— Si je comprends bien, vos deux familles ne se voient plus ?

Caterina baissa la tête en signe d'assentiment.

— Piero de Médicis exige le remboursement des sommes que son père avait prêtées sans intérêts... Et ce, dans les plus brefs délais... Je ne suis pas la seule dans ce cas. Toutes les grandes familles qui avaient quelques dettes sont dans cette obligation.

Alexandra des Albizzi eut un hoquet de surprise.

— Est-il devenu fou ?... Toute la ville de Florence devait de l'argent à Cosimo ! Piero va se faire haïr ! Ton mari lui devait beaucoup d'argent ?

— Une somme considérable. Bien sûr, nous pourrons rembourser...

— Ah oui ? Avec quoi ?

Caterina Donati haussa légèrement les épaules et son regard parcourut la grande salle dans laquelle les deux femmes se tenaient. Alexandra n'eut pas besoin de plus amples explications pour comprendre.

— Ce n'est pas possible ! murmura-t-elle. Tu ne vas pas laisser vendre...

— Que faire d'autre ! Demain, j'irai voir Piero, bien que Manno me l'ait interdit ! Mais, ai-je le choix ?

— Ta fille aînée ne peut-elle pas vous aider ?

— Non ! Oh non ! Son mari, le prince Trevulzio, ignore tout, ou feint d'ignorer nos difficultés ! Et je ne pense pas qu'Alexandra lui en ai touché deux mots... Et moi, je ne veux pas la troubler... Elle est heureuse à Venise avec ses deux enfants... Deux très jolis petits garçons...

— Alors je ne vois qu'une solution...

— Laquelle ?

— Il faut parler à ta petite Lucrezia. Elle seule peut vous tirer d'affaire ! Si elle épouse Niccolo Ardinghelli, l'ancienne splendeur du Palais Donati renaîtra de ses cendres... Lucrezia seule peut vous sauver tous ! Tous... Si tu lui parlais franchement ?

— Elle dirait oui. Elle a bon cœur et ferait n'importe quoi pour nous. Mais... Elle déteste Niccolo Ardinghelli.

— Il y a des moments où il faut oublier ses sentiments personnels pour ne penser qu'au bien de tous. Parle-lui.

Caterina secoua la tête.

— Pas encore.

— Mais enfin ! qu'espères-tu ? Un miracle ?

— Oui, peut-être ! C'est par miracle que j'ai pu marier Constanza avec ce charmant garçon, c'est par miracle que j'ai pu marier Alexandra, ta filleule. Miracle que tu as favorisé, il faut bien l'admettre.

Alexandra des Albizzi soupira :

— Mais tout de même ! Alexandra, ta fille, doit t'aider ! ne serait-ce que pour la dot de Luisa...

— Et Lucrezia ? s'insurgea Caterina devant cet oubli volontaire.

— Oh ! Pour ta benjamine, je ne me fais guère de mauvais sang ! Tout ce qu'il y a comme garçons à marier en ce moment à Florence est prêt à l'épouser sur l'heure, sans dot et sans trousseau... Et si tu veux mon avis, son futur ne fera pas là une très bonne affaire !

Le visage de Caterina se rembrunit.

— Que veux-tu dire ? demanda-t-elle sèchement.

— Voyons ! Tu le sais fort bien ! Lorenzo de Médicis !

— Amourette de fillette ! Il n'y a rien eu de vraiment grave entre eux...

— Peut-être as-tu raison, dit prudemment Alexandra. Espérons que Lucrezia oubliera vite. Lui parleras-tu ?

— Non, dit fermement Caterina.

— Tu as tort...

— Tu dis toi-même que ma petite fille n'a que l'embarras du choix ! Elle peut choisir qui elle voudra... n'importe qui !

— N'importe qui... sans doute. Mais ce n'importe qui aura-t-il la fortune de Niccolo Ardinghelli ? Et sa beauté... ? Écoute, ma petite... en attendant... j'ai... et surtout, ne proteste pas, n'est-ce pas ? (La voix d'Alexandra des Albizzi s'amplifiait, feignant la colère.)

Elle sortait de son réticule une bourse pleine de florins-or. Une bonne centaine.

Caterina eut un rire triste.

— Je ne refuserai pas, dit-elle simplement. Quelle honte y a-t-il à accepter un bienfait venant d'une parente ? Si je le puis, je te le rendrai...

— Oublie cela, veux-tu ? Pense que cet argent doit contribuer à faire vivre les tiens quelques mois sur un pied décent.

Après avoir embrassé sa jeune cousine, Alexandra des Albizzi se retira. Cette femme hautaine et fière avait connu de grands malheurs au cours de sa jeunesse.

Restée seule, Caterina Donati fondit en larmes. Elle pleurait d'humiliation, de chagrin, elle pleurait sur ses illusions perdues, sur la paresse de son époux, sur sa ruine... Elle pleurait aussi sur sa jeunesse enfuie, et ces larmes lui étaient particulièrement amères.

Ces pleurs touchèrent le cœur de Lucrezia, le rongèrent, et cela plus que tout autre chose emporta sa décision d'épouser Niccolo Ardinghelli.

Elle quitta le jardin d'hiver et alla s'enfermer dans sa chambre. Aussitôt sa sœur Luisa vint frapper à la porte.

— Niccolo est là en bas qui t'attend, lui dit-elle. Je l'ai entendu demander à papa la permission de te parler encore... Je crois que si tu refuses de le voir, il partira pour des années en Orient...

Lucrezia eut un léger serrement de cœur. Rapidement, elle

se redressa, arrangea sa toilette en désordre et vola dans les escaliers.

Niccolo Ardinghelli attendait dans une petite salle qui ouvrait sur la cour intérieure du Palais Donati. Il regardait par les grandes fenêtres les trombes d'eau qui ruisselaient sur le sol de marbre blanc. Un instant, Lucrezia l'observa. C'était la première fois qu'elle revoyait le jeune homme depuis la nuit du Carnaval. Une houle haineuse s'empara d'elle, qu'elle jugula très vite. Le souvenir des larmes de sa mère revint à temps. Sinon, elle se fût sauvée.

Niccolo ne l'avait pas entendue venir et lui tournait le dos. Sa haute silhouette se découpait à contre-jour. Il était vêtu d'un costume que les riches Florentins portent lorsqu'ils s'apprêtent à faire une très longue route.

De nouveau, le cœur de Lucrezia s'affola, mais elle se ressaisit très rapidement.

— Qu'avez-vous à me dire ? demanda-t-elle froidement.

Sursautant au son de sa voix, Niccolo se retourna et la dévisagea. Elle était pâle, mais paraissait assez maîtresse d'elle-même.

— Eh bien ? fit-elle. Je vous écoute.

— Voilà, dit-il avec un sourire qu'il espérait gai et naturel. Je viens de demander une nouvelle fois votre main à votre père. Il a été assez bon pour me l'accorder... Mais j'aimerais votre accord... Votre plein accord... Vous épouser contre votre gré n'est pas mon désir ! Si vous refusez, je pars et vous ne me reverrez plus jamais. Vous ne pouvez imaginer combien ce départ me coûte. Mais vivre dans la même ville que vous sans vous... Épousez-moi ! je vous promets qu'il ne sera jamais question de la passion enfantine qui, un instant, vous a liée à Lorenzo de Médicis. Je vous promets d'essayer de vous rendre heureuse. Quant à ce qui s'est passé entre nous... hum... Que puis-je faire pour que vous puissiez oublier cela ?

— Ce qui s'est passé entre nous? répliqua Lucrezia, cinglante. Pourquoi ? Il s'est passé quelque chose entre nous ? Si vous voulez évoquer... la nuit du Carnaval... Sachez qu'il y a eu quelques centaines de viols au cours de cette nuit-là... Vous m'avez violentée... Ç'aurait pu être quelqu'un d'autre... Je n'ai pas de souvenirs particuliers qui puissent vous permettre de dire « ce qui s'est passé entre nous... » si ce n'est un souvenir de honte et d'horreur.

Niccolo blêmit, mais ne cessa de sourire.

— J'ai mis longtemps à guérir de vos coups de chaussure... Vous m'avez ouvert le front et la cicatrice en restera à jamais...

— Ah ? Je ne m'en souviens pas davantage... Quant à la cicatrice... il en est d'invisibles et d'infiniment plus douloureuses.

De nouveau la honte, l'horreur, le dégoût la submergèrent et ne laissèrent plus de place à d'autre sentiment. Lucrezia avait oublié ses bonnes résolutions et sa volonté d'épouser Niccolo. Comme à l'accoutumée, la colère et l'émotion la faisaient bégayer :

— ... Alors ? Que me voulez-vous maintenant ? Mon père a accepté ce mariage... Que vous faut-il de plus ?

— Votre accord... votre plein accord...

Elle le regarda sans manifester aucun sentiment, ni répulsion ni surprise. Rien. Rien d'autre qu'une vague amertume dépourvue d'animosité.

— Que vous importe mon accord ? Mon père me donne à vous. N'est-ce pas là suffisant ? Existe-t-il un mariage à Florence qui soit la volonté de la future épouse ? Acceptez ce que mon père a décidé. Je ferai ce qu'il me dira de faire.

— Non... Je viens de vous le dire. Je veux votre accord plein et entier... Sinon, je ne vous épouserai pas.

Pour la première fois depuis le début de leur entretien, un peu de vie anima le visage de Lucrezia.

— Pourquoi voulez-vous m'épouser ? demanda-t-elle brusquement. Je n'ai pas de dot, vous le savez bien, n'est-ce pas ? Je vous méprise et vous déteste... et puis...

Elle s'interrompit brusquement et de nouveau pâlit. Elle allait dire : « ... et je suis fiancée à Lorenzo de Médicis », mais cela n'était plus vrai, ne serait plus jamais vrai... Elle sentit une boule de chagrin et de haine lui serrer la gorge. Un désir effréné de vengeance l'envahit. Elle haïssait le clan Médicis dans son ensemble et Lorenzo en particulier. Elle voulait lui faire mal et quel mal plus atroce que la jalousie ? Elle savait qu'il haïssait et enviait tout à la fois Niccolo Ardinghelli parce qu'il était beau. Elle redressa la tête et observa son interloducteur avec détachement.

— C'est vrai que vous êtes beau..., murmura-t-elle.

Surpris, il la regarda sans répondre.

Impatientée, elle répéta d'une voix plus forte :

— Pourquoi voulez-vous m'épouser ! Je ne pense pas que je serai une bonne épouse. Je pensais même vous haïr depuis... Mais vous me dégoûtez trop pour que je puisse vous haïr. Autant être franche n'est-ce pas ? Alors ? me voulez-vous toujours pour épouse ?

Niccolo répondit, aussi détaché et indifférent qu'il lui était possible de le paraître :

— Je me suis toujours promis de vous avoir, Signorina Lucrezia Donati... J'aurais préféré vous avoir vierge, mais quelqu'un est passé avant moi... ce que je regrette infiniment. J'aime percer moi-même mes maîtresses et j'aurais aimé avoir ce privilège en ce qui concerne ma future épouse... Quoi qu'il en soit, je veux vous épouser pour une raison fort simple, fort évidente, qui dépasse même le désir de vous posséder. Je vous aime, ma chère. Je vous aime depuis des mois, je vous aime à n'en plus dormir, à n'en plus manger, à en perdre l'esprit... Je pensais que cela, au moins, vous l'auriez compris. Visiblement, ce n'est pas le cas...

Il ne la quittait pas des yeux, guettant la moindre de ses réactions, le plus petit changement d'expression.

Elle sursauta lorsqu'elle sentit les mains de Niccolo Ardinghelli s'emparer des siennes.

— Eh bien ? Vous ne répondez pas ?

Elle le regarda bien en face. Il était riche. Il était l'ennemi des Médicis... Grâce à lui, le Palais Donati retrouverait ses fastes d'antan, sa sœur serait dotée, et elle serait la Première Dame de Florence. Même la princesse Clarice devrait s'incliner devant elle. Ce dernier trait l'emporta sur tout le reste.

— Je vous épouserai quand vous le voudrez..., dit-elle froidement.

Une seconde, il la fixa avec une telle dureté qu'elle eut

peur. Mais, avant qu'elle pût se dégager, ou même protester, Niccolo l'avait attirée contre lui et l'embrassait. Sa bouche pressait la sienne, écartait ses lèvres avec violence, comme s'il avait désiré lui faire mal. Puis il l'écarta de lui et dit sèchement :

— Je vous épouserai aussi vite que vous le souhaitez, Lucrezia. Que pensez-vous ? Dans un mois, en avril ?

— Bien..., répondit Lucrezia.

— Alors, je vais régler cela avec votre père... Mais dites-vous bien ceci, continua-t-il en la maintenant fermement : j'ignore la raison de votre revirement. Si, comme je le pense, et c'est sans doute la raison pour laquelle vous voulez vous marier aussi vite, c'est que vous attendez un enfant, je ne vous toucherai pas d'un mois. Je veux être sûr que l'enfant que vous porterez soit bien de moi. Si vous avez un bâtard, je le tuerai avant même sa naissance, que vous le vouliez ou non...

Il la relâcha tout à fait, s'éloigna rapidement et, bientôt, la porte se referma sur lui.

Immobile, Lucrezia s'efforçait de réfléchir à ce qui venait de se passer. Mais rien de logique ne lui venait à l'esprit. « ... Je m'étais pourtant juré de ne jamais épouser Niccolo Ardinghelli... Et pourtant j'ai dit oui... Je me suis même laissé embrasser par lui. Alors que cet homme me dégoûte. Et pourtant j'avais promis à Lorenzo de ne jamais permettre à quiconque de m'embrasser, ou de me faire la cour... J'avais promis... et je n'ai pas tenu ma promesse... » Elle se sentait comme une enfant qui, ayant commis une faute, ne sait comment demander pardon. Mais à qui demander pardon ? à qui ? Il n'y avait plus personne pour lui demander des comptes ! Quant à l'enfant dont Niccolo Ardinghelli venait d'évoquer la probabilité, elle eut un haussement d'épaules. Elle savait depuis la veille qu'il n'y avait pas d'enfant de Lorenzo dans son ventre.

Soudain elle eut une envie folle des bras de Niccolo la ceinturant avec force, la prenant sans ménagement. « Je suis complètement folle ! pensa-t-elle. Cet homme me dégoûte. C'est un rustre... Et c'est Lorenzo que j'aime... » Mais, malgré elle, sa pensée s'acheva sur « mais c'est Niccolo que je vais épouser... » Et, curieusement, cette pensée-là ne lui fut pas précisément désagréable.

Lorsque les fiançailles officielles de Lucrezia Donati et de Niccolo Ardinghelli furent annoncées, les langues florentines allèrent bon train. Tous avaient espéré qu'une union entre les deux jeunes gens allait réconcilier les deux familles parmi les plus puissantes de Florence. Lucrezia avait été un objet de culte et d'envie. Quasiment tous les jeunes gens en âge de se marier l'avaient demandée en mariage, et toutes les jeunes filles l'avaient détestée pour cette même raison. Sans le savoir, Lucrezia était devenue le sujet principal des conversations florentines en ce mois d'avril 1465. La beauté trop parfaite et l'insolence de la jeune fille irritaient aussi ces braves Florentins... Et puis surtout, ce qu'ils ne lui pardonnaient pas, c'était le choix qu'elle avait fait. Dans moins de trois semaines, elle allait épouser une canaille...

Niccolo Ardinghelli était un usurier, un spéculateur de la pire espèce. « Une vraie crapule ! disait-on de lui. Pour de l'argent, il tuerait père et mère et vendrait ses enfants. Pire qu'un Français ! Et puis, n'est-ce pas étrange que ses meilleurs amis soient les pires ennemis des Médicis ? »

Certes, Niccolo Ardinghelli était haï. Mais sous cette haine se cachait surtout l'envie. Il avait osé faire ce que tous rêvaient de faire. Trafics sur les armes, l'or, les diamants et les esclaves. Certes, tout lui était bon pour faire de l'argent. En six ans, il avait bâti une solide fortune. Ce qui faisait qu'en cet an de grâce 1465, il passait pour la troisième ou la quatrième fortune de Florence... et Manno Donati lui offrait sa fille, la plus belle fille de Florence, sur un plateau... Le peuple qui s'était réjoui de l'histoire d'amour qui liait Lucrezia et Lorenzo accusait la jeune fille de l'avoir brisée. Indignée par l'injustice que l'on commettait à son égard et outragée par l'atteinte faite à sa dignité, elle se révoltait.

— Mais enfin, cria-t-elle à sa mère peu de jours avant son mariage, pourquoi les gens se préoccupent-ils de moi ? que leur ai-je fait ? En quoi cela les regarde-t-il ?

— Ma chérie..., dit-elle, les gens sont ainsi. La seule chose qui les intéresse est ce qui se passe dans le lit de leurs voisins... Et le fait que tu vas épouser Niccolo Ardinghelli ne fait que les exciter davantage.

— Mais grand Dieu, pourquoi ? Niccolo n'a rien fait de plus qu'eux-mêmes ! Le trafic d'armes ? d'esclaves ? Braver le pape en armant des navires pour venir en aide aux musulmans d'Istanbul ? Tous n'ont-ils pas essayé ?

— Si fait, ma princesse adorée. Si fait. Seulement, Niccolo, lui..., a réussi. Et merveilleusement réussi ! Il possède maintenant cinq navires dans le port de Pise, autant à Venise, et c'est lui qui contrôle tout le commerce avec les musulmans.

Lucrezia dit alors d'un ton méchant :

— Et c'est cela surtout que la ville lui reproche !

Le mariage de Lucrezia Donati et de Niccolo Ardinghelli fut célébré le 21 avril 1465. Pour la première fois depuis que les Donati mariaient leurs filles, non seulement ils ne s'étaient pas endettés, mais jamais union d'une héritière Donati n'avait donné lieu à une telle munificence. Le nouveau palais que s'était fait construire Niccolo était superbement décoré pour les festivités. On ne comptait plus le nombre des invités, et les attractions, musiciens, poètes, jongleurs, bouffons, se succédaient à une cadence échevelée.

Assise à la table d'honneur au côté de Niccolo, Lucrezia, très pâle, très belle, s'efforçait de sourire. Elle ne voulait pas penser à Lorenzo... Et pourtant, sans cesse sa pensée revenait vers son amour perdu.

Et puis non, il ne fallait rien regretter ! Ce mariage avait sauvé les siens et cela seul comptait. Lucrezia souriait de voir sa mère parée de ses plus beaux atours, de somptueux bijoux. Alors un sentiment de paix, et d'amitié reconnaissante, l'emportait vers Niccolo.

Soudain, Niccolo se pencha vers elle à effleurer son oreille.

— Ne pensez plus à rien, ma douce... Tenez, buvez ce vin cuit. Il est délicieux, capiteux à souhait...

Lucrezia, docile, but... Peu habituée aux boissons alcoolisées, elle fut agréablement surprise par la soudaine impression de distance et de légèreté qu'elle ressentit. Aussi s'empressa-t-elle de vider l'autre coupe que lui tendait Niccolo, qui l'observait comme un chat observe une souris... Quelques instants plus tard, alors que les musiciens jouaient, il lui prit la main et l'entraîna dans une volte rapide. Puis, sans désemparer, il lui proposa une autre coupe de vin. Alors Lucrezia eut très chaud, elle riait, se sentait très gaie, et danser avec Niccolo lui plaisait infiniment. Il était si fort ! Dans chaque volte, il la soulevait comme un fétu de paille, ensuite il l'embrassait dans le cou ou le décolleté suivant le pas de la danse, et chaque fois ses lèvres s'attardaient un peu plus longuement... Soudain, elle eut un vertige et elle perdit connaissance.

Lorsqu'elle revint à elle, elle se trouvait allongée dans un lit immense à baldaquin dans une chambre inconnue, à peine éclairée par quelques chandelles, et le feu pétillait dans la cheminée.

A ses côtés, Niccolo la regardait sans mot dire. Mais ce qu'elle lut dans son regard la fit se redresser vivement sur l'oreiller.

— Restez allongée, ma chère..., dit-il. Je pense que vous avez un peu forcé sur l'Asti Spumante... Comment vous sentez-vous ? ?

— Bien..., murmura Lucrezia.

— Voulez-vous une servante pour vous aider à vous dévêtir ? Je pourrais le faire moi-même..., ajouta-t-il.

Elle le regardait, égarée, ne sachant plus très bien si elle voulait qu'il restât auprès d'elle ou s'il devait la laisser seule.

— Je pense qu'il vaut mieux vous reposer, ma belle... Je vais descendre rejoindre nos invités...

Dès que Niccolo Ardinghelli eut fermé la porte sur lui, Lucrezia frappa dans ses mains et aussitôt une servante vint lui offrir ses services... Sur ses oreillers, allongée dans le noir, Lucrezia prit conscience de ce qui l'attendait dans les jours et les mois à venir. Elle ne s'appartenait pas. Elle ne s'appartiendrait jamais. Elle venait de passer de l'autorité de son père à celle de Niccolo Ardinghelli et rien, rien jamais ne lui permettrait un jour de dire : « Je veux. » Comment avait-elle pu un jour imaginer qu'épouser un homme comme Niccolo lui donnerait la possibilité d'exercer un semblant de liberté ou de volonté... Elle pleurait silencieusement, sans sanglots, sans hoquets. C'étaient de longues larmes qui glissaient le long de ses joues, et se perdaient dans ses cheveux... « Lorenzo ! Lorenzo ! » pensait-elle. Mais même ce nom n'avait plus le pouvoir de la consoler, de lui prouver qu'elle existait à part entière pour quelqu'un et que ce quelqu'un existait pour elle.

Cette volonté délibérée que Niccolo avait manifestée de ne pas la toucher jusqu'à ce qu'il fût convaincu qu'elle n'attendait pas d'enfant ne l'avait pas seulement humiliée, blessée dans son amour-propre, mais quelque chose en elle avait été déçu.

Elle se vengerait. Elle ne savait pas comment, ni quand, mais un jour elle aurait Niccolo à sa merci, et c'est lui qui crierait de rage et de douleur, qui pleurerait d'humiliation comme elle l'avait fait lorsqu'il l'avait prise de force... Oui, elle se vengerait. Si on l'avait poussée dans ses derniers retranchements, elle eût sans doute reconnu avec la franchise qui la caractérisait qu'elle détestait autant Niccolo de la laisser seule la nuit de ses noces que de l'avoir violentée deux mois plus tôt. Mais, bien que le caractère de Niccolo dépassât son entendement, qu'il lui échappât toujours, elle savait au moins une chose. Elle n'avait pas peur de lui. Elle n'aurait jamais peur de lui, ni de rien, ni de personne.

XIII
VOYAGES

Avril 1465, mai 1466

C'ÉTAIT déjà la période la plus chaude du printemps. Les forêts, les prairies, tout était en feuilles et en fleurs.

Les premiers jours après qu'ils eurent quitté Florence, les voyageurs, tantôt chevauchant sur de superbes étalons, tantôt dans le carrosse qui cahotait mollement sur les pavés inégaux de la route qui les menait à Milan, devisaient de choses et d'autres. Mais Lorenzo avait visiblement l'esprit ailleurs. Parfois, son précepteur qui l'observait avec une attention pleine de pitié l'engageait dans de longues conversations pour tenter de le distraire. Bernardo venait à la rescousse et le plaisir du voyage faisait le reste. Car c'était un fait. Lorenzo devait lutter avec lui-même pour ne pas s'abandonner au plaisir de la route, de l'inconnu qui s'ouvrait à chaque détour du chemin. Il avait dix-sept ans, il était riche, et la vie se présentait devant lui, porteuse de mille promesses.

— Quel plaisir d'être en voyage..., soupirait-il, à la fois heureux et navré de l'être. Quel plaisir ! Jamais l'âme n'est en repos... Vois, Bernardo ! Toujours sur notre passage s'offre un plaisir nouveau... Messer Becchi... que vous en semble ? N'est-ce pas là joie souveraine ?

— Si fait, mon enfant, répondait invariablement le philosophe, scrutant le visage de son élève et se demandant quand, comment lui annoncer que celle qu'il considérait encore comme sa fiancée était sans doute à cette heure mariée à Niccolo Ardinghelli.

Lucrezia de Médicis lui avait fixé la date à laquelle il

devait tout révéler à Lorenzo. « Pas avant le début du mois de mai ! Le mariage aura été célébré, et il sera trop tard pour que Lorenzo tente un coup de folie... » Ne me regardez pas ainsi, Gentile Becchi. Ce que je fais est dans notre intérêt à tous... Et Lorenzo n'aurait pas été heureux avec elle...

— En êtes-vous sûre, Madonna Lucrezia ? »

Elle avait hésité, imperceptiblement.

« Oui..., avait-elle dit enfin. Ils sont beaucoup trop dissemblables pour former un couple heureux... Allez, Gentile Becchi ! Vous ne me jugerez sûrement pas plus sévèrement que je ne le fais moi-même... Mais, il est des impératifs... »

Gentile Becchi l'avait regardée en soupirant. Il adorait cette femme en secret, et, lorsqu'il l'avait accompagnée à Rome deux ans auparavant, une nuit, elle s'était donnée à lui avec une fougue qui en disait long sur son tempérament de femme sensuelle que plus rien ne venait satisfaire. Le lendemain, elle avait repris avec lui le ton froid et amical qui convenait et ne s'en était jamais départi.

Le vieil homme échangeait souvent des regards d'intelligence avec Bernardo Rucellai, regards qui n'échappaient pas à la sagacité de Lorenzo. Alors son cœur se serrait, une sueur froide coulait le long de son dos, et il reprenait le discours qui les mettait tous les trois en parfait accord, sur la religion, cette nauséabonde nécessité.

— On n'a encore rien inventé de mieux pour tenir le peuple en joug..., disait-il parfois, lorsque les voyageurs croisaient des colonnes de moines.

Par un beau matin d'avril, alors que déjà la campagne milanaise était en vue, leur attention fut soudain attirée par un groupe fort agité de moines qui tenaient une jeune bergère par les bras : leur réputation de paillardise, de veulerie et de méchanceté obscène n'était plus à faire. Et leurs rires gras d'ivrognes, leurs bas-ventres dénudés, tout témoignait qu'ils s'apprêtaient à lui faire subir quelque violence.

— Ce sont là de bien méchantes gens ! dit Lorenzo.

Aussitôt, il fit arrêter le carrosse et, l'épée à la main, suivi de Bernardo et de leurs pages qui avaient également dégainé, tous se précipitèrent au secours de la fillette qui allait être livrée à la fantaisie de ces pourceaux.

Devant les quatre jeunes gens déterminés, les moines se rajustèrent et, tant bien que mal, dissimulèrent leurs attributs de mâles en rut.

Après quelques protestations d'ivrogne, ils s'éloignèrent en titubant. Lorenzo et ses pages aidèrent la fillette à se relever et la consolèrent du mieux qu'ils le purent.

C'était une jolie enfant d'environ douze ans, et qui pleurait tellement que, sur le moment, les quatre jeunes gens pensèrent que le pire s'était produit.

— T'ont-ils fait du mal ? demanda Lorenzo. L'un d'eux a-t-il réussi à te forcer ? N'aie pas peur de me dire la vérité...

— Non... non, Messer... mais il était temps !... Si vous n'étiez arrivé, que serait-il advenu de moi ? Mon père m'aurait sans doute tuée !

— Mais cela n'était en rien de ta faute ! s'exclama Bernardo, indigné. Ton père est-il donc fou pour t'accuser ?

— Oh ! mon père dit toujours que lorsqu'une jeune fille se fait violenter, c'est qu'elle l'a cherché ! Et je vous assure, Messer, que je n'ai rien fait de tel. Ces hommes de Dieu se sont abattus sur moi sans même que je m'en aperçoive ! Il faut me croire, Messer...

— Mais je te crois, petite ! dit Lorenzo. Tiens, mes pages vont te raccompagner jusque chez toi et expliqueront à ton père ce qui s'est passé ! Ces moines, d'où viennent-ils ?

— Il y a là-bas un monastère dédié à la Madone..., dit la fillette en désignant une longue bâtisse qui s'élevait sur une hauteur. Mais, je vous en prie, Monseigneur, ne dites rien à mon père ! Je n'ai pas été percée... Il s'en est fallu de peu. Si mon père apprend... il me tuera...

Et de nouveau la fillette repartit en longs sanglots enfantins. Gêné, Lorenzo lui caressa les cheveux.

— N'aie pas peur, petite. Va te rafraîchir le visage dans la rivière et rajuste-toi. Il ne te sera plus fait aucun mal...

Lorsque les voyageurs reprirent leur route, il y eut un instant de malaise que Gentile Becchi s'efforça de dissiper.

— Nous qui chantions les plaisirs du voyage, comme nous voilà songeurs soudain ! dit-il en souriant.

— Comment éprouver joie et plaisir après ce que nous venons de voir ? dit Lorenzo, le visage assombri de tristesse. Comment pourrions-nous connaître le vrai plaisir de vivre, si de telles misères existent ? Et celles que nous ne connaissons pas... ? Si nous n'étions venus à temps, cette enfant se serait fait violenter par ces moines en furie et, si son père l'avait appris, elle aurait été rouée de coups... Est-ce cela notre civilisation ? est-ce une vraie civilisation ?

Gentile Becchi hocha la tête.

— Non. Ceci est l'exemple même de l'homme non civilisé, de l'homme qui se conduit comme un pourceau... Mais ces moines ignorants et frustes, tout entiers livrés à leurs instincts de bêtes immondes, ne sont pas représentatifs de notre civilisation...

— Aurons-nous un jour une vraie civilisation ? demanda Lorenzo. J'en doute... Et sans civilisation, sans harmonie entre les hommes, quel plaisir de vivre peut-on avoir ? Pourquoi faut-il que les hommes se haïssent et se méprisent ? Pourquoi faut-il que le fort écrase le faible ? Le chrétien déteste le juif et souhaite sa destruction, le Vénitien hait le Florentin, les Français ne songent qu'à écraser les Anglais qui eux-mêmes rêvent d'éliminer les Allemands qui lorgnent du côté de la Hongrie... Quand donc tout cela s'arrêtera-t-il ?

— Ce n'est que lorsque nous connaîtrons une vraie civilisation faite de connaissance, d'art, de science, que nous pourrons nous consacrer à tout ce qui fait le plaisir de vivre, répondit Gentile Becchi. Pour l'heure, c'est le mal qui gouverne, le Mal et la bêtise, le fanatisme, la haine et la cruauté... peut-être un jour verrons-nous le Bien et la lumière chasser le Mal et les ténèbres, mais nous n'en sommes pas encore là !

— Y parviendrons-nous un jour ? questionna Bernardo.

Gentile Becchi regarda ses élèves, puis, comme toute occasion était bonne pour faire un cours, il dit :

— Peut-être un jour... Quand l'homme aura cessé d'être un loup pour l'homme, quand il aura dépassé ses vices et ses passions, quand les dix commandements, la loi de Dieu, seront la règle de l'humanité et non l'adoration du veau d'or... Qu'est-ce qui suscite amour, admiration et soumission aujourd'hui ? L'or, la puissance... Plus un homme possède l'un, plus il a l'autre, et plus il est sûr d'avoir à ses pieds le monde entier... L'homme est malheureusement ainsi fait qu'il ne s'incline que devant la puissance de l'or... Quel est le prix de la conscience ? Mille florins ? dix mille florins ? plus ? moins... ? Quiconque possède un peu plus d'or que son prochain peut l'acheter et l'avilir... La vertu, la bonté, la compassion, la charité sont regardées comme des tares et ne suscitent que l'ironie et l'opprobre.

— Mais pourquoi ? Pourquoi ? demanda Lorenzo.

Gentile Becchi haussa les épaules, impuissant à répondre.

— Je ne sais pas, dit-il enfin. Et je ne connais personne qui détienne la réponse. L'homme instruit, évolué, n'a cependant jamais su dominer sa volonté de puissance. Qu'il l'exerce sur une femme — la sienne ou celle d'un autre, peu importe —, qu'il l'exerce sur ses esclaves ou ses serviteurs, elle lui est nécessaire pour se sentir pleinement exister. Le jour où il dépassera sa volonté de puissance, le jour où il reconnaîtra que tout être humain, du plus humble au plus royal, a les mêmes droits de vivre, les mêmes droits à son respect et à sa compassion, alors peut-être ce jour-là verrons-nous éclore une civilisation réelle ? Mais au train où nous allons, cela n'arrivera que dans quelques milliers d'années !... Et encore !

Lorenzo et Bernardo se récrièrent, indignés. Ils étaient jeunes, et convaincus qu'il suffisait de vouloir changer l'ordonnance des choses pour que celles-ci changent.

— Nous saurons ! nous saurons imposer des nouvelles lois, imposer des nouvelles mœurs !

Gentile Becchi sourit avec tristesse.

— Je le souhaite. D'autres que vous ont essayé... Tous ont échoué... Même la religion chrétienne... La religion chrétienne a failli à son enseignement... Car, malheureusement pour nous, les prêtres sont les hommes les plus cupides qui soient. Ils veulent surpasser les puissants de ce monde par la pompe et l'ostentation... De jour en jour, à cause de leur paresse et de leur absence de vertu, ils cèdent à leurs penchants lascifs... Pourquoi ces moines stupides et odieux seraient-ils saints et vertueux, si leurs prélats ne leur donnent pas l'exemple ? Le pape Paolo II passe pour un pervers, pourquoi ceux qui se réclament de lui seraient-ils différents ? Pensez-vous qu'il soit nécessaire à Dieu et aux hommes, qu'un souverain pontife ou un prélat se revête pour servir la messe d'un long manteau de femme, comme en portaient les efféminés et les pervers de Babylone ?

Partout en Italie, Lorenzo fut accueilli comme un futur homme d'État. Cette seule constatation aurait pu tourner la tête de n'importe quel adolescent, mais pas celle de Lorenzo. Que ce fût à Venise, à Milan, en Avignon ou à Lyon, Lorenzo comprit qu'on voyait en lui le représentant d'une famille lettrée, amie des artistes, et dont l'Europe entière avait entendu parler. Lorenzo prenait conscience du prestige des Médicis. Ce dont il s'apercevait moins, c'était que tous s'étonnaient de sa remarquable précocité intellectuelle et admiraient ses manières exquises.

A Milan, Gentile Becchi, Lorenzo et Bernardo rencontrèrent Galeazzo, le fils de Francesco Sforza, cet ami intime de Cosimo de Médicis. Galeazzo était très fier de ses origines maternelles Visconti, et beaucoup moins des origines paysannes de son père. Ce qui, peu de jours avant le départ de Lorenzo, avait fait dire à Piero qui s'entendait fort bien avec Sforza : « Le fils de Francesco a tort de préférer ses origines maternelles à ses origines paternelles... Les Visconti étaient des êtres cruels, bons à rien, une vraie plaie pour l'humanité, alors que Francesco est un grand capitaine et un homme d'État remarquable... Malheureusement, mon enfant, tu te rendras vite compte que Galeazzo ne brille ni par l'intelligence ni par le discernement. Il préférera toujours un aristocrate imbécile à un plébéien de valeur. Et le peu que je sais de sa vie me donne à penser qu'il a surtout hérité des Visconti et non des Sforza... Mais n'oublie pas que nous sommes alliés aux Sforza et ne laisse par tes sentiments dominer ta raison. » Puis Piero s'était tu. Il avait observé longuement son fils, prêt sans doute à lui dire quelque chose d'important, quelque chose de vital qui le concernait lui et Lucrezia. Mais il n'avait rien ajouté et s'était éloigné en soupirant.

— Père ne s'était pas trompé en jugeant aussi sévèrement Galeazzo Sforza..., dit Lorenzo, quelques jours après leur arrivée à Milan. Malgré la splendeur de son apparat, et son urbanité, Galeazzo est un futur tyran. Il n'attend que la mort de son père pour se révéler tel qu'il est en profondeur !

Mais, tandis qu'il parlait avec animation, ses yeux noirs aux paupières lourdes allaient de l'un à l'autre de ses compagnons. Il sentait que ce que Gentile et Bernardo voulaient lui dire depuis leur départ de Florence allait lui être révélé dans l'instant même... Lorenzo n'allait jamais oublier cette soirée de mai 1465, où il se tenait dans sa chambre, devant sa fenêtre ouverte sur un splendide jardin en pleine floraison... Jamais il n'oublierait cette heure précrépusculaire, les ombres longues et silencieuses, la tiédeur de l'air, et les feuilles au vert si tendre frissonnantes dans le vent qui les caressait distraitement.

Gentile Becchi était plein de pitié et de sympathie pour son élève, et ce tourment muet qui attendait, observait et se nourrissait de messages.

— Nous avons quelque chose à te remettre..., dit Bernardo d'une voix plate et blanche, une lettre.

Le cœur de Lorenzo sauta dans sa poitrine.

— Une lettre ? répéta-t-il. De Lucrezia ?

Bernardo secoua la tête.

— De Braccio Martelli...

Les sourcils de Lorenzo se haussèrent de surprise.

— Braccio ? Mais, que me veut-il ?

— Il veut... enfin il t'écrit pour t'annoncer un mariage..., dit Gentile Becchi.

Lorenzo ferma les yeux. Il n'était pas surpris. Il savait.

Du jour où il était parti, il savait, il avait compris que les parents de Lucrezia, ses propres parents à lui, feraient en sorte que l'irréparable, l'irrévocable, eût lieu. Ils avaient marié Lucrezia ! Vite ! vite... le plus vite possible.

— Qui ? demanda-t-il simplement... Qui a-t-elle épousé ?

Ses deux interlocuteurs s'entre-regardèrent avec étonnement. Leur tâche serait-elle plus facile qu'ils ne l'avaient supposé ?

— Hum ! dit Bernardo prudemment. Il s'agit de...

— De Niccolo Ardinghelli ! acheva Gentile Becchi, venant à la rescousse.

— Niccolo Ardinghelli...

Le cœur de Lorenzo battait... battait... Peut-on mourir de douleur ?... Le cœur peut-il s'arrêter de battre à force de haine et de désespoir ? « N'importe quelle douleur, n'importe quelle torture physique plutôt que ce que j'endure en ce moment... », pensait-il, haletant, les mains comprimées sur sa poitrine dans un geste aussi dérisoire qu'inutile, comme pour enlever le poignard invisible qui le transperçait.

Un silence pesant s'abattit sur la vaste pièce. Un page portant un plateau de rafraîchissements s'approcha. Machinalement, Lorenzo prit un gobelet d'argent rempli de vin. Des bruits de voix indistincts lui parvenaient. Le grand-duc allait recevoir en audience particulière et lui, Lorenzo, serait à ses côtés. Par ce geste, Francesco Sforza, alors sur la fin de sa vie, voulait montrer à la face de tous l'estime et l'affection qu'il avait pour le petit-fils de Cosimo.

« Je n'assisterai pas à cette audience ! pensa Lorenzo avec révolte. Que m'importe tout cela... ? »

Mais, au fond de lui-même, il savait qu'il siégerait au côté de Francesco et qu'il y tiendrait son rôle.

— Quand cela s'est-il passé ? demanda-t-il enfin.

— Le 21 avril dernier..., dit Bernardo, soulagé de voir que Lorenzo ne s'était pas effondré, ne pleurait pas.

— Trois semaines déjà ! dit seulement Lorenzo.

— Le mariage n'a été consommé que huit jours plus tard et c'est ce que Braccio Martelli voulait que tu saches...

De nouveau, l'étonnement domina un instant la désespérance.

— Cela ne ressemble pas à Niccolo Ardinghelli... de... de respecter... Pourquoi ? Et comme Braccio sait-il tout cela ?

— Niccolo savait que, la veille de ton départ, tu... Enfin... tout le monde à Florence savait que Lucrezia et toi aviez passé la nuit ensemble. Il avait juré de ne pas la toucher tant que... qu'elle... Il voulait être sûr qu'elle n'attendait pas un enfant de toi !

Chacun des mots proférés par Bernardo s'enfonçait en Lorenzo comme autant de flèches empoisonnées. « Les ragots ! pensa-t-il, écœuré. Comme Lucrezia a dû être humiliée, souffrir... elle si orgueilleuse... Comment a-t-elle pu supporter cela ? »

— Il y a eu des insultes lancées contre Lucrezia... Des quolibets..., dit Bernardo. Il semble que les Florentins ne lui pardonnent pas son mariage... Braccio nous écrit qu'il a fait de son mieux pour protéger sa belle-sœur... Il a même...

— Ceci est inutile ! s'écria Gentile Becchi. Pourquoi ajouter ceci ? Lorenzo n'a pas besoin de savoir !

— Qu'est-ce que je n'ai pas besoin de savoir ? dit Lorenzo. Vous vous trompez, Messer Becchi ! Je veux tout savoir ! Je crois bien que si j'avais été à Florence, je me serais caché dans une encoignure afin d'assister au malheur de ma Lucrezia et au besoin je lui aurais porté secours si jamais...

— Braccio Martelli l'a fait..., dit après quelque hésitation Bernardo. Il a fait épier Niccolo et Lucrezia dans leur chambre nuptiale par un page qui lui est tout dévoué [1]...

— Ah ?... Eh bien ?

— Il semble que Niccolo soit aussi bien pourvu que toi. Son appareil est, paraît-il, comparable à une corne de bœuf ! Mais la pauvre petite ne paraissait pas y prendre beaucoup de plaisir...

Malgré lui, et parce qu'il n'avait pas dix-huit ans, Lorenzo eut un léger sourire.

— Une corne de bœuf ? dit-il. Je lui en mettrai deux sur le front... ! ajouta-t-il avec férocité.

Soudain il fondit en larmes.

— Laissez-moi ! dit-il à ses compagnons. Laissez-moi ! Il n'est pas beau de voir un homme pleurer... et c'est de pleurs dont j'ai le plus besoin en ce moment...

1. Selon une lettre authentique de Braccio Martelli à Lorenzo de Médicis, datée du 27 avril 1465 et relatant avec exactitude l'anatomie virile de Niccolo Ardinghelli.

Quelques jours plus tard, Lorenzo demanda à quitter Milan et le grand voyage reprit.

Mais quelque chose avait changé en Lorenzo. Quelque chose d'indéfinissable, que ni Gentile Becchi ni Bernardo n'auraient pu décrire avec précision. C'était toujours le même Lorenzo, très élégant, très sûr de lui, dominateur et discret. Animé, trop animé même, parlant de tout avec compétence, vérifiant les comptes des comptoirs Médicis à Venise, puis en Avignon, exigeant, méticuleux. « Ce n'est plus un jeune adolescent..., se dit Gentile Becchi. C'est maintenant un homme ! » Et le précepteur ne se trompait pas.

Après une nuit passée à pleurer sur son amour perdu, Lorenzo s'était éveillé autre. Lui-même n'avait pas pleine conscience de ce qui s'était passé en lui, mais parfois il s'étonnait de tel acte, de telle décision, qu'il prenait seul sans même faire semblant de prendre conseil de ses compagnons. Il décidait de tout. Itinéraire, temps de repos, ordonnance des jours. Et, le plus stupéfiant peut-être, ses deux compagnons l'écoutaient et le suivaient tout naturellement, sans commentaires. Quelque chose dans le ton et dans le visage de Lorenzo indiquait que désormais il n'admettrait nulle ingérence dans sa vie.

Au cours du voyage qui maintenant les emmenait jusqu'à Lyon, dernière étape avant le retour vers l'Italie et Rome, Lorenzo pensait encore souvent à Lucrezia. Il y pensait à la manière d'un poème où lui-même était Lauro, et Lucrezia la nymphe Diane qui se laissait attraper par le fleuve froid et sombre Ombrone[1]...

Mais, en arrivant à Lyon par une belle journée de juillet 1465, le fin poète, l'adolescent amoureux fou, le sensuel délicat, avait cédé la place à Lorenzo le réaliste, celui qui savait que de son mariage avec la princesse Clarice dépendait la prospérité de Florence. Et c'est l'héritier des Médicis, le futur maître de Florence, qui posa pied à terre devant

1. Cf. « Ambra », œuvre de Lorenzo. Peut-être l'explication poétique de ses amours avec Lucrezia Donati.

l'hôtel de Rossi et qui embrassa sa sœur. La belle Maria de Rossi l'accueillit avec une joie sincère.

Mis au fait, par ses compagnons, de la liaison qui avait uni Maria et Niccolo Ardinghelli, Lorenzo ne savait quelle attitude adopter. Il n'avait gardé de sa sœur que le souvenir succinct d'une belle jeune fille plutôt mélancolique et secrète, qui n'adressait jamais la parole à son père. La femme qu'il voyait là devant lui le surprenait. Mais ce qui le surprenait davantage encore était le train de la Maison Rossi. Lorenzo savait que son beau-frère Lionetto était devenu riche à force de travail et que ses compétences étaient telles que Cosimo n'avait pas hésité à lui confier la direction d'un comptoir de Banque Médicis. Cependant, le couple vivait sur un pied tel qu'un peu inquiet Lorenzo se demanda combien de temps la fortune de Rossi pourrait tenir. Il n'y avait pas moins de trente domestiques dans ce ravissant hôtel qui venait d'être achevé... Tout y avait été aménagé à la française avec un goût exquis par Maria, qui non seulement aimait les belles choses, mais exigeait, ayant vécu toute sa vie depuis sa plus tendre enfance dans une maison où brillait en permanence l'élite intellectuelle et artistique de Florence, de retrouver chez elle cette même atmosphère. Elle avait réuni des musiciens, des peintres, des littérateurs, qui tous vivaient chez elle et à ses frais comme elle l'avait vu faire au Palais Médicis. Du reste, il n'y avait en son hôtel que des artistes de tout premier ordre. Mais ce train princier demandait une fortune médicéenne pour le soutenir. Or, bien que Lionetto dirigeât une Banque Médicis, sa fortune n'était en rien comparable à celle de sa belle-famille.

Quelques semaines après leur arrivée, comme il le faisait pour chaque comptoir depuis le début de leur voyage, Gentile Becchi demanda à voir les comptes de la Banque Médicis. Il n'y avait dans sa demande rien de désobligeant envers Lionetto de Rossi. Celui-ci, depuis qu'il travaillait pour le compte de la Compagnie financière, était soumis à des vérifications de ce genre assez régulièrement. De plus, Piero de Médicis avait vivement conseillé à son fils d'être très attentif aux comptes de la Banque de Lyon. « Il m'est parvenu de fort mauvaises nouvelles ! avait-il dit à son fils.

N'en dis rien à ta mère qui pourrait s'inquiéter, et prends assez de lettres de crédit pour tout remettre en état s'il y a lieu... Il faudra que tu gardes toujours un œil sur les comptes de Lionetto. »

Lorenzo suivit les indications et lcs recommandations de son père. Si Lionetto fut blessé de voir ce très jeune homme de dix ans son cadet prendre un tel ascendant sur ses affaires, il n'en laissa rien paraître. Avant l'arrivée de Lorenzo, il vivait dans l'angoisse de voir ses malversations dévoilées, sa femme le quitter, et de n'avoir d'autre issue pour lui que le suicide. Qu'il fût amoureux de sa femme ne faisait aucun doute. Qu'il fût humilié par l'aide de Lorenzo était plus que probable ; qu'il fût infiniment soulagé de voir ses comptes à jour, et un crédit important accordé, était absolument certain. La seule crainte qui l'habitait depuis son mariage était que Maria puisse le quitter, ou pire, refuser d'ouvrir sa porte, le soir, lorsqu'il venait frapper chez elle.

— Tu sais, mon cher beau-frère, lui avait dit Lorenzo, notre Compagnie repose sur la solidité et la parfaite honnêteté de chacun de ses comptoirs. Que l'un d'entre eux faille à cette loi, et tout l'édifice peut s'écrouler...

Sans s'en rendre compte, Lorenzo avait employé le même ton que son père, et avant lui son grand-père Cosimo. Ton sec, coupant, visage sévère et froid qu'agrémentait un léger sourire faussement amical.

Lionetto pâlit et se jura que ce petit blanc-bec qui lui donnait des leçons lui paierait un jour cette phrase de trop.

Un soir, pour la première fois depuis leur arrivée, les trois Florentins n'eurent pas à subir sortie ou visite. Ils devaient partir le lendemain à l'aube, et Lorenzo avait demandé en grâce à sa sœur de ne rien organiser qui pût les empêcher de se coucher tôt.

Après le souper, toute la compagnie se retrouva dans le jardin afin d'y jouir d'une soirée singulièrement douce. On parlait de choses et d'autres et Lorenzo fut frappé ce soir-là par la beauté de sa sœur. Il y avait plus d'animation que de coutume sur son visage. Elle riait ou se taisait soudain, passant de la volubilité trop gaie à la mélancolie, agitée par on ne savait quelles pensées secrètes. Elle ne voulait pas laisser se retirer ses hôtes avant d'avoir obtenu quelque information sur le seul sujet qui lui tînt à cœur, Niccolo Ardinghelli... Depuis quelques mois, elle était absolument sans nouvelles de lui, et si elle n'en obtenait pas avant le départ de son jeune frère, quand donc en aurait-elle ?

Adroitement, elle orienta la conversation sur Florence et tous ceux qu'elle y avait autrefois connus :

— Enfin nous avons enfin le temps de parler du passé ! Depuis quinze jours que vous êtes ici, sans cesse vous fûtes occupés de livres de comptes et des fêtes données en votre honneur... Vous étiez encore des enfants, Lorenzo et Bernardo, lorsque je quittai Florence pour me marier, et vous voici des hommes à qui l'on confie de bien lourdes responsabilités... Êtes-vous satisfait de vos élèves, maître Becchi ?

— Plus que je ne saurais le dire ! répondit Gentile Becchi, qui, comme beaucoup d'autres, résistait difficilement aux charmes de Maria.

— Et que sont tous nos amis devenus ? demanda la jeune femme en souriant, mais dont les mains tremblaient légèrement.

Lorenzo parla longuement des Pazzi, des Alberti, des Martelli, des Pulci... Minuit sonnait déjà. Il faisait si doux qu'aucune des personnes présentes ne songeait à se retirer.

— Mais tu ne dis rien de Messer Niccolo Ardinghelli ! dit Maria, visiblement excédée par ce long exposé qui omettait le seul homme dont elle se souciât. Travaille-t-il encore pour la Banque Médicis ou bien a-t-il décidé de voler de ses propres ailes ?

Maria s'était exprimée à voix basse, mais sa phrase fut perçue par Bernardo Rucellai qui la reprit au vol à voix haute, espérant se faire bien voir de cette fort jolie femme :

— Vous demandez des nouvelles de Messer Ardinghelli, jolie dame ? demanda-t-il gaiement. Par ma foi, voilà plus de trois mois que nous avons quitté Florence et nous ne savons pas très bien ce qui s'y passe...

— Mais je le sais, moi, dit la voix forte de Lionetto de Rossi. J'ai appris quelques nouvelles lorsque vous étiez encore à Milan, ou peut-être à Venise... Et depuis votre départ, il s'en est passé des choses ! J'avais l'intention d'en parler avec vous, mais nous avons été si occupés, n'est-ce pas ?

Malgré lui, l'hostilité de Lionetto se devinait dans la sécheresse du ton.

— Oui..., reprit-il plus calmement. Il s'en est passé des choses...

— Eh bien, mon ami ? s'impatienta Maria. Venez-en au fait. Que s'est-il passé à Florence ?

Le visade de Lorenzo s'était assombri. En entendant prononcer le nom de Niccolo, il avait senti se réveiller en lui une très vive désespérance.

— Rien sans doute qui puisse nous intéresser ! dit Gentile Becchi. Lionetto, mon cher ami, si vous nous donniez encore à boire de ce vin délicieux qui flatte le palais...

Dès que Lionetto se fut éloigné, Bernardo s'approcha du philosophe.

— Laissez donc, Messer Gentile, laissez, c'est le moment où jamais...

— Mais... si Lionetto s'aperçoit, ce qui saute aux yeux, que sa femme est folle amoureuse de ce Niccolo de malheur ?

— Un mari ne se rend jamais compte de rien ! Et Maria fera attention de ne laisser rien paraître ! Du reste, je la consolerai.

— Comme tu y vas ! grommela le philosophe. Serais-tu amoureux ?

— N'est-elle pas ravissante ?

— Si fait. Elle l'est certainement. Aussi certainement qu'elle est mariée.

Bernardo haussa les épaules.

— Bah ! qu'importe... Qu'est-ce donc qu'un mariage ? Maria est si belle !

— Mais, si mes souvenirs sont exacts, n'es-tu pas fiancé à sa sœur ? Nannina ne doit-elle pas t'épouser d'ici un an ?

— Ma foi, j'ai failli l'oublier... Les beaux yeux de Maria m'ont troublé l'âme...

Bernardo, bien qu'il plaisantât sur ce sujet, n'en disait pas moins vrai. Il n'avait que dix-huit ans et il avait été plus que superficiellement troublé par le mouvement du corps nonchalant et sensuel de la jeune femme, et par sa beauté.

Cependant, Lionetto de Rossi était revenu avec une cruche et des verres. Avec une fausse gaieté et sans regarder Maria, il lança :

— Lorsque vous m'avez interrompu tout à l'heure, Messer Gentile, j'allais vous annoncer le mariage de Niccolo Ardinghelli et de la Signorina Lucrezia Donati... C'est une lettre du sieur Datini d'Avignon qui m'en a informé le mois dernier... Je m'étonne qu'il ne vous ait rien dit lorsque vous fûtes de passage chez lui...

Lionetto parlait... parlait toujours. Et par-delà les mots qu'il prononçait, par-delà le silence de Maria, c'était tout un dialogue silencieux qui s'échangeait entre eux. Un règlement de comptes poignant, féroce et implacable.

Bernardo s'approcha de Maria et lui tendit un verre de vin qu'elle engloutit précipitamment. Une légère rougeur vint colorer ses joues pâles mais, visiblement, elle était encore dans l'impossibilité de prononcer un mot. Son regard ne quittait plus Lionetto qui donnait force détails sur le mariage, sur le couple qui, à l'heure présente, devait être en mer en direction d'Istanbul. Lionetto s'étendait sur les possibilités de marchés qu'offrait l'Orient, sur la valeur marchande de Niccolo Ardinghelli.

— Quel dommage qu'il ne travaille plus pour la Banque Médicis ! Comment donc est sa femme ? Est-elle jolie ? termina-t-il hypocritement.

— Si vous nous le permettez, mon cher Lionetto, la route demain sera longue et fatigante, et je vois que mes élèves dorment debout..., dit alors Gentile Becchi. Bernardo feignait une grande lassitude, et Lorenzo se sentait de plus en plus mal à l'aise.

Maria s'était levée, toute pâle, souriant cependant, comme doit le faire une maîtresse de maison en présence d'invités.

— Ce que je viens d'apprendre..., dit-elle d'une voix rauque. La nouvelle du mariage, n'est-ce pas ? Lucrezia Donati, une charmante enfant que j'ai connue autrefois... Il y a si longtemps. Oui, c'est vrai. Si mes souvenirs sont exacts, elle promettait d'être ravissante... On la voyait souvent chez nous, au Palais Médicis... Ainsi elle est mariée... avec... avec Messer Niccolo... Heureuse nouvelle... Ainsi c'est vrai ?

Les yeux de Maria allaient de l'un à l'autre avec la même expression suppliante et terrorisée que l'on voit dans ceux d'une biche aux abois forcée par une meute de chiens enragés.

Haïssant ce qu'il était en train de faire, ne comprenant pas pourquoi les mots avaient été prononcés, pourquoi il était nécessaire d'achever la malheureuse, Gentile Becchi s'approcha de cette jeune femme brisée.

— C'est on ne peut plus vrai ! dit-il en lui serrant les mains, espérant dans ce geste lui témoigner toute la compassion qu'il éprouvait pour elle. Courage..., souffla-t-il de manière à n'être entendu que d'elle seule...

— Ah ! dit-elle seulement.

Et, de nouveau, elle s'efforça de sourire.

— Il faut aller se reposer..., dit-elle enfin. Puis, intriguée par la pâleur et le mutisme de Lorenzo, elle ajouta : Mon pauvre frère a l'air de ne plus tenir sur ses jambes ! Allons donc nous coucher...

N'ayant plus la force de prononcer un seul mot, elle s'appuya sur le bras que son mari lui tendait et sortit, la tête haute.

*

Le lendemain, dès l'aube, les voyageurs prirent congé de Lionetto de Rossi et de Maria. Août s'annonçait particulièrement orageux et lourd. Juste avant de partir, alors que Gentile Becchi et Bernardo attendaient Lorenzo qui s'était attardé, Maria de Rossi était allée dans la chambre de son frère. Ni l'un ni l'autre visiblement n'avaient dormi. Lorenzo ouvrit les bras à Maria qui s'y précipita en pleurs. Elle sanglotait, s'abandonnant à cette houle de désespoir qu'éprouvent ceux qui se savent seuls responsables de leur malheur.

— Je comprends ce que tu ressens, Maria, murmura Lorenzo. J'aimais, et j'aime encore, Lucrezia Donati...

— N'est-il pas étrange... que toi et moi soyons atteints par le même coup ? murmura Maria entre deux sanglots.

— Oui c'est étrange. Est-ce une malédiction qui pèse sur nous, Maria ?

— Je ne sais pas, Lorenzo, répondit-elle, agitée soudain par une émotion incontrôlable.

— Je ne me souviens plus très bien... Lorenzo... Quelle date, le mariage ? Le 21 avril, m'as-tu dit ? C'est cela, n'est-ce pas ? Mais au début de janvier, lorsque Niccolo était encore ici, à Lyon, il savait donc déjà qu'il allait me quitter ? Je veux dire... il avait fait sa demande et cette demande avait été agréée ?

— En janvier dernier..., répondit-il avec effort, rien n'était encore vraiment décidé... Il ne pouvait donc t'en parler... ni même t'avouer la vérité. Ce mariage aurait pu ne pas se faire... Si...

« Si j'avais tenu bon, pensa-t-il amèrement. Si je m'étais enfui avec Lucrezia, rien de ce malheur, ni pour Maria ni pour moi, ne serait arrivé... »

Alors Maria parla. Elle raconta ses amours avec Niccolo Ardinghelli depuis le commencement. Elle raconta ses espoirs, son époux pouvait mourir, Niccolo pouvait l'enlever... Elle parla longtemps... C'était un flot de paroles depuis trop longtemps comprimées et qui explosaient sans retenue. Parler soulageait Maria, tout en ravivant son désespoir. Parfois elle s'arrêtait de parler et, allongée à plat ventre sur le lit, elle sanglotait comme si elle ne devait jamais cesser de pleurer. Six années de la vie de Maria défilèrent devant Lorenzo horrifié. Sa sœur avait fait fi de tout sens moral, de toute décence. Elle recevait son amant dans sa chambre au risque d'être surprise par son mari. Maintenant Lorenzo comprenait fort bien la jouissance pure de Lionetto lorsqu'il avait évoqué le mariage de Niccolo Ardinghelli et de Lucrezia Donati. En une seule fois, et d'un seul coup, il s'était vengé de centaines, de milliers d'heures de souffrance.

Chaque fois que Maria prononçait le nom de « Niccolo », il sentait un choc haineux l'envahir jusqu'à la nausée. Mais ce qui rendait cette scène encore plus insupportable, c'était ce qu'il imaginait entre sa sœur et Niccolo... Et les confidences de Maria le mettaient au supplice.

Les yeux de Maria étaient pleins de larmes.

— ... Le seul homme que je pourrai jamais aimer me quitte ! Je... j'ai eu un enfant de lui ! Il est né en janvier alors que Lionetto était à Paris auprès du roi Louis XI. J'ai eu cette chance, que personne n'a su... Toi, tu le sais maintenant... Toi et Niccolo !

— Que vas-tu faire maintenant... ? dit enfin Lorenzo. Et l'enfant ?

Maria le dévisagea, étonnée par cette question.

— Je n'ai pas vraiment réfléchi à cela. Faut-il que je fasse quelque chose de particulier ? le faut-il vraiment ?

Lorenzo hésita :

— Je ne sais pas... Qui s'occupe du... de... Est-ce une fille ?... un garçon ?

— Un petit garçon. Je ne compte pas le prendre avec moi. Il est en nourrice à cinquante lieues d'ici. Je vais le voir quelquefois. Il se porte bien, c'est un beau petit... Il s'appelle Julien... Que veux-tu que je fasse sinon payer la nourrice ? Lionetto me tuerait... Un bâtard ! tu te rends compte ?... Comme sa mère... Tout comme sa mère !...

Elle éclata soudain d'un rire de démente et sortit en courant.

C'est ce rire que Lorenzo entendait encore au moment de monter à cheval, alors que Maria et Lionetto se trouvaient debout sur le perron de l'hôtel.

Maria était très pâle, les cheveux défaits. Le désordre de sa toilette était inhabituel chez cette personne toujours soignée, toujours soucieuse de son apparence. Lionetto feignait d'être fort étonné par l'attitude de sa femme. Son regard, inquiet, interrogateur, allait de Lorenzo à Maria et de Maria à Lorenzo. Mais ce dernier surprit à plusieurs reprises un petit sourire amer et triomphant, et sa manière de tenir sa femme par la taille, de la serrer contre lui, indiquait bel et bien sa joie d'être débarrassé d'un rival abhorré.

Quelques heures plus tard, tandis que les équipages allaient à pas lent sur la route, écrasés par la chaleur de l'été, les trois hommes philosophaient sur l'amour et la haine, sur la difficulté d'être heureux. Et parce qu'ils avaient été touchés par le malheur de Maria, ils exprimaient ce qu'il y avait de meilleur en eux. Le désir de n'agir que pour le bien, d'être utiles à la société.

— Pensez à ce que dit Aristote..., exposa alors Gentile Becchi. Tout homme a une fonction sur cette terre... Qu'il soit artisan, laboureur, artiste ou philosophe, il a une tâche à remplir... Celui qui vit comme un parasite, celui qui n'a rien à donner, ni art, ni savoir, ni produit de son labeur, alors celui-là est inutile et sa vie injustifiée... Vous, mes enfants, vous avez des tâches à remplir. La ville de Florence attend beaucoup de vous...

Alors, pour la première fois depuis le jour de leur départ, Lorenzo se sentit apaisé. Il savait quel était son rôle en cette vie, sa fonction, et il était prêt à faire face à ce qu'on attendait de lui.

— ... Dans un mois nous serons à Venise, puis nous irons à Naples et enfin nous serons à Rome... J'espère que la princesse Clarice ne me fera pas trop mauvais visage.

XIV

ROME

... Quand on a mis le pied à Rome, la rage reste et la foi s'en va !

C'EST par une journée pluvieuse de la fin du mois de mars 1466 que Lorenzo et ses compagnons arrivèrent enfin à Rome après le long périple qui les avait conduits de Lyon à Constance, puis à Bâle, Venise et Naples. Une année de route tantôt ensoleillée, tantôt neigeuse, une année passionnante par tout ce que le jeune Médicis avait découvert, retenu. Sa grande crise de désespoir, lorsqu'il avait quitté Maria, semblait avoir joué un rôle salvateur et apaisant.

Lorenzo avait profité de ce voyage pour étudier les différents gouvernements et leurs effets. Il n'avait guère été ébloui par le luxe insolent de Venise, République rivale de Florence, mais il avait su apprécier cette oligarchie de marchands enrichis par ses trafics avec les Turcs musulmans. Reçu au Conseil des Dix, Lorenzo avait appris que les Vénitiens se flattaient de « conquérir le cœur et l'amour de leurs sujets », et cela, il le garda dans sa mémoire. « Grand-père également a su conquérir l'amour et la fidélité des Florentins..., le saurai-je moi aussi ? » Et cette question, pour le moment sans réponse, était celle qui le hantait sans cesse, surtout depuis son arrivée à Rome.

Giovanni Tornabuoni accueillit son neveu et les amis de celui-ci avec une générosité parfaite. Un superbe appartement leur avait été aménagé dans le palais qu'il occupait avec sa femme Giovanna et ses cinq enfants — trois fillettes, Giuseppina, Mariana et Maria-Bianca, et deux garçons, Gianfrancesco et un petit Lorenzo, qui aussitôt se mit à dévisager son homonyme avec hostilité en disant, furieux :

« Lorenzo, c'est moi ! C'est moi Lorenzo... » L'aîné des cousins se pencha vers l'enfant et lui murmura à l'oreille : « Oui, c'est toi ! Parce que toi, tu es beau comme un petit prince ! » Satisfait, l'enfant retourna aussitôt à ses jeux.

Malgré l'accueil chaleureux de son oncle, les premiers jours, avant d'être reçu par le pape Paolo II, le jeune homme ne put se défendre d'une répugnance irrémédiable pour Rome. Tout le dégoûtait dans cette cité. Et en particulier les riches, qui gaspillaient des sommes monstrueuses pour leurs plaisirs, et ce avec une insolence, un cynisme, une cruauté inimaginables, car la plèbe vivait dans une pauvreté et une misère extrêmes. Lorenzo n'aimait pas se promener dans Rome où le pullulement des mendiants, des putains et des gitons était tel que l'on pouvait à la fois craindre pour sa vertu et pour sa vie.

— Nous n'avons pas cela à Florence ! s'écria-t-il. Voilà qui est inconcevable ! Je hais ces aristocrates pleins de morgue et de vilenie. Ces gens-là se disent chrétiens et osent narguer ainsi les miséreux ? C'est révoltant, toute cette luxure étalée, ces gens obscènes, ce vice...

Comme tous les très jeunes gens que n'avait pas encore durcis l'expérience, et qui n'étaient pas encore blasés devant la misère du monde, Lorenzo et Bernardo étaient profondément choqués par ce qu'ils découvraient.

Il suffirait de peu de chose pour soulager les souffrances des plus démunis..., dit naïvement Bernardo au retour de l'une de leurs promenades.

— Et ces mœurs... ! Quelle horreur ! renchérit Lorenzo. J'ai vu des hommes s'accoupler dans un jardin public, presque au vu de tous...

— Et encore, dit Giovanni Tornabuoni, ceci n'est pas grand-chose... Si tu savais ce qui se passe dans les thermes mixtes ! N'y mettez jamais les pieds, mes enfants, vous n'en sortiriez pas intacts... Je ne suis pas très bien vu dans cette ville où l'on m'appelle le Florentin, car je n'aime ni les orgies ni les fêtes spéciales organisées par le pape. Et je n'apprécie guère les gens d'ici ! Mais que faire ? Tous ne sont pas ainsi, heureusement ! Demain, tu connaîtras de vrais Romains. Les princes Orsini sont des gens très bien, encore que le prince...

On le voit souvent au Vatican, et qui va souvent au Vatican... on sait ce qu'il en est...

Lorenzo échangea un regard inquiet avec ses compagnons.

— Et sa famille ? Sa femme ? Sa fille ?

— Oh, non ! tout cela va très bien ! je t'en réponds. Cela va à la messe tous les matins, c'est sérieux, c'est propre... Et les princesses Orsini n'ont même pas la moindre idée de ce que peut signifier la sodomie, ou les orgies... Non, vraiment, je n'ai jamais vu de femmes aussi totalement innocentes ! Et c'est d'autant plus surprenant qu'elles vivent si près du vice.

Comme toutes les grandes villes italiennes, Rome était entièrement sous la coupe des lettrés, des pédants capables de rédiger en prose savamment cadencée les prêches des prélats. D'une vanité incommensurable, sans contacts avec le peuple, persuadés de constituer l'élite de la société, indifférents à la morale, ces lettrés n'hésitaient pas à se mettre à la solde de n'importe quel tyran, pourvu qu'ils puissent en tirer un quelconque bénéfice. C'étaient des êtres profondément méprisables, jaloux de leurs confrères, et qui se répandaient en médisances subtiles et calomnies fielleuses, pour occuper — ou garder — les premières places, fût-ce au prix de la vie ou de l'honneur de l'un des leurs.

La plupart d'entre eux s'adonnaient à l'amour grec, et méprisaient les femmes au point qu'ils n'acceptaient même pas de courtisanes au cours de leurs orgies. Et ces hommes qui se disaient philosophes, écrivains, poètes, donnaient le ton à la société romaine, surtout depuis l'avènement du pape Paolo II. Ce dernier se refusait à connaître d'autre sorte d'amour que l'amour grec.

— L'amour grec fait des ravages à Rome, soupirait Giovanni Tornabuoni. Ce vice est si courant dans cette ville où le pape donne l'exemple que même les couches inférieures de la société s'y adonnent sans vergogne. C'est devenu un tout petit péché qui s'efface avec deux *Pater Noster* et deux *Ave Maria*... Mon cher neveu, sois sur tes gardes lorsque tu seras reçu au Vatican.

— Présente-toi au pape toujours de face. Ne lui tourne jamais le dos... ! blagua Bernardo Rucellai au milieu des rires. Et, veille à ce que jamais personne du sexe mâle ne se trouve derrière toi ! Un coup d'épée est si vite arrivé...

Et de rire encore, au grand étonnement des fillettes de Giovanni Tornabuoni qui ne comprenaient pas pourquoi tous s'amusaient si franchement de propos qui n'avaient, à leurs yeux, rien de drôle.

Après avoir bien ri, Lorenzo se retira dans sa chambre, préoccupé par ce qui allait se passer le lendemain. Il s'endormit péniblement et son sommeil fut troublé par de nombreux cauchemars.

*

Couronné pape sous le nom de Paolo II à la fin du mois d'août 1464, fardé comme une putain, Pietro Bembo, d'origine vénitienne, n'avait pas cinquante ans. Grand, mince, remarquablement beau (jamais depuis plus d'un siècle, on n'avait vu si bel homme sous la tiare), conscient d'ailleurs de sa beauté, il aimait s'admirer dans ses atours de pape et passait de longues heures à se faire friser. Avec cela, sensible et pleurnicheur comme une femmelette. Son prédécesseur, Pie II, n'hésitait pas à l'appeler « Maria Piantissima[1] ».

Fantasque, le pape Paolo II vivait la nuit et nul ne pouvait obtenir d'audience le jour ; les Florentins s'exaspéraient de cette attente prolongée. Enfin, un soir, peu après dix heures, Giovanni Tornabuoni reçut confirmation de l'audience demandée et ils s'apprêtèrent à se rendre au Vatican. Le prince Orsini, bel homme de quarante ans environ, grand, mince, au visage régulier cerné d'une barbe noire et au regard intelligent, vint les chercher. Lorenzo et Bernardo étaient très excités à l'idée de cette rencontre.

Par chance, ce soir-là, Sa Sainteté Paolo II était dans un bon jour et ne les fit pas attendre très longtemps. Lorenzo, qui jusqu'alors n'avait jamais vu un homme de ce genre, observa que le pape, tout en feignant d'écouter les messages que lui transmettait Giovanni Tornabuoni, s'amusait avec

1. Approximativement : Maria la Pleureuse.

ses bracelets, ses bagues, ses colliers. Un éblouissement de couleurs et de lumières scintillantes bien surprenant sur un homme censé être indifférent aux richesses terrestres.

Cruel, le pape l'était sans doute, comme tous les Romains en cette année 1466, mais d'une cruauté lucide, éclairée, qu'il n'exerçait pas pour satisfaire des exigences sexuelles, mais pour maintenir son pouvoir sur une population qui n'en était pas à quelques crimes près. Ce que l'on racontait sur la cruauté des Romains avait de quoi faire dresser les cheveux sur la tête. Horrifiés, Giovanni, Lorenzo et Bernardo écoutèrent le Saint-Père conter en riant la dernière « fredaine » du propre frère du prince Orsini, qui souriait avec malice.

— Francesco Orsini est un homme jaloux qui a toutes les raisons de l'être. Sa femme était fort appétissante, et fort jolie...

— Était? demanda Giovanni Tornabuoni d'une voix plate, indigné du peu d'élévation morale qu'avait pris la conversation. Elle n'est donc plus?

— Ah, si vous voulez connaître la fin de mon histoire avant le commencement! protesta le Saint-Père avec humeur. Je continue. Donc, Lisabetta a un amant. Toutes les Romaines mariées ont des amants. Les femmes sont ainsi! Mais Francesco ne voulait pas faire partie de la confrérie des cornus. Aussi, il s'arrangea pour surprendre l'amant de sa femme, le fit tuer à coups de bâton et mettre en croix dans l'une des chambres du Palais Orsini. Et toutes les nuits, il faisait lier sa femme sur le cadavre de son amant. Le jour, on la détachait et on ne lui donnait qu'un morceau de pain et un verre d'eau, et, la nuit venue, hop! de nouveau sur le cadavre du beau Rinaldo! Elle mit tout de même huit jours à mourir.

Et de rire d'un petit rire aigu, féminin, capricieux, en coulant des regards entendus vers le prince Orsini.

— Il paraît qu'elle hurlait et suppliait qu'on lui donne un poison pour mourir tout de suite, dit le prince Orsini avec un sourire ironique. Ma belle-sœur avait oublié qu'on ne doit en aucun cas déshonorer le nom des Orsini!

Lorenzo, effaré, regardait le pape et le prince. « Mais le déshonneur, il est là en face de moi, pensait-il. Ces deux hommes, qui sont l'exemple même du vice le plus infâme, tiennent ma destinée entre leurs mains, et ce depuis des années ! »

— Et vous pensez, Prince, que de tels agissements sont honorables ? dit-il. Est-ce cela la civilisation romaine ?

Le regard caressant de Paolo II s'attarda sur Lorenzo.

— Mon jeune ami ! Mon jeune ami ! Quelle fougue, quelle passion ! Mais tout être humain est ainsi fait. Si un jour vous aimez... si un jour vous aimez profondément un être, un homme, ou même... une femme... vous verrez se lever en vous les sensations les plus grandes et les plus viles... Vous verrez !

Très inquiet de la suite des événements, Giovanni Tornabuoni se demandait lequel, de son neveu ou de Bernardo, avait l'heur de plaire à Sa Sainteté.

Mais Paolo II, s'il n'avait pas pleinement conscience de son rôle de pape, avait une conscience aiguë des affaires qui agitaient le Vatican. Sa Sainteté connaissait parfaitement les raisons de la présence de Giovanni et des deux jeunes gens. Les mines d'alun. Les mines d'alun et le mariage éventuel de Lorenzo et de la princesse Clarice. Et ceci était si important pour le Vatican que Paolo II sut dominer ses instincts pour ne laisser parler que son intérêt. Il n'était pas question de se faire des Médicis, si riches et si puissants, d'irréductibles ennemis. Très vite la conversation porta sur ce sujet.

— Nous signerons les droits d'exploitation de votre famille dès que le contrat de fiançailles sera signé. Et, lorsque la princesse Clarice sera en âge de se marier, ces droits seront définitivement acquis à la famille Médicis.

— Définitivement ? demanda Giovanni Tornabuoni. Votre Sainteté veut dire... même après son pontificat ?

— Pourquoi mon successeur remettrait-il en cause les accords que j'aurais signés ? rétorqua Paolo II avec une certaine hauteur.

— En effet, répondit Giovanni Tornabuoni, pourquoi ? Mais cela s'est déjà vu et peut se voir encore... Ne pourrait-on ajouter au contrat que la princesse Clarice et ses descendants garderont la propriété des mines dès le jour du mariage ? Plus personne ne trouvera à redire à ce qui me semble être juste. La moitié des mines appartient aux princes

Orsini. D'autre part, la Banque Médicis a déjà engagé des sommes considérables dans les recherches et les premières installations. Il me semble juste et naturel que nous puissions obtenir la totalité de la « Depositeria della Crociata[1] ».

Le marchandage allait durer jusqu'aux petites heures du jour. Finalement, un nouveau contrat remplaçant le contrat initial signé par Cosimo de Médicis et Pie II fut signé. Le Vatican se réservait le droit de le casser au bout de trente mois, si Lorenzo de Médicis revenait sur sa promesse d'épouser la princesse Clarice. « Mais les droits de Giovanni de Castro resteront garantis quelle que soit votre décision... »

En attendant, il était stipulé que pendant toute la durée Médicis et Cie de Rome serait dépositaire desdits aluns et des sommes qu'ils rapporteraient.

— Tant que nous serons maîtres de la Caisse des croisades, tout ira bien, dit Giovanni Tornabuoni à Lorenzo à mi-voix, mais rien n'est vraiment définitivement acquis et c'est là source de grand danger futur. Jusqu'à ce que tes fiançailles avec la princesse Clarice soient officielles... Il faut faire vite, mon garçon. Demain tu rencontreras ta future fiancée. Espérons qu'elle te plaira... »

Paolo II était fort satisfait de sa nuit de travail. L'alun de Tolfa allait lui permettre d'accroître sa flotte de galères, de payer des mercenaires et d'acheter des armes.

— Mon cher enfant, dit-il à Lorenzo, votre maison fera bénéfice sur tout puisque le Vatican vous achète des armes dans vos manufactures... Allons, buvons un peu de vin pour célébrer nos accords et demain sera jour de fête à Rome.

— Une fête ? dit Giovanni Tornabuoni. Et pourquoi ?

— Pour n'importe quel prétexte, répondit Sa Sainteté Paolo II d'une petite voix aiguë, étonnamment féminine dans ce grand corps d'homme. » Il faut des fêtes pour amuser le peuple. Voyez-vous, Messer Lorenzo, nous avons grand plaisir à voir le peuple rire, danser et s'amuser.

1. « La caisse des croisades ». Initialement l'argent gagné avec les mines d'alun devait financer de nouvelles croisades.

Pendant que le peuple s'amuse, il ne s'interroge pas sur ce que l'on fait en son nom. Pensez-y, mon cher enfant, lorsque vous succéderez à votre père. Des fêtes... beaucoup de fêtes...

Après quelques instants, le pape ajouta avec un sourire :

— Et nous devons dire que nous nous amusons tout autant ! Savez-vous que nous organisons maintenant des courses d'hommes très peu vêtus, des courses de vieillards et de juifs... C'est fort drôle. Les juifs surtout ! Ils n'aiment pas cela. Pas du tout. Et nous sommes forcés de leur donner quelques coups de fouet pour les contraindre à courir. Ces gens-là n'aiment pas la nudité. Ah, ah ! Nous allons organiser une grande fête et nous vous montrerons cela...

*

A l'époque où il avait quitté Lucrezia, il y avait déjà un an, Lorenzo n'avait guère prêté attention à tout ce qu'on lui disait sur la princesse Clarice. Mais, le lendemain, alors que tout le monde se préparait à rejoindre le palais Orsini où les attendait un souper, malgré lui, il se plaisait à l'imaginer sous des traits ravissants, tout à fait semblables à ceux de Lucrezia Donati. Lorsqu'il s'en aperçut il en fut très malheureux.

C'est donc dans cet état d'esprit qu'il pénétra dans les somptueuses salles du palais Orsini.

Il n'y avait, à ce souper d'après minuit, qu'une dizaine d'invités. Le prince et la princesse Orsini avaient tenu à la plus grande intimité pour la présentation officielle de leur fille. De plus, la princesse Maddalena espérait que sa fille, à la lumière des chandelles et des torches, saurait faire illusion.

Le prince Orsini accueillit Lorenzo avec un plaisir non dissimulé. S'exprimant avec beaucoup de grâce et de facilité, il flatta les deux jeunes gens de mille paroles aimables sur la fraîcheur de leur teint et l'élégance de leur mise.

Comme le lui avait dit son oncle Giovanni, le prince et la princesse Orsini paraissaient être tout à fait bien ensemble. Si Lorenzo n'avait vu et entendu le prince, la veille au Vatican, il n'eût pas cru une seconde ce dont il était désormais convaincu. Le prince était un être pervers, alors que la princesse Maddalena était parfaitement pure et ignorante des choses laides de la vie. C'était une femme encore ravissante, d'à peine trente-cinq ans, et qui paraissait être la bonté et l'innocence incarnées. Giovanni Tornabuoni avait même avancé en riant qu'il se demandait comment la princesse Maddalena avait pu concevoir deux enfants. Le fils aîné du prince Orsini, Latino, était heureusement absent, car tous redoutaient ce jeune homme de dix-huit ans, camérier du pape, imbu de ses origines, et qui s'opposait violemment au mariage de sa sœur.

Alors que hôtes et invités bavardaient amicalement et s'apprêtaient à passer à table pour le souper, un chambellan annonça la princesse Clarice. Lorenzo, le cœur battant, se retourna et regarda celle qui était la cause directe, mais innocente, de ses souffrances les plus vives.

Le prince Orsini présenta Lorenzo à sa fille. Le jeune homme prit la petite main blanche et douce et laissa tomber sur la jeune fille son regard sombre plein de gravité. Il vit ses yeux gris éclairés de paillettes dorées, sa peau pâle et un peu terne toute tachée de son, sa bouche rose et moite. Bien que fort timide, elle débordait d'amicale gaieté. « Maman avait raison, pensa Lorenzo, la princesse Clarice n'est ni très jolie, ni à son aise en société. » Cependant, il fut touché par la douceur, la pureté d'expression de son visage. Malheureusement, elle était affublée d'une robe stricte qui montait jusqu'au cou, et d'une invraisemblable coiffure ornée de perles qui dissimulait ce qu'elle avait sans doute de plus beau : une somptueuse chevelure rousse. Déçu par son absence d'élégance, Lorenzo apprécia toutefois une silhouette élancée, un buste qui, malgré le jeune âge de la princesse, paraissait fort bien pourvu. Aussitôt Lorenzo augura bien d'une union avec la jeune fille. Et, bien que l'image de Lucrezia habitât encore son cœur, et surtout son corps, il fut ému par la princesse Clarice. « Ce n'est pas elle qui va aller s'entourer d'une demi-douzaine de soupirants... », pensa-t-il, soudain sombre et jaloux. Que faisait Lucrezia en ce moment ? Il évoqua Niccolo Ardinghelli et il se sentit affreusement malheureux.

Il était si préoccupé par ses pensées qu'il n'entendit pas la question que la princesse Orsini lui posait sans doute pour la troisième fois. Étonnée, puis blessée par le silence du jeune homme qu'elle mit sur le compte de l'arrogance, elle se tut aussitôt et ne desserra plus les dents de la soirée.

La princesse Orsini avait parfaitement conscience qu'elle n'était pas d'une grande beauté. Fraîche — elle n'avait pas encore quinze ans —, peu soucieuse de culture et de musique, très religieuse et très imbue de ses origines aristocratiques, elle avait, bien que vivant dans une ville et un milieu en pleine décadence morale, une haute idée de la vie, une grande exigence envers elle-même, et une rigueur morale aussi intolérante que pouvait l'être celle d'une jeune fille ignorante et protégée de toutes les vicissitudes de l'existence de par sa naissance et sa fortune. Lorsqu'on l'observait attentivement, on s'apercevait que sous les traits enfantins du visage, se cachaient une détermination sans faille et un caractère borné que rien ne pourrait jamais fléchir.

Enfermée dans son attitude hostile, la princesse refusa d'entendre ce que disait Lorenzo à son père et ne répondit que par monosyllabes lorsque Lorenzo s'obstinait à lui poser une question. Il la jugea sotte et sans séduction, elle le jugea hautain et fort laid.

Cependant, une fois seule dans sa chambre, la princesse dut reconnaître que lorsque son regard avait croisé pour la première fois celui de Lorenzo de Médicis, elle avait été sous le charme sensuel qui émanait du jeune garçon. Rougissante, elle avait senti son cœur battre, et elle se désola d'autant plus de n'avoir su lui plaire. Elle se promit de faire tout ce qu'on lui demanderait pour qu'il changeât d'attitude et s'adoucît à son égard.

Quant à Lorenzo, parce qu'il était profondément honnête avec lui-même, il se dit que si la princesse Clarice avait été un peu plus séduisante, il eût peut-être été moins malheureux de sa séparation d'avec Lucrezia.

Vers le début du mois d'avril, il y eut une cérémonie au Vatican à l'occasion de la signature des nouveaux contrats, et Lorenzo pensa avec une profonde angoisse qu'il n'avait que trente mois devant lui pour tenter de fléchir son destin.

Alors qu'il se morfondait, refusant les multiples distractions proposées par son entourage, Gentile Becchi lui remit une lettre venue de Florence. C'était en fait un poème de son ami Luigi Pulci qui lui décrivait la vie à Florence depuis le jour de son départ. Il parlait aussi de Lucrezia et de l'affliction dans laquelle la jeune femme se trouvait [1]. Mais, ce qui retint l'attention de Lorenzo, était que Lucrezia était pour le moment seule à Florence. Son époux était parti pour Venise et ne serait pas de retour avant des mois.

Lorenzo voulut partir sur-le-champ, plus rien ne le retenait à Rome. Désolé, son oncle Giovanni tenta de lui faire entendre raison, de lui parler de ses responsabilités, mais ce fut peine perdue. Cependant, par le jeu d'un malaise fort à propos, Bernardo Rucellai sut retarder de quelques semaines l'heure du départ. Enfin, vers le milieu du mois de mai 1466, Lorenzo eut la joie de fouler du pied le sol de Florence. Sa joie fut de courte durée, à peine avait-il franchi le seuil du Palais Médicis, que sa mère, après les mille embrassades et les cris de joie saluant sa venue, l'informa que Lucrezia Ardinghelli avait rejoint son époux à Istanbul et que nul ne savait quand ils reviendraient.

— Maintenant, il va falloir nous préparer pour le mariage de ta sœur Nannina avec Bernardo... Il ne nous reste que deux mois.

1. Lettre de Luigi Pulci datée du 22 mars 1466.

XV
PREMIER COMPLOT

Lorsque, une semaine plus tard, Lorenzo apprit le retour de Lucrezia et de Niccolo, il ne sortit plus du Palais Médicis de la journée. Il craignait, dans la même seconde, et de la revoir, et de ne pas la revoir. Et quand toute la famille Médicis prit ses quartiers d'été à la Villa Careggi lui préféra rester à Florence.

Lucrezia et Niccolo occupaient le joli palais qui venait d'être restauré sur la place Santa Croce, mais Lorenzo, qui allait souvent se promener, soit à cheval, soit à pied, le long de l'Arno, et qui, par « hasard » passait souvent par la place Santa Croce, ne croisait jamais ni Lucrezia ni Niccolo. Lorsqu'il revenait, tard dans la nuit, de l'une de ces parties fines où il calmait ses ardeurs juvéniles dans les bras accueillants et particulièrement experts de jeunes prostituées, il arrêtait son cheval devant la Maison Ardinghelli. Alors, il regardait les fenêtres, essayant de deviner celle de Lucrezia, l'imaginant dormant aux côtés de Niccolo. Et après avoir bien pleuré, bien souffert, il rentrait chez lui et sans parvenir à dormir il attendait patiemment le petit jour.

Quelques semaines après le mariage de Nannina et de Bernardo, vers le milieu du mois d'août, Lorenzo décida de rejoindre enfin les siens à la Villa Careggi. Dans la moiteur épaisse du très proche orage qui menaçait depuis le début de la matinée, Lorenzo se demandait s'il devait partir sur l'heure ou attendre que l'orage eût éclaté, quand on frappa à la porte et, sans attendre sa réponse, la porte s'ouvrit sur Giuliano, qui pénétra en coup de vent dans sa chambre. Il haletait, le visage empourpré par sa course, ses boucles noires tombant sur son front, beau... si beau... A le voir, rien n'aurait pu indiquer que l'hiver avait été mauvais pour lui, et qu'il lui était nécessaire de passer l'été à Bagno a Morba avec sa mère.

A treize ans, Giuliano avait déjà l'allure, la prestance d'un jeune homme de dix-huit ans. Soucieux de sa toilette, il plaisait aux femmes, et Lorenzo, surpris, avait appris que Giuliano était l'amant en titre d'une jeune femme de vingt ans que l'on disait folle du beau jouvenceau.

Lorenzo l'envia d'être aussi séduisant, et se demanda quelle sensation on pouvait éprouver lorsque les regards qui se posent sur vous sont empreints de la plus totale admiration.

— Que t'arrive-t-il ? demanda-t-il à son frère. Te voilà hors d'haleine.

Le souffle court, Giuliano désigna le jardin.

— Lucrezia... Lucrezia est en bas et demande à te voir d'urgence.

Lorenzo sentit ses jambes se dérober. Il chancela.

— Hein ? Qu'est-ce que tu dis ? Lucrezia ?

Un instant, il se crut l'objet d'une farce odieuse comme seuls les gamins de l'âge de Giuliano peuvent en inventer. Mais Giuliano paraissait sérieux.

— Lucrezia est là, en bas, qui te demande. A l'entendre, c'est de la dernière importance. Il y va de la vie de papa... (Giuliano affectait un air de doute. Et un sourire complice détendit ses traits). Je pense surtout qu'elle veut te voir et que n'importe quel prétexte est bon ! Qui peut en vouloir à papa ? Tout le monde l'aime à Florence ! Enfin ! tout ceci est de bon augure pour toi ! A peine revenue à Florence, voilà ta belle amie qui demande à te revoir ! Quant au complot... Il est sans doute imaginaire...

Il fallait être un enfant de treize ans pour ignorer à ce point la réalité des choses. Dédaignant de répondre, Lorenzo se précipita dans le jardin.

L'orage allait éclater d'une minute à l'autre. Éclairs et tonnerre se succédaient. A l'abri d'un énorme pin parasol, Lucrezia attendait, dissimulée sous un voile épais qui lui recouvrait le visage. En proie à une peur élémentaire qui la privait de tout bon sens, elle tremblait de frayeur. Chaque coup de tonnerre, chaque éclair lui arrachait un petit cri de détresse, et elle se cramponnait au tronc de l'arbre comme pour y chercher un aléatoire refuge. Elle broncha sous un éclair particulièrement violent. Épaisse et drue, la pluie commença à tomber.

A pas lents, Lorenzo vint vers elle, les bras ouverts, ridicule et pathétique avec sa chemise de soie trempée, ses cheveux plaqués sur le front, riant et pleurant tout à la fois. Incapable de bouger, terrorisée par l'orage, bouleversée d'amour, éperdue de chagrin, Lucrezia le regardait s'approcher. Doucement, Lorenzo posa ses mains sur ses épaules et enfin son étreinte se referma sur elle.

— Il ne faut pas avoir peur de l'orage..., dit-il.

Et il se sentit revivre.

Lucrezia ferma les yeux et poussa un soupir de soulagement. Elle n'avait plus peur.

Quelques instants plus tard, Lorenzo et Lucrezia réussirent à gagner l'intérieur du Palais Médicis et se réfugièrent dans l'ancien cabinet de travail de Cosimo que nul jamais ne franchissait.

— Lucrezia... dit enfin Lorenzo d'une voix étranglée. Lucrezia... Tu es revenue vers moi ? Tu es là, ma Lucrezina ? Laisse-moi te regarder...

La jeune femme souleva son voile. Elle était blême, des cernes violacés soulignaient ses yeux. Sa bouche tremblait. D'un geste, elle tendit les mains vers Lorenzo. Sans doute était-elle aussi émue que lui, sans doute l'aimait-elle autant. Il la berçait doucement dans ses bras, répétant comme dans une litanie sans fin :

— Lucrezia, ma Lucrezina, comme tu m'as manqué, comme tu m'as manqué, ma douce, mon amie...

Il lui baisait le front, les yeux, les cheveux, s'étonnant de la retrouver intacte... Et elle se serrait contre lui.

— Qu'avons-nous fait de nous ? dit-elle d'une voix lasse. Oh, Lorenzo, mon petit, mon doux ami... Je suis heureuse de te revoir... Laisse-moi te regarder... Tu es tout mouillé ! (Puis, entre rire et pleur :) Oh, Lorenzo ! Lorenzo... comme tu m'as manqué toi aussi, comme tu m'as manqué...

— Lucrezia... ! Pourquoi être venue ici, pourquoi avoir

bravé l'orage, toi qui en as si peur ? Giuliano m'a parlé d'un complot ? Est-ce vrai... Ou bien est-ce un prétexte pour me venir voir ?

— Je n'ai pas trouvé d'autre moyen... pour voir... pour te revoir... Ce n'est pas un prétexte, Lorenzo, je te le jure... J'ai... C'est très imprudent sans doute... d'être ici, je veux dire.

Mais il ne l'écoutait plus, tout entier à la joie presque douloureuse d'être de nouveau près d'elle, de sentir son cœur battre contre le sien, de toucher d'une main hésitante le visage de la femme aimée. Elle ne savait pas combien elle était émouvante avec ses yeux de violette, ses yeux tristes d'enfant perdue.

Un an et demi... Elle avait compté les jours, les semaines, les mois qui l'avaient séparée de ce moment, dont elle avait rêvé. Elle s'était imaginé toutes sortes de circonstances qui l'auraient emmenée là, dans les bras de Lorenzo... puis, la veille, elle avait découvert le complot, l'oreille collée à la porte du cabinet de travail de Niccolo, terrorisée au risque d'être surprise. D'une certaine façon, c'était Niccolo qui l'avait précipitée dans les bras de Lorenzo... Niccolo et Luca Pitti, Dietisalvi Neroni et Nero Capponi.

— Ce n'est pas un prétexte, Lorenzo ! répéta-t-elle. J'ai surpris une conversation entre Luca Pitti et Niccolo. Une conversation où il était question de toi et de ton père... Lorenzo, ils veulent tuer ton père ! J'ai tout entendu ! Ils sont dix ! Voici les noms ! J'ai eu le temps de tout noter ! Un guet-apens est prévu pour la fin de la semaine à Careggi !

Elle tremblait et haletait, impatiente de se défaire de son secret, à la fois bouleversée par l'amour qu'elle éprouvait encore pour Lorenzo, et épouvantée par les suites probables de sa trahison. « Ils vont pendre Niccolo, se disait-elle, et sans doute mon père... »

Elle tendit à Lorenzo un parchemin. Le visage durci, le jeune homme lut tout ce que Lucrezia avait écrit hâtivement. Les noms, le plan prévu, les suites probables.

« Pourquoi ? se demanda-t-il, le cœur serré de rage impuissante. Mon père est un homme bon et juste... » Puis d'autres pensées se succédèrent. « Maman et Giuliano doivent partir au plus tôt pour Bagno a Morba. Ils y seront en sécurité. Moi, je vais aller à Careggi... Mais papa ne doit rien savoir... Je dois pouvoir déjouer seul ce piège infâme. Je les tuerai tous... Je les tuerai... » Ce qu'il ne s'avouait pas, mais qui existait bel et bien dans les profondeurs de sa conscience, était : « Je vais tuer Niccolo... », et cela lui était doux, infiniment doux.

— Lucrezia ! dit-il, tu te rends compte que ce complot est ourdi depuis plus de deux ans ? Deux ans de conciliabules, d'hypocrisies, de promesses d'amitié... Ton mari doit sa fortune à ma famille et il n'a pas hésité à participer à ce projet immonde... Père est malade à Careggi. Si tu n'étais pas venue m'avertir, comment aurait-il pu se défendre ? Il n'a que moi...

— Que vas-tu faire ?

— Dès que l'orage aura cessé, je vais aller à Careggi et je pense pouvoir déjouer ce complot sans trop de dégâts... Ne dis rien à personne, ma Lucrezina... S'ils apprennent que tu les as trahis...

— J'en mourrais, dit simplement Lucrezia. Niccolo me tuerait sans l'ombre d'une hésitation.

— Et malgré cela tu es venue...

Lorenzo la dévisagea.

— Oh ! Lucrezia... Lucrezia ma douce, et tu viens me dire cela, sachant que tu risquais la mort... et que ton mari... (ce mot avait quelque difficulté à franchir ses lèvres), que ton mari, répéta-t-il péniblement, encourt l'exil... ou la pendaison ?

Lucrezia inclina la tête, sans dissimuler un sourire féroce. Si le ciel pouvait la débarrasser de Niccolo... de ses assiduités répétées, jour et nuit, de sa présence constante, jalouse, si passionnée... Elle frissonna et songea qu'elle danserait de joie trois jours et trois nuits sans discontinuer. Jamais elle ne le détestait comme en ce moment, où elle était auprès de Lorenzo.

— Que vas-tu faire ? Les faire pendre ? tous ?

Soudain la porte-fenêtre s'ouvrit violemment sous la poussée du vent et un éclair, suivi d'un coup de tonnerre d'une violence inouïe, précipita Lucrezia dans ses bras. Il resserra son étreinte... En une seconde, le temps remonta son cours. Tout était oublié. Tout allait recommencer...

L'orage sévit sans arrêt presque jusqu'à l'heure du coucher du soleil. La pluie tombait en rafales, inondant les rues de Florence. Le vent apportait une délicieuse fraîcheur...

Et puis, bientôt la pluie cessa, il y eut un, puis plusieurs chants d'oiseaux ; un rayon de soleil couchant perça les nuées.

— Je crois que l'orage est fini..., soupira Lucrezia.

Elle était allongée sur un lit bas, défaite et apaisée. Tendrement, Lorenzo laissait glisser ses lèvres sur la chevelure dénouée, le cou, les épaules dénudées.

— Je vais partir au plus tôt, dit-elle sans bouger.

— Reste... Reste encore. Rien ne presse...

— Il faut pourtant que je rentre..., soupira Lucrezia. On doit s'inquiéter chez moi...

Lorenzo se redressa brusquement.

— Que se passe-t-il ? dit Lucrezia.

— Comme tu as dit ça... « On » va s'inquiéter chez toi... Ton mari ?

— Oh non ! Maman ! Maman doit s'inquiéter. Niccolo doit penser que je suis restée chez maman à cause de l'orage...

Alors que les derniers nuages s'évanouissaient dans le ciel de Florence, Lucrezia rentrait chez elle aussi rapidement que possible, évitant, autant que faire se pouvait, les flaques d'eau qui inondaient les rues. Elle ne ressentait aucune honte. Elle venait de tromper son mari, et elle n'ignorait pas qu'elle encourait, si jamais Niccolo le découvrait, une vengeance féroce.

En arrivant sur la place Santa Croce devant la maison qu'elle ne parvenait pas à considérer comme la sienne, elle s'aperçut qu'elle était dans un état d'extrême faiblesse et que chaque pas lui coûtait un effort intense. A peine eut-elle la force de pousser le vantail de chêne. Son cœur battait... L'air confiné était encore chaud dans le vaste hall. Lucrezia s'arrêta au pied de l'escalier, étonnée du silence qui régnait, de l'absence de serviteurs. C'était dimanche. La fin d'un sombre dimanche d'été, et Lucrezia se dit, en proie soudain à une tristesse déchirante : « Je veux m'en aller... » Aussitôt, la sensation d'être prisonnière pour l'éternité lui serra la gorge au point de l'étouffer. Son souhait lui parut dérisoire et enfantin. S'en aller ? pour aller où ? Vivre avec quoi ?

Épuisée, elle atteignit sa chambre et ouvrit la porte. Niccolo était là, assis près de la fenêtre, qui l'attendait. Lucrezia vit sous les sourcils épais les yeux noirs qui brûlaient dans le beau visage mat. Elle resta clouée sur le seuil et sentit le sol se dérober sous ses pieds. Le visage de Niccolo était impénétrable et froid. Un sourire étirait ses lèvres en un pli ironique.

— D'où viens-tu ? dit-il, et sa voix avait un calme étrange.

« Il sait... » Les mots dansaient dans l'esprit affolé de Lucrezia. « Il sait ! mais comment... ? M'a-t-il suivie ? Un domestique... ? Il sait ! Il sait... »

— D'où viens-tu ? répéta Niccolo froidement.

Lucrezia s'obligea à fermer la porte et s'avança vers une chaise sur laquelle elle s'effondra. Elle ne ressentait rien, ni peur, ni souffrance. Tout son être était aux aguets.

— Je viens de voir maman..., dit-elle en le regardant bien en face.

— Ah ? dit Niccolo, affectant un calme effrayant. Je suppose que tout va bien chez toi ?

— Tout va bien. Maman te salue bien.

Lucrezia savait que Niccolo ne croyait rien de ce qu'elle disait, elle le connaissait assez maintenant pour savoir qu'il se maîtrisait difficilement et que sa fureur, sa haine jalouse se déchaîneraient d'un instant à l'autre. Les deux époux se mesuraient du regard dans un silence intolérable. Pour la première fois, depuis le jour où il était tombé si follement amoureux de Lucrezia, Niccolo fut conscient qu'elle avait une vie personnelle qui lui appartenait en propre, et qui lui échapperait toujours. « Ouvrir son crâne, en chasser tout souvenir, tout autre que moi... » se dit-il, horrifié par ces pensées qui jaillissaient, incontrôlables, dans son esprit.

— Il n'y a pas une heure, ta mère était ici, fort inquiète à ton sujet, dit-il enfin d'une voix neutre. La foudre est tombée sur Florence alors que tu étais censée te trouver dans la rue et rentrer chez toi... directement. Cela va faire deux heures que tu as disparu. Si mes souvenirs sont exacts, il ne faut pas dix minutes pour se rendre chez ta mère... et il ne faut pas plus de cinq minutes pour aller du Palais Donati au Palais Médicis... Ainsi, tu n'as pas pu résister... ? Tu as été le revoir ?

Lucrezia ne répondit pas. Elle aurait voulu se lever, partir, quitter cette chambre, mais elle n'était pas sûre que ses jambes pussent la soutenir.

Niccolo la regardait fixement. Ce qu'il voyait n'était pas la jeune femme qui se tenait devant lui, c'était une Lucrezia nue dans les bras d'un autre, amoureuse et liée au corps d'un très jeune homme de dix-huit ans. Une pensée lui vint, pensée qui aurait pu atténuer sa rage, mais qui au contraire décupla sa jalousie. « Ils sont si jeunes ! Des enfants qui jouent à l'amour ! »

— Ainsi, tu as été le retrouver... Putain !

Le mot, plus que la gifle que Niccolo venait de lui assener avec une violence telle qu'elle perdit l'équilibre et tomba de sa chaise, la fit se redresser avec une rage et une vigueur renouvelées.

— Si jamais vous osez... de nouveau... Je vous tuerai, espèce de porc...

Lucrezia vit le regard de Niccolo et pensa : « Il est devenu fou... » Jamais elle ne lui avait vu un visage si sombre, si déplaisant... Jamais elle ne lui avait vu ce rictus, ces yeux meurtriers.

Et en fait, c'était de cela qu'il s'agissait. La jalousie, la haine, la douleur la plus folle s'étaient emparées de Niccolo et l'entraînaient dans un tourbillon infernal. Une année de tendresse, d'amour venait de s'évanouir. Que n'avait-il espéré durant cette année où il avait emmené Lucrezia à Venise, à Istanbul, à Athènes... Parfois elle avait paru heureuse dans ses bras, parfois il était parvenu à lui arracher des feulements de plaisir non feint, et alors il se disait : « Je vais l'amener à moi... par cela même qui lui est nécessaire, le plaisir des sens, je vais l'attacher à moi... » Et il avait suffi qu'un godelureau, un gamin de dix-huit ans... Niccolo était incapable de se dominer. La rage annihilait en lui toute réflexion. Il contemplait sa femme, voyait ses yeux de violette étinceler de défi haineux, il regarda le cou charmant et la veine qui battait précipitamment et qui, toujours, le bouleversait... Ses mains se crispèrent du désir de serrer ce cou. Et une formidable angoisse meurtrière s'empara de lui jusqu'à la nausée...

— Tu m'as fait cela... toi, ma femme !

Sa voix rauque fit sursauter Lucrezia, envahie par la terreur, une terreur primitive, celle d'un animal qui sent sa dernière heure venue.

Elle le regarda et pour la première fois depuis le début de cette scène atroce, elle prit conscience de la souffrance de Niccolo. Soudain elle eut pour lui, dans un élan, un curieux sentiment, jamais éprouvé auparavant. C'était de la compassion, un désir fraternel d'apaiser cette douleur, de consoler, de prendre dans ses bras cet homme malheureux.

— Pardon..., s'entendit-elle prononcer avec stupeur. (Et elle répéta encore :) Pardon...

Niccolo la regarda, incrédule. C'était là sa femme, son bien, il l'avait épousée, elle était à lui, et elle n'était pas coupable. Le vrai coupable c'était Lorenzo, celui qui avait profané son idole, celui qui s'était approprié son bien, qui avait pris sa femme, comme lui-même la prenait nuit après nuit. Imaginer Lucrezia gémissant de plaisir dans les bras de Lorenzo décupla sa fureur. Il fit quelques pas vers elle. Lucrezia prit conscience du danger et, faisant face à Niccolo, elle s'efforça de gagner la porte.

— N'aie pas peur... grinçait-il sans même s'en rendre compte. Je ne veux que te tuer, tu comprends ? Te tuer ! Pour que plus jamais... plus jamais tu ne songes à me tromper... à me trahir avec lui...

Il la regardait fixement et marchait vers elle, un spasme de haine et de passion lui tordait la bouche.

Il était maintenant tout près d'elle, elle sentait son souffle chaud sur son visage. Rapidement, elle eut le temps de dire :

— Si tu me tues... Si tu me tues...

Mais elle ne put achever. Il l'avait saisie à la gorge d'une main et la frappait de l'autre en plein visage. Elle étouffait, cherchait de l'air et se débattait de plus en plus faiblement. Les ténèbres se ruèrent sur elle, et elle ne se sentit pas tomber.

Les derniers mots qu'elle perçut furent : « Ne la tue pas... ! Je t'en conjure, Niccolo ! Ne la tue pas... »

Jamais Lucrezia ne sut combien de temps elle était restée évanouie. Lorsqu'elle revint à elle, elle était allongée à même le sol, la tête soutenue par une main secourable, la bouche pleine de sang. Sa tête lui faisait atrocement mal, et elle avait de la peine à ouvrir les yeux. Elle s'y efforça cependant. Un bourdonnement de voix insistant lui parvenait, et quelqu'un lui tapotait le front avec des linges humides...

« Si vous l'avez tuée... », entendit-elle. Et, à son grand soulagement, elle reconnut la voix de sa mère. Caterina implorait :

— ... Ma petite, ma petite à moi... Ouvre les yeux... C'est moi...

Plus tard, beaucoup plus tard, Lucrezia apprit que sa mère avait deviné ce qui allait se passer lorsque Niccolo était venu la chercher au début de l'après-midi. Elle s'était résolue à voler au secours de sa fille et avait malheureusement perdu du temps en allant d'abord la chercher au Palais Médicis. Lucrezia referma les yeux, soulagée. Sa mère était là et plus rien de mal ne pouvait lui arriver... La voix de Niccolo lui parvint :

— Vous le saviez, vous, n'est-ce pas, qu'elle était la maîtresse de ce... Et depuis quand ? Depuis notre retour d'Istanbul ?

— Non... ! Qu'allez-vous imaginer ? protesta Caterina. Comment osez-vous... ? Je vais reprendre ma fille ! Elle va revenir avec moi !

Niccolo ricana.

— Reprendre votre fille ? Mais tout de suite, Signora. Tout de suite ! Que plus jamais elle ne se présente devant moi ! Que jamais... sinon je pourrais la tuer...

— C'est ce que vous auriez fait si je n'étais pas arrivée à temps...

— Sans doute. Sans doute aucun. Emmenez-la aussi loin que possible... Tenez, voici une bourse pleine de florins-or, car j'imagine que vous n'avez pas de quoi la nourrir.

Blessée, Caterina s'empara de la bourse et d'un geste d'une violence inouïe, à plusieurs reprises, frappa le visage de Niccolo. Les pièces d'or se répandirent dans la pièce.

Lucrezia fit un effort pour se lever, mais retomba sur le sol. Alors, incapable de proférer un son, tant sa bouche était enflée et sa mâchoire tuméfiée, elle se mit à faire « non » de la tête.

En rampant, Lucrezia s'accrocha aux jupes de sa mère.

— Non, maman... ! Non ! Ne fais pas..., parvint-elle enfin à dire.

Mais Caterina ne la vit ni ne l'entendit.

Alors que Niccolo épongeait son nez et ses arcades sourcilières, vilainement blessés, Caterina s'était emparée d'une statuette de bronze et allait en fracasser le crâne de son gendre, quand Lucrezia réussit à s'agripper à ses mains.

— Maman !... Maman, je t'en prie... C'est mon mari...

Ces derniers mots furent prononcés d'une voix si faible qu'aucun des deux adversaires qui se faisaient face ne les entendit. Mais Niccolo, dans sa douleur à la fois physique et morale, prit conscience que Lucrezia venait de lui sauver la vie. Une vie qu'à son grand étonnement il n'eût rien fait pour sauver. « Ai-je eu vraiment envie de mourir ?... » se demanda-t-il en soulevant sa femme du sol et en la portant sur le lit.

*

Lorsqu'elle arriva enfin dans la vieille villa à moitié en ruine que possédait Niccolo près de Miniato, Lucrezia poussa un soupir qui pouvait être un soupir de soulagement. Elle était enfin arrivée quelque part après des heures d'un voyage épuisant en pleine nuit, et elle souhaitait asperger d'eau fraîche ses blessures. Elle sentait sa bouche meurtrie, enflée, son dos était extrêmement douloureux et elle avait beaucoup de mal à respirer. Quand elle entra dans la chambre qui désormais serait sa prison, elle eut le réflexe bien féminin de se précipiter devant le miroir qui trônait au-dessus d'un coffre d'ébène sculptée. Horrifiée, elle faillit pousser un hurlement. Les yeux tuméfiés, la bouche énorme, de vilaines ecchymoses bleuâtres sur son cou... Elle faisait vraiment peur à voir.

Niccolo l'observait en silence. Il ne pouvait s'empêcher de penser à Lorenzo, et chaque fois qu'il pensait au jeune homme, ses poings se serraient et il n'y avait plus que le meurtre en lui. Désormais, ce n'était pas Lucrezia qu'il voulait tuer. C'était l'autre. « Encore deux jours ! et il ne restera rien des Médicis ! » pensait-il pour dompter le fauve furieux qui le dévorait. Et d'imaginer Lorenzo nageant dans son sang le soulageait.

Jamais depuis sa plus tendre enfance il n'était revenu dans cette maison abandonnée, à peine meublée, et dont s'occupaient vaguement un vieux couple de paysans et quelques serviteurs qui, hébétés, les regardaient l'un et l'autre, se demandant sans doute ce qui avait bien pu mettre la jeune dame dans cet état. Niccolo s'approcha de la fenêtre. Le jour se levait. Le ciel était pur, déjà clair ; vers le soleil levant, l'étoile de Vénus jetait ses derniers feux. Par moments ses yeux s'arrêtaient sur Lucrezia qui, en proie à une noire désolation devant la tuméfaction de son visage, se regardait avec stupeur dans le miroir.

Il ouvrit les vastes portes-fenêtres sur un perron dont les dalles de pierre grise étaient un peu défoncées. C'était une merveilleuse matinée d'été. Le jardin complètement à l'abandon exhalait en un seul bouquet une profusion de parfums de roses, de lis et d'herbes épicées, auxquels se mêlait l'odeur du fleuve qui coulait en contrebas de la propriété. Pris d'un léger vertige, Niccolo sortit et marcha dans les herbes hautes qui avaient grand besoin d'être fauchées. Il s'approcha du fleuve qui contournait gracieusement le jardin de telle manière que la maison et son parc étaient comme une presqu'île à peine reliée à la terre par l'entrée principale. Au loin s'étendaient des centaines d'acres de champs en friche, et, bien que l'heure fût pour lui l'une des plus dramatiques de son existence, Niccolo eut une pensée étrange, inconcevable chez un homme comme lui, si vénal, si ambitieux. « Ces champs improductifs, et qui m'appartiennent... N'est-ce pas une honte que de les laisser à l'abandon ? » Puis, une pensée en entraînant une autre : « Et si c'était là que se trouvait le bonheur... » Rapidement, il chassa cette idée et retourna vers la villa.

Lucrezia n'avait pas bougé. Il faisait maintenant grand jour et le soleil dardait ses rayons sur la jeune femme. Les yeux vagues, immobile, elle était assise, les paumes ouvertes sur les genoux, dans une attitude d'abandon total. Niccolo l'observa furtivement et son visage tuméfié, ses vêtements en lambeaux le touchèrent. Des remords commencèrent à l'agiter, et il détourna la tête.

De longues minutes passèrent, et Niccolo restait debout, ne parvenant pas à s'en aller, incapable de prendre une décision. Puis, tout à coup son cœur creva d'un excès de passion, de souffrance et de haine. Il sut alors que quoi qu'il pût arriver, il ne cesserait jamais de l'aimer. Il éprouvait un désir violent de la prendre dans ses bras, de la consoler, de lui demander pardon, d'effacer les traces de coups et de la ramener avec lui dans leur nouvelle maison.

Si, à cet instant, Lucrezia l'avait seulement regardé, peut-être eût-il cédé à cette envie soudaine de lui pardonner. Mais elle regardait toujours dans le vague, les yeux fixes, avec de temps à autre de petits gémissements involontaires, lorsqu'un mouvement, aussi ténu fût-il, lui causait de vives souffrances. Le soleil d'août rayonnait sur la campagne. Au loin un petit bois, presque une forêt, offrait ses frais ombrages. Tout était calme, apaisant, une merveilleuse matinée d'été commençait. De nouveau Niccolo se dirigea vers les portes-fenêtres et s'essuya les yeux. Il n'avait de sa vie pleuré devant une femme et ce n'est pas en ce jour qu'il allait commencer. Il se retourna vers Lucrezia.

— Désirez-vous quelque chose ? demanda Niccolo.

Lucrezia tressaillit en entendant le « vous ». Elle fit signe que non. Il la regarda longuement. Si seulement elle se retournait, si seulement elle consentait à le regarder, ne fût-ce qu'une seconde.

— Vous n'avez rien à me dire, Lucrezia ?

Elle se tourna vers lui, et ce geste lui arracha un gémissement de douleur.

— A te... à vous dire ? articula-t-elle avec peine. Avez-vous vu ce que vous avez fait de moi ? Avez-vous vu ? Regardez-moi... Regardez-moi bien... C'est votre œuvre, cela... (Sa voix se brisa dans un sanglot.) Partez... Allez-vous-en ! Je ne veux plus jamais vous revoir...

— Lucrezia... moi... je vous pardonne. Je vous pardonne le mal que vous m'avez fait... Celui que je vous ai fait guérira. Dans quelques jours, il ne restera pas trace de ce que... enfin des coups que... Il ne restera rien ! Mais ma blessure restera toujours ouverte...

Elle le regarda enfin. Dans ses yeux il n'y avait que de la haine.

— Puissiez-vous mourir..., murmura-t-elle d'une voix inaudible. Allez-vous-en, Niccolo... Je ne veux plus jamais vous revoir..., reprit-elle d'une voix plus forte. Faites de moi ce que vous voudrez, jetez-moi dans un couvent, tuez-moi, mais ne m'approchez plus. Plus jamais...

Niccolo sortit. Il ne put jamais se souvenir ni comment ni en combien de temps il regagna Florence et la belle maison toute neuve qu'il avait fait restaurer pour Lucrezia.

⁂

Au cours de cette même journée, d'une seule traite, Lorenzo avait gagné Careggi. Auparavant, il s'était entendu avec sa mère pour qu'elle emmène en lieu sûr, à Bagno a Morba, Giuliano et grand-mère Contessina qu'une récente attaque avait rendue quasi impotente.

« Prends avec toi quelque renfort, avait recommandé Lucrezia. Demande à tes beaux-frères Guglielmo et Bernardo de te prêter main-forte. Avec une bonne dizaine de cavaliers, vous pouvez, tous ensemble, déjouer cette ignominie... Tu es sûr, n'est-ce pas, des informations que t'a apportées ton amie ? »

Lorenzo avait hoché la tête affirmativement. A aucun moment il n'avait mis en doute ce que Lucrezia lui avait dit.

Arrivé à Careggi, il fit part à son père de ce qu'il venait

d'apprendre. Luca Pitti avait assemblé une cinquantaine de spadassins et s'apprêtait à le tuer. Au grand étonnement de Lorenzo, Piero ne parut pas surpris de ce complot ourdi contre leur famille. Mais il écouta son fils attentivement, fier de ce grand jeune homme courageux qui donnait des ordres, tirait l'épée.

— Il ne faut pas trop s'inquiéter..., dit-il à son fils, un peu amusé par l'excitation fébrile du jeune homme. Si tu jauges bien la valeur de tes ennemis, tu sais comment les réduire à merci. Qui est Luca Pitti ? Un aristocrate vaniteux et stupide, imbu de ses prérogatives ancestrales, poltron comme un efféminé... Quels sont les Florentins qui le suivent ? Nero Capponi ? Dietisalvi Neroni ? Des paresseux et des sots, des aristocrates qui désirent le retour de leurs privilèges et qui surtout ne veulent plus payer d'impôts sur leurs biens fonciers. Bref, des héritiers et seulement des héritiers, incapables de gérer leur fortune, soucieux de chasses, d'amusements, de vices, de bijoux et de beaux vêtements... Quant à Manno Donati et Niccolo Ardinghelli...

Piero s'interrompit et observa son fils qui ne bronchait pas, les yeux ailleurs. Il reprit :

— Ce sont eux les hommes dangereux, ceux qui tirent les ficelles. Manno Donati est un homme ruiné qui n'a pas de souci que de faire de l'argent même avec son honneur, et qui peut vendre ce qui reste de cet honneur à qui le veut et quel qu'en soit le prix. Quant à l'autre homme dangereux, Niccolo Ardinghelli, il sait que si sa réussite est brillante et rapide, elle est aussi fragile. Du jour au lendemain, une frégate qui coule, un incendie, une guerre qui va ruiner l'un de ses clients, et c'en est fait de lui ! Mais ce sont ces deux hommes qu'il faudra atteindre si nous parvenons à nous défaire de ceux qui veulent nous tuer... Je compte sur toi, mon fils... Sans toi, je ne peux agir. La vie de ta mère et de son frère, la mienne aussi, sont entre tes mains.

Le cœur de Lorenzo se gonfla de fierté et de crainte. « En comptant mes gendres Bernardo et Guglielmo, et ceux qui nous sont attachés, nous sommes une douzaine et il n'est plus temps d'avertir les Florentins de ce qui se prépare, reprit Piero.

— Il faut cependant prévenir notre Consorteria. Lucrezia m'a dit que l'attentat était prévu... le jour de l'Ascension, dans trois jours, lorsque tout le monde sera à l'église.

Piero réfléchissait.

— Oui. Il faut avertir nos amis, dit-il enfin, nous ne pourrons tenir tête à une bande armée, bien décidée à nous massacrer.

— Veux-tu que je retourne à Florence? demanda Lorenzo.

Inquiet, Piero hésita :

— Il y a peut-être du danger pour toi?

Alors Lorenzo que tout ceci excitait au plus haut point, grisé à la pensée de ses retrouvailles avec sa Lucrezia adorée, grisé par cette force juvénile qui gonflait en lui et par l'orgueil de se savoir vraiment chef de famille, responsable de la vie des siens, s'écria :

— Fais confiance à ton fils, père. Nous viendrons à bout de nos ennemis...

Piero eut un sourire plein de gaieté et d'indulgence :

— Je vais gagner Florence en litière. Deux gardes me suffiront pour ma protection. Il faut que je sois sur place aussi vite que possible. Précède-moi, mon fils. Prends avec toi tes beaux-frères et leur suite. A dix, vous ne risquez pas grand-chose. Va, et sois prudent...

Toujours en proie à cette exaltation joyeuse, Lorenzo fut bientôt à cheval et s'engagea en compagnie de Bernardo, Guglielmo et Luigi sur la route qui menait à Florence.

Arrivé à la hauteur de la route qui conduisait à San Antonio del Vescovo, il aperçut des hommes qui se dissimulaient. Dès qu'ils le virent, ils s'enfuirent au galop, ce qui ne laissa pas d'étonner Lorenzo et ses compagnons. Déçus de n'avoir pas eu à se battre, les jeunes gens se consultèrent.

— D'après toi, demanda Lorenzo à Bernardo, pourquoi se sont-ils enfuis?

— Je l'ignore. C'est très surprenant. Ils étaient plus nombreux que nous... et ils n'ont même pas cherché à combattre.

— Sans doute sont-ils allés quérir quelques renforts?

suggéra Guglielmo avec mépris. Nous sommes quatre, ils étaient plus de dix, et cela les a effrayés.

Soudain Lorenzo pâlit car il venait d'entrevoir une autre vérité.

— Non ! Ils nous guettaient simplement pour être sûrs que père était seul et sans défense sur la route. Voilà la raison de leur fuite. Ce n'est pas à moi qu'ils en veulent, mais à mon père.

C'est alors que Lorenzo prouva qu'il possédait réellement les qualités que tous lui prêtaient.

— Allez rejoindre mon père pour lui porter secours et le protéger. Moi, je vais affronter ces assassins... Lorsque vous serez auprès de mon père, engagez-le sur une autre route que celle qu'il emprunte habituellement. Et surtout, restez sur le qui-vive. Les assassins ignorent que nous sommes au courant de ce qu'ils préparent. C'est là notre force ! Il va falloir ruser.

Dès que ses compagnons eurent disparu, Lorenzo mit son cheval au petit trot comme s'il n'était pas pressé d'arriver à Florence. Il chantonnait, les yeux aux aguets, inquiet cependant, espérant que sa ruse réussirait. Pas un instant il ne songea au danger qu'il courait seul, sur une route déserte.

Arrêté à deux ou trois reprises par les espions des conjurés sous prétexte de civilités, Lorenzo déclara en souriant que son père le suivait sur cette même route et qu'il serait à Florence dans moins de deux heures.

Arrivé au Palais Médicis, il eut le temps de constituer une petite troupe qui se porta immédiatement au-devant de Piero. Ce n'est qu'à la fin de la journée que Lorenzo eut la joie de voir arriver son père sain et sauf, entouré de ses amis. Deux heures plus tard, la Seigneurie procéda à l'arrestation des conjurés. Seuls deux des leurs purent s'échapper : Manno Donati et Niccolo Ardinghelli.

Tard dans la nuit, alors que Niccolo Ardinghelli galopait vers San Miniato, il fut intercepté par Agnolo Acciaiuoli qui avait appris que leur complot avait échoué et que tous les chefs avaient été arrêtés.

— Nous avons été trahis ! dit amèrement Agnolo Acciaiuoli.

— Trahis ? s'étonna Niccolo. Trahis, vraiment ? Mais par qui donc ?

— Oh, ce n'est certes pas l'un de nous, répondit Agnolo. Ni Luca, ni Dietisalvi... peut-être Soderini ? Après tout, son oncle est le conseiller financier de Piero de Médicis.

— Impossible, dit Niccolo Ardinghelli. Soderini ne m'a pas quitté, et d'ailleurs, j'ai toute confiance en lui. Toi-même, n'es-tu pas le propre frère de la femme de son fils ? Cela t'a-t-il empêché de rejoindre notre camp ? Ce n'est pas de notre côté qu'il faut rechercher la trahison. Pourquoi Manno n'a-t-il pas été arrêté ? Il a tellement besoin d'argent... Et c'est le seul qui connaissait l'exacte composition des membres de la conjuration...

— Il s'est enfui dès qu'il a appris l'échec de la conjuration. Non, je ne pense pas que Manno soit coupable. Sa femme peut-être !

— Caterina ? Comment l'aurait-elle su ?

— Il ne lui cache rien.

— Elle aime son mari ! L'aurait-elle dénoncé au risque de le faire jeter en prison ou condamner à être pendu ? Impossible, ce n'est pas elle ! Pourquoi aurait-elle fait cela ?

— Peut-être pour le sauver !

— Oui ! Peut-être. Nous ne le saurons sans doute jamais.

Soudain, une idée terrible figea Niccolo sur place. C'était plus qu'une idée, c'était une certitude. Il n'aurait su dire sur quoi il pouvait la fonder, mais il était à présent persuadé que l'auteur de la trahison était Lucrezia. Une houle de haine le submergea. « Je vais la tuer », pensa-t-il.

Les deux hommes remontèrent à cheval.

— Que vas-tu faire désormais ? demanda Agnolo à Niccolo.

— Je retourne chercher ma femme, et nous partirons à Venise dès le petit jour. Personne ne connaît ma villa de San Miniato, sauf ma belle-mère dont je ne me méfierai jamais assez. Dès que possible, je gagnerai la république de Venise. Viens me rejoindre au plus tôt...

Il piqua des deux, et disparut dans un nuage de poussière.

*

Lucrezia était allongée sur le lit. Rigide comme un cadavre, elle respirait avec difficulté. Dans sa chute de la veille, elle s'était probablement brisé une côte, car une violente douleur du côté droit lui interdisait tout mouvement. Elle souhaitait dormir et ne plus se réveiller. Elle n'avait conscience que d'une immense souffrance qui la lacérait de toute part. Parfois elle se débattait violemment en hurlant, appelant sa mère au secours.

Alors une main se posait sur son front, puis une serviette d'eau fraîche. Une voix disait : « C'est un transport au cerveau... » Une autre voix déformée par l'angoisse répondait : « Il faut la sauver, Messer, elle est ce que j'ai de plus cher au monde... » Et les ténèbres se refermaient sur elle avant qu'elle n'ait pu donner un nom à cette voix.

Elle ne vit pas venir les nuits, elle ne vit pas venir les jours, et fut très étonnée un matin, lorsqu'elle ouvrit les yeux, de voir Niccolo debout auprès de la fenêtre et qui lui tournait le dos. Elle ferma les yeux, épouvantée. « Il est revenu, pensa-t-elle. Il est revenu pour m'achever... » Et elle s'évanouit de terreur.

Quand elle revint à elle, des mains fortes et rassurantes serraient les siennes. Elle fit un effort pour tourner la tête et elle ouvrit les yeux.

— Il va falloir vous lever, ma chère..., dit la voix de Niccolo. Nous allons partir au plus tôt, et le voyage sera long. Rassurez-vous, vous voyagerez en litière et tout sera fait pour que vous n'ayez pas à vous plaindre. Vous nous avez fait terriblement peur.

Lentement, Lucrezia revenait à la vie. Par bribes, elle apprit des servantes admiratives combien son mari l'avait soignée, ne quittant pas son chevet, la soignant...

Adossée sur ses oreillers, Lucrezia écoutait, stupéfaite. Ainsi elle était restée plus de huit jours entre la vie et la mort ! Ainsi Niccolo ne l'avait quittée ni jour ni nuit ! La maigreur de son mari, son visage blême, la barbe qui salissait ses joues, tout attestait de la véracité de ces dires.

« Quel homme curieux ! » pensait Lucrezia tout en buvant sagement un lait de poule censé lui redonner des forces, « il tente de me tuer, me frappe à mort, et lorsque je vais vraiment mourir, le voilà qui se désole, qui se meurt de chagrin. Où a-t-on vu cela ?... »

*

Ce n'est que quelques jours plus tard, lorsque le couple atteignit Venise, que Lucrezia apprit que Niccolo, en restant auprès d'elle, avait risqué sa vie. En effet, condamné à la pendaison, il était recherché par Lorenzo qui ne souhaitait qu'une chose : le voir pendu, et dans les plus brefs délais. Caterina Donati lui avait raconté la scène dont elle avait été témoin et depuis, en proie à une puissante inquiétude, le jeune homme ne décolérait pas. Ce n'est que lorsqu'il apprit par l'un de ses espions que Niccolo et Lucrezia étaient enfin arrivés à Venise, et que Lucrezia, bien que maigre et visiblement fatiguée par le voyage, était vivante, qu'il se calma.

Un mois plus tard, alors que sa colère avait cédé la place à la mélancolie, sa mère le fit demander.

— Ton père a catégoriquement refusé de laisser mettre à mort les conjurés ainsi que le voulait la Seigneurie, lui annonça-t-elle en s'efforçant de paraître froide et sévère. J'ignore si ton grand-père eût été heureux d'une telle mansuétude. La Seigneurie a demandé que le châtiment soit exemplaire. Mais ton père a refusé le bain de sang.

— Pourtant, il eût été facile à père de laisser faire la Seigneurie, répondit Lorenzo, étonné. Nous aurions été débarrassés d'ennemis redoutables qui, dès qu'ils seront en liberté, s'empresseront de gagner Venise et de porter les armes contre nous !

— C'est ce qu'ils ont fait, mon enfant. A peine libres, ils sont partis avec une petite armée prête à tout. Mais ton père ne veut pas de sang sur ses mains, il me l'a encore répété ce matin. On sait comment les guerres civiles commencent, on ne sait jamais ni comment ni quand elles se terminent... Mieux vaut les éviter... Telle est sa position.

— Et il a raison ! dit Lorenzo avec fermeté. Le lui reprocherais-tu ? Voyons, mère, peut-on reprocher à père de faire preuve de mansuétude ?

Lucrezia hésita, puis elle dit :

— Peut-être. Mais ces hommes sont dangereux. Eux n'auraient pas hésité à frapper à mort un homme malade, infirme, incapable de se défendre ! Non, eux n'auraient pas hésité ! Pas un seul instant... Ta présence d'esprit et ton sang-froid ont sauvé ton père, et pour cela je te chéris plus encore que ce que je croyais possible... Mais dis-toi bien, mon enfant, qu'ils recommenceront !... Dans deux ans, dans trois ans. Et moi, ta mère, je te dis ceci : Si ces misérables touchent à un cheveu de la tête de ton père ou de la tienne ou de celle de Giuliano, je n'attendrai pas que la Seigneurie condamne ou ne condamne pas. C'est moi qui ferai justice. Tu ne peux imaginer les heures que j'ai passées à Bagno a Morba en imaginant le pire. Ces heures-là se paieront très cher.

— Dieu a dit : Tu ne tueras point, dit Lorenzo, troublé par la violence de sa mère.

— C'est vrai. Mais il y a eu tant de meurtres, un tel monceau de cadavres depuis que Moïse nous a transmis la Loi de Dieu que l'on peut se demander si cette loi-là n'est pas caduque.

L'échec du complot fomenté contre la famille Médicis, et plus encore, la clémence et la mansuétude de Piero fortifièrent tout naturellement l'immense sympathie dont ils jouissaient tous. La nouvelle se propagea dans toutes les principautés italiennes, et même en France, où le roi Louis XI adoptait une attitude résolument opposée. La popularité des Médicis atteignit des sommets, et Piero fut désormais aussi aimé que l'avait été son père. Chaque fois que la nécessité l'obligeait à quitter son palais, un attroupement spontané se faisait autour de sa litière et de multiples offrandes tombaient sur ses couvertures. Fleurs, confitures, fruits confits, dont tous les Florentins savaient combien il était friand. En prenant cette décision, Piero avait donné la preuve qu'il appartenait à une catégorie supérieure de l'humanité. Le maître de Florence, après des années de souffrance morale et physique, était parvenu à un niveau de conscience tel que les passions primitives n'avaient plus de prise sur sa raison et sa réflexion.

*

Le temps était venu de concrétiser par des actes le mariage de Lorenzo avec la princesse Clarice. Le pape Paolo II et le prince Orsini avaient été très clairs : pas de mariage, pas de concessions sur les mines d'alun. Lorenzo s'inclina. On était en 1467, il venait de fêter ses dix-neuf ans et il était tout à fait en âge de se marier. D'abord auraient lieu les fiançailles. La veille du jour où elle allait prendre la route pour Rome, Lucrezia fit venir son fils dans sa chambre. Elle voulait savoir s'il était vraiment prêt à la suivre dans sa politique.

S'il ne se fût agi de Florence, elle lui aurait conseillé de se battre pour la seule chose qui ait une valeur réelle, qui donne un sens, une splendeur, une joie véritable à la vie ; un amour réciproque et sincère.

— Lorenzo..., commença-t-elle d'une voix hésitante.

— Oui, mère ?

— Es-tu toujours dans les mêmes dispositions ? Je veux dire... une union entre toi et la princesse Clarice a-t-elle toujours ton agrément ?

Lorenzo détourna la tête, puis laissa échapper dans un soupir :

— Puisqu'il le faut...

— Donc... tu acceptes ? Sans lutter ?

— Lutter ? Pourquoi ?

— Lucrezia Donati... ou dois-je dire... Lucrezia Ardinghelli ?

Lorenzo baissa la tête.

— Lucrezia est à moi. Elle le sera éternellement... Elle est partie je ne sais où, et j'ignore même si je la reverrai un jour ! Cependant, pour moi, elle existe toujours dans mon cœur, dans ma tête... Elle m'a juré que rien ne viendra nous séparer. Même son mariage ne signifie rien pour elle.

Après un petit silence, Lucrezia de Médicis, quelque peu effrayée par ces propos passionnés, dit :

— Ta Lucrezia est la femme de Niccolo Ardinghelli. Et pour lui, ce mariage compte. Compte énormément. Il est aussi amoureux de sa femme que tu l'es d'elle.

Lorenzo baissa les yeux vers sa mère qu'il domine de toute

la hauteur de sa taille. Alors elle trembla. Elle trembla de peur devant le visage de Lorenzo. Elle trembla devant ce regard parfaitement désespéré.

— Lorenzo, mon petit... si tu le veux, nous ne ferons pas ce mariage... Si tu le veux, mon enfant ! Un mot...

Mais Lorenzo secoua la tête.

— Que ce qui doit être s'accomplisse..., dit-il simplement.

Il se détourna et ferma les yeux. Seule la contraction de sa mâchoire indiquait sa violente envie de pleurer.

Lucrezia lui prit les mains et les serra.

— Mon petit..., dit-elle bouleversée, mon petit garçon à moi...

Les fêtes prévues pour les fiançailles furent retardées par une autre guerre, provoquée par ceux-là mêmes à qui Piero de Médicis avait accordé son pardon l'année précédente. Émigrés à Venise, Dietisalvi Neroni, Niccolo Ardinghelli et Niccolo Soderini avaient mis à profit le climat politique hostile à Florence qui régnait dans Venise. En mai 1467, ils parvinrent à convaincre les Doges de lancer une armée contre Piero de Médicis.

Le cynisme, la débauche, la corruption, l'ambition effrénée et l'avidité insatiable étaient les vertus cardinales des ennemis des Médicis. L'unique but de la richissime famille de Luca Pitti, qui ne désarmait pas, était de s'emparer du pouvoir et de restaurer le clan des aristocrates. Pour cela, tous les moyens étaient bons, y compris celui de s'allier aux ennemis d'hier, aux ennemis mêmes de la république de Florence, les Doges de Venise, pour renverser les seuls ennemis véritables : Piero de Médicis et ses fils.

Carrefour important entre l'Orient et l'Occident, Venise n'avait jamais accepté le projet d'une unité italienne, et encore moins l'idée d'une alliance contre les Turcs musulmans. De plus, la grandeur, la magnificence de la république de Florence lui portaient préjudice. Et la rivalité commerciale qui opposait les deux Républiques allaient s'accentuant. C'étaient là beaucoup plus de raisons qu'il n'était nécessaire pour se faire la guerre.

Poussé par le « clan » des aristocrates florentins, Venise déclara la guerre à Florence, et les deux armées se rencontrèrent le 25 juillet 1467 à Molinella.

Guerre brève, inutile et coûteuse, qui se termina par la victoire des Médicis contre leurs ennemis. La puissance des Médicis s'en trouva consolidée dans tous les États européens. « On ne s'était pas beaucoup battu, mais on avait obtenu une retentissante victoire diplomatique. Ce sont celles qui coûtent le moins cher en vies humaines, et qui rapportent le plus [1]... »

1. *Laurent le Magnifique,* Marcel Brion, Éd. Albin Michel, 1937, Paris.

QUATRIÈME PARTIE

L'âge d'or

XVI
LE TEMPS REVIENDRA

7 février 1469

Dans le temps qui jamais n'atteindra l'âge mûr
Où notre doux amour restera éternel
Point d'autre beauté pour elle
Point d'autre feu pour nous
Mais les seules douceurs
de ce temps, et de ce lieu[1].

DEPUIS des semaines, malgré les intempéries, de la place du Dôme à celle de la Seigneurie, toutes les rues, les places, les maisons particulières avaient revêtu leurs ornements de parade. Chaque fenêtre était décorée de soie brochée, de velours, de tapis d'Inde ou de Perse. Des corbeilles de fleurs de serre s'étalaient le long des murs. Pas une fenêtre, pas une porte cochère qui ne fût fleurie.

Ce matin de février était éblouissant. Une douce chaleur presque printanière enveloppait la ville. De nombreux Florentins, malgré l'heure matinale, allaient et venaient, s'attardant à bavarder selon leur paresseuse coutume. Le sujet principal de conversation était l'arrivée à Florence de la princesse Clarice. Malgré l'amour inconditionnel qu'elles éprouvaient pour Lorenzo, les mères florentines ne parvenaient pas à lui pardonner tout à fait d'avoir choisi comme future épouse une princesse romaine.

La veille du tournoi, au Palais Médicis, où l'on avait accueilli la princesse et sa suite, l'effervescence était à son comble. Lucrezia de Médicis ne tenait pas en place. Elle

1. « Selve d'amore », de Lorenzo de Médicis.

détestait ce genre d'exhibition où l'on risquait inutilement sa vie. Cependant, Florence adorait ces tournois, et eût très mal compris que son héros favori ne s'y adonnât point. L'extraordinaire cérémonial, l'enthousiasme de la foule immense occupant toits, balcons, fenêtres, tout cela était nécessaire et faisait partie intégrante de la vie de la cité.

Ce tournoi, donné en l'honneur de la princesse Clarice, dont on fêtait ainsi les fiançailles, allait être l'un des plus beaux, l'un des plus extraordinaires que la ville de Florence eût jamais connus.

La matinée s'avançait, et Lucrezia de Médicis s'étonnait de n'avoir pas encore vu la princesse Clarice, laquelle aurait dû descendre depuis plus d'une heure. Injustement, Lucrezia s'irrita contre sa future belle-fille.

— C'est une petite sotte ! dit-elle à Piero qui s'efforçait de la calmer. Lorenzo va peut-être faire un grand et beau mariage... mais l'épouse n'est pas à la hauteur de son nom ! Son instruction laisse beaucoup à désirer ! C'est très au-dessous de notre famille ! Oh ! Je sais... je sais... Elle se considère comme supérieure à nous du fait de son rang ! Mais, quel que soit cet admirable rang... je la tiens pour une petite sotte, pas même jolie... Que t'en semble ? Eh bien ? répondras-tu ? ou faudra-t-il t'arracher la langue ?

Piero eut un petit sourire.

— Bah ! c'est encore une enfant ! Laisse-la s'habituer à nous ! Nous sommes si différents... Pense combien nous devons l'effrayer avec nos discussions permanentes sur tous les sujets possibles... Avec nos cris, notre passion à nous convaincre mutuellement...

— Peut-être... Giuliano, qui s'occupe d'elle, me dit qu'elle ne s'intéresse à rien ! Ni art, ni musique, ni livres... Juste la messe !

— C'est, en effet, un peu court. Mais, dis-moi, pourquoi est-ce Giuliano qui s'occupe de sa future belle-sœur ? Il me semble que ce serait là davantage le rôle de Lorenzo ? A-t-il passé avec elle cette dernière nuit que la princesse Clarice passe sous notre toit ? Elle doit retourner à Rome dès la fin du tournoi, n'est-ce pas ? Si l'on veut que ce mariage se fasse, il eût été bon que Lorenzo s'accordât quelque privauté ? Sais-tu quelque chose ? Lorenzo est-il allé la rejoindre cette nuit ?

Lucrezia dévisagea son mari.

— Mais... je le suppose... N'est-ce pas le cas ?

— Je ne sais pas. Lorenzo a passé une grande partie de la soirée avec Bernardo, afin, m'a-t-il dit, de vérifier si tout était en ordre pour le tournoi... En fait, je le soupçonne fort d'être allé lutiner quelques jolies filles. On le voyait beaucoup chez Bartolommea de Nasi...

Il hésita un instant à informer son épouse d'une nouvelle qui lui avait été rapportée la veille. Lucrezia Ardinghelli était de retour à Florence depuis près d'une semaine et se cachait dans la maison de ses parents. Nul ne savait ni comment ni pourquoi elle était parvenue à se sauver. Mais il se tut. D'une part, cette information pouvait être fausse... et d'autre part, il était sûr que Lorenzo n'en savait encore rien.

Scandalisée, Lucrezia protestait :

— Vraiment, Lorenzo aurait pu faire semblant... Je m'explique maintenant, si cela s'avère exact, que Clarice ne soit pas descendue... Elle doit être aussi furieuse qu'humiliée...

Au moment précis où Lucrezia prononçait ces mots, la porte s'ouvrit sur la jeune fille. Elle offrait au regard un visage fermé, des yeux rougis par les larmes qu'elle ne se donnait pas la peine de dissimuler. Sa future belle-mère, touchée par ce chagrin enfantin, sentit sa colère s'envoler, ou, plus exactement, sentit ladite colère se diriger vers l'auteur de ce chagrin.

— Il va faire beau, Madonna de Médicis... Mère..., dit la princesse Clarice en esquissant un sourire de commande. Demain sera un grand jour ! Je suis sûre que... que Lorenzo gagnera.

Elle avait rougi en prononçant le nom de Lorenzo et son regard, un instant, s'était éclairé. Il était visible qu'elle adorait son jeune et si indifférent fiancé. Mais elle se sentait malheureuse et peu à son aise dans cette famille où il était nécessaire d'avoir une opinion sur des tableaux qu'elle trouvait singulièrement indécents, où des jeunes peintres égrillards et obscènes venaient souper à la table des Médicis et où l'on accordait une telle importance aux choses de l'art et de l'esprit.

La veille, en l'absence de Lorenzo, on avait parlé pendant tout le dîner de textes grecs du IIIe siècle après J.-C., l'*Hermetica.* Dix-huit volumes qui venaient d'être apportés à Florence. La princesse Clarice trouvait un peu niais de perdre son temps à chercher à comprendre le sens d'un texte dont nul ne se souciait plus depuis longtemps... Elle avait passé la soirée à s'ennuyer et à chercher à dissimuler son ennui... Ce qui l'irritait par-dessus tout, c'était cette simplicité bonhomme qui régnait chez les Médicis et qui faisait que tous, peintres, musiciens, poètes, écrivains, philosophes, étaient absolument traités sur le même pied, sans aucune hiérarchie. Et cela, pour la princesse Clarice, était inconcevable.

Elle n'aimait pas Florence ! Elle n'aimait pas cette famille de marchands, dont la gaieté insouciante, le sens de l'égalité, la fantaisie brouillonne et surtout le scepticisme religieux à peine déguisé la choquaient profondément. Elle était malheureuse parce que sa première nuit de fiancée, elle l'avait passée seule à attendre un homme qu'elle aimait et qui n'était pas venu. Certes, la princesse Clarice Orsini s'était apprêtée à ces fiançailles comme Iphigénie au sacrifice. Mais, connaissant la grande liberté de mœurs des Florentins, elle s'était imaginé, avec autant de détails que son innocence pouvait lui en donner, sa première nuit avec Lorenzo.

Elle était depuis huit jours à Florence, et elle attendait le sacrifice de sa vertu avec une impatience folle et grandissante. La veille, elle avait pensé qu'enfin le moment était venu... Sa déception était à la mesure de l'intensité de son amour...

La journée passa, sans que Lorenzo, entièrement pris par les préparatifs de la fête, qui dès la première heure de la matinée, débuterait par une procession et des chars fleuris, donnât signe de vie.

*

Il était très tard, mais Lucrezia Ardinghelli-Donati ne parvenait pas à dormir. Le profond silence qui régnait dans sa chambre ne faisait qu'accroître son agitation. Debout près de la fenêtre, elle réfléchissait à la semaine qui venait de s'écouler. Elle était parvenue à s'enfuir, à quitter Venise et peu importait que Niccolo la pourchassât jusque dans la demeure de ses parents. Elle ne redoutait plus l'avenir. « S'il met les pieds à Florence, il sera pendu ! Jamais Lorenzo ne le laissera vivant ! » Rassurée par cette pensée, en proie à une agitation qui n'avait rien à voir avec sa fuite, elle ouvrit la fenêtre pour respirer l'air du soir. Février était particulièrement doux. Chassés par le vent du sud, de gros nuages noirs filaient rapidement vers le nord. Et pour Lucrezia, les odeurs, les sensations de la nuit, la douceur de l'air étaient autant de bonheurs retrouvés. Bonheur aussi de revoir la maison de l'enfance heureuse, de l'adolescence passionnée, où chaque pièce, chaque meuble recelait un souvenir. Toute la journée, avec sa mère, elle avait décidé de la toilette qu'elle porterait le jour du tournoi. Ce serait sa première sortie à Florence depuis sa fuite. D'avance, Lucrezia jouissait avec un enfantin plaisir de la surprise qu'elle allait susciter. Personne à ce jour n'avait été averti. Elle savait que cette fête était donnée en l'honneur de la princesse Clarice qui deviendrait officiellement en ce jour la fiancée de Lorenzo. Alors Lucrezia se voulait la plus belle, pour que Lorenzo gardât d'elle un impérissable souvenir, parce qu'elle l'aimait encore, qu'elle l'aimait toujours, et que cet amour lui faisait mal.

Les deux années qu'elle venait de passer loin de Florence, pratiquement prisonnière dans un somptueux palais vénitien, sans cesse sous la garde vigilante d'une duègne et d'un valet qui, avec beaucoup d'obséquiosité, ne l'avaient jamais laissée seule, pas même une seconde, l'avaient singulièrement mûrie. Tout ce qui auparavant lui semblait nécessaire, voire indispensable, ne lui apparaissait plus que comme autant de pièges qui se refermaient sur ceux qui les désiraient et qui, pour les obtenir, sacrifiaient sans le savoir l'essentiel, le plus important. Richesse, gloire, puissance... Lorenzo avait tout cela. Était-il heureux, était-il libre de choisir sa vie pour autant ? Et elle... Elle ne comptait plus ses toilettes, toutes plus belles les unes que les autres, ses coffres débordaient de somptueux bijoux, le palais qu'elle avait quitté était digne des mille et une nuits... et pourtant, elle y avait pleuré chaque nuit, subissant avec rage (et cependant plaisir) les assauts de son mari. Elle y avait sans cesse rêvé de Lorenzo, de ce qui avec lui aurait pu être et ne serait jamais.

*

Une foule énorme avait envahi les gradins, élevés sur le pourtour de la place Santa Croce.

Giuliano de Médicis, dont les seize ans éclataient de séduction, cavalcadait en tête, ouvrant le tournoi. Il était vêtu d'une simple tunique de soie blanche et d'un manteau d'hermine. Douze fils de gentilshommes aussi jeunes et beaux que lui avec leur armure étincelante, leur heaume d'acier travaillé de fines ciselures et leurs lourdes et superbes épées le suivaient à quelques brasses. Derrière marchaient trois jeunes pages en habits brodés d'or sur fond écarlate et tenant des fanions aux armes des Médicis, « six boules d'or sur fond écarlate ».

Puis venaient, sur deux rangées, vingt-quatre trompettes dont les pennons s'ornaient de la fleur de lys sur fond d'azur. Cette fleur de lys octroyée quelques années auparavant par le roi de France Louis XI et dont les Médicis s'enorgueillissaient. Un char fleuri succéda aux musiciens, et des jeunes filles envoyèrent à la foule qui s'agglutinait le long des barrières des pétales de roses.

Suivaient une nouvelle troupe de pages à cheval et une autre fanfare de trompettes, de tambours et de flûtistes, de danseurs, de jongleurs... Tous furent salués par des tempêtes de vivats, de bravos, d'acclamations diverses, puis le silence se fit.

Alors, soudain, ce fut l'apothéose. Lorenzo apparut et la foule debout hurla sa joie, son amour, son enthousiasme pour ce jeune homme si laid et si rayonnant. Il était l'élu, le bien-aimé, le maître attendu et choisi, le fils de Cosimo donc le Fils de Dieu.

Il se tenait très droit sur son cheval blanc, ne perdant pas un pouce de sa haute taille flexible. Sa laideur puissante, presque magnétique, s'adoucissait d'un sourire joyeux et comme étonné des acclamations qui le saluaient. Il était roi par son allure, et par la magnificence de ses vêtements. Il était plus que roi par l'amour dont le peuple de Florence l'encensait. Au pas, son cheval fit le tour de la place. Et chacun pouvait voir Lorenzo, lui crier son amour et son admiration. Les plus audacieux lui prenaient la main pour la baiser.

Il portait, comme son jeune frère Giuliano, une simple tunique de soie blanche recouverte d'un manteau de velours aux couleurs médicéennes, rouge et blanc. Son béret de velours noir orné d'une fleur de lys en perles, grosses comme des olives, était surmonté d'une plume artificielle faite d'or fin. Son bouclier, sa lance, ses éperons, tout était en or. Mais surtout, étincelant de mille feux dans sa sertissure d'or finement ciselé, bien placé sur sa poitrine, le célèbre diamant des Médicis. « Le libro », objet de bien des convoitises dans les cours européennes. Soudain, Lorenzo immobilisa sa monture. Il venait d'apercevoir Lucrezia sur les gradins réservés aux nobles.

Son cœur sautait d'une manière désordonnée dans sa poitrine comprimée par la joie, et l'angoisse. Une multitude de sentiments disparates s'agitaient en lui. Seul l'empire qu'il avait sur lui-même lui permit de donner des éperons et de faire avancer son cheval.

Bientôt le centre de la place se vida. Le tournoi allait commencer. Lorenzo quitta son écharpe et lui substitua une petite cape de velours bleu frangée et bordée de lys d'or. Plaçant sur sa tête un casque, il immobilisa son cheval à grand-peine et attendit. Un grand silence s'abattit sur les gradins. On entendait tout juste le souffle du vent dans les tentures, dans les drapeaux... A l'autre extrémité de la place, quatre cavaliers avaient été sélectionnés parmi les plus rudes, les plus talentueux, et surtout parmi ceux que l'on ne pourrait jamais soupçonner de se laisser volontairement battre par Lorenzo. Ils le haïssaient avec une telle férocité que chacun d'eux eût volontiers choisi d'être traîné sur la place publique et livré au peuple, pour connaître l'immense joie de voir Lorenzo de Médicis mordre la poussière... et peut-être même d'y laisser la vie. Ces quatre cavaliers masqués par leur heaume retenaient d'une main leurs montures qui piaffaient nerveusement sur place.

Un page souleva sa trompette et lança un son clair et puissant. Le tournoi allait commencer.

Lorenzo s'élança, au galop de son cheval berbère. Il se précipita, lance en avant, sur le fils de Rinaldo des Albizzi, un jeune garçon de son âge. Le choc des deux lances sur les boucliers résonna dans le silence, mais aucun des deux cavaliers ne fut désarçonné. A plusieurs reprises, Lorenzo fonça sur les cavaliers qui lui étaient opposés. L'un d'eux, particulièrement violent et agressif, commit quelques tricheries qui soulevèrent la colère de la foule.

A la dixième reprise, le cavalier inconnu ne se présenta pas au combat. Il avait disparu. La rumeur qui courait supposait qu'il s'agissait du propre fils de Dietisalvi Neroni. Mais nul n'en était certain...

Et puis, soit maladresse de ses adversaires, soit que Lorenzo fût particulièrement désireux de gagner ce tournoi, toujours est-il qu'il parvint à se défaire des trois autres cavaliers qui lui furent successivement opposés.

Enfin, la victoire ! La victoire durement acquise, la victoire qui faisait de lui, Lorenzo de Médicis, l'authentique vainqueur.

Lorenzo fit le tour de la place Santa Croce sous les acclamations délirantes. Il tenait d'une main le casque ciselé, prix du tournoi, et de l'autre l'étendard sur lequel était inscrite sa devise : *Le temps reviendra.* C'est la fiancée qui aurait le privilège de couronner le vainqueur. Tous les regards convergeaient vers la loge des Médicis. La princesse Clarice se levait, souriante, légèrement hautaine, consciente du privilège qui l'attendait. Déjà elle tendait les mains pour recevoir le casque d'or dont elle allait couvrir le front de Lorenzo. Mais le cheval de Lorenzo passa devant elle et continua. Il s'arrêta devant la loge où Lucrezia Donati était assise entre ses parents. « Il ne va pas oser... », pensa Lucrezia qui sentit ses jambes défaillir. La même pensée au même moment devait sans doute jaillir dans les milliers de têtes soudain silencieuses. On se leva pour mieux voir. Lorenzo allait-il... Cela ne s'était pourtant jamais vu à Florence qui en avait pourtant vu de belles. Non, jamais un amant n'aurait osé braver publiquement toute une ville...

Le silence s'abattit sur la place comme une chape de plomb. Et c'est dans ce silence à peine troublé par le hennissement des chevaux que l'héritier des Médicis tendit le casque d'or à Lucrezia Donati en lançant d'une voix haute et claire :

— Il convient que je sois couronné par la Dame élue de mon cœur... (Puis, tandis que Lucrezia descendue des gradins posait le casque sur son front, il ajouta à voix basse pour elle seule :) Par la seule femme aimée à jamais.

Chancelante, Lucrezia se pencha, prit le casque et posa le trophée sur la tête du jeune homme agenouillé devant elle, comme au plus beau jour de leur amour. Tout ce qu'elle avait vécu depuis l'annonce du mariage de Lorenzo, depuis son propre mariage, s'évanouit comme un mauvais cauchemar. Quatre années venaient de s'envoler et l'avenir s'annonçait radieux. Lorenzo l'aimait encore. Lorenzo l'aimait toujours. Il venait de lui crier cet amour devant des milliers de témoins... Et comme à son habitude, il lui disait des vers :

Et voilà mon soleil qui surplombe les monts
Je salue sa lumière, je goûte sa chaleur
C'est l'éclat la beauté la chaleur de l'amour
Regarde autour de toi ce monde dans son entier
Que de rare il contient... Amour en est l'ouvrier
Le ciel et la mer aiment, et la terre aime encore
Et cette étoile aussi qui devance l'amour...
Le temps, l'endroit, pourquoi les chanter ?
Là où brille une telle étoile, il fait toujours clair, et c'est Paradis,
où se trouve si belle Dame
Tu es mon étoile, la haute beauté que tout cœur désire,
et que seul je vois sur la face aimée[1].

Après cet affront, la princesse Clarice ne désira plus qu'une chose : rompre ses fiançailles... ne plus jamais

1. « Selve d'amore », de Lorenzo de Médicis.

entendre parler de Lorenzo, ni des Médicis ni de Florence. Mais il n'était plus temps pour la malheureuse fiancée de décider de cette union. Des accords avaient été scellés entre les deux familles.

Ce mariage était désormais inéluctable. Il fut célébré par procuration à Rome, et c'est l'archevêque Filippo de Médicis qui remplaça son petit-neveu Lorenzo. Au moment où le prélat passa l'anneau nuptial à l'héritière des Orsini, celle-ci fondit en larmes amères. « Me voici mariée, et pour toujours, à un homme qui non seulement ne m'aime pas, mais qui devant tous a déclaré son amour à une autre... »

Il fut convenu que la princesse Clarice rejoindrait son « mari » dès le mois de juin 1469.

*

Sourd aux conseils que lui donnait son ami et conseiller Gentile Becchi : « Sois plus mesuré dans tes amours... Ne sacrifie pas tant de temps aux plaisirs de Vénus ! tu y laisseras ta santé... », Lorenzo passait le plus clair de son temps à l'amour. c'était devenu une nécessité vitale. Et d'avoir revu Lucrezia Donati lui faisait oublier tout le reste.

Pour son bonheur, la vie de Lorenzo entre le jour du tournoi et les cérémonies prévues pour son mariage, cérémonies qui auraient lieu au mois de juin 1469, fut étrangement facilitée par l'absence de Niccolo et surtout par le fait que toute la ville de Florence entérinait ses amours avec la belle Lucrezia. C'était là un phénomène étrange que cet adultère, cette vie scandaleuse recevant l'approbation de tous !

Ouvertement, quotidiennement, Lorenzo rencontrait Lucrezia où et quand bon lui semblait. Certes, les amants ménageaient un semblant de décence. Lucrezia était toujours accompagnée par sa mère ou par l'une de ses sœurs. Lorenzo était toujours avec ses beaux-frères ou son jeune frère Giuliano. Pour les Florentins, il n'y avait là rien de répréhensible. Une brigata de joyeux jeunes gens, riches et bien nés, désireux de s'amuser, organisait pour Lucrezia des fêtes superbes, et Lorenzo se tenait aux côtés de la jeune femme, exactement comme si elle n'avait jamais eu de mari et comme si lui-même ne devait jamais prendre femme... Du reste, ni l'un ni l'autre n'avait en public un geste que la décence n'eût toléré.

Près de quatre mois passèrent ainsi, et ce furent sans doute pour Lucrezia et Lorenzo les plus beaux de leur vie. Lorenzo était fou d'amour. Qu'importait que sa « Dame » fût l'épouse d'un autre ! Qu'importait que lui-même, marié par procuration, dût célébrer ses noces au début de l'été... Au cours de ces soirées folles où lui et ses amis reconstituaient les « Cours d'amour » du Moyen Âge, il aimait, après de multiples poésies, déclarer d'une voix docte ce qui était la loi dans la jeunesse florentine :

— ... Nous sommes nés libres... nous avons le droit de disposer de nous-mêmes, il n'existe pas de lois, pas de devoirs autres que celui de son bon plaisir dans la mesure où nous ne portons pas atteinte à la vie et au bonheur d'autrui... Il faut faire de sa vie une œuvre d'art, aussi parfaite que l'un de tes tableaux, Sandro Botticelli ! aussi superbe que ta musique..., aussi divine que les vers de Dante ou de Pétrarque... Il faut amener sa personnalité vers la perfection de l'être dans les limites de l'homme, à la mesure de l'amour... L'amour est notre guide... L'amour est notre Dieu... Nul mal ne peut venir de l'amour... Il justifie tout, excuse tout...

Et il embrassait la bouche de sa « Dame », sa Lucrezia, d'un chaste baiser.

Mais ce printemps 1469 ne fut pas seulement consacré à l'amour. Les affaires, la politique intérieure, les ambassades, les conspirations occupaient Lorenzo plus qu'il ne l'aurait voulu. Il ne pouvait laisser son père, de plus en plus impotent, ni sa mère, étrangement lasse depuis quelques semaines, s'occuper seuls des affaires Médicis.

Et l'ambition, l'unique rivale de Lucrezia, n'était pas morte en Lorenzo. Il était plus qu'agréable au jeune homme de se savoir prince en sa ville, il lui était encore plus agréable de savoir que son avis, ses conseils étaient écoutés des grands de ce monde. Les louanges le grisaient quelque peu, même si une petite voix venue du plus profond de sa conscience le mettait en garde contre ceux-là mêmes qui le flattaient le plus.

Pourtant, au milieu de son grand bonheur, il s'inquiétait

beaucoup pour son père. Le docteur del Medigo lui disait qu'il n'achèverait pas l'année. Lorenzo voulut lui donner la dernière joie que Piero attendait de lui.

Il honorerait son « mariage » comme il l'avait promis et donnerait un petit-fils à Piero... si possible avant sa mort...

Il en parla avec Lucrezia, à qui il avait étourdiment juré qu'il ne partagerait pas la couche de la princesse Clarice, et Lucrezia céda. N'était-elle pas mariée de son côté ? Les deux amants se jurèrent mutuellement que rien ne pourrait les désunir, et Lorenzo se prépara à ses noces.

Au mois de mai 1469, il fallut aller chercher la princesse Clarice à Rome. Pierfrancesco de Médicis, qui s'était réconcilié avec son cousin et envisageait avec lui une association basée sur des lois nouvelles, remplaça le père de Lorenzo, trop faible désormais pour un si long voyage, et, accompagné de son neveu Giuliano, de ses neveux par alliance Bernardo Rucellai et Guglielmo de Pazzi, du vieux Gentile Becchi et d'une demi-douzaine de jeunes gens, tous des meilleures familles florentines, il partit en grand équipage.

Les festivités commencèrent dès le premier jour de juin, lorsque la princesse Clarice franchit la Porte Sud de Florence.

Le jour de la cérémonie, le 4 juin, l'église San Lorenzo disparaissant sous les fleurs de lys accueillit le jeune couple et son consentement « ... à s'aimer, se soutenir, et se protéger mutuellement jusqu'à ce que la mort les sépare[1]... ».

Jamais Florence n'avait été à pareille fête. Les Florentins furent conviés à une multitude de spectacles magnifiques. Et cela dura plus de quatre jours. « Banquets, danses et musiques continuaient jours et nuits... Les loggias et les jardins de la via Larga étaient remplis à déborder, des dizaines de tables réservées pour les jeunes gens et les jeunes filles à marier[1]... »

La fête atteignit son apogée quand la jeune épousée pénétra dans sa nouvelle demeure, suivie d'un cortège de

1. Mémoires de Lorenzo de Médicis.

nobles Romains, tandis qu'au son d'une musique joyeuse on plaça devant elle un rameau d'olivier. Trois jours durant, les danses alternèrent avec les banquets, trois jours où, renâclant à son devoir conjugal, Lorenzo s'endormait à l'aube et ne se réveillait que pour aller festoyer. Lucrezia, fort sagement, n'avait assisté à aucune des fêtes données en l'honneur de ce mariage. Elle s'était retirée à la Villa Donati de Fiesole.

Dans la nuit du quatrième au cinquième jour, alors que l'aube se levait, Lorenzo découvrit sa jeune épouse en pleurs et cela le toucha. Pour la consoler, il la prit dans ses bras. Et parce qu'il avait vingt ans, que la princesse Clarice était toute neuve et fraîche en ses seize ans, ce fut sans effort qu'il la posséda à plusieurs reprises.

Ce mariage sans amour n'éveilla aucun sentiment dans l'âme de Lorenzo. Pas même un peu de compassion, quand la princesse Clarice fit quelque manière lorsqu'il la perça, et qu'il recommença « pour bien finir ce qu'il avait commencé... ». Mais, dès la semaine suivante, il célébrait à nouveau avec ardeur l'incomparable beauté de Lucrezia Donati.

Après les festivités, les jeunes mariés allèrent rejoindre Piero et Lucrezia de Médicis dans leur villa de Careggi. Pour une raison particulière qui sauta tout de suite aux yeux et aux oreilles de la princesse Clarice : sa rivale détestée était en villégiature non loin de là !

Mais la foudre allait tomber sur ce bel amour qui défiait la morale, les us et les coutumes.

Un matin de juin, Lucrezia reçut un mot que lui apportait un page de la part de sa mère. Elle pâlit en lisant ce billet fort bref : « *... Niccolo Ardinghelli a annoncé son retour à Florence. Il est attendu en date du 22 juillet. Reviens au plus tôt...* » Et c'était signé Caterina Donati.

Lucrezia, d'abord, se rebella. Elle ne rejoindrait pas Niccolo ! Qu'importait le scandale ? Elle était désormais sûre de l'amour inconditionnel de Lorenzo, et cette certitude lui donnait une force et un courage sans limites. « J'irai voir

Niccolo et je lui parlerai ! dit-elle avec fierté. Après tout, voilà près de cinq mois que nous ne nous sommes vus, peut-être acceptera-t-il de me comprendre et de me laisser vivre à ma guise ? S'il n'accepte pas, je me sauverai de nouveau et Lorenzo me protégera... » Elle écrivit rapidement un message destiné à Lorenzo, et envoya un courrier jusqu'à Careggi.

Lorsqu'il reçut le billet de Lucrezia, Lorenzo dissimula le mieux qu'il le pouvait sa surprise joyeuse... « Nous étions convenus cependant de ne pas nous voir aussi longtemps que je resterais à Careggi avec la princesse Clarice, mais comme moi, il lui est impossible de rester deux jours sans que nous nous tenions embrassés... »

En moins d'une demi-heure il était à cheval sur la route de Fiesole. Il ne se donna même pas la peine d'avertir sa femme qu'il serait absent pour la journée et peut-être pour la nuit...

Dès que la Villa Donati apparut au loin, dominant la colline, Lorenzo lança son cheval au triple galop et, quelques instants plus tard, Lucrezia se pressait contre lui et l'embrassait comme si elle ne l'avait pas vu depuis des années, ou comme si elle devait le quitter sur l'heure et ne plus jamais le revoir.

— Mon Lorenzo..., dit-elle en reprenant son souffle. Mon doux ami, tu ne m'en veux pas d'avoir rompu notre pacte ? de t'avoir fait venir ici ?

— Ma bien-aimée, t'en vouloir ? Et pourquoi donc, grand Dieu ?

Il comprit soudain, en voyant le visage grave de Lucrezia, qu'elle avait reçu de fâcheuses nouvelles.

— Que se passe-t-il, mon aimée ? Quelles sont tes craintes ?

— Je viens de recevoir un billet de ma mère. Niccolo est de retour.

Lorenzo blêmit.

— Mais il risque la prison... la pendaison, que sais-je ? As-tu une idée de la raison de sa venue à Florence ?

— Oui. Sans doute.

— Et c'est ?

— Moi. C'est moi qu'il vient reprendre... Je le sais... J'en suis sûre !

Lorenzo l'étreignit.

— Et tu penses que je le laisserai t'arracher à moi ? Le penses-tu sérieusement ? Lucrezia, écoute-moi, je pourrais le faire arrêter sur l'heure, mais je pense que Niccolo Ardinghelli est venu pour se battre. Alors, nous nous battrons !

Horrifiée, Lucrezia s'écria :

— Non ! Oh non, pas cela !

— Un duel est inévitable, mon aimée... Son honneur le commande, et l'amour que j'ai pour toi me l'ordonne. Cet homme doit mourir ! Et s'il meurt...

— S'il meurt ?

— Veuve, tu seras tout à fait libre de m'aimer au grand jour... Plus personne ne trouvera à redire que je puisse venir te voir en ta demeure... Songe, ma Lucrezia ! Nous n'aurons même plus à faire semblant de n'être que des amis ! Tu pourras participer à ma vie officiellement, comme ma Dame, comme l'élue de mon cœur...

— Mais...

Lucrezia, épouvantée, n'osa aller jusqu'au bout de sa pensée : « Mais si c'est toi qui meurs ? »

Lorenzo l'embrassa.

— Rassure-toi mon aimée, quand on aime comme je t'aime, il ne peut rien arriver de fâcheux... Personne encore ne m'a vaincu à ce jeu ! Viens maintenant... Il fait chaud ! Viens ! Allons nous étendre un peu dans ta chambre.

Alors que le crépuscule tombait déjà sur la campagne, Lorenzo s'apprêtait à monter à cheval et à rentrer chez lui.

— Quelle décision vas-tu prendre, ma Lucrezia ? demanda-t-il en lui prenant le visage entre ses mains, geste que la jeune femme adorait.

— Je vais retourner à Florence. Il faut que je lui parle ! que je lui explique... Oh, Lorenzo ! je ne veux pas de duel !

Soudain, une violente crispation mordit le cœur de Lorenzo.

— Tu es bien pressée d'aller le rejoindre..., dit-il avec reproche.

Étonnée, Lucrezia le dévisagea.

— Es-tu devenu fou, mon Lorenzo ? Que vas-tu imaginer ?

Sombre, Lorenzo ne répondit pas. La jalousie le dominait totalement. « Et moi que puis-je faire ? »

Un instant, il fut tenté d'aller provoquer Niccolo en duel sur-le-champ.

Mais il dut remettre à plus tard le plaisir d'enfoncer son épée dans les côtes de Niccolo. En arrivant à la Villa, son père et sa mère lui firent savoir qu'il devait partir au plus tôt pour Milan avec ses beaux-frères et un équipage conséquent.

— Le grand-duc de Milan, Galeazzo-Maria, et sa toute jeune épouse Bonna de Savoie viennent d'avoir un enfant, lui annonça sa mère. Il demande à ton père d'en être le parrain, mais il ne peut se déplacer. Or, il n'est pas question de refuser cet honneur qui va renforcer les liens d'amitié qui nous unissent depuis de si longues années à Milan...

Entre la perspective d'un duel et celle d'un voyage avec ses compagnons de prédilection, Lorenzo ne tergiversa pas une seconde. Dès la fin de juin, en brillant équipage, il se mit en route pour aller présenter ses félicitations au fils du condottiere qui devait sa couronne de prince à Cosimo de Médicis et à la belle-sœur du roi de France Louis XI.

*

La semaine qui suivit le départ de Lorenzo, Lucrezia était de retour à Florence. Par bravade, elle avait décidé, non pas de retourner chez sa mère, mais de se rendre directement au Palais Ardinghelli. Elle y fut accueillie par un chambellan qui la conduisit tout de suite dans ses appartements.

Avec stupéfaction, elle vit que sa chambre était aménagée comme si elle l'avait quittée la veille. Le lit était prêt à la recevoir, des fleurs remplissaient les vases, et des fruits frais, des friandises variées s'offraient à sa convoitise. Une robe somptueuse, toute brodée de fil d'or et de pierreries, l'attendait sur un portique. Elle agita une petite sonnette et ordonna à la servante qui se présenta, mais qui lui était inconnue, de lui préparer un bain parfumé. La matinée passa à sa toilette. Chaque fois qu'elle entendait un bruit de voix, ou de pas, son cœur sautait dans sa poitrine et elle restait là, tremblante, les mains et le front moites de peur. « Il va me tuer ! » pensait-elle.

Mais, l'alerte passée, elle reprenait sa toilette. La robe lui allait à merveille. Longtemps elle se mira dans la grande glace, émue par sa propre beauté.

Dans l'après-midi, n'ayant toujours pas vu son mari, elle décida de l'affronter et alla le rejoindre dans son cabinet.

Debout dans l'encadrement de la fenêtre ouverte sur le patio, Niccolo regardait fixement devant lui, les mains croisées derrière le dos. Quand il se retourna, il la toisa avec un mélange de tristesse et de haine.

— Ainsi, tu es là..., dit-il en utilisant machinalement le tutoiement qui était la marque de son amour pour elle.

Puis, se reprenant :

— Vous voilà donc revenue...

Lucrezia, qui s'attendait à de la violence, des cris, voire des coups, ne trouva rien à dire devant cette profonde désolation.

— Enfin, ajouta-t-il avec une ironie forcée, ma solitude va prendre fin ! Vous ne sauriez savoir combien il m'était pénible de souper seul !

Interdite, Lucrezia ne parvenait pas à proférer un son.

— Niccolo..., dit-elle après un silence prolongé. Nous ne pouvons continuer ainsi... Je suis certainement coupable envers vous... mais ne pourrions-nous nous entendre pour vivre en bonne intelligence ?

Il l'observa froidement avec une haine aussi intense que la passion qu'il éprouvait.

— Qu'entendez-vous par cela ? Vivre en bonne intelligence... ? Cela signifie-t-il que vous auriez loisir de rejoindre votre amant quand bon vous semblera ?

Lucrezia haussa légèrement les épaules. Elle restait silencieuse, à la fois absente et sur le qui-vive. Elle sursauta lorsque Niccolo reprit d'un ton sec :

— Attendez-vous un enfant ?

Les larmes aux yeux, Lucrezia murmura :

— Est-il possible que vous ne sentiez pas combien il vous est facile de me faire mal ? Vos paroles sont infiniment blessantes...

— Et vous, est-il possible que vous ne vous soyez jamais rendu compte de ce que votre liaison et votre manière de l'afficher peuvent avoir de blessant pour moi ? Ce sont vos actes qui me blessent... Et croyez-moi... mes blessures sont plus douloureuses que les vôtres... Nous sommes mariés et nous ne pouvons nous séparer... La Seigneurie nous a accordé quelques jours pour régler mes affaires. Mais je dois quitter Florence au plus tôt... Viendrez-vous avec moi ?

— Je ne puis changer..., dit-elle à voix basse.

— Qu'attendez-vous de moi ? Qu'êtes-vous venue faire ici ? Vous ai-je demandé quelque chose ? Eh bien, j'attends votre réponse ? Pourquoi êtes-vous revenue dans cette demeure ?

— Je ne sais pas, dit-elle dans un souffle, les yeux pleins de larmes.

Rien ne se passait comme elle l'avait imaginé. Elle s'était imaginé que, dès son arrivée à Florence, elle aurait à lutter contre Niccolo, qu'il se serait fait un plaisir, comme à son accoutumée, de la violenter jusqu'à lui arracher des cris de jouissance incontrôlables.

— Ne restez pas debout à me regarder comme une petite oie..., dit Niccolo moins sèchement. Vous êtes là, debout, immobile. Asseyez-vous... Allons ! asseyez-vous. J'ai à vous parler...

Interdite, Lucrezia allait protester, mais, devant le ton de son mari, elle se tut et obtempéra.

— Je... je vous écoute..., dit-elle.

— Je connais tout de votre vie à Florence depuis votre départ de Venise... J'ai des espions dans cette ville ! Vous ne l'ignorez pas ?

Elle lui jeta un regard craintif.

— Eh bien ?

— J'aurais pu cent fois venir vous fracasser le crâne et celui de votre amant... Mais j'ai réfléchi... Et peut-être suis-je désormais moins épris que par le passé... Vous ne savez pas jusqu'où mon amour pour vous est allé... Dois-je vous avouer que je vous ai suivie... ? Dois-je vous dire que le jour du tournoi, en février dernier, j'ai pris la place de Giovanni des Albizzi ? Si j'avais pu tuer Lorenzo à ce moment-là, vous seriez toujours ma femme... Malheureusement, c'est lui qui m'a blessé... assez sérieusement d'ailleurs... J'ai pu m'enfuir à temps avant que l'on me découvre. Ce que je vous dis vous intéresse-t-il ?

Lucrezia hocha affirmativement la tête.

— Vous vous êtes rétabli, je pense ?

Lucrezia avait repris son arrogance naturelle et un ton de défi... Cette attitude de bravade, loin de déplaire à Niccolo, lui arracha un sourire.

— Ma chère..., dit-il, j'aimerais vous faire admettre votre erreur... On peut se tromper sur soi à quinze ans. L'âge du premier amour est celui de toutes les erreurs et ces erreurs ne sont pas graves si l'on ne s'obstine pas à les perpétuer...

— Je ne vous comprends pas... De quelle erreur parlez-vous ?

— Vous vous êtes enfermée dans un amour qui ne vous convient pas... Il y a autant de différence entre Lorenzo de Médicis et vous qu'entre la pierre et l'eau... Vous êtes comme un torrent rapide qui emporte tout sur son passage, joyeux et insouciant des grands dégâts qu'il laisse derrière lui. Lorenzo est une muraille de pierre qui ne fera rien que la raison ne lui commande. Un poète, dites-vous ? Mais un poète qui a cédé devant la raison, qui, toujours, fera passer son devoir devant ses amours, quelles que soient l'importance et la sincérité de celles-ci... Il parle beaucoup de la liberté mais il n'agit pas en fonction de ses dires. Il agit en fonction de ce qu'il pense être son intérêt... Moi aussi, tout comme vous, je suis un torrent... et je vous ai toujours comprise, aimée... Moi, je vous mettais au-dessus de tout. Rien ne comptait que votre bonheur, que votre sourire heureux. Mais vous me détestez trop pour que je puisse espérer que vos sentiments évoluent vers l'amour... Sans doute ai-je eu beaucoup de torts envers vous, et j'en suis bien désolé. C'est au nom de ces torts que je vous propose un arrangement... Un arrangement auquel, je l'espère, vous souscrirez et vous vous tiendrez.

De plus en plus surprise, Lucrezia écoutait et ne trouvait rien à répondre. Vaguement, elle se souvenait qu'aussi bien à Istanbul qu'à Venise, elle avait été, sinon heureuse, du moins fort satisfaite de certains jours ou de certaines nuits. Niccolo avait su éveiller en elle une sensualité âpre et exigeante, qui, il fallait bien l'avouer, ne trouvait pas toujours entière satisfaction dans les bras de Lorenzo.

— Eh bien, ma chère, à quoi pensez-vous ? Il semble que vous me regardez sans comprendre un traître mot de ce que je dis ! M'avez-vous entendu, au moins ?

— Quel arrangement ? demanda Lucrezia d'une voix neutre.

— Je vais retourner à Lyon. A propos, je ne vous ai pas dit que je viens d'y passer deux mois... Là-bas, une maîtresse qui m'aime, qui est heureuse de me voir, m'y attendait et m'y attend encore... Elle a eu un fils de moi... Ce fils que vous ne voulez pas me donner... Vous resterez ici... Je ne vous demande qu'une chose. Votre amant ne devra jamais mettre les pieds dans cette demeure. Cette maison est la mienne et vous n'y êtes que tolérée... Si vous attendiez un enfant de lui, arrangez-vous pour que nul n'en sache rien et mettez-le en nourrice. Mais, de grâce, faites en sorte que je n'en entende jamais parler ! Je pourrais le tuer ! Si jamais j'apprenais que vous passiez outre à mes ordres, ma vengeance serait terrible. Hors de cette maison, faites ce que vous voulez... Je ne m'en soucie plus... Mais, qu'avez-vous ? vous ne vous sentez pas bien ?

En effet, Lucrezia était devenue toute blanche. Une douleur aiguë lui broyait la poitrine, et elle ne comprenait pas du tout pourquoi elle souffrait ainsi alors qu'elle aurait dû être ravie d'être enfin débarrassée de Niccolo et à jamais.

— Quand partez-vous ? demanda-t-elle.

— Demain matin, au plus tôt. Je ne fais que passer ici, où ma situation d'homme trompé par sa femme et traqué par les sbires de son amant est véritablement intolérable... En France, à Lyon, où ma présence est désirée, je resterai avec plaisir assez longtemps...

— Combien de temps ? Je veux dire... combien de temps serez-vous absent ?

— Le sais-je ? Peut-être deux ou trois mois... Peut-être quelques années... Peut-être toujours... Je n'ai plus guère envie de gagner le monde entier... Je n'ai envie que de repos, de calme et de rêveries.

Une pensée taraudait Lucrezia, une pensée qu'elle chassait avec véhémence, mais qui, insistante, revenait sans cesse :

« Et moi, que vais-je devenir ? »

Le lendemain, elle se leva tôt pour assister au départ de Niccolo. Celui-ci partait avec un bel équipage et le nombre de coffres et de pages qui faisaient partie de sa suite indiquait que le voyage entrepris serait long et durerait longtemps. Niccolo, s'il s'aperçut de la présence de Lucrezia, feignit ne pas la voir.

Les cloches de toutes les églises de Florence sonnaient. C'était un dimanche. Un beau dimanche du mois de juin. « Demain, c'est la Saint-Jean... », pensa Lucrezia, tandis que l'équipage de Niccolo disparaissait au loin de la via Larga.

Elle ne voulait pas rester Florence, ni dans ce palais ni chez ses parents, et s'apprêtait à retourner à Fiesole, quand le chambellan lui annonça la visite de sa mère.

Pour la première fois de sa vie, Lucrezia ne fut pas heureuse de la voir. Elle ne savait trop comment annoncer à sa mère le départ de son mari. Soudain, une pensée fulgurante figea Lucrezia sur place, alors qu'elle descendait le vaste escalier. « Fallait-il qu'il m'aime, lui, si ambitieux, pour tout abandonner de ce qui faisait l'essentiel de sa vie, la puissance et l'argent... »

Puis une phrase de Niccolo lui revint à l'esprit : « Lorenzo, ce poète, cédera toujours à la raison d'État... »

Caterina Donati avait un visage triste. Un instant, Lucrezia se dit que quelque chose de grave était arrivé. Mais sa mère la détrompa très vite.

— C'est ton mari qui m'a demandé de venir te chercher dès qu'il sera parti. Il pense, à juste titre, qu'il n'est pas bon pour une jeune femme de vivre seule, sans un homme ou sa famille pour la protéger... Je crois que j'ai mal jugé Niccolo...

Étonnée, Lucrezia demanda :

— Quand est-il venu ?

— Il y a trois jours. Il m'a dit que dès que tu saurais qu'il est revenu à Florence, tu viendrais aussitôt pour l'affronter. Il ne s'est pas trompé.

Pensive, Lucrezia remonta dans sa chambre pour y prendre quelques effets. « Non..., se disait-elle. Niccolo ne s'est pas trompé sur moi... Et si moi je m'étais trompée sur lui ? » Mais cette phrase fut bientôt chassée par une autre pensée : « Plus rien ni personne maintenant ne trouvera à redire à ce que je voie Lorenzo comme et quand je le veux ! »

Et cette perspective souleva en elle une houle de joie qui balaya tout.

*

Un matin de la fin du mois d'octobre, alors que Lorenzo était depuis plus de trois mois à Milan, un messager lui apporta un courrier de sa mère lui demandant de revenir au plus vite à Florence. Son père était au plus mal.

Pour Lorenzo, ce fut comme si, d'un seul coup, sa vie venait d'être coupée en deux... Il partit aussitôt et arriva au Palais Médicis vers le début du mois de novembre, tard dans la nuit. Sans prendre la peine de se reposer, il se précipita dans les appartements de son père. Sa mère se tenait auprès de lui. Si fragile soudain. Elle, toujours si élégante, était vêtue d'une robe informe, noire, et ses cheveux étaient gris. « Maman est devenue une vieille dame ! » se dit Lorenzo, le cœur soudain étreint par une émotion douloureuse. En effet, en trois mois, sa mère avait terriblement changé. Maigre, pâle, les traits creusés par la fatigue et une peine indicible.

Lorsqu'elle vit Lorenzo, elle eut une exclamation de surprise :

— Ah ! enfin, te voilà mon enfant... ! Justement... ton père venait de me demander quand tu serais ici...

Lorenzo s'approcha du lit où Piero gisait. L'ombre de l'homme qu'il avait été. Rongé par l'uricémie, haletant, cherchant son souffle. Chaque mouvement lui arrachait des gémissements de douleur...

— ... Mon fils !... dit-il avec effort, ... mon fils..., répéta-t-il en remuant faiblement ses doigts.

— Ne bouge pas, père... Surtout ne bouge pas...

Piero esquissa un sourire.

— Je suis si heureux de te revoir... Si heureux de te savoir revenu... Donne-moi ta main, veux-tu ?

Lorenzo saisit la main de son père et la porta à ses lèvres.

La longue route qui avait emmené Lorenzo jusqu'à l'âge adulte était terminée. Jamais plus il ne pourrait être le jeune garçon farceur et joyeux, soucieux de jeux et de plaisirs. Demain était là pour lui. Demain il devrait assumer la lourde charge que son grand-père Cosimo et son père Piero avaient forgée pour lui... Demain était sombre soudain, en l'absence prochaine du père vers qui l'on pouvait toujours trouver tendresse, conseils et réconfort...

Les souffrances atroces dans lesquelles Piero se débattait allèrent s'accentuant. Ni Lucrezia ni Lorenzo ne quittèrent son chevet... Parfois Giuliano venait les rejoindre, mais l'adolescent ne pouvait apporter ni aide efficace ni soutien, et repartait aussi vite qu'il était entré...

Jour et nuit, pâle et lasse, Lucrezia s'occupait de son mari avec un dévouement aussi exemplaire qu'étonnant. Une entente profonde existait désormais entre ses parents et, au milieu de son chagrin, Lorenzo en avait une douce consolation. « ... Mon père ne mourra pas sans connaître cette joie si douce que la femme aimée est à ses côtés... »

Piero vécut encore près d'un mois après le retour de Lorenzo, dans un état de souffrances innommables, mêlées de périodes où il était sans connaissance, ce qui était une bénédiction. Pendant ses intervalles de lucidité, il faisait venir auprès de lui ses conseillers les plus chers, Tommaso Soderini et Gentile Becchi, et il leur demanda de jurer sur la croix de soutenir ses fils, et surtout Lorenzo, dans l'avenir :

— Ils sont si jeunes l'un et l'autre... Ils auront toujours besoin du conseil de parents plus âgés.

La mort l'emporta dans la nuit du 2 au 3 décembre. Au

chagrin, à la peine que suscita sa perte, se mêla une joie pâle, secrète, hagarde.

— Il est enfin délivré de ses douleurs ! disait Lucrezia en pleurs.

Deux jours après l'enterrement de Piero, Lorenzo et Giuliano reçurent la visite des notables de la cité, Tommaso Soderini en tête. Ils présentèrent leurs condoléances, et, tout, en ne tarissant pas d'éloges sur Piero et Cosimo, « le Père de la patrie », ils demandèrent à Lorenzo de prendre soin de la République comme l'avaient fait son père et son grand-père. Lorenzo fut sensible à cette allégeance et au fait que la Seigneurie de Florence venait de lui offrir le pouvoir sans qu'il eût à lever le petit doigt pour l'obtenir.

Lucrezia aussi était parvenue au bout de cette longue route qui aboutissait à la mort de Piero et à l'avènement de son fils Lorenzo. « Roi sans couronne, mais plus qu'un roi... », pensait-elle avec émotion et fierté.

XVII

UNE NOUVELLE VIE

Août 1470

AUTORITAIRE, hautaine, maussade, la princesse Clarice cachait sous ces dehors revêches une bonté scrupuleuse et un grand besoin d'amour. Elle adorait Lorenzo et se désolait de ne pas occuper une plus grande place dans son cœur. Souvent, elle disait à sa belle-mère : « J'aurais tout accepté de lui, même qu'il aille rejoindre quotidiennement au su de toute la ville cette Lucrezia Donati, si seulement il se montrait plus tendre avec moi. Parfois, j'ai l'impression qu'il me déteste. »

Août débutait par une chaleur vraiment insupportable. La princesse Clarice était sur le point d'accoucher (les douleurs avaient commencé dans la nuit, celle du 3 au 4 août) et elle se plaignait doucement de l'absence de Lorenzo.

Sa belle-mère l'observait, partagée entre la pitié et l'agacement. La nouvelle maîtresse du Palais Médicis ne lui plaisait toujours pas. Mais ce qui lui déplaisait le plus, c'était d'avoir à céder peu à peu son pouvoir à sa belle-fille alors qu'en son for intérieur elle avait espéré garder la haute main sur l'ordonnance du palais. Ce qui la consolait cependant, c'était que Lorenzo la vénérait et qu'il avait fait d'elle son seul conseiller politique...

La « petite sotte » se mit à crier, et Lucrezia, qui savait dans sa chair combien une naissance peut faire souffrir, posa une main compatissante sur le front de sa belle-fille.

Autour du lit de la jeune parturiente, deux matrones s'activaient, préparant une bassine d'eau chaude, des linges fins... Chaque fois que la future maman hurlait et se débattait, elles la maintenaient de toutes leurs forces réunies sur sa couche et ne la relâchaient que lorsque les cris cessaient.

La princesse Clarice n'était vraiment pas belle à voir, avec son visage blanc, ses lèvres décolorées et les crispations douloureuses de ses traits. La sueur collait sur son front ses longues mèches rousses. Lucrezia l'observa presque avec tendresse. Cette enfant fragile et si étroite allait lui donner son premier petit-fils.

« Ça sera un garçon ! » décida-t-elle. Comment serait-il, ce petit être ? Aurait-il la beauté élégante et fragile des Tornabuoni ou la laideur puissante et fascinante des Médicis ? Serait-il, comme eux, Tornabuoni et Médicis ensemble, amoureux des arts, intelligent en affaires, fin politique ? Un nouvel être allait naître... Ce serait d'abord une petite chose infiniment émouvante, infiniment fragile et cette petite chose grandirait et revendiquerait sa place, elle allait aussi, cette chose encore informulée, inexistante, aimer, souffrir, vieillir... et donner la vie.

Troublée, Lucrezia serra entre les siennes les mains de sa belle-fille.

— Va... Va..., dit-elle d'une voix enrouée. Cela fait mal... je sais... Mais tu verras ensuite comme il est bon de serrer un enfant contre soi...

Étonnée par cette soudaine gentillesse de Lucrezia, la princesse Clarice soupira :

— C'est dur... Si dur...

Les heures s'égrenaient, glauques, poisseuses. De temps à autre, Lucrezia de Médicis passait un linge mouillé d'eau fraîche sur le corps de sa belle-fille, et pour quelques minutes la princesse Clarice arrêtait de gémir et de se plaindre de la chaleur. Son regard interrogateur se fixait sur sa belle-mère qui détournait la tête, feignant de ne pas comprendre. « Où est Lorenzo ? » demandait ce regard suppliant. Lucrezia savait qu'il avait quitté Careggi la veille et qu'il était allé à Fiesole rejoindre sa maîtresse. « Il ne se gêne même plus ! » pensait-elle avec tristesse.

Aux petites heures du jour, elle fit envoyer un messager

afin d'avertir son fils que la naissance était proche. « ... viendra-t-il à temps ?... » songeait-elle tout en rafraîchissant le corps de la princesse Clarice.

Vers la fin de l'après-midi, la porte s'ouvrit sur Lorenzo qui se précipita auprès du lit où, entre deux douleurs, sa femme somnolait.

Lucrezia et Lorenzo échangèrent un regard complice. Regard que surprit sans pouvoir l'interpréter la princesse Clarice qui ferma les yeux.

— Mon fils..., dit Lucrezia de Médicis, le travail de l'enfantement a commencé. Tout se passe bien. Bientôt tu seras père !

— Eh bien, Dieu merci ! Cette pauvre enfant sera délivrée d'un fardeau bien lourd... Être enceinte par cette chaleur !

La princesse Clarice esquissa un petit sourire. Elle était profondément reconnaissante à Lorenzo de cette manifestation d'intérêt pour sa personne. Il lui sourit et lui prit la main. Les yeux de sa petite épouse le fixaient avec une adoration touchante.

— Lorenzo !... vous voilà donc ! Où étiez-vous, cette nuit, alors que j'avais si mal... Où étiez-vous ?

Bien qu'elle fût mariée depuis un peu plus d'un an, la princesse Clarice avait beaucoup de mal à abandonner le « vous » pour le « tu ».

Gêné devant ce regard si clair, Lorenzo détourna la tête.

— Ma chère petite femme..., sourit-il. Je suis ici, et tout ira bien... Vous allez me donner un fils ! Jamais bonheur plus grand ne m'a été offert et vous aurez toute votre vie ma reconnaissance...

A ce moment-là, les douleurs reprirent et un cri sauvage, un cri animal, s'échappa de la poitrine de la princesse Clarice. Dans sa douleur atroce, elle agrippait Lorenzo et lui labourait les mains avec furie. Les matrones se précipitèrent et soulevèrent les draps. L'une d'elles lui écarta les cuisses : les eaux coulaient, mêlées de sang.

— Elle est ouverte à point ! dit la matrone. C'est le moment...

— Va... Va, sors de cette chambre ! dit alors Lucrezia à

son fils. Laisse-nous maintenant... L'heure de la naissance ne va pas tarder.

Lorenzo, effrayé, blême, ne se le fit pas dire deux fois et sortit dans une petite salle qui donnait sur le jardin clos. Comme à l'accoutumée, les persiennes avaient été tirées pour maintenir l'ombre et la fraîcheur. A sa grande surprise, il trouva là son frère Giuliano qui nerveusement faisait les cent pas. Il l'attendait.

— Eh bien ? dit le jeune garçon. Il semble que tu vas être père...

— Il semble... en effet, répondit Lorenzo en s'épongeant le front.

— Et comment cela se passe-t-il, là-bas ?

Ce disant, Giuliano désignait du menton la pièce d'où venaient force gémissements et cris...

— Bien. Mère a pris les choses en main... Elle me paraissait tout à fait calme et sûre d'elle...

Plus d'une heure s'écoula dans les hurlements de la princesse Clarice, tandis que les deux frères devisaient à voix basse.

A chaque clameur, Giuliano tressaillait, effrayé, puis, prenant exemple sur Lorenzo, s'efforçait de paraître dégagé et maître de lui. Mais tout comme celles de son frère, ses mains tremblaient. Cette naissance toute proche l'émouvait. Quelque chose s'éveillait en lui, une compassion pour autrui qu'il n'avait jamais connue dans son égoïsme joyeux d'adolescent gâté par la vie.

Un cri inhumain, un cri venu du fond des âges se fit entendre... Les deux frères sursautèrent et s'aggripèrent l'un à l'autre. Blême, Giuliano murmura :

— C'est terrible... Jamais je n'aurais imaginé... Est-ce donc si douloureux de donner la vie ?

Lorenzo se dégagea et posa une main sur l'épaule de son jeune frère. Il était aussi pâle que lui.

— Je ne savais pas..., dit-il simplement. Je ne savais pas...

Quelques instants plus tard, la porte s'ouvrit sur Lucrezia souriante qui tenait un paquet blanc d'où venaient des vagissements plaintifs.

— Mon fils ! cria Lorenzo,

— Non ! dit Lucrezia, espiègle et rieuse. Il faudra te contenter de ta fille...

Incapable de prononcer un mot, Lorenzo prit le petit paquet dans ses mains tremblantes d'émotion.

— Il est... Elle est... Mon Dieu ! n'est-elle pas effroyablement petite ? Comment une si petite chose... Regarde, maman... regarde ! Elle tient dans mes mains... A peine pèse-t-elle le poids d'un poulet dodu...

Des larmes de bonheur coulaient sur son jeune visage. Il avait vingt-deux ans, et dans ses mains vagissait son premier enfant. Il tendit la nouvelle-née à sa mère.

— Je ne sais pas pourquoi je pleure..., dit-il. C'est une trop forte émotion que ceci...

Il s'approcha de l'enfant que Lucrezia berçait doucement contre elle et il tapota la main du bébé pour voir comme il réagirait. Les doigts chauds et moites de sa fille s'enroulèrent avec force autour du sien, et le cœur de Lorenzo s'enflamma pour cet être si fragile.

— Ma fille ! prononça-t-il d'une voix étranglée que ni Lucrezia ni Giuliano ne lui connaissaient. Ma fille..., répéta-t-il.

Lorsqu'il fut autorisé à pénétrer dans la chambre de la princesse Clarice, elle était encore très pâle, comme vidée de son sang, mais elle souriait en lui tendant les mains.

— Êtes-vous heureux, mon ami ? eut-elle la force de murmurer.

— Oh oui... si heureux ! si profondément, si parfaitement heureux ! Une si jolie petite fille...

— Mais vous vouliez un fils, je crois ?

— Moi ? ai-je vraiment dit cela ? Eh bien, ce sera pour la prochaine fois, ma chère amie. Dormez maintenant... Il faut vous reposer...

Lorsque la porte se referma sur Lorenzo, la princesse Clarice ferma les yeux sur une joie, un bonheur indicibles. « Ce sera pour la prochaine fois ! » lui avait-il dit. Cela signifiait qu'il y aurait bientôt, de nouveau, Lorenzo dans sa couche, Lorenzo en elle, qu'elle le retiendrait sur son ventre, entre ses bras frêles... Cela signifiait qu'il allait l'aimer de nouveau et pour cela elle était prête à souffrir cent fois ce qu'elle avait enduré en ce jour.

Cinq jours plus tard, alors qu'elle donnait le sein à l'enfant, Lorenzo pénétra en coup de vent dans sa chambre, souriant, heureux, et regardant le sein blanc et gonflé de sa femme, sur lequel les petits doigts de sa fille exerçaient une minuscule pression. L'enfant pressait goulûment ses lèvres roses contre le mamelon brun. Et ce spectacle chavira le cœur de Lorenzo.

— Charmant tableau..., dit-il. J'aimerais prendre la place de ma petite Lucrezia...

Le sang de la princesse Clarice se glaça dans ses veines. Elle crut avoir mal entendu.

— Lucrezia ? dit-elle d'une voix sans timbre. Vous voulez appeler notre fille Lucrezia ?

Avec une parfaite innocence, Lorenzo répondit :

— Mais oui ! Comme ma mère !

Mais, cinglante, la réponse siffla :

— Comme votre maîtresse, vous voulez dire ! Vous osez appeler ma fille du nom de cette *putana* ! Mais c'est infâme !

Le visage de Lorenzo devint de marbre. Sa voix fut comme un coup de fouet :

— Si vous voulez que nous vivions en bonne intelligence, princesse, ne vous avisez plus... plus jamais, entendez-vous ? de prononcer le mot que vous venez de dire au sujet de ma Dame... Si cela devait vous arriver, sachez que je n'hésiterai pas une seconde à vous renvoyer à Rome ! Le baptême de ma fille Lucrezia est prévu pour le début de la semaine prochaine. J'espère que vous serez rétablie d'ici là... Adieu !

Et il sortit, fou de rage. Il n'avait pas revu Lucrezia depuis le jour de l'accouchement et la jeune femme lui manquait terriblement. D'autant plus qu'avec les fêtes du baptême, les fêtes de la moisson et ce que l'on attendait de lui à la Seigneurie, il ne pourrait pas revoir sa « Dame » avant quelques semaines. Il lui faisait parvenir presque quotidiennement des messages enflammés. Un jeune page, discret et dévoué, était chargé de faire la navette entre Careggi et

Fiesole. Mais sa sensualité exigeante ne se satisfaisait pas de la chasteté forcée que les circonstances lui imposaient.

La Seigneurie envoyait message sur message. Il y avait encore une conspiration à déjouer. Le temps manquait pour aller voir Lucrezia et il ne savait comment dire à sa maîtresse combien il était heureux d'être père. Il craignait de la blesser affreusement. Alors il se plongeait dans le travail. Un travail qui l'occupait presque nuit et jour.

En un an, son comportement vis-à-vis de son entourage avait singulièrement changé. Seule sa mère en avait pris conscience, et peut-être son frère Giuliano, qui avait envers lui une attitude de déférence affectueuse qui en disait long sur l'ascendant que Lorenzo exerçait sur les siens.

Ses beaux-frères et ses plus proches amis subissaient sans s'en apercevoir cette autorité naturelle, cet étrange pouvoir. Il ne se passait plus rien à Florence et dans ses environs sans que Lorenzo en fût averti, exactement comme un chef d'État est averti de ce qui se passe dans son royaume. Cette transformation commencée quatre ans plus tôt avait trouvé son achèvement au moment de la naissance de sa fille Lucrezia.

Il ne fut pas peu fier lorsque le roi Louis XI lui conféra, peu après la naissance de sa petite Lucrezia, le titre de conseiller et de chambellan, et demanda comme un honneur d'être le parrain de la nouvelle-née.

*

Les fêtes du baptême de la petite Lucrezia de Médicis furent les premières données depuis l'avènement de Lorenzo. Les divertissements organisés par Lorenzo et son frère Giuliano prirent des proportions invraisemblables. Rien ne fut épargné, ni peine ni argent, pour offrir des spectacles somptueux aux Florentins dans la ville en liesse.

Tout le clan Médicis était présent à la Villa Careggi. Guglielmo de Pazzi et sa femme Bianca, Bernardo Rucellai et Nannina, Pierfrancesco et sa femme Laudonia qui allaitait encore un superbe garçon de dix mois. Les deux sœurs aînées de Lorenzo avaient déjà enfanté et se trouvaient encore grosses, et sur le point d'accoucher... Toute la parentèle Tornabuoni, Strozzi... Mais le plus étonnant, le plus réjouissant, ce fut la visite surprise de Maria de Rossi et de son époux. Maria venait de mettre un troisième enfant au monde et elle rayonnait... Son mari était charmant. Insignifiant mais charmant. Lucrezia n'aurait pas reconnu son gendre, mais elle fit comme s'il l'avait quittée la veille. Les retrouvailles entre Lucrezia de Médicis et de sa fille qu'elle n'avait pas vue depuis plus de dix ans furent pleines d'émotion et de tendresse.

— Me voilà grand-mère de six petits-enfants, dit Lucrezia en pleurant.

Le soir de l'arrivée de Maria, après avoir passé de longues heures en compagnie de sa fille aînée, Lucrezia mit beaucoup de temps à se coucher. Il faisait tiède en cette nuit d'été, et la lune était pleine... Des souvenirs perdus, des souvenirs du temps où elle était une jeune fille trop mince et trop vive affluèrent à sa mémoire... Mais Lucrezia Tornabuoni n'existait plus... Où était-il donc le temps où une robe nouvelle, une fête en perspective, des rendez-vous furtifs suffisaient à remplir les jours d'un bonheur délirant, fiévreux... Où était-elle, cette « si originale » Lucrezia, cette enfant impossible et rieuse, à la langue trop bien pendue ? Il n'y avait plus qu'une presque vieille dame, Lucrezia de Médicis, qui se souvenait avec désespoir de cette jolie jeune fille qui était elle, autrefois, et de cet amant si follement aimé qui l'attendait dans l'odeur des foins coupés. Lentement, Lucrezia caressa son visage flétri, sa peau ternie, un peu rude... La vieillesse était là, toute proche.

— Je suis grand-mère..., dit-elle à voix haute. Grand-mère !...

Alors elle éclata en sanglots. C'était de longs sanglots, presque enfantins qui n'en finissaient pas. Tout était passé si vite ! Le temps de l'amour était fini pour elle et ne reviendrait plus jamais. Alors, pour trouver un peu de réconfort à son désespoir, pour dissiper la poignante détresse qui lui broyait le cœur, elle se précipita chez sa belle-mère.

Contessina ne dormait pas. « A mon âge, disait la vieille dame en souriant, mieux vaut ne pas trop dormir ! l'on pourrait oublier de se réveiller... ! » Les deux femmes parlèrent jusqu'aux petites heures du matin. Contessina, égayée, disait :

— Je suis arrière-grand-mère... Tu es grand-mère... Cette petite nouvelle-née a une parcelle de toi, une parcelle de moi, de Cosimo, de Piero... Des petits morceaux de chacun de nous... Est-ce cela la vraie signification de la vie ? Cette chaîne immense qui a commencé depuis la nuit des temps et qui ne finira jamais ?

— C'est si court une vie, lorsqu'on y songe, répondit Lucrezia, et l'on perd tant de temps à des choses insignifiantes, sans importance, alors que l'on néglige ce qui est vraiment important... Mais qu'est-ce qui est important ?

Pensive, Contessina retint un instant la main de sa bellefille dans la sienne.

— Je pense que ce qui est important, c'est d'être et de faire ce que l'on doit... Les dernières années de Piero ont été heureuses grâce à toi... Je n'ai jamais songé à t'en remercier. Je voudrais savoir..., l'as-tu sincèrement aimé vers la fin ?

Étonnée par cette question, Lucrezia réfléchit, puis répondit :

— Je pense que oui. Piero était un homme bon, intelligent... et si cultivé... Il m'a trop aimée pour ne pas se perdre. J'ai été la plus grande erreur de sa vie...

— Je ne crois pas..., murmura Contessina. Un amour sincère, même s'il n'est pas heureux, est une bénédiction... la preuve que l'on est capable d'aimer... Rares sont les personnes capables d'aimer l'autre plus que soi-même... Et tout banalement rares sont les personnes capables d'aimer réellement. Aimer, avec ce que cela comporte de générosité, de pardon et de respect... Et je me demande si... Dis-moi... La princesse Clarice est-elle vraiment digne d'être une Médicis ?

Lucrezia hocha la tête. Il était bien temps d'y songer.

— Elle a de bonnes manières..., commença-t-elle prudemment. Elle est courtoise... bien élevée... se tient fort bien à table... Et, bien qu'elle ne sache pas s'habiller, elle est très propre...

Pour la première fois depuis des années, Contessina fut prise d'un vrai fou rire. Rire si contagieux qu'il gagna Lucrezia et que, durant quelques minutes, il fut impossible aux deux femmes de prononcer une parole cohérente. Dès que l'une d'elles essayait de parler, l'autre repartait. Et c'est là un spectacle étrange et gai, que de voir ces deux femmes rire comme deux écolières, alors que l'une venait de fêter ses soixante-dix ans, et que l'autre frôlait la cinquantaine.

Enfin elles se calmèrent et entre deux hoquets Contessina dit en s'essuyant les yeux :

— Tout cela n'est pas très exaltant pour un homme comme Lorenzo, qu'en penses-tu ? La petite Lucrezia Donati était autrement divertissante. Quelle passion, quel caractère ! quelle vivacité... Lorenzo doit avoir beaucoup de regret...

Lucrezia hocha la tête, sans répondre. L'heure du rire avait cessé. La réalité des choses avait repris place. « Des regrets ?... » pensa-t-elle, le cœur de nouveau étreint d'une habituelle tristesse. « Qui n'a pas de regrets ? Qui ne peut penser et avec quel désespoir à tout ce qui aurait pu être et qui ne sera plus jamais ? »

Mais bizarrement, le fou rire qui l'avait gagnée n'était pas tout à fait mort. Des petits spasmes la secouaient encore, devant l'absurdité de la vie en général et des buts dérisoires pour lesquels les hommes s'entre-déchiraient avec obstination.

Lorsque Lucrezia quitta la chambre de Contessina, une curieuse allégresse l'habitait.

*

Après les fêtes données pour le baptême de la première-née de l'héritier en titre du clan Médicis, les bals, les soupers, les tournois, les courses de Palio se succédèrent à une cadence jamais vue auparavant. Les deux frères Médicis avaient inauguré le nouveau règne, car c'était bien d'un règne qu'il s'agissait, par une série de fêtes éclatantes. Il fallait faire oublier au peuple florentin les années de tristesse, les difficultés économiques. Avec Lorenzo, c'était une ère de prospérité et de gaieté qui s'ouvrait...

« Florence est un navire où la jeunesse est à la proue et le plaisir à la barre... », aimait-il à répéter à qui voulait l'entendre.

Le fait d'être devenu père avait transformé Lorenzo. Dire qu'il adorait sa petite fille était au-dessous de la vérité. Il pouvait passer de longues heures auprès du bébé, s'inquiétant du moindre malaise. Cette attitude suprenait fort son entourage et surtout son jeune frère Giuliano qui s'était jeté à corps perdu dans tous les amusements qui s'offraient à lui. Insouciant, joyeux, chaque aube nouvelle lui apportait mille promesses de plaisirs et de joie. Il dépensait des sommes considérables pour ses toilettes, et Lucrezia, qui toujours avait eu pour son dernier-né une très secrète préférence, le gâtait comme jamais aucun de ses enfants n'avait été gâté. Bianca et Nannina qui venaient fréquemment la voir, leur bébé dans les bras, se moquaient d'elle :

— Jamais je n'élèverai mon fils comme tu as élevé Giuliano ! A-t-on jamais vu cela ? Si papa vivait encore ou mieux, si grand-père Cosimo était là... ! Giuliano est par trop insouciant !

— Un paresseux ! Voilà ce qu'il est ! un paresseux ! renchérissait Nannina en riant. Bernardo disait...

Alors, Lucrezia interrompait tout son petit monde :

— Voyons, mes petites ! Il est encore si jeune ! A peine dix-sept ans ! Souvenez-vous de vous-mêmes à son âge.

— Mais, maman, nous étions des jeunes filles ! s'écria Bianca.

— Et lui est un jeune homme qui se sert de ses atours comme autant d'appeaux pour attraper quelques oiselles...

— Il n'étudie pas, passe son temps à la chasse ou au bal..., dit Nannina, le regard durci. Si nous, nous avions été comme lui ! Pourquoi as-tu été plus sévère avec nous qu'avec Lorenzo ou Giuliano ?

— Parce que vous étiez des jeunes filles ! Il faut toujours être plus sévère avec les filles qu'avec les garçons...

— Ah oui ? Et pourquoi cela ? demanda Bianca, pincée.

— Pour cela ! dit Lucrezia en lui prenant son bébé des bras. C'est une telle responsabilité que de mettre un enfant au monde... Tout ce que font les hommes, les femmes sont capables de le faire. Peindre, écrire, étudier, discourir inutilement sur le sort du monde, réfléchir encore plus inutilement sur le pourquoi des choses... tout ! mais il y a une chose que les hommes ne pourront jamais faire à notre place... C'est cela... cette petite chose vivante et exigeante... qui ne pose aucune question sur le sens de la vie et qui est la vie même !

Bianca et Nannina furent fort satisfaites de cette déclaration de leur mère qui remettait ainsi Giuliano à sa place futile d'homme à femmes.

Certes, Lucrezia avait volontairement exagéré sa diatribe. Elle savait combien ses filles avaient souffert de la nette préférence qu'elle avait manifesté pour ses fils. Et maintenant encore... Son plus grand souci n'était-il pas Lorenzo ? La souffrance de Lorenzo... Depuis qu'il avait appris que sa « Dame » était retournée à Florence, il errait comme une âme en peine dans la maison. Lorsque sa mère le voyait le matin, les yeux cernés, détournant le regard, elle détestait sa jeune homonyme. « Elle est partie ! Quelle sottise, si elle l'aimait ! Où a-t-on vu que l'amour doit être conjugal ? » Dans son chagrin de voir Lorenzo souffrir, Lucrezia devenait injuste. Que n'eût-elle fait en cet automne 1470 pour soulager cette désespérance silencieuse et têtue ? « Je ne peux tout de même pas aller la chercher à Florence et la lui mettre au lit pour le voir sourire ! » pensait-elle avec un mélange d'irritation, de fou rire nerveux et de désespoir.

En revanche, elle s'étonnait et se réjouissait de voir combien les deux frères s'aimaient. Et tous ses tourments et toutes ses indicibles souffrances n'empêchaient nullement Lorenzo de mener une politique nouvelle et d'être aimé des Florentins — c'était indéniable —, et pour cela Lucrezia de Médicis savait qu'elle avait conduit son fils sur la bonne route, celle qu'il devait prendre.

XVIII

LUCREZIA DONATI

LUCREZIA DONATI n'était pas heureuse, le sens qu'avait pris son existence l'effrayait. Ce n'était pas ce dont elle avait rêvé. Lorsqu'un messager était venu avertir Lorenzo que son épouse était en train d'accoucher, Lucrezia l'avait regardé partir avec un grand étonnement et une grande douleur. Il était si heureux à l'idée d'être père ! Si heureux ! Il y avait près d'un mois de cela, et depuis elle n'avait pas revu son amant. Août finissait dans une chaleur torride, et bien que la jeune femme fût entourée de sa famille, de ses sœurs, de sa mère, et que tout ce gynécée s'amusait beaucoup en l'absence des maris partis tôt le matin à la chasse, jamais Lucrezia ne s'était sentie aussi seule.

« Que vais-je devenir ? » se demanda-t-elle pour la énième fois. Depuis huit jours, elle avait peur d'attendre un enfant. Elle n'osait parler de ses craintes à personne. Pas même à ses sœurs, qui toutes les quatre allaitaient joyeusement leurs derniers-nés tout en s'occupant des aînés qui flageolaient sur leurs petites jambes dodues d'un ou deux ans. Lucrezia les avait toujours enviées d'avoir des enfants, de les baiser, de les pouponner... Parfois, lorsqu'elle portait l'un de ses neveux ou nièces, un petit Sergio, ou une petite Constanza, des larmes montaient de son ventre vide, ses bras se crispaient sur le bambin et elle quittait rapidement la place... Avoir un enfant lui était interdit. Son mari était toujours à Lyon auprès de sa maîtresse Maria, et l'on avait appris jusqu'à Florence que Lionetto de Rossi tolérait cette présence auprès de sa femme.

Un matin de la fin du mois d'août, alors que l'aube se levait, n'ayant pu de la nuit trouver le sommeil, Lucrezia se leva et sortit dans le jardin. Derrière la palissade, les champs de blé s'étendaient et brillaient au soleil levant. « La moisson a commencé... », se dit-elle machinalement. En effet, bien qu'il fût encore très tôt, les moissonneurs étaient déjà au travail afin de profiter d'un peu de fraîcheur. De temps à autre, le bruit lent et régulier des faux lui parvenaient, troublant le silence. L'odeur de la terre, celle des foins coupés, de la menthe sauvage qui bordait les talus du chemin, de l'acacia en fleur, tout cet enchantement de parfums forts et sucrés la grisa. Oh ! ces odeurs du matin ! odeurs humides de rosée, fraîches, parfumées, odeurs faites des mille et une plantes sauvages qui foisonnent dans la campagne florentine... Bien qu'elle fût inquiète et troublée, Lucrezia ne put résister au plaisir de marcher pieds nus dans la rosée.

Déjà le soleil dardait ses rayons. Rapidement elle eut chaud, et la tête lui tourna. Soudain, elle se sentit très lasse. La chaleur accentua son vertige. L'épouvante de nouveau l'envahit et elle passa ses mains sur ses tempes moites de sueur. « Si c'est cela... Il ne faut pas... Je ne peux pas... J'irai voir... » Et tout en elle se révulsa à l'idée de la faiseuse d'anges. Elle ne voulait pas... L'enfant de Lorenzo, s'il existait déjà, il fallait qu'elle le garde en elle... Un enfant ! Mais ce serait un bâtard... Certes, il y avait beaucoup de jeunes bâtards issus de grandes familles, qui se promenaient en riant dans les rues de la ville, mais elle ne voulait pas que son enfant fût un bâtard. Cela n'était pas imaginable, pas tolérable... La phrase que lui avait lancée Niccolo juste avant de partir lui martelait la tête. « Si vous avez un enfant, arrangez-vous pour que je n'en sache rien... Sinon je le tuerai... » Le souvenir de cette scène lui était encore pénible. Comme chaque fois qu'elle pensait à Niccolo, elle se sentait mal à son aise.

Cependant, une idée s'imposait à son esprit, une idée insistante et stupide. « Si seulement Niccolo était à Florence... » Lucrezia n'osa expliciter sa pensée. Mais d'évoquer Niccolo lui faisant l'amour avec fougue et passion, ce dont elle avait parfois une certaine nostalgie, ne laissait pas de la troubler. « Si seulement Niccolo était ici... ! » Cette pensée ne la quittait plus, l'habitait depuis des jours. Et ce matin-là, précisément, elle aurait tout donné pour que

Niccolo fût auprès d'elle. Elle savait qu'à lui, et à lui seul, elle eût pu parler de ses craintes. Elle n'aurait eu peur ni de ses cris, ni même de ses insultes ou de ses coups. Parce qu'elle savait au plus profond d'elle-même que jamais Niccolo ne l'abandonnerait dans une situation périlleuse. Cette certitude-là lui était apparue brutalement et avait mis un baume sur ses angoisses. Durant toute la semaine qui suivit le jour où elle s'était aperçue du retard de ses règles, elle se coucha avec cette pensée unique : « Niccolo !... oh ! je dois aller rejoindre Niccolo... », sans aller plus loin, sans savoir ce qu'elle lui dirait, comment elle lui expliquerait qu'elle portait un enfant de Lorenzo..., qu'elle ne voulait surtout pas de faiseuse d'anges... que lui seul Niccolo...

Pas un instant elle ne s'étonna qu'à aucun moment l'idée de prévenir Lorenzo ne lui était venue à l'esprit. On eût dit que du jour où Lorenzo était parti assister à l'accouchement de sa femme, il était sorti de sa vie pour toujours. Et pourtant, certaines nuits, son absence était une douleur insupportable.

Un matin de la fin du mois d'août, alors qu'elle se réveillait, sa mère entra dans sa chambre, fort agitée.

— Il paraît que Maria de Rossi est à Careggi pour le baptême de... de la fille de Lorenzo...

— Maria de Rossi ? dit Lucrezia d'une voix neutre. Ah bien...

Mais son cœur bondissait dans sa poitrine. « Si Maria est là, cela signifie que Niccolo n'est pas loin. Que ferait-il à Lyon ? Serait-il déjà à Florence, malgré les risques qu'il encourait ? Et s'il est à Florence... va-t-on l'arrêter ? le pendre... ? » Il fallait qu'elle parte à Florence sur-le-champ ! Depuis combien de temps Niccolo était-il arrivé ? Avait-il seulement l'autorisation de...

Comme si elle avait lu dans ses pensées, sa mère précisa :

— Niccolo est à Florence depuis trois ou quatre jours... Nul ne le sait, ou tout au moins tout le monde feint d'ignorer sa présence pour n'avoir pas à le faire arrêter.

Toujours des complots. Celui d'avril dernier a coûté la vie à trente des nôtres...! Et ton mari, nos amis condamnés à l'exil! Quand cela va-t-il cesser?

Cette conspiration à laquelle Caterina faisait allusion, ourdie par les amis de Niccolo — presque ridicule d'imprécision, d'affolement général, de stupidité aussi —, avait été un échec total. Mais elle laissait aux Médicis les mains libres pour agir comme bon leur semblait, et pour une intelligence aussi exceptionnelle et aussi ambitieuse que celle de Lorenzo, il y avait là matière à réflexion. Il fallait faire preuve de fermeté. Il était tout à fait inutile de continuer d'opposer le dialogue à la violence, et d'assurer l'impunité après la reddition, comme l'avait fait précédemment son père. A quoi servait l'indulgence si au bout du compte tout était à refaire? Lorenzo avait décidé de sévir, et de sévir avec assez de force et de rigueur pour donner une leçon... Il y avait eu une trentaine de pendaisons... Et Niccolo Ardinghelli, Dietisalvi Neroni, Manno Donati, qui étaient parvenus à s'enfuir, avaient été condamnés à vingt ans d'exil.

Caterina reprit après un instant de réflexion :

— Quand donc cela finira-t-il? Les Médicis sont là et bien là... Et ce n'est ni ton père ni ton mari qui y changeront quoi que ce soit... Quand serons-nous en paix et tranquilles?

Interrompant brusquement le bavardage de sa mère, Lucrezia demanda :

— Depuis quand sais-tu? Pourquoi ne m'avertir que maintenant?

Caterina soupira :

— Si je l'avais su plus tôt, tu penses que tu aurais été la première avertie... Que vas-tu faire?

— Aller à Florence!... Au plus tôt..., répondit Lucrezia.

— Mais pourquoi? s'étonna Caterina.

Lucrezia s'était levée. La chaleur l'obligeait à dormir nue, et, toujours émue par la beauté de sa fille, Caterina caressa de l'œil son corps mince, sa peau fraîche... Soudain, son regard se figea sur les seins de Lucrezia. Les bourgeons étaient devenus bruns et s'élargissaient sur les seins singulièrement gonflés.

— Lucrezia... ! dit Caterina d'une voix blanche. Pourquoi veux-tu aller rejoindre Niccolo à Florence ?

Les deux femmes échangèrent un regard. Aucun mot ne fut prononcé mais tout fut dit. Blême, Caterina aida sa fille à se vêtir et donna quelques ordres pour préparer un carrosse. Au moment de partir, Lucrezia se jeta dans les bras de sa mère.

— Maman ! oh maman... prie pour moi, s'il te plaît, car moi je ne le peux pas...

Lorsqu'elle arriva à Florence, Lucrezia hésita un instant à franchir le seuil du Palais Ardinghelli. Une servante s'approcha d'elle avec obséquiosité.

— Messer Niccolo Ardinghelli est dans son cabinet de travail, Signora... Il a demandé à n'être dérangé sous aucun prétexte. Que dois-je faire, Signora ?

— Rien, dit Lucrezia. Rien pour le moment ! Apporte-moi de quoi me rafraîchir. Je monte dans ma chambre...

La servante inclina la tête. C'était une jolie fille au regard rusé, au sourire ironique. Comme tout le monde à Florence, elle savait ce qu'il en était pour ses maîtres. Et comme toutes les servantes du Palais Ardinghelli, elle avait joui des faveurs particulières de Niccolo. Faveurs rétribuées de plusieurs ducats-or, cause essentielle des pugilats qui éclataient entre les servantes qui se disputaient le privilège et le plaisir de partager la couche de leur maître.

Tout cela, Lucrezia l'ignorait. D'ailleurs, l'eût-elle su qu'elle n'aurait rien changé à ses plans : entraîner Niccolo dans son lit pour lui faire admettre que l'enfant qu'elle portait était de lui. C'était là la seule solution, sinon honorable, du moins réaliste qui s'imposait à Lucrezia. Et la jeune femme avait toujours été réaliste. Elle n'avait pas d'autre choix, et elle comptait sur l'amour qu'elle lui avait inspiré. Elle se souvenait des mois qui avaient suivi son mariage. Comme il était amoureux ! Elle faisait de lui exactement ce qu'elle voulait, et elle était persuadée qu'encore maintenant il se mettrait à genoux devant elle si seulement l'envie lui en prenait. « ... Je ne me soucie pas de son amour !... » se disait-elle pour la millième fois depuis qu'elle pensait être enceinte. « ... Tout ce que je veux c'est l'emmener dans mon lit plusieurs fois... Après il pourra aussi bien aller au diable !... » Lorsque la crainte de se voir rejetée s'emparait d'elle, elle était prise d'une telle angoisse qu'elle en aurait pleuré de rage et de douleur...

Pour s'encourager, elle s'efforçait de se souvenir de la faim vorace que Niccolo avait d'elle, de son corps, de sa peau. Elle se souvenait de cette fête des sens interminable, qui les laissait l'un et l'autre épuisés. Elle se souvenait de leurs disputes continuelles. Alors elle se refusait à lui, et pouvait tenir bon une semaine, parfois deux... jamais plus longtemps... Mais quel délire que leurs réconciliations ! Rien de comparable avec ce qui se passait forcément à la sauvette entre Lorenzo et elle. Son amant la prenait, lorsqu'il venait la voir à Fiesole à l'insu de sa famille, mais les brèves étreintes de Lorenzo, toujours inquiet d'être surpris, la laissaient souvent sur sa faim. « Jamais une nuit entière dans ses bras ! Toujours des petits morceaux de nuits, des petits morceaux de jours... Des petites heures volées... »

Tard dans la nuit, un grand brouhaha réveilla Lucrezia en sursaut. On riait fort en bas dans la grande salle, si fort et si crûment que la jeune femme ouvrit la porte de sa chambre et se glissa en haut des escaliers. Elle reconnut la voix de son père complètement ivre, de Niccolo et de Dietisalvi Neroni... Ces rires grossiers d'ivrognes la ramenèrent quelques années en arrière, en 1466, lorsqu'elle avait découvert le « complot », et elle prêta l'oreille avec attention. Sa mère n'avait-elle pas évoqué la probabilité d'un nouveau complot dirigé contre Lorenzo...

Doucement, s'efforçant de ne faire aucun bruit, évitant même de faire craquer les marches, Lucrezia descendait, et allait atteindre la salle où se tenaient les trois hommes, lorsque la porte s'ouvrit brusquement sur ceux-ci.

— Tiens... ma fille est là ! dit Manno Donati avec un rire gras. De quoi te plains-tu, mon gendre ? Resteras-tu avec ton mari, petite garce? Qu'as-tu entendu? hein? qu'as-tu entendu...? Vas-tu encore trahir les tiens? ton père? ton mari? tes amis...? Qu'es-tu venue faire à Florence? Pourquoi n'être pas restée à Fiesole avec ta mère... Allons, réponds! vas-tu répondre ou faudra-t-il?

Il leva la main prêt à frapper. Niccolo s'interposa avec vivacité :

— Tu t'oublies, père! Lucrezia est ma femme! Elle est ici chez elle! et nul, pas même son père, n'a le droit de la frapper ou de lui donner des ordres! Si quelqu'un doit la frapper, c'est moi! Ici, elle est sous mon toit. Tant qu'elle y demeure, elle a droit à ma protection...

— Tu oublies qu'elle nous a déjà trahis! grommela Manno. Qui te dit qu'elle ne recommencera pas?

— Pourquoi parler de trahison? dit froidement Niccolo les yeux fixés sur sa femme. Lucrezia n'a peut-être rien entendu... Et sa venue dans sa demeure, auprès de son époux, est tout à fait normale... Je suis fort aise de vous voir, mon amie... J'espère que votre visite n'aura pas de répercussions fâcheuses contre les vôtres, n'est-ce pas, ma chère?

Le ton était tel qu'effrayée, Lucrezia secoua la tête.

— Je n'ai entendu que des rires et des cris... J'ai voulu voir ce qui se passait...

— Il se passe, ma chère, que je m'apprête à me débarrasser une fois pour toutes des Médicis...

Manno Donati et Dietisalvi Neroni se récrièrent :

— Es-tu devenu fou? Elle va s'empresser d'aller avertir ce Lorenzo...

Sans se départir de sa froideur, Niccolo dit :

— Lucrezia restera ici sous bonne garde. Elle ne sortira qu'accompagnée, et, si jamais elle cherche à fausser compagnie à sa gouvernante, je l'étrangle de mes propres mains...

— J'ai bien envie de le faire tout de suite! grommela Dietisalvi Neroni.

Lucrezia regardait les trois hommes qui lui faisaient face. Ces trois hommes dont l'un était son père, l'autre son mari, le troisième un ami qu'elle avait toujours connu, qu'elle appelait « oncle Dieti »... Et ces trois hommes étaient prêts à la tuer! Elle le voyait clairement dans les regards haineux qu'ils posaient sur elle. Alors elle eut un geste qui peut-être la sauva. Elle redressa les épaules, secoua ses cheveux d'un mouvement de tête fier et plein d'orgueil, et avec aplomb, alors que ses jambes flageolaient sous elle, elle lança d'une voix ferme :

— Vous êtes ivres, tous les trois ! Ivres et méprisables ! Je n'aime pas les ivrognes même si ceux-ci sont mon père, ou mon mari... ! Je hais ces gens pris de boisson qui ne se contrôlent plus, qui disent n'importe quoi, qui, dans leur ivrognerie, leur bassesse, leur vilenie, sont capables de tuer... ou de violer...

Ce rappel cinglant de ce qui, pour Niccolo, restait la grande honte de sa vie, eut l'effet désiré. Il demanda à ses amis de le laisser seul avec sa femme.

— Après tout, puisque ma chère femme a daigné me rendre visite, je dois bien lui consacrer quelques instants...

Des rires gras et obscènes furent la réponse des deux hommes qui quittèrent le Palais Ardinghelli avec force grossièretés et jurons.

Restés seuls, les deux époux se firent front.

— Lucrezia, éructa Niccolo, les yeux durs, si jamais vous nous trahissez une seconde fois...

— Mais que diable voulez-vous que j'aille raconter à qui que ce soit ! s'écria Lucrezia, furieuse. Je n'ai rien entendu ! Rien si ce n'est vos rires d'ivrognes...

Niccolo la dévisagea, puis avec défi il lança :

— Nous préparons une action à Volterra pour le début de l'année prochaine.

— Il y a les mines de Tolfa..., murmura Lucrezia, pour dire quelque chose.

— Le pape Paolo II est au plus mal... Sa mort libère le contrat qui le liait aux Médicis...

— Et qui vous dit que le nouveau pape ne respectera pas les engagements de son prédécesseur ! rétorqua Lucrezia.

Puis soudain elle pensa : « Mais de quoi parlons-nous ? Est-ce important pour moi ces histoires de mines ? de papes ? »

Elle allait parler quand Niccolo lui dit froidement :

— Si vous le permettez, ma chère, nous reprendrons cette

intéressante conversation demain matin. Pour l'heure, il est tard, et je vais me coucher !

Puis il la planta là et monta dans sa chambre.

Désorientée, Lucrezia resta un moment immobile. Puis elle se décida à monter lentement les escaliers, hésitant sur la conduite à tenir. Sa longue chevelure d'or sombre lui tombait sur le visage et elle la repoussait de la main d'un geste impatient et machinal.

Elle pénétra dans sa chambre, et soudain fit demi-tour pour se diriger vers celle de Niccolo. Un long moment elle resta ainsi devant la porte, le souffle court, en proie à une panique intense. Toute sa vie elle allait se souvenir de cet instant comme de l'un des plus cruels qu'elle eût jamais vécu. Après avoir frappé et sans attendre de réponse, Lucrezia ouvrit la porte. Maintenant elle tremblait. De peur, sans doute, mais aussi d'une émotion difficilement identifiable... Niccolo était assis dans l'obscurité auprès de la fenêtre, à peine éclairé par la lumière de la lune. Il se leva lorsqu'il vit sa femme dans l'encadrement de la porte. Un rictus ironique lui déformait les traits. Sa main se tendit vers la lampe à huile, mais Lucrezia interrompit son geste.

— Ami... ne donnez pas davantage de lumière... Je veux vous parler...

Les sourcils de Niccolo se haussèrent, mais Lucrezia ne pouvait s'en apercevoir.

— Ami ? Tiens tiens... Et que me vaut tant de douceur ?

— Je vous en prie ! Il faut que je vous parle !

— C'est si urgent ? Cela ne peut attendre à demain ?

— C'est... c'est très important... Je vous en prie... ! répéta-t-elle, donnant une inflexion implorante à sa voix.

— Que me voulez-vous ?

Lucrezia retint son souffle. Mais la phrase qui devait la sauver, qu'elle avait préparée depuis des jours : « J'ai réfléchi, Niccolo, et je pense que nous devrions vivre comme mari et femme car j'ai de l'affection pour vous... », elle se sentit incapable de la prononcer. Dans son désarroi elle avait imaginé qu'en la voyant dans sa chambre à peine revêtue d'une chemise de linon transparent, Niccolo se serait jeté sur elle... Elle se serait un peu débattue pour la forme, puis tout aurait été réglé. Mais l'indifférence manifeste de Niccolo la troublait, elle se sentait complètement perdue et, avec horreur, elle s'entendit proférer d'une voix sourde :

— Niccolo... Je sais que... que vous ne m'aimez plus... Et franchement, cela me peine... Mais... Mais ce n'est pas pour cela que je viens vous voir... Je voulais vous demander... mais je n'ai rien à demander, n'est-ce pas ? Je pense que vous avez dû souffrir par ma faute...

— Plutôt... oui... Même à mon pire ennemi je ne souhaite pas ces moments que j'ai vécus grâce à vous... Encore que..., précisa-t-il avec méchanceté, votre présence ici, dans cette maison, dans cette chambre, ne soit pour lui le début de tortures que vous savez si bien offrir à ceux qui vous aiment... Car je présume que votre Lorenzo connaît votre présence à Florence dans cette demeure ?

— Je... Je ne sais pas... Peut-être, en effet...

— Si je comprends bien... Vous êtes ici avec son accord ?

— Mais non ! cria-t-elle avec désespoir. Qu'allez-vous donc imaginer ? Il sait que je suis ici, voilà tout ! Il vient d'avoir un enfant... et je suis partie.

— Il vient d'avoir un enfant... et vous êtes partie... Je ne vois pas de corrélation entre ces deux faits... Pouvez-vous davantage vous expliquer, ma chère ?

— Oh Dieu ! Niccolo, ne pouvez-vous me rendre les choses plus faciles ?

L'accent de Lucrezia dénotait une telle désespérance que Niccolo dressa l'oreille. Lentement la vérité se fit jour dans son esprit.

— Seriez-vous... ? Attendez-vous..., balbutia-t-il.

Lucrezia, incapable de répondre, baissa la tête.

— Et que voulez-vous de moi ? demanda-t-il d'une voix basse, si rauque qu'elle fit frissonner Lucrezia.

— Je ne sais pas..., dit-elle. Je ne sais pas... Rien sans doute. Que puis-je attendre de vous, sinon des coups ? ou la mort ? N'est-ce pas ce dont vous m'avez menacée à plusieurs reprises ?

Niccolo ne répondit pas tout de suite... Il lui semblait avoir reçu un coup encore plus rude que ceux dont Lucrezia l'avait abreuvé jusqu'alors. Les larmes aux yeux, presque défaillant, il lui fallut un long moment pour se ressaisir et offrir un visage froid.

— C'est vrai..., dit-il enfin. Je suis un homme mauvais, Lucrezia... Je le sais... Mais un homme mauvais peut souffrir tout comme un autre... Et la souffrance d'autrui ne suscite-t-elle pas toujours de la compassion, de la pitié ? Regardez-moi ! Allons ! répondez ! Je vous l'ordonne !

Il lui avait saisi les poignets et les tordait méchamment.

— Oui, bien sûr..., gémit-elle. Lâchez-moi, vous me faites mal !

— Oui, je te fais mal ! (Dans sa colère jalouse, Niccolo avait repris le tutoiement des premiers jours de leur mariage.) Garce ! je te fais mal ! mais as-tu jamais pensé au mal que tu m'as fait ? Bien que la chambre fût à peine éclairée par la lumière blanche de la lune, Lucrezia pouvait le voir...

Il se pressait les mains l'une contre l'autre et offrait le spectacle même du désespoir. Pour la première fois depuis qu'elle le connaissait, Lucrezia eut envie de prendre la tête de Niccolo contre ses seins et de lui caresser les cheveux tout en lui murmurant des mots apaisants, des mots d'amour. Très étonnée par cette sensation nouvelle, elle n'écoutait qu'à demi les mots que prononçait Niccolo.

— Eh bien, expliquez-moi ce que vous espérez de moi, que je couche avec vous pour me faire porter l'enfant que vous attendez ? Est-ce cela ? J'ai toujours pensé et toujours craint depuis que je vous connais, avant même notre mariage, que vous me joueriez quelque tour semblable... C'est donc cela ?

Anéantie, Lucrezia chancela. Puis elle se décida à faire face.

— Oui..., dit-elle dans un souffle. C'est cela... c'est tout à fait cela...

Il y eut un long silence. Comme si Niccolo avait quelque peine à assimiler la vérité. Et, bizarrement, alors que Lucrezia s'attendait pour le moins à des insultes, c'est d'un ton aimable, presque amusé, que Niccolo demanda :

— Pourquoi vous êtes-vous décidée à me dire la vérité ?

— Je ne sais pas... Je ne voulais pas... Je veux dire que

soudain... Je n'ai pas pu vous mentir sur cela... Cela me paraissait trop monstrueux...

— Ce scrupule vous honore. Je pense qu'il n'est guère temps de parler de tout cela... Allez vous reposer. Vous ne tenez pas debout. Demain, nous aviserons de ce qu'il convient de faire... Et maintenant, puisque vous avez commencé, dites-moi la vérité jusqu'au bout... Votre amant sait-il que vous attendez un enfant ?

— Non ! Oh non ! dit Lucrezia.

— C'est bien. Allez. Bonne nuit, ma chère.

Lucrezia, bouleversée, retourna à sa chambre. Elle s'apprêtait à se coucher quand elle vit de longues coulées de sang glisser le long de ses cuisses... Sur le moment, elle ne fut que soulagée, heureuse à en crier, à en pleurer. Elle eut une envie folle d'aller voir Niccolo, de lui dire... Mais elle s'arrêta dans son élan. Demain il serait temps d'avertir Niccolo. Elle était libre ! Libre ! Inutile de convaincre Niccolo de la reprendre avec lui, d'abandonner Lorenzo... Elle tenait toujours sa propre vie entre ses mains, et rien ni personne n'avait le pouvoir de l'obliger à prendre une direction dont elle n'aurait voulu sous aucun prétexte. Libre ! « Merci mon Dieu ! » sanglotait-elle, « merci mon Dieu !... c'était une fausse alerte ! »

Le lendemain, elle se leva tard, traînant dans sa chambre, retardant le moment d'affronter Niccolo. Elle hésitait encore à le mettre au courant. Elle éprouvait un sentiment bizarre. Certes, elle était heureuse de n'être pas enceinte, mais dans le même instant elle éprouvait une vague, une imprécise désolation à l'idée de renoncer à vivre avec Niccolo. L'avenir lui parut soudain vide, et sans intérêt. Les souvenirs qui l'habitaient depuis le jour où elle l'avait rencontré refluèrent à la surface de son esprit... Que lui avait dit Niccolo la veille ? « Moi, j'ai fait pour vous ce que Lorenzo n'a jamais voulu faire ! Entre son amour et son devoir, Lorenzo choisira toujours son devoir ! »... Maintenant le langage de Niccolo lui paraissait clair, évident... Comme elle avait été sotte ! Comment n'avait-elle pas compris dès les premiers jours que jamais Lorenzo n'aurait sacrifié son ambition à un amour de jeunesse. Que Lorenzo l'aimât, certes ! Oh ! comme il l'avait aimée ! Que de poèmes il avait écrits sur elle ! Comme il avait bravé des milliers de personnes le jour du tournoi donné pour ses fiançailles... Tout cela était vrai... Mais il ne l'avait pas assez aimée pour sacrifier le rôle qu'il entendait jouer dans la république de Florence.

La journée passa sans qu'elle pût voir Niccolo, parti vers de nébuleuses rencontres. Et, lorsqu'elle se coucha, nul ne put lui dire où il était. Elle fut longtemps sans dormir cette nuit-là. Parfois, elle se relevait, se promenait de long en large dans sa chambre, puis se recouchait. Elle n'arrêtait pas de penser à Niccolo et à Lorenzo. Tantôt la jalousie l'envahissait lorsqu'elle imaginait Niccolo avec Maria de Rossi, et tantôt c'était la princesse Clarice qui excitait sa hargne. Aux petites heures du jour, elle n'avait rien décidé et ignorait toujours le sens précis de son espoir.

Tard dans la journée du lendemain, Niccolo se fit annoncer. Lucrezia était à sa toilette. Elle esquissa un sourire en le voyant.

— Je voulais vous dire, commença-t-elle. C'était... enfin je n'aurai pas d'enfant.

Le visage souriant de Niccolo se ferma.

— On dirait..., s'étonna Lucrezia, que cela ne vous fait pas plaisir...

— Si fait ! qu'allez-vous imaginer ? Eh bien, puisque vos ennuis sont terminés, que comptez-vous faire ?

Désarçonnée par le ton et par la question, Lucrezia balbutia :

— Je ne sais pas... Que faut-il que je fasse... Je pense que... Je crois que...

Elle ne pouvait achever. Niccolo la dévisageait, songeur.

— Vous êtes ma femme... Rien ne vous empêche de rester ici aussi longtemps que vous le désirerez. Vous connaissez mes conditions. Elles n'ont pas changé.

— Vous... vous voulez dire que vous voulez me reprendre après ce qui s'est passé ?

— Surtout, évitons les malentendus ! s'écria précipitamment Niccolo ! Vous êtes ma femme ! Je vous dois abri, nourriture, vêtement... Vous aurez tout cela... Mais... Mais je ne veux rien d'autre, comprenez-vous ! Rien ! Grand Dieu ! Pensez-vous que je pourrais me contenter des restes de Lorenzo de Médicis ?

Lucrezia s'était attendue à tout sauf à cela. Surprise et blessée par cette sortie, elle oublia ses bonnes résolutions et répliqua avec hauteur :

— Vous ne pensiez tout de même pas... que j'espérais...

— Que je veuille exercer sur vous mes droits ? Lucrezia, si vous saviez comme désormais tout ceci n'a plus aucune importance ! Votre personne, la mienne, notre destin, cela ne pèsera guère dans les mois à venir ! Des événements importants vont avoir lieu... Hier, je vous ai dit qu'un complot contre la vie de votre cher Lorenzo est en train de se monter. Allez le lui dire ou n'y allez pas, cela m'est égal. Je suis las de tout cela... Las de la vie que je mène... J'ai gagné suffisamment d'argent pour acheter n'importe quel homme, n'importe quelle conscience... En suis-je plus heureux pour cela ? Je vous avouerai que non... Je considère que je vous ai perdue, et en vous perdant j'ai perdu la seule chose vraiment importante pour moi... Mais j'ai donné ma parole à mes amis. Dans deux mois... ou dans six... j'irai donc me battre à Volterra, pour une raison qui désormais m'échappe, pour des buts qui ne m'intéressent plus, et si j'ai votre amant en face de moi, je serai sans doute dans l'obligation de tuer un homme que je ne hais plus... C'est drôle, n'est-ce pas ? Ce que l'honneur nous commande de faire parfois est singulièrement imbécile... Ceci étant, faites ce que vous voulez, Lucrezia... Nous ne saurions vivre en bonne intelligene avec ce passé que je ne peux admettre... J'accepte que vous reveniez vivre dans ma maison. C'est déjà beaucoup ! N'en attendez pas davantage de moi... D'ailleurs, je pars demain. La Seigneurie m'a fait savoir que si demain soir j'étais encore à Florence je serais arrêté et mis au cachot. Comme vous le voyez, nos destins sont à jamais séparés.

Le lendemain à l'aube, au moment où il allait monter jdans son carrosse, Niccolo revint sur ses pas et entra dans la chambre de Lucrezia.

Elle ne dormait pas et n'avait sans doute pas dormi de la nuit. Elle le regardait intensément, espérant...

Mais il dit très vite :

— Il y aura un complot contre Lorenzo de Médicis en avril prochain. Je n'en serai pas. Je veux que vous le sachiez !

Niccolo s'inclina et sortit.

Lucrezia s'approcha de la fenêtre qui donnait sur le jardin. Tout était beau, calme, lumineux... Il allait faire très chaud, et la chaleur irait en augmentant. Elle se sentit malheureuse et se demanda ce qu'il allait advenir d'elle. Un instant, elle joua avec la pensée de retourner à Fiesole, d'y attendre la venue de Lorenzo. « Est-ce cela ma vie désormais ? pensa-t-elle avec tristesse. Attendre indéfiniment la visite d'un homme pour qui je n'éprouve plus de passion véritable ? Et si tout cela était une erreur ? Qui peut m'aider à découvrir la vérité ? » Mais elle savait déjà que personne ne pouvait l'aider sur ce chemin. C'était à elle, et à elle seule, de trouver la route qui devait la conduire vers ce qu'elle cherchait.

*

A l'ombre de Lorenzo... Florence joyeuse en la paix se repose.

Les mois et les années qui suivirent la mort de Piero de Médicis furent extrêmement prospères. Lorenzo suivait la voie de ses ancêtres. La ville était riche, en paix. Les plus grands artistes venaient de toute l'Europe se confronter avec les plus illustres d'entre eux. Cependant, dès l'avènement de Lorenzo et pour la première fois depuis près d'un siècle que la famille médicis était à la tête de la cité, l'année 1471 fut celle où le compte des dépenses dépassa largement le montant des recettes. Pour rétablir la balance, Lorenzo procéda à une dévaluation assez particulière qui ne lui attira pas que des amis.

Florence, initiatrice en tout, connaissait les déclarations de revenus, l'impôt proportionnel à la fortune, puis progressif. Enfin les riches payaient pour les pauvres, mais dans ces familles où l'on jetait l'or à poignées pour satisfaire ses plaisirs et ses vices, aider les plus défavorisés était considéré comme un affront. Ce fut là l'une des raisons profondes du second complot monté contre Lorenzo.

C'est bien à Volterra que la sédition éclata. Les mines d'alun étaient indispensables à l'économie de Florence. Pierfrancesco et Lorenzo de Médicis avaient pris à bail l'essentiel de ces mines. En réalité, ces mines n'avaient qu'un rendement médiocre, mais on avait commencé à sonder d'autres gisements qui s'annonçaient prometteurs. La municipalité volterréenne, soudoyée par la coterie de Manno Donati et de ses acolytes, prétendit imposer de nouveaux contrats à des conditions extrêmement onéreuses que les Médicis refusèrent. Après moult débats et cris de part et d'autre, Volterra décida de se révolter contre Florence. C'est exactement ce que souhaitait Lorenzo.

Moins d'un mois après le début de la querelle, les troupes florentines mirent la ville de Volterra au pas. Elle appartenait désormais à Florence et du même coup les mines, toutes les précieuses mines, tombèrent dans l'escarcelle des Médicis.

Lorenzo n'avait pas seulement hérité de ses ancêtres le goût des arts, il avait également hérité leur sens des affaires et leur subtilité. Ce que ni son père, ni son grand-père, ni son arrière-grand-père n'avaient réussi à faire malgré bien des mariages, des alliances contre nature et autres, Lorenzo y était parvenu ! Il était devenu co-propriétaire des mines de Volterra.

Dès la fin de la « guerre », qui ne fit pratiquement pas de morts, Lorenzo fit juger les instigateurs du complot et tous furent condamnés soit à être pendus (ceux dont on avait pu s'emparer sur place), soit à l'exil perpétuel. C'est avec un plaisir tout particulier qu'il signa l'ordre de confisquer tous les biens de Niccolo Ardinghelli, et de s'emparer de lui afin de le faire pendre dans les plus brefs délais, mais Niccolo était parti pour Venise depuis longtemps.

Lorsqu'il apprit que son rival n'avait en aucune façon

participé au complot, Lorenzo ne changea en rien sa sentence. Il savait, lui, que seul le trépas de Niccolo lui ramènerait sa Lucrezia, dont il ressentait douloureusement l'éloignement.

XIX
LA MORT DE MARIA

QUAND Maria de Rossi réfléchissait aux années écoulées depuis son mariage, elle ne pouvait y distinguer aucune grande joie autre que celle que lui procurait Niccolo Ardinghelli. Aussi, lorsqu'elle fut convaincue sans que Niccolo eût dit un seul mot, qu'il aimait toujours sa femme, sa douleur fut à l'égal de la passion qu'elle avait toujours éprouvée pour son amant. Elle l'avait plusieurs fois recueilli malheureux, déchiré. Elle l'avait gardé jalousement une année entière auprès d'elle. Quand Niccolo partit pour Venise, elle eut un moment de terrible désespoir. Venise ! Il fallait absolument... Elle laissa libre cours à son imagination, et les rêves les plus fous s'emparèrent d'elle... Elle imaginait sa rivale Lucrezia morte, elle s'imaginait expliquant à son mari que rien ne pourrait jamais la forcer à quitter Niccolo. Et Lionetto comprenait, fermait les yeux.

Enfin vers le milieu du printemps 1471, elle put convaincre son mari de lui accorder ce voyage. Et Lionetto, qui savait pourquoi elle voulait aller à Venise, accepta. Et même, il paraissait heureux du bonheur de sa femme.

A Venise, Lionetto de Rossi loua pour l'année un superbe palais sur le Grand Canal. Pas moins de vingt personnes étaient à leur service. Folle de joie, Maria allait de pièce en pièce, toutes plus somptueuses les unes que les autres, avec ce goût vénitien des belles choses, des tableaux superbes, et cet art, cette harmonie subtile des volumes et des teintes...

Maria était ravie de se retrouver à Venise. Elle avait toujours détesté Lyon, et n'aimait guère Florence où elle n'avait que de tristes souvenirs. Seule Venise trouvait grâce à ses yeux.

— Oh, Lionetto ! Je suis heureuse ici ! Et si reconnaissante ! Pouvais-tu te permettre une telle prodigalité ? Ne m'avais-tu pas parlé de quelque difficulté ?

Lionetto haussa les épaules et détourna les yeux. Pour payer la location de ce palais, les nouvelles robes de Maria, des robes somptueuses, dignes d'une reine, et les trousseaux des trois enfants qui riaient en courant de chambre en chambre, il avait été forcé de signer des traites à vue payables dans six mois... L'argent filait à une telle rapidité que Lionetto avait renoncé à tenir ses comptes. La seule chose qui lui importait était le sourire de sa femme. Et il fut fort content lorsqu'un jour Niccolo se fit annoncer.

— Maria va être si heureuse de vous revoir..., balbutia-t-il.

Stupéfait, Niccolo le dévisagea. « Quel homme singulier ! songea-t-il. Il sait pourtant à quel point sa femme m'est attachée... Et pourtant, je pense qu'il est sincère. Tout à fait sincère... »

Les deux hommes bavardèrent amicalement en attendant que Maria descendît les rejoindre. Lionetto versa du vin très doux, très sucré, et offrit un verre à son hôte.

— Je bois..., dit-il en levant son verre. Je bois à l'avenir... à l'oubli du passé... A la mort !

— Et il vida son verre d'un trait... puis un deuxième, puis un troisième... Niccolo s'étonna :

— A la mort ? Pourquoi ?

— A la mort ! insista Lionetto, légèrement ivre et le regard brumeux. A la mort apaisante, si douce, à la mort qui est l'abri de toutes les souffrances... Ah, voici Maria...

En effet, la porte s'ouvrit sur une Maria souriante qui avançait les mains tendues vers Niccolo.

— Ami..., comme c'est gentil d'être venu nous voir !

Quelques semaines plus tard, alors que toute la ville préparait les fêtes de Noël, Maria se reposait dans sa chambre.

Bien que dans les bras de Niccolo aussi souvent qu'elle le désirait, force lui était de reconnaître qu'elle n'était pas heureuse. Son amant avait l'air absent, parlait peu... Maria était un peu fiévreuse et n'était pas sortie de la journée. Il pleuvait à verse. De ces pluies abondantes de décembre qui semblent ne devoir jamais finir. L'ombre descendait dans la chambre dont les fenêtres s'ouvraient sur le Grand Canal. Elle pleurait sans raison apparente. La veille, Niccolo avait déjà paru agité, nerveux, ne tenant pas en place, évitant de la regarder, affectant de se concentrer sur la partie d'échecs qu'il disputait avec Lionetto, pour dire enfin d'un ton détaché, désinvolte :

— Il paraît que mon exil va prendre fin ! Voilà qui serait surprenant de la part des Médicis ! Surtout quand on sait que Lorenzo m'a fait condamner pour mieux me faire cornu ! Ha ! Ha ! (Il avait ri d'un air faux et dur avant d'ajouter :) Si je dois payer la clémence de Lorenzo de la manière que l'on sait, je les tuerai l'un et l'autre... Mon cher Lionetto, vous avez gagné cette partie... Mais à demain la revanche ! » Puis il était sorti après avoir brièvement pris congé.

Tard dans la soirée, on frappa à la porte de Maria.

— C'est moi... Niccolo..., dit la voix aimée.

La porte s'ouvrit sur son amant. Il paraissait épuisé. Peut-être avait-il marché des heures et des heures durant sous la pluie, car ses vêtements étaient trempés, souillés de boue, froissés.

Maria se redressa sur son lit.

— Eh bien ! s'exclama-t-elle, le cœur mordu par une poignante inquiétude. Que se passe-t-il ?

Niccolo ne vit pas les mains tendues. Ses yeux fixaient un mirage que lui seul pouvait voir.

— Je vais retourner à Florence, dit-il d'une voix sourde.

— Mais c'est de la folie ! Vous allez vous faire pendre !

— Peut-être ! mais l'idée... l'idée qu'elle va aller demander ma grâce à Lorenzo... qu'il va poser ses mains sur elle... qu'il va l'embrasser... la prendre... Je deviens comme fou, Maria ! Fou !

Alors Maria se mit à rire. A rire d'un rire de folle... Effrayé, Niccolo la dévisagea.

— Qu'est-ce qui vous prend ? Maria, voyons ! calmez-vous !

Mais elle continuait à rire, hoquetante. Des larmes giclaient de ses yeux.

— Et c'est à moi... à moi... bégayait-elle entre deux hoquets, c'est à moi que vous dites cela ?

Il était là devant elle, et lui parlait d'une autre. Ils étaient seuls dans sa chambre, comme des amants, il lui parlait d'une autre dont il était fou... Quelque chose de chaud, de tumultueux, montait en elle. C'était comme un ouragan vertigineux qui balayait tout sur son passage.

— Calme-toi..., disait-il, suppliant. Tu savais bien pourtant.

Apitoyé il lui prit les mains et les baisa.

— Je sais... Je sais que tu dois souffrir... Pardon ! Pourras-tu jamais me pardonner le mal que je t'ai fait... ?

— Pardon ? Qu'ai-je à te pardonner ?

— Ce que tu souffres en ce moment.

Elle hésita, puis elle dit presque sèchement :

— Tu n'as pas à demander pardon... Et je n'ai rien à te pardonner... Tu m'as donné la plus grande joie que l'on puisse avoir en ce monde... Le bonheur de l'amour... Tu ne peux imaginer le bonheur que tu m'as donné. Peut-être, dans un instant, me prendras-tu dans tes bras ? (Sa voix avait des accents suppliants qui déchiraient Niccolo.) A présent, il faut payer le prix de mon bonheur en te perdant... Je suis prête... C'est à moi de te dire merci... Ne dis rien ! Je t'en prie ! ne dis rien... Je sais tout ce que tu vas dire... que tu m'as aimée d'une certaine manière... Et c'est vrai, je le sais. Je sais aussi que lorsque tu criais ta jouissance, c'était à elle que tu pensais...

— Non !... protesta Niccolo, non ! Dieu m'est témoin... Jamais !

Il mentait, mais il aurait menti même condamné à l'enfer pour ne plus voir cette extrême désolation sur le beau visage défait de Maria. Son mensonge fut récompensé. Le visage de la jeune femme s'éclaira.

— Oh ! dit-elle, comme en extase. Rien ne peut davantage me consoler que ce que tu viens de dire... même si c'est un mensonge, puisque tu veux me quitter.

— Maria ! Maria... il faut me croire... J'ai aimé tous les instants que nous avons passés ensemble... J'ai aimé ta personne aussi sincèrement que l'on peut aimer... Mais elle...

C'est comme une mauvaise maladie que j'ai... une maladie dont nul ne peut me guérir... sauf elle... Je veux rester ton ami, Maria...

Ces propos déclenchèrent en la jeune femme une réaction démente. Elle cria sa douleur extrême :

— Tais-toi !... tais-toi ! Comment peux-tu ? Je ne veux rien savoir... Je sais seulement... Je sais que loin de toi je vais devenir folle... que je mourrai... Niccolo, ne m'abandonne pas... ! Tu dois avoir pitié de moi...

Elle lui embrassait les genoux, les mains, et se serait prosternée à ses pieds si, affolé par cet accès de détresse, Niccolo ne l'avait soulevée et portée sur le lit.

Il prit un linge qu'il trempa dans une cuvette de fine porcelaine et tapota le front de la jeune femme. Elle sanglotait sans retenue, mordant son oreiller pour étouffer ses cris.

Enfin elle se calma. Niccolo lui tendit un gobelet de vin qu'elle vida d'un trait. De temps à autre, des hoquets la secouaient encore.

— Pars..., dit-elle enfin. Pars. Je sais que tu l'aimes. Que tu l'as toujours aimée. Va la rejoindre. Il faut me laisser.

Désorienté, Niccolo hésitait à la laisser seule. Alors elle se rassit et s'adossa sur ses oreillers, à bout de forces.

— Va-t'en..., dit-elle d'une voix douce avec un pauvre sourire. Ne permets pas que je m'humilie ainsi devant toi... Si tu restes... je perdrais le peu de dignité qui me reste encore... Évite de me voir pleurer... Je n'aimerais pas que tu gardes de moi ce souvenir pénible... Va, retourne à Florence chez ta femme... Là-bas tu m'oublieras très vite...

Maria parlait à voix presque basse, d'un ton très doux. Elle s'était agrippée aux mains de Niccolo, et tantôt elle les couvrait de baisers, tantôt elle les pressait contre ses joues brûlantes de fièvre, toutes trempées de pleurs. Parce qu'elle était, ainsi, infiniment émouvante, infiniment triste et belle dans sa douleur, Niccolo l'embrassa... Ses lèvres avaient un goût de larmes. Et parce qu'il fallait calmer cette femme désespérée, il lui fit l'amour avec tendresse, avec douceur, mais sans cette passion qui seule compte en ces moments où deux corps s'étreignent... Il n'y avait eu ni volupté ni plaisir dans cette union. Rien qu'un peu de chaleur, un peu de tendresse, une infinie pitié. La fierté de Maria reprit le dessus.

— Va-t'en... Va-t'en, je t'en prie !... Pars au plus vite, dit-elle.

Doucement, Niccolo lui baisa les lèvres. Il se leva, rajusta son vêtement et dit à voix basse :

— Moi non plus, Maria de Rossi, je ne t'oublierai pas...

Puis, très bas, si bas que Maria ne l'entendit pas, il ajouta :

— Pardonne.

*

Dans les tout premiers jours de janvier 1472, Lucrezia de Médicis reçut la visite de Lucrezia Donati-Ardinghelli. Madonna de Médicis ne put s'empêcher de l'observer avec un étonnement admiratif. Tout dans l'allure, la démarche, le visage, le regard, la voix de la jeune femme qui lui faisait face, était digne d'admiration. « Combien je comprends Lorenzo... » pensait-elle, comparant mentalement la princesse Clarice, si terne, si ingrate, si insignifiante, à la petite merveille qui la regardait.

Elle retrouvait dans cette ravissante jeune personne la jolie Lucrezia Donati d'antan, celle qui venait au Palais Médicis pour un oui, pour un non, qui se disputait avec Lorenzo, qui aimait Lorenzo. Elle ignorait lequel des deux avait eu le triste, l'affreux courage de rompre. Lucrezia aurait aimé que son fils en eût pris l'initiative. Sa fierté de mère en eût été fort satisfaite, mais une petite voix obstinée lui indiquait que sans doute seule Lucrezia Donati était à l'origine de cette rupture qui brisait son fils, car elle n'avait pu supporter plus longtemps une situation fausse et, à tout prendre, déshonorante.

— Que me vaut le plaisir de votre visite ? demanda Lucrezia de Médicis d'un ton froid qui démentait l'aménité des paroles.

— Je voulais... Signora Lucrezia... je voulais demander audience à Messer Lorenzo... Et je voulais savoir si ma présence ne serait pas importune...

Lucrezia de Médicis s'étonna :

— Une audience auprès de mon fils ? Et vous avez besoin de mon avis pour cela ? de ma permission ? Mais, ma chère enfant, si mes souvenirs sont exacts, il fut un temps, pas si lointain, où vous vous passiez fort bien et de l'un et de l'autre...

La jeune femme rougit.

— Les circonstances sont différentes... Je ne puis me permettre maintenant...

— Sans doute. Pourquoi voulez-vous voir mon fils ?

— Il a fait condamner mon époux à vingt ans d'exil... Vous savez que c'est injuste. Niccolo n'a en aucune manière participé au complot d'avril dernier... Vous le savez, n'est-ce pas ?

— Je... Je pense que oui..., dit lentement Lucrezia de Médicis. Et croyez-vous que mon fils, qui sans doute a agi avec beaucoup de rancune, changera d'avis ? Tout de même, votre époux fut compromis, il me semble ?

— Laissez-moi plaider la cause de Niccolo auprès de lui. Il a beaucoup changé ! J'en suis sûre ! Lorenzo n'a aucune crainte à avoir de ce côté-là... Pensez-vous sincèrement que je pourrais tolérer qu'il lui arrive quelque chose ?

Attentive, Lucrezia de Médicis observa la jeune femme.

— Non..., dit-elle d'un ton radouci. Je pense que vous l'avez sincèrement aimé. Mais pour parler de votre mari comme vous le faites, avec cette chaleur, cette conviction... Est-il à Florence ?

Malgré elle, le ton de Lucrezia était devenu soupçonneux.

— Non ! dit précipitamment la jeune femme. N'allez pas imaginer ! Grand Dieu ! Je pense qu'il doit être à Lyon ou à Venise... Je ne sais pas.

— Vous ne savez pas ? (Les sourcils de Madonna de Médicis se haussèrent, un peu ironiques.) Pardonnez-moi si ma question est indiscrète mais... aimez-vous votre mari ?

Le visage de sa visiteuse se ferma.

— Je ne sais pas. Je ne crois pas...

— Mais vous le défendez avec acharnement ?

— Parce qu'il serait injuste qu'il passe sa vie à payer les fautes d'autrui. Niccolo n'a en rien participé au complot de Volterra... Il me l'a dit ! Il faut me croire !

— Je vous crois... Et... puisque nous en sommes au chapitre des confidences, avez-vous aimé mon fils ?

— Plus que ma vie, Madonna Lucrezia.

— Mais... vous l'avez quitté...

— Qu'eussiez-vous fait à ma place ?

Ébranlée, Lucrezia de Médicis resta un moment silencieuse.

— Je vais faire chercher mon fils..., dit-elle enfin. Mais auparavant, dites-moi... la vérité, n'est-ce pas ? L'aimez-vous encore ?

La jeune femme secoua la tête. Elle eut soudain un visage triste et sévère.

— Tout à l'heure, Madonna, je vous ai dit que j'ai aimé Lorenzo plus que ma propre vie... et dès l'enfance... Toute petite je l'aimais... Vous devez vous en souvenir ! M'avez-vous assez grondée d'entraîner Lorenzo à venir jouer avec moi plutôt que de le laisser travailler ! Comment, pourquoi ceci a cessé, je ne sais pas... D'ailleurs, cet amour est-il vraiment mort en moi ? Comment le savoir ? Je le saurai peut-être tout à l'heure en voyant Lorenzo...

— Lorenzo, lui, n'a pas cessé de vous aimer..., dit doucement Lucrezia de Médicis.

Lucrezia Donati soupira. Elle s'était tout entière détournée de cet amour si douloureux. Elle ne savait toujours pas si elle aimait Niccolo ou si elle le haïssait de l'avoir humiliée, mais maintenant elle voulait se rapprocher de lui et elle espérait la fin de son exil pour comprendre enfin le sens de sa vie... Elle sentait avec force qu'à présent elle avait besoin d'un mari, d'enfants, d'une maison à elle.

— Je n'aime plus Lorenzo..., dit-elle simplement.

Ces paroles offensèrent Madonna de Médicis qui allait répondre assez sèchement, mais l'expression du visage de Lucrezia la peina. « Que faire ? pensa-t-elle. Cette enfant est si passionnée que jamais elle n'aurait pu se satisfaire, même si elle avait épousé Lorenzo, de le voir s'attacher à tant de choses qui l'auraient éloigné d'elle ! Allons ! je ne m'étais pas trompée ! Ce mariage-là n'aurait pas été heureux... »

Elle se redressa.

— Je vous envoie mon fils... Ne soyez pas trop dure... car lui... n'a jamais cessé...

Elle sortit sans achever sa phrase.

Lorenzo avait été averti de la présence de Lucrezia Donati-Ardinghelli au Palais Médicis. Il se doutait des raisons de cette visite et attendait avec anxiété le moment de la revoir après un an et demi d'absence et de silence. S'il avait condamné Niccolo à l'exil, c'est parce que sa jalousie vigilante, lucide, l'avait désigné comme la cause immédiate du départ de Lucrezia. Chaque fois qu'il pensait à elle, et cela arrivait souvent, il se sentait horriblement malheureux, et fort humilié, non pas de l'attitude de Lucrezia, mais de la sienne qui n'était pas à proprement parler une attitude de dignité et de fierté.

La porte s'ouvrit, et il sut que sa mère était là, dans la pièce. Il devina pourquoi, et son cœur flamba. Pour gagner du temps, il prit un ton gai, un peu badin, et désigna la fenêtre.

— Regarde, mère, comme il neige... J'aime lorsqu'il neige sur Florence... La ville se pare d'un tel charme, d'une telle douceur mélancolique... (Sa voix lui fit défaut et il dut s'interrompre. Lorsque son émotion se fut un peu dissipée, il reprit :) Il ne faut pas que je la revoie, mère..., dit-il d'une voix rauque sans se retourner. La revoir serait rouvrir toutes mes blessures... Que me veut-elle ?

— Que tu lui accordes la grâce de Niccolo Ardinghelli... Elle souhaite que tu mettes fin à son exil..., répondit Madonna de Médicis.

— Aime-t-elle son mari ? Est-ce pour cela qu'elle est ici ?

— Je ne sais pas... Le sait-elle elle-même ? Je ne crois pas.

Lentement Lorenzo se détourna, son visage était une douloureuse interrogation.

— T'a-t-elle parlé de moi ? de nous... ? T'a-t-elle donné une explication... pourquoi... est-elle partie ? A-t-elle tout à fait cessé de m'aimer ?

Vivement, et parce qu'elle était émue, Madonna de Médicis s'écria :

— Comment peux-tu penser cela mon enfant ? (Puis plus

doucement :) Lucrezia Donati est partie parce que c'était sans doute la seule solution... Le scandale était trop grand, tu es marié. Ta femme ne méritait pas un tel affront... Et, pour ta maîtresse, la pauvre enfant, était-ce une vie que de vivre à l'ombre de la tienne ? sans espoir ? sans avenir ? Chacune de ces raisons était suffisante pour justifier cette rupture ! Il est heureux que Lucrezia ait pris la décision de partir... Désirais-tu vraiment en faire pour toujours ta maîtresse officielle et briser sa vie à jamais ? Plus aucune famille de Florence ne l'eût reçue.

Lorenzo fut longtemps sans répondre, puis il prit sa décision :

— Je vais la voir. Que faire d'autre puisqu'on n'y peut rien ? Il faut donc qu'il en soit ainsi... Lucrezia avec Niccolo, et moi avec la princesse Clarice...

Lucrezia sortit pour aller rejoindre son homonyme qui l'attendait avec impatience. Alors qu'elle n'était encore qu'à mi-chemin sur les escaliers, la jeune femme leva les yeux et demanda :

— Alors ?

— Il va venir dans quelques instants...

— Connaît-il le but de ma visite ?

— Oui.

— Puis-je espérer ?

— Peut-être. Sans doute... Il ne m'a pas fait part de ses intentions... Mais mon fils est un homme juste et bon... Et il vous aimait...

Elle acheva de descendre les marches, vit le visage ravagé de Lucrezia Donati, et spontanément, l'embrassa.

— Ne lui faites pas trop de mal ! dit-elle seulement avant de disparaître dans une petite salle attenante.

Dès le moment où il vit Lucrezia Donati, Lorenzo ne put juguler la douleur profonde qui l'envahit. Il alla vers elle et l'attira contre lui, laissant échapper ses pleurs.

— Ainsi tu es revenue vers moi..., dit-il avec angoisse, car il savait que ceci n'était pas exact.

Et comme elle restait silencieuse, il resserra son étreinte.

— Nous nous sommes tant aimés, est-il possible qu'il ne reste plus rien de cet amour en toi ?

Doucement, Lucrezia se dégagea et le regarda. Son visage basané, si laid et si attirant cependant, était contracté par l'effort qu'il faisait pour retenir ses larmes. Elle fut fort triste de voir Lorenzo si peu maître de lui, et des remords, de la compassion, une infinie pitié la portèrent vers cet homme malheureux. D'anciens sentiments tentèrent un instant de s'embraser... Et pourtant elle savait, bien qu'elle ne se l'avouât pas encore précisément, que l'amour qu'elle portait à Lorenzo était mort et que cette flambée d'émotion qui la faisait trembler ne venait que de ses sens inassouvis depuis trop de mois.

Lorenzo était trop fin et encore trop passionnément épris pour ne pas se rendre compte de la vérité.

— Ne dis rien ! supplia-t-il en desserrant son étreinte et en éloignant Lucrezia de lui. Tout ce que tu pourrais dire de vrai ou de faux ne pourrait que me blesser davantage... Une douleur comme celle que j'éprouve en ce moment ne peut se concevoir que par ceux qui ont souffert ce que je souffre...

Lucrezia ne pouvait prononcer un mot. Ses larmes et sa pitié lui ôtaient la parole. Puis, faisant un immense effort sur elle-même, elle murmura :

— Mon Lorenzo, regarde-moi, écoute-moi... La vie nous a séparés... Qui est coupable ? Toi ? moi ? Est-ce mon mariage ? Est-ce le tien ? Peu importe... Aurions-nous été heureux ensemble ? Peut-être... Tu as été pour moi ce que j'ai connu de plus beau, de plus sincère, de plus parfait dans ma vie... Il faut me croire, Lorenzo ! Me croire et m'écouter pour l'amour que tu me portes encore...

Lorenzo dit tout bas :

— J'ai reçu souvent des marques de ton amour... aujourd'hui je ne reçois que les marques de ta pitié... Mais ce n'est pas de cela dont j'ai besoin ! Comment l'amour que tu me portais a-t-il pu s'éteindre ? Non, ne réponds pas... Je t'ai trop aimée pour que je puisse me rendre à tes raisons... Je pensais que la même passion violente nous unissait... Un mot seulement. Aimes-tu Niccolo ? La vérité, Lucrezia ! Seulement la vérité !

Elle le regarda. Son regard était transparent et clair de tout mensonge.

— Je ne sais pas, Lorenzo... Il est encore loin de moi. En exil de par ta volonté. Et pourtant je pense que je suis auprès de lui. C'est fort difficile à expliquer... Alors qu'autrefois, lorsque tu t'éloignais de moi, j'avais toujours peur de te perdre, l'absence de Niccolo ne m'effraie pas... Je sais que quelque chose d'indissoluble nous lie. Parfois je crois l'aimer, parfois il me fait horreur... Nous nous sommes fait l'un et l'autre tant de mal ! Souvent je pense à nous, à toi, à moi, et je me dis que toi je t'aime encore, de toutes les forces de mon cœur, mais aussitôt je pense à lui... Et brusquement je me rends compte que j'ai besoin de lui... qu'il m'est aussi nécessaire que le pain que je mange, l'eau dont je m'abreuve, l'air que je respire... Aimé-je le pain, l'eau et l'air ? Pas précisément... Seulement, personne ne peut s'en passer... Voilà ce que Niccolo est pour moi, Lorenzo... Une nécessité vitale que parfois je hais de toute mon âme et dont je ne puis me passer...

Lorenzo était sous le coup de ce qu'il venait d'entendre. Et pourtant, malgré les mots, malgré la sincérité manifeste de Lucrezia, il voulait croire encore en ce qu'il espérait.

— Ton cœur est donc partagé entre moi et un autre ? Partagé seulement, cela ne signifie pas que tu as cessé de m'aimer ?

Il tenta de l'embrasser mais elle se détourna, et secoua la tête.

— Oh, Lorenzo ! dit-elle, les yeux pleins de larmes. Il faut me laisser partir... (Elle hésita, puis précipitamment elle ajouta :) Il faut mettre fin à l'exil de Niccolo... Je t'en supplie, Lorenzo, pour l'amour de moi, pour tout ce qui nous a unis autrefois, montre-toi généreux et compatissant. Mets fin à cet exil...

— Et s'il fomente contre moi ou ma famille un autre complot ? dit Lorenzo, en proie à la plus sombre désespérance.

Les accents de Lucrezia étaient assez clairs pour qu'il n'y eût plus aucun doute dans son esprit. Lucrezia, même si elle en doutait encore elle-même, aimait Niccolo.

— Il ne fera rien contre toi si je suis auprès de lui..., dit-elle à voix basse. Penses-tu que je pourrais tolérer qu'il t'arrive un malheur dont je pourrais, même indirectement, être la cause ?

— Lucrezia ! ne comprends-tu pas ? protesta Lorenzo, qui, dans son désespoir, croyait pouvoir faire renaître les flammes d'une ancienne passion avec des mots sincères et maladroits. Tu es toute ma vie... que vais-je devenir sans toi ?

— Lorenzo... tu sais bien que ce n'est pas vrai. Ta vie, c'est Florence, c'est l'Académie platonicienne, c'est tes alliances avec Milan, Venise, Naples et Rome... Ta vie ne t'appartient pas ! Elle appartient à la cité, à ta femme la princesse Clarice qui, à ce qu'on dit, va avoir un autre enfant pour le prochain printemps... Ne comprends-tu pas que je veuille un homme à moi, dans mon lit toutes les nuits ? que je veuille des enfants qui ne soient pas des bâtards, que je veuille me promener les soirs d'été sur les bords de l'Arno au bras de mon mari, et que je veuille retrouver ce même mari les soirs d'hiver au coin du feu ? Est-ce si difficile à comprendre ?

Lorenzo soupira. Il n'y avait plus rien à faire, ni à dire.

— Pars..., proféra-t-il enfin. Quand on aime comme je t'aime, c'est pour l'éternité... Il n'en a pas été de même avec toi et cela m'est impossible à admettre... à comprendre... Va maintenant. Niccolo Ardinghelli sera gracié par la Seigneurie, il pourra revenir à Florence quand bon lui semblera...

Déjà Lucrezia Donati s'apprêtait à partir. L'angoisse saisit Lorenzo, il perdit toute fierté et s'abaissa à la supplique :

— Lucrezia... pardonne-moi... Ensuite tu n'auras plus à te plaindre de moi, tu partiras et nous ne nous reverrons jamais... Mais... (il bégayait) : une dernière fois te serrer contre moi une dernière fois...

Elle lui prit les mains, les yeux pleins de larmes, et lui tendit sa bouche. Alors il l'étreignit et la prit avec emportement.

Quelques instants plus tard, il l'aida à se rajuster et l'accompagna jusqu'à la porte.

— Je t'aime beaucoup, Lorenzo..., dit la voix douce de

Lucrezia. Tu le sais bien, n'est-ce pas ? Es-tu heureux, mon Lorenzo ?

— Follement... Et je suis aussi follement malheureux.

— Mais tu ne chercheras plus à me retenir, n'est-ce pas ?

— Non... tu as ma promesse.

— Et... et...

— Niccolo Ardinghelli est libre... En aurais-tu douté ? Est-ce pour cela que... ?

— Es-tu devenu fou, mon Lorenzo ? cria Lucrezia, révoltée. Si je me suis laissé prendre par toi, une dernière fois... c'est qu'il m'est difficile de te chasser de mon cœur... Si difficile ! Tu ne peux donc rien comprendre ?

Honteux, Lorenzo baissa la tête et lui prit les mains.

— Pardon... Pardon... Il faut t'en aller maintenant. Vite. Très vite. Car si tu restes encore auprès de moi, je pourrais revenir sur mes promesses et te garder à jamais, ici, prisonnière...

Elle le regarda une dernière fois avec intensité. Tout en elle vibrait d'amour et de tendresse.

« Non ! pensait-elle, rayonnante, alors qu'elle rentrait chez elle d'un pas léger. Je n'avais pas cessé de l'aimer comme je le pensais... Je l'aime encore mais d'un amour différent... Nous ne vivrons pas ensemble... Je vivrai avec Niccolo lorsqu'il reviendra. Et je l'aime d'une certaine manière. Mais je sais que rien ne m'arrachera du cœur l'amour que j'ai pour Lorenzo... » Et c'est cette conviction-là qui la rendait si heureuse.

*

Vers la fin du mois de janvier, peu après le décret de loi promulguant l'amnistie de tous les exilés, Lucrezia de Médicis apprit la mort de sa fille Maria par une courte lettre de Lionetto de Rossi. Dans cette lettre, il lui expliquait que Maria avait été atteinte d'une fluxion de poitrine à la suite d'une grave imprudence. En effet, à peine remise d'un léger refroidissement, au début de janvier elle était allée se promener sous la pluie des heures durant, et le soir, grelottante, elle était rentrée pour s'aliter. Deux jours plus tard, elle était morte. Lionetto terminait sa lettre en annonçant qu'il accompagnerait le corps de sa chère épouse jusqu'à Florence dès que le temps le permettrait. Maria ayant exprimé, peu avant sa mort, le vœu d'être enterrée dans le caveau familial des Tornabuoni, le corps serait embaumé afin de supporter le voyage... Ensuite Lionetto retournerait à Lyon où l'attendaient trois orphelins.

Lucrezia de Médicis ressentit alors une grande douleur et un grand remords. Sa fille aînée avait toujours été pour elle une cause de soucis et de peine. Elle était au courant de la liaison passionnée qui l'avait attachée à Niccolo Ardinghelli. Elle aurait voulu la mettre en garde, l'aider. Mais quelque chose en Maria éloignait tous ceux qui pouvaient lui porter secours.

— Elle ne se laissait aimer par aucun de nous ! sanglotait Lucrezia sur l'épaule de Contessina. Perdre un enfant est la pire des choses qui puisse arriver !

Intuitivement, Lucrezia de Médicis se doutait qu'il y avait eu un drame entre Maria et Niccolo, que l'on attendait d'un jour à l'autre à Florence. Ce qui lui était le plus pénible était le fait que ses autres enfants ne partageaient pas vraiment sa douleur. Ils avaient si peu connu leur sœur aînée ! Aussitôt sortie du couvent, on l'avait mariée à Lionetto de Rossi, puis le couple était parti vivre en France. Et Lorenzo fut celui de ses frères et sœurs qui eut le plus de chagrin.

C'est donc avec son fils que Lucrezia de Médicis passait le plus clair de son temps en attendant le convoi mortuaire. Lorenzo, avec beaucoup de délicatesse, encourageait sa mère à parler de Maria. Lui-même se souvenait très bien de cette singulière jeune fille.

Il évoquait Maria telle qu'elle lui était apparue au cours de l'été 65 lors de son voyage en France, quand elle avait appris le mariage de Niccolo Ardinghelli et de Lucrezia Donati. Le frère et la sœur perdaient dans cette union l'un sa maîtresse adorée, l'autre son amant également chéri... Mais ni l'un ni l'autre n'avait su trouver des mots réconfortants pour consoler, pour aider à supporter l'affreuse douleur de l'abandon.

Alors Lorenzo pleura...

Il pleurait sur Maria. Il pleurait aussi sur lui, sur ses rêves perdus, sur sa jeunesse qui allait finir, sur la fin de son amour avec Lucrezia.

Des jours durant, Lorenzo se laissa aller à la mélancolie. Dans la mort de Maria, il trouvait enfin l'excuse qui lui permettait d'extérioriser le désespoir qui l'habitait. A sa mère qui s'inquiétait de cette grande douleur, que ne justifiaient pas les rapports distants que Maria avait eus avec les siens, Lorenzo répondit :

— Les jours passent trop vite... Je n'ai pas eu le temps de bien connaître Maria, mais j'ai eu le temps de l'aimer et de l'estimer... C'était ma sœur... Elle s'est tuée, n'est-ce pas ?

Lucrezia, la gorge nouée par le chagrin, murmura :

— Il semble que non. Une fluxion de poitrine... Notre famille est plutôt fragile de ce côté-là... Elle est sortie trop tôt... sous la pluie...

Lorenzo hésita, puis à voix basse :

— C'est ce que je pensais... Il y a tant de façons de se donner la mort ! Prendre froid gravement en est une, qui met à l'abri du péché de suicide... Et Lionetto ?

— Je pense qu'il doit être au désespoir. Il adorait sa femme. Il sera à Florence dans les premiers jours de février... Maria a demandé à être enterrée auprès de ma famille Tornabuoni. Ce sont là ses dernières volontés...

*

Lorenzo savait que tout l'avenir de la république de Florence reposait désormais sur lui.

Il ne s'abandonnait pas sans lutte à sa passion. Il savait que nulle chose humaine n'est éternelle... L'amour fou que lui inspirait toujours Lucrezia cesserait un jour. Il soupirait après ce moment comme un prisonnier après le jour de sa délivrance. Durant les mois qui suivirent la scène qui l'avait opposé à Lucrezia, il lui arrivait de se retrouver hagard, éperdu, assis sur un tronc d'arbre au bord de l'Arno qui roulait ses eaux boueuses et jaunes. Il ne pensait plus qu'à secouer le joug de cet amour qui le dévorait heure après heure, jour après jour. « J'ai vingt-quatre ans et déjà ma vie est finie... Sans horizons, sans joie... »

Parfois, le matin, il s'éveillait, délivré de ce trop grand amour. Une joie folle l'inondait, il bondissait hors de son lit, se précipitait vers son cabinet de toilette et rencontrait son visage hilare dans le miroir. Mais la douleur revenait quand il voyait son image, et qu'il se souvenait avec une horreur jalouse de celle du beau Niccolo Ardinghelli dont il avait signé la grâce. Il n'était pas guéri, il ne guérirait jamais, et il le savait.

Parfois il se disait qu'en attendant le retour de Niccolo, qui tardait singulièrement à revenir, la possession de Lucrezia calmerait l'ardeur insatiable de ses sens et sa faim d'elle. Les nuits surtout étaient pour Lorenzo un véritable supplice, et il ne pouvait trouver d'exutoire ni chez sa femme la princesse Clarice, qui attendait son deuxième enfant et en était à son cinquième mois de grossesse, ni chez les prostituées.

Mais même au plus fort, au plus intense de sa douleur, il parvenait toujours à consacrer quelques heures par jour aux affaires publiques et à la Seigneurie. Graduellement, il écarta son oncle et ami Tommaso Soderini comme conseiller politique et le remplaça par des amis plus jeunes et plus malléables. Il se voulait, et il était, un politique réaliste, raisonnable, et qui ne comptait que sur les faits. Il savait aussi combien le rôle qu'il jouait à Florence ne reposait que sur la volonté des six cents bourgeois qui votaient à la Seigneurie. Bien que seule la fortune lui conférât le « droit à la puissance et au pouvoir... », ce droit pouvait lui être retiré dès lors que sa fortune n'aveuglerait plus la Seigneurie. Ce qu'il y avait de particulier dans la dictature de Lorenzo, c'était que de tous ceux qui en Europe régnaient en cet an de grâce 1472, il était sans doute le seul dirigeant d'un pays, bien qu'il ne fût pas un monarque de droit divin, à mériter amplement le titre de « chef d'État ». La grandeur s'impose toujours, et en Lorenzo la grandeur était innée. C'était celle des humanistes, celle héritée de son grand-père Cosimo, de son père Piero, celle qui préconisait l'amour envers ses semblables, le respect de la parole donnée... On ne pouvait que s'incliner devant ce Florentin de la plus noble espèce. Lorenzo était roi par ses manières et par la pensée. Aucun roi, aucun homme politique ne l'égalait.

En Lorenzo, l'intelligence des Médicis avait atteint son point culminant. Cette intelligence, profonde, vaste, capable de percevoir, de cerner, d'appréhender toute la magie et les difficultés de l'art, de la philosophie et des sciences, sous toutes leurs formes, n'avait pas d'égale à Florence. Tous reconnaissaient, plus ou moins consciemment, plus ou moins ouvertement, que nul Florentin n'avait fait preuve de tant de dons en autant de domaines divers, sa supériorité se manifestait sur tous et sur tout. Intuition et jugement politique, arts, culture... La subtilité, la rigueur de sa pensée et même cette bienveillance un peu hautaine qui s'exerçait sur son entourage, tout indiquait l'homme véritablement supérieur qu'était devenu Lorenzo.

Comme son grand-père Cosimo, il orienta toute sa politique, toute sa puissance, vers l'art et vers la connaissance.

« Instinctivement, l'Homme va vers le beau, disait-il. C'est vers la beauté que va le sourire d'un enfant, c'est la beauté d'un paysage qui ravit les yeux qui le contemplent, c'est la splendeur d'une musique qui apaise l'âme... Offrons de la beauté au peuple et celui-ci découvrira un sens à sa vie... Après la beauté vient la connaissance. L'ignorance est la pire des prisons, et maintenir le peuple dans l'ignorance est un crime... Il faut lutter contre ceux qui ne veulent pas que les plus défavorisés accèdent à la culture... Ceux-là sont de dangereux criminels qui seront responsables des malheurs futurs... »

Mais à cette époque, Lorenzo dut affronter plusieurs épisodes désagréables de sa vie publique et ces obligations l'aidèrent sans doute à maintenir ses chagrins en laisse.

L'opposition ne désarmait pas, et les vieux ennemis remontaient à la surface. Certes, Volterra appartenait pour moitié aux Médicis, mais le rendement des mines d'alun sur lesquelles on avait fondé de si grands espoirs s'était avéré médiocre. Quant aux contrats qui liaient le Vatican aux

Médicis, rien de bien plaisant ne pouvait venir de ce côté-là, surtout depuis l'avènement du nouveau pape Sixte IV.

*

Quinze jours après qu'il eut appris la mort de Maria, et alors que Lorenzo était aux prises avec les envoyés du Vatican et dominait mal sa colère, un chambellan lui annonça la visite de Lionetto de Rossi.

Lorsqu'il rejoignit son beau-frère dans la petite salle réservée aux audiences, Lorenzo eut un choc en voyant ce que la douleur avait fait d'un homme. Lionetto n'était plus rien. On ne pouvait même plus dire qu'il avait vieilli de dix ans, car il était impossible de donner un âge à cet homme aux traits creusés, aux yeux rougis, au dos voûté, aux vêtements en désordre...

Sans mot dire, Lorenzo lui tendit les mains. Lionetto les serra avec effusion, puis les laissa retomber.

— J'ai fait le voyage de Venise à Florence avec... hum... avec...

Il ne put achever. Sa voix se cassait et une grimace douloureuse contractait son visage.

Lorenzo hocha la tête en signe de compréhension.

— Je vais faire donner des ordres pour que l'enterrement ait lieu le plus tôt possible. Ma mère est-elle avertie de votre arrivée ?

— Non. Il fallait que je vous voie avant... Ce que j'ai à vous dire est d'une grande importance...

Soudain, il parut fort agité et marcha de long en large, le visage pris de tics nerveux. Inquiet, Lorenzo le dévisagea.

— Cela ne peut-il attendre ? A peine venez-vous d'arriver...

Lionetto secoua la tête.

— Je veux vous parler maintenant... Dès que l'enterrement de... de... Maria sera terminé, je repartirai aussitôt pour Lyon...

— Eh bien ? dit Lorenzo. Je vous écoute.

— Ah ! répondit Lionetto, comme pris de court.

Puis il dit très vite :

— Tout est perdu...

Son visage avait une expression traquée, ses yeux étaient comme fous. Interloqué et se demandant si son visiteur n'était pas en train de perdre la raison, Lorenzo le dévisageait en silence.

— J'ai soif, dit Lionetto. Puis-je avoir un peu de vin? Tout est perdu... Mais ça m'est égal! elle est morte choyée comme une princesse... Encore un peu de vin... Voilà.... Qu'allez-vous faire?

— Perdu? demanda Lorenzo en lui tendant un verre. Qu'est-ce qui est perdu? Expliquez-vous!

— Ah! Ah bien... Je vois que vous ne me comprenez pas... dit Lionetto en s'asseyant.

— Pas exactement en effet.

— Eh bien..., répéta Lionetto à plusieurs reprises. Que dire... ou plutôt comment dire? Mais maintenant, tout cela m'est devenu si indifférent! Tout est perdu, vous dis-je! la banque de Lyon... La faillite n'est pas loin...

— La... Quoi?... Comment?

— Ruiné... je suis ruiné. Personnellement je ne m'en soucie pas... Si je suis inquiet, c'est pour vous, pour la Banque Médicis...

Lorenzo se rappela la phrase de son grand-père Cosimo: « Si une pierre de l'édifice manque, tout peut s'écrouler.... » La sueur au front, il pensa: « La Banque Médicis à Lyon est plus qu'une pierre! C'est elle qui contrôle tout notre trafic entre la France et l'Angleterre... »

Lionetto soupira:

— La situation de la succursale de Lyon est devenue très mauvaise depuis votre visite il y a six ans...

— Que s'est-il passé?

Lionetto tenta d'expliquer les circonstances qui lui avaient fait tirer fort inconsidérément des traites qui ne pourraient être honorées... Lorenzo en eut une grande colère, qu'il dissimula du mieux qu'il put. D'ailleurs, la pitié l'emportait sur la colère. Il lui parla longuement, reprenant le tutoiement affectueux qu'ils avaient adopté d'un commun accord autrefois à Lyon.

— Il faudra étudier ces comptes d'un peu plus près..., acheva Lorenzo. Pour l'heure, il vaut mieux te reposer et te préparer à l'enterrement de Maria. Crois-moi ! Si tu ne dors pas, tu risques de t'effondrer ! Je sais combien tu as aimé ma pauvre sœur...

— Plus que tout au monde..., dit Lionetto d'une voix triste mais calme. Je sais que vous ne m'aimiez pas, vous les Médicis, et que vous me méprisiez d'avoir accepté... ce que j'ai accepté de Maria...

— Mais... comment... tu te trompes..., protesta Lorenzo, affreusement gêné.

— Mais non ! Je ne me trompe pas ! Et tu le sais bien ! A quoi bon feindre ? Aimer sans espoir peut être une souveraine jouissance ! J'ai aimé Maria comme aucun autre homme au monde n'a aimé une femme... Je savais qu'elle était folle amoureuse d'un autre... Et alors ? que m'importait ? Cet autre, savais-tu que j'allais le lui chercher moi-même ? Lorsque je voyais Maria dépérir parce que Niccolo la négligeait, j'allais quérir son amant là où il se trouvait et je le lui ramenais... Cela ne te fait pas rire ? ni même sourire ? En ai-je vu des sourires en coin, en ai-je entendu des quolibets et des réflexions désobligeantes... Qui peut comprendre ce que j'éprouvais alors ? Personne ! Mais si tu avais vu son sourire... Son sourire en le voyant ! C'est à moi qu'elle devait ce sourire... A moi seul... Alors j'étais si heureux. D'autres fois, je feignais une course importante en ville... pour les laisser seuls, tu comprends ? Mais je ne partais pas. Oh ! non... J'attendais qu'ils montent dans la chambre de Maria et là, l'oreille collée à la porte, j'écoutais ses cris, ses rires, ses gémissements de plaisir, et ma jouissance était aussi forte que la sienne car tout ce bonheur qu'elle avait dans cette chambre avec son amant, c'est à moi qu'elle le devait ! A moi ! Et lorsque Niccolo était parti, alors je feignais de revenir, de m'étonner de son absence, je caressais ma petite femme... Et elle, tout alanguie, tout heureuse des heures passées dans les bras de son amant, se donnait à moi sans réticence, et mon bonheur alors... mon bonheur... Ah Lorenzo ! Jamais je ne retrouverai un tel bonheur. Aucune femme jamais...

Le silence s'abattit sur eux, silence que Lorenzo épouvanté par ce qu'il entendait n'osait rompre.

— Vous êtes un homme très fort, n'est-ce pas Lorenzo ? dit Lionetto en reprenant le « vous ». Vous décidez de votre vie, vous forgez les destins, vous ne subissez pas la volonté d'autrui... Moi j'ai passé ma vie à écouter, à obéir, à subir la volonté des autres... Mes parents, lorsque j'étais enfant, votre grand-père lorsque j'ai épousé Maria... Mais justement, l'amour que m'a inspiré Maria, cela, et cela seulement, c'est ce que j'ai éprouvé de plus pur, de plus libre... c'était là mon destin, ma liberté à moi...

Il se tut quelques instants, puis reprit :

— Mes enfants sont vos neveux, Lorenzo de Médicis, n'oubliez jamais cela... J'ai deux filles et un garçon... un beau petit garçon[1].

Inquiet Lorenzo demanda :

— Lionetto, qu'allez-vous faire ?

Le malheureux le fixa.

— Rien qui ne puisse que vous plaire... disparaître.

— Vous n'allez pas...

— Dieu l'interdit... Et je n'en aurais pas le courage... Je n'ai pas non plus le courage de vivre sans Maria...

Soudain, à la grande stupéfaction de Lorenzo, à son désarroi extrême, Lionetto se mit à chanter une sorte de comptine que Maria affectionnait particulièrement. Lorenzo se souvenait très bien combien dans son jeune âge sa sœur aimait ce chant.

Que faire ? l'amour me laisse
Nuit et jour
ne puis dormir
Quand je suis la nuit, couchée
Me souviens de mon ami...

Puis la voix du malheureux se brisa et il s'effondra sur une chaise haute en sanglotant. Cette fois-ci, les larmes

1. Il deviendra pape sous le nom de Clément VII.

coulaient, abondantes, salvatrices, et Lorenzo se retira doucement. « Il est étrange, pensait-il, que Lionetto et moi-même soyons victimes de Niccolo Ardinghelli... Nous devons au même homme nos plus atroces désespoirs. »

XX

SAN MINIATO OU LA RÉDEMPTION

Printemps 1472

DEPUIS la fin de son exil en février 1472, Niccolo vivait dans l'expectative. Il avait tenté de reprendre une vie commune avec Lucrezia, mais cette tentative avait échoué. Les disputes avaient succédé aux disputes. Et parce qu'il était tout entier à sa passion, ses affaires avaient périclité avec rapidité, l'exil à Venise n'ayant pas arrangé les choses. Mais le plus surprenant, chez quelqu'un qui paraissait aussi ambitieux que Niccolo, était l'espèce d'indifférence amusée avec laquelle il considérait l'effondrement de sa fortune. « ... Finalement... », pensait-il, « ... à la réflexion était-ce vraiment nécessaire de consacrer tant d'énergie, tant de temps à l'accumulation de telles richesses ? Qu'en aurais-je fait au jour de ma mort ? Emporter avec moi des milliers de florins-or dans mon cercueil ne m'aurait pas davantage ouvert la porte de la vie éternelle... »

Il s'était pris d'un goût très vif pour l'élevage et la culture de ses champs, et passait maintenant le plus clair de son temps dans sa propriété de San Miniato. Vivre à la campagne, loin de tous et de tout, lui convenait parfaitement. Parfois même il s'étonnait d'avoir pu consacrer la plus grande partie de sa jeunesse à fomenter des complots, à ne rêver que de fortune gigantesque, de pouvoir absolu, de luxe effréné.

En arrivant à Florence, une bouche complaisante lui avait tout de suite confirmé qu'il devait à sa femme la fin de son exil à Venise. Et parce qu'il était convaincu que c'était dans les bras de Lorenzo qu'elle avait obtenu en janvier le décret, il s'était jeté sur elle comme un fauve sur sa proie. A sa grande surprise, Lucrezia ne s'était pas débattue. La raison de cette étonnante facilité lui était apparue un mois plus tard, lorsque, toute heureuse et souriante, Lucrezia lui avait annoncé qu'elle attendait un enfant. Aussitôt, Niccolo avait pensé à ce qu'elle avait voulu faire au cours de l'été 1470 et en avait tiré les conclusions qui s'imposaient à son esprit. Lucrezia voulait lui faire endosser la paternité de l'enfant de Lorenzo... Malgré les dénégations de Lucrezia, Niccolo, en proie au doute le plus douloureux qui soit, avait quitté Florence après une scène atroce, et s'était réfugié dans sa propriété de San Miniato. Quelques semaines plus tard, incapable de rester seule à Florence, Lucrezia l'avait rejoint, bien décidée à le convaincre.

Fort heureusement, juste à ce moment-là, le jeune et déjà célèbre peintre Sandro Botticelli était venu voir Niccolo au sujet d'une commande passée quelques années auparavant. Les difficultés financières de Niccolo ne lui permettaient plus de donner suite à cette commande, et il se sentait gêné face à Sandro et humilié devant sa femme. Cependant, le printemps était si beau cette année-là, que petit à petit Niccolo se dénoua.

Il dit la vérité à Sandro Botticelli, et lui conseilla à contrecœur d'aller proposer son tableau à Lorenzo de Médicis.

— Il vous l'achètera probablement le double de ce que je devais vous le payer... Allez-y, vous serez reçu comme à l'accoutumée à bras ouverts...

Sandro, comme tous les artistes vivant toujours sur un fil prêt à se rompre, avait parfaitement compris les difficultés de son hôte et ne paraissait pas lui en vouloir. Il accepta sa suggestion et son invitation à rester à San Miniato quelques jours encore. Niccolo en fut ravi ; il ne voulait à aucun prix rester seul en tête à tête avec Lucrezia.

Quelques jours passèrent, paisibles. Lucrezia et Niccolo évitaient de se quereller devant Sandro Botticelli et s'efforçaient à des rapports courtois. Parfois, tard dans la nuit, Niccolo se levait et allait devant la porte de Lucrezia. Une jalousie aussi imbécile que furieuse l'affolait. Sandro Botticelli était jeune et visiblement sous le charme de Lucrezia... ne profiterait-il pas de la mésentente de ses hôtes ?

Confus de ses pensées mesquines, Niccolo retournait se coucher et s'agitait sur sa couche, incapable de trouver le sommeil.

Par une splendide journée du mois de juin, Niccolo et Sandro Botticelli se promenaient dans les prairies où fleurissaient les tulipes sauvages. Jamais Niccolo ne s'était senti aussi apaisé, aussi en accord avec la nature. Les deux hommes devisaient tranquillement des choses banales qui font le quotidien de l'existence. Les prochaines moissons qui promettaient d'être belles cette année... Du bétail à acheter... Du potager à surveiller... Enfin, de ces multiples tâches que nécessite une petite exploitation agricole qui comprenait, outre la villa des Ardinghelli, trois grandes fermes et des centaines d'arpents.

— On ne vous voit plus à Florence..., dit Sandro Botticelli. Auriez-vous renoncé à toutes vos activités ?

— En effet, répondit Niccolo, laconique.

— Mais pourquoi ?

— Est-il vraiment indispensable d'accumuler tant de richesses et de pouvoir ? Je n'en suis plus si sûr... Mais ce dont je suis désormais certain, c'est qu'il n'y a dans la vie qu'un amour, une passion partagés et le bonheur qu'ils donnent qui méritent que l'on se donne du mal, que l'on lutte et même que l'on meure... Dites-moi, Sandro, je connais vos difficultés d'argent... Pouvez-vous me dire ce qui aujourd'hui vous rendrait le plus heureux des hommes, un amour partagé ou quelques ducats-or en plus ?

Sandro Botticelli haussa les épaules et sourit.

— Serais-je un artiste si l'argent seulement pouvait me rendre heureux ? Bien qu'en ce moment quelques ducats combleraient mon propriétaire et mon marchand d'habits ! (Il rit, joyeux, insouciant, sûr de son talent.) Vous avez beaucoup aimé votre femme, n'est-ce pas ?

— Oui. Je l'aime encore, et cet amour me tue... Depuis le début de l'année, ma femme Lucrezia et moi avons repris la vie commune, enfin une apparence de vie commune. Qui donc ignore à Florence la passion qui a lié Madonna Lucrezia et Lorenzo de Médicis ? Et de la voir auprès de moi me rend fou de jalousie...

— Mais vous-même avec Maria de Rossi... ? Et puis, vous avez pardonné...

— Pardonné ? Ni pardon... ni oubli... J'ai trop aimé Lucrezia pour... Et puis d'ailleurs, elle ne m'aime pas... Son cœur est fermé... Si seulement elle avait eu pour moi une étincelle de tendresse ! Mais non !

— En êtes-vous sûr ?

— Vous ne pouvez pas savoir ce qu'il y a eu entre nous de laid, d'avilissant, et pour elle et pour moi..., dit sourdement Niccolo.

— Si je comprends bien, dit Sandro Botticelli en souriant, vous ne parvenez pas à lui pardonner le mal que vous lui avez fait ?

Niccolo éclata d'un rire étonnamment gai et jeune.

— C'est cela... c'est tout à fait cela ! Celui qu'elle m'a fait, il y a longtemps que je l'ai oublié.

— Et Lorenzo ?

— Bah... ! En réalité je crois que je ne suis même plus jaloux de lui... Je pense qu'il y a plus de six mois qu'ils ne se sont vus ! La princesse Clarice va encore avoir un enfant... Ma femme aussi...

Sandro regarda son ami. L'accès de gaieté terminé, le visage de Niccolo avait changé. Un masque douloureux déformait ses traits.

— Savez-vous ce qu'il y a de pire pour un homme ? C'est d'ignorer... si l'enfant que porte sa femme est le sien ou celui de son amant.

— Mais..., balbutia Sandro, ne m'avez-vous pas dit que votre femme et vous avez repris une vie en commun ?

— Si fait. Mais...

Niccolo hésita avant de dire ce qui était sa conviction profonde. Malgré les protestations de Lucrezia, il ne voulait pas la croire et attendait avec impatience le moment de l'accouchement. Neuf mois révolus, l'enfant serait selon toute probabilité le sien ; huit mois, ce serait celui de Lorenzo, et alors il y aurait un vrai massacre.

Il parlait d'une voix monocorde, terne, quand soudain, au détour du chemin, la silhouette alourdie de Lucrezia parut. Elle portait une robe blanche toute rebrodée de fleurs multicolores, ses longs cheveux blonds dénoués flottaient sous la brise... Son visage était particulièrement serein et heureux.

Sandro Botticelli, ébloui par cette apparition, toute de beauté sereine et de poésie, murmura :

— Flora... le Printemps... La Primevera... Je la vois sur une toile : la divinité du Printemps !

— Que dites-vous ? demanda machinalement Niccolo, les yeux fixés sur sa femme.

— Rien... je veux dire... Votre femme est singulièrement belle. Je pensais à une œuvre... future... Une allégorie sur le printemps... Une jeune femme enceinte, entourée de fleurs... Êtes-vous sûr de n'avoir pas assez d'argent pour une telle toile ?

Niccolo secoua la tête. Comme Lucrezia s'approchait d'eux, les deux hommes se turent.

— Eh bien, la promenade est-elle agréable ? demanda-t-elle d'une voix grave légèrement oppressée.

Depuis qu'elle avait décidé de vivre auprès de Niccolo, quelque chose s'était dénoué en elle. Et même la scène atroce qui l'avait unie à Niccolo au cours de cette nuit de février était pour elle un merveilleux souvenir. C'était la preuve évidente que Niccolo l'aimait toujours, malgré sa froideur apparente. Et cela, cela seul, était important. L'enfant qu'elle portait était de lui, elle en était certaine. « Je le sais bien, moi qui le porte ! » Mais c'était lui qui devait en être certain !

Elle fut heureuse de voir Sandro Botticelli. Le jeune peintre la regardait avec une si manifeste, si évidente admiration, qu'elle lui adressa un grand sourire joyeux.

— Signor Botticelli... votre présence dans cette demeure est un honneur... et un bonheur... J'espère vous garder encore longtemps ici... Mon cher époux ne consent à sourire que lorsque vous êtes là.

— Et vous voir, Signora Ardinghelli, est un pur enchantement...

Cet échange de politesses les fit rire. Ils rirent encore parce qu'un jeune chat, trempé par un jet d'arrosoir, bondit en miaulant désespérément. C'était bon de rire. Lucrezia riait sans arrière-pensées, les mains posées sur un ventre déjà lourd.

Niccolo tendit son poignet à sa femme et elle y prit appui en lui adressant un regard particulièrement tendre. Quelque chose dans le regard très doux si peu habituel de Lucrezia frappa Niccolo. Il eut brusquement envie d'être seul avec elle. Sandro Botticelli comprit-il que sa personne était soudain importune ? Toujours est-il qu'il prétexta vouloir se mettre au travail tout de suite, et qu'il partit rapidement après avoir pris congé.

Niccolo s'engagea sur un chemin qui longeait la propriété.

— Puis-je marcher à vos côtés ? demanda Lucrezia.

De nouveau, elle eut un rire joyeux et appela le chaton, qui s'était réfugié, toujours miaulant, sous un arbre :

— Petit chat... Petit chat...

Elle l'attrapa et le caressa ; la petite bête ronronnait de plaisir.

— Cette journée n'est-elle pas merveilleuse ? demanda Lucrezia, souriante. Ma compagnie ne vous ennuie pas ? Moi, je suis très bien à vos côtés...

Niccolo s'étonna encore tandis que son cœur s'emballait. « Calme-toi » se dit-il. Ceci n'est rien qu'une illusion. Demain... ses yeux seront froids et durs, son sourire mauvais... »

— Oui. Sans doute, dit-il d'une voix froide. J'ai envie de marcher... de me dégourdir les jambes...

Ils marchèrent ensemble, côte à côte. La main de Lucrezia posée sur le bras de Niccolo. Le chemin bordé d'acacias en fleur s'allongeait dans le silence et l'ombre des arbres.

— Il va faire chaud..., dit Niccolo d'une voix un peu haletante.

Malgré lui, il espérait. Quelque chose en lui était convaincu de la sincérité de Lucrezia, mais cette conviction était combattue par sa raison qui se rebellait.

— Supporterez-vous la chaleur dans votre état ?... Il va faire très chaud aujourd'hui... Trop pour la saison.

— Oh ! ce n'est pas si terrible que ça ! Je n'en suis qu'au cinquième mois...

Niccolo ferma les yeux. Elle ne mentait pas. Brusquement, il fut convaincu que l'enfant que portait Lucrezia était le sien ! Oh, certes, mieux valait ne pas se souvenir de la manière dont ce fils avait été conçu ! Mais ce serait un fils !... Son fils ! Comme il allait l'aimer cet enfant qui aurait la beauté de ses parents... qu'il élèverait en l'entourant d'affection et de paix, de tout ce qu'il n'avait pas connu dans sa propre jeunesse. Des larmes jaillirent et coulèrent sur ses joues creuses. Il allait avoir trente-cinq ans, et ce serait son premier enfant légitime, le seul, puisque conçu et mis au monde par la seule femme qu'il eût jamais véritablement aimée.

Soudain, près d'une haie d'aubépines en fleur, ils entendirent des rires et des chuchotements. Deux silhouettes serrées l'une contre l'autre s'embrassaient passionnément... Rougissants, les deux amoureux se redressèrent au passage de Niccolo et de Lucrezia.

— Une minute de plus et nous assistions à un spectacle fort divertissant..., dit Niccolo.

— Qui était-ce ? demanda Lucrezia.

— Les enfants de mes fermiers... Ils avaient l'air bien heureux. Que peuvent-ils souhaiter de plus en ce monde ? Ils s'aiment, ils sont jeunes. Dans trois mois, après les moissons, nous les marierons, et s'ils prennent un peu d'avance sur leur nuit de noces, cela peut-il nuire à quelqu'un ?

— Nous aussi..., dit-elle doucement, ils ont dû nous prendre pour des amoureux...

Sa voix avait une intonation si étrange, si particulière que Niccolo s'arrêta et la dévisagea.

— Que signifie..., murmura-t-il.

Les yeux de Lucrezia brillaient dans l'ombre d'un arbre. Et dans ces yeux brillants, il n'y avait plus ni réticence, ni haine, ni mépris... Niccolo frémit. Une bouffée de joie le submergea. Ce n'était pas une joie gaie — c'était une joie presque douloureuse, qui l'empêchait de parler, presque de respirer. Cette sensation fit passer dans ses veines une telle ardeur et une telle tendresse que pour un peu il se fût jeté à genoux devant Lucrezia.

— Que signifie..., répéta-t-il.

Cette matinée ardente avait quelque chose de mystérieux. Elle contenait une attente, avait une signification à la fois précise et inconnue. Lucrezia lui tendit les mains. Elle aussi était si émue qu'elle ne pouvait exprimer ses sentiments que par ce geste gauche, presque suppliant... Niccolo était près de s'effondrer. Toutes ses défenses étaient abattues. Il regardait sa femme, la couleur délicate de sa peau, l'or profond de ses cheveux soulevés par la brise, ses dents blanches et ses yeux de violette... La beauté de Lucrezia le bouleversait.

— Lucrezia... que se passe-t-il ?

Elle eut envie de crier. « Je t'aime... », mais sa voix s'étranglait dans sa gorge.

— Lucrezia ! répéta-t-il. Il faut me dire...

— Niccolo..., chuchota-t-elle à voix basse. Vous m'avez demandé la semaine dernière ce que je souhaitais pour nous... Je... Je veux rester avec vous... Je... Je ne veux pas te quitter...

— Et Lorenzo ? répondit-il.

— J'ai aimé Lorenzo... C'est vrai. Et je ne renie pas cet amour... Mais c'était un amour d'enfant, un amour d'adolescente... Lorenzo a été... est encore extrêmement cher à mon cœur. Le premier amour d'une femme est important... Mais ce n'est pas le seul, ni le plus violent, ni le plus sincère qu'elle puisse éprouver...

Elle parlait, si intense et si vraie dans son émotion, que ses mots se précipitaient, pressés de se faire entendre et comprendre. Elle le regardait, presque suppliante.

— Peux-tu me pardonner ? murmura-t-elle.

Il l'attira contre lui et l'embrassa. Elle avait des lèvres chaudes et douces, et il s'y attarda. Puis ses sens s'affolèrent, l'amour balaya toute réticence, toute gêne. Alors il perdit la tête et l'entraîna à l'abri d'une haie... Il savait maintenant que l'amour qu'il éprouvait pour Lucrezia était partagé, et cette union, dans la campagne odorante et silencieuse, à l'abri des bosquets en fleurs, fut une fête des sens, une fête amoureuse.

Quelques instants plus tard elle reposait dans ses bras, souriante, apaisée, et le maintenait encore sur elle.

— Tout va recommencer..., dit-elle. ... Je crois que je t'ai toujours aimé... mais je ne le savais pas.

— Crois-tu que tu seras heureusc ? que nous serons enfin heureux ? soupira-t-il.

Elle lui prit le visage entre ses mains et le regarda.

— Qui peut garantir cela ? Mais nous pouvons essayer...

CINQUIÈME PARTIE

La montée des périls

XXI
GIULIANO

C'était l'anniversaire de Giuliano de Médicis, et sa famille organisait pour lui l'une de ces habituelles fêtes qui se terminaient par un bal où toute la jeunesse de Florence serait invitée. Dans le Palais Médicis, une nuée de domestiques allaient et venaient, tant et si bien que la famille Médicis s'était rassemblée dans le jardin. C'était l'une de ces journées d'automne où il fait encore si beau, si doux, que l'on peut se croire en été. Lucrezia de Médicis était très fière et très heureuse lorsque ses yeux caressants s'attardaient sur son benjamin, devenu ce superbe jeune homme de vingt et un ans. A vingt et un ans, Giuliano était extrêmement beau et gracieux. Tout était net en lui. Rien n'était trouble, irrégulier, ou même singulier... Sa beauté avait quelque chose d'un peu repoussant même, dans le sens où elle approchait de la perfection... Totalement dépourvu de méchanceté..., accoutumé dès sa plus tendre enfance à ne recevoir de son entourage que des sourires ou des caresses, ceci avait eu pour conséquence un heureux caractère généreux et gai, enclin à la paresse et à la facilité, mais, comme disaient les Florentins qui l'adoraient : « Messer Giuliano a le cœur sur la main !... Il s'enlèverait le pain de la bouche pour le donner au pauvre... Et comme il est beau !... »

Giuliano contemplait avec ravissement les cadeaux que sa famille lui avait offerts. Contessina et Lucrezia lui avaient donné un superbe étalon arabe d'une belle couleur rousse, qui était attaché à un arbre. De temps à autre, impatient, l'animal lançait un hennissement d'appel, et Giuliano, ravi, s'approchait de lui, caressait la belle tête fière du cheval.

— Je l'appellerai Ombrone ! s'écria Giuliano en regardant son frère.

Lorenzo détourna la tête, un peu gêné. La plupart des personnes présentes connaissaient son poème « Ambra », dont le héros s'appelait Ombrone et qui était à n'en pas douter Niccolo Ardinghelli.

Pour dissiper la gêne qui s'était installée, Giuliano s'approcha de la table où se trouvaient les autres présents : une selle de cuir fin et des étriers d'or. Un cadeau de Lorenzo qui avait pensé aux tournois qu'adorait disputer Giuliano. Un heaume et un bouclier en argent et or merveilleusement ciselé par Donatello, que lui avait offert son oncle Pierfrancesco. Et une splendide épée avec une poignée entièrement sertie de diamants et d'émeraudes, que ses sœurs Bianca et Nannina lui avaient choisie.

Depuis plus de trois mois, toute la famille Médicis ne pensait qu'au tournoi prévu pour la fin de l'année, ou le début de l'année prochaine. Giuliano avait fait engager une douzaine de gentilshommes parmi les plus célèbres d'Italie. C'était lui qui veillait à leur entraînement. C'était lui aussi qui était chargé du choix des chevaux, des armures... des pages. Et depuis que ces joutes avaient été décidées, on ne parlait plus que de cela. Toute la vie politique s'était arrêtée, et tout Florence se préparait à la fête.

— Je gagnerai le tournoi ! cria Giuliano en brandissant l'épée au-dessus de sa tête. Je le gagnerai ! J'en fais le serment !

— Et qui sera ta Dame, si tu gagnes ? demanda malicieusement Bianca.

— Bah ! ricana Nannina, moqueuse, mais sans méchanceté. Ce sera la belle, l'irrésistible Simonetta Vespucci ! Ose dire le contraire !

Giuliano sourit avec un peu de fatuité et beaucoup de bonheur... Qui ignorait à Florence la liaison qu'il entretenait depuis plus d'un an avec cette délicieuse jeune femme, très belle, très douce, fort éprise du beau Giuliano de Médicis ? Le mari fermait sagement les yeux et les oreilles... Il avait trente ans de plus que la petite merveille qu'on lui avait donnée pour épouse, et la ville était indulgente aux amoureux.

Souriant, Lorenzo s'approcha de son frère.

— Que chacun danse et chante ! déclara-t-il, la main sur le cœur, facétieux pour la première fois depuis des années. Le cœur brûlant de tendresse... Sans fatigue et sans douleur... La vie passe et ne revient jamais... Ce soir nous danserons, ce soir nous chanterons...

Des quolibets rieurs saluèrent ses vers et les moments qui suivirent furent des heures privilégiées, tout entières consacrées au bonheur de vivre.

Dans la grande salle des fêtes abondamment fleurie, trois tables avaient été dressées. A l'une d'elles, légèrement surélevée par rapport aux deux autres, étaient assis Contessina, vieille dame de soixante-quatorze ans ; Giuliano, son petit-fils, Lucrezia de Médicis, qui portait avec beaucoup de charme ses cinquante-deux ans, ainsi que Pierfrancesco et Laudonia.

Deux autres tables avaient été placées perpendiculairement à la table principale. A la première se trouvaient dans un beau désordre Lorenzo, Bernardo, Nannina, Bianca, Guglielmo... Et pour une soirée, les enfants de Lucrezia oublièrent les vicissitudes de la vie d'adulte et retrouvèrent leurs facéties d'antan. Cette table était bien gaie et bien bruyante, et d'anciennes plaisanteries obscènes refleurissaient sur les lèvres... Des amis de longue date, Luigi Pulci, Gentile Becchi, Angelo Poliziano, Marsile Ficin, se mêlaient à un petit groupe de jolies femmes plus ou moins amoureuses. La belle Simonetta Vespucci était là et, de temps à autre, par-delà les tables, par-delà les têtes, les chats et les ris, son regard rejoignait celui de Giuliano, et les deux amants se fixaient longuement, amoureusement... Si parfois les yeux pensifs et froids de Lorenzo se posaient sur la princesse Clarice qui se taisait obstinément devant ce déferlement de gaieté qu'elle jugeait fort inconvenant, il était clair qu'il pensait alors à celle qui aurait dû occuper la place de sa femme. Elle aurait participé gaiement à la joyeuse grossièreté qui régnait sans se sentir déshonorée.

A la seconde table, s'étaient installés des amis, des alliés, des Pitti, des Pazzi, des Strozzi, des Soderini...

Contessina laissa échapper un bref soupir. Doucement,

Lucrezia posa sa main sur celle de sa belle-mère, qui eut un petit rire tremblé.

— J'avais cinq enfants ! dit-elle enfin, cinq enfants ! et pas un n'avait vécu jusqu'à ce jour... Comment expliquer cela ? Et Cosimo... Il y a longtemps qu'il m'a quittée, dix ans déjà... Il est grand temps pour moi d'aller le rejoindre, ne crois-tu pas, ma fille ?

Lucrezia frémit.

— Voyons, mère ! Il ne faut pas parler ainsi ! Grâce à Dieu, vous êtes en bonne santé et capable de vivre encore vingt ans !

— Cesse donc de dire des bêtises, ma fille ! protesta vivement Contessina. Crois-tu vraiment que je ferai attendre mon Cosimo encore tant d'années ? Je sais... Je sais que tu ne crois pas en quelque chose après la mort... Moi j'y crois. Moi je sais que mon Cosimo est parmi nous ce soir, et Piero, Filippo, Giovanni, Caterina et Nannina, nos cinq enfants morts sont également ici ce soir... Et ils sont fiers et heureux de participer aux fêtes que l'on donne pour les vingt et un ans de Giuliano... Vois... mes petits-enfants, mes arrière-petits-enfants... Tous réunis ce soir, et tu penses que nos morts ne sont pas parmi nous, avec nous ?

Contessina vida une coupe de vin et regarda Lucrezia avec affection. Mille rides sillonnaient son visage un peu congestionné par le vin qu'elle venait de boire. Elle fit signe au page qui se trouvait derrière elle de remplir encore sa coupe, qu'elle leva à hauteur de ses lèvres.

— Je bois à mes morts, je bois à ceux que je vais bientôt rejoindre...

Fort heureusement, les musiciens qui jouaient sans discontinuer, les jongleurs, les mimes distrayaient les personnes présentes, et seule Lucrezia entendit les propos de la vieille dame. Elle observa sa belle-mère et constata combien en quelques mois elle avait changé. Une angoisse pénible lui étreignit le cœur « Je ne vais pas la perdre ! Pas elle !... si elle part, que me restera-t-il ? » pensa-t-elle.

Francesco et Selvaggia Tornabuoni, ses parents, étaient morts dans l'épidémie de peste qui avait ravagé Florence et jamais Lucrezia comme à cet instant, dans cette fête de famille, ne s'était sentie aussi bizarrement esseulée... Il ne restait personne du côté Tornabuoni à Florence. Son frère Giovanni vivait toujours à Rome, et sa sœur Bianca à Naples... Elle prit la main de Contessina et la serra dans la sienne avant de la baiscr avec respect.

— Mère ! il ne me reste plus que vous avec qui parler des jours d'autrefois... Si vous me laissez seule, je ne vous le pardonnerai jamais ! Quant à nos chers morts, je pense que Vernio est aussi parmi nous et je me demande ce qu'il peut bien avoir à dire à Piero !

Contessina éclata de rire. Un fou rire de jeune fille qui en une seconde ressuscita la Contessina espiègle qui s'était engagée pour la vie au bras de Cosimo. Elle riait, et son rire gagna Lucrezia, un rire tel que petit à petit les conversations s'arrêtèrent et tous, ébahis, regardèrent ces deux femmes d'âge mûr qui riaient en se retenant l'une à l'autre comme deux écolières farceuses.

*

Le matin, surtout les matins d'automne comme celui qui s'offrait au lendemain de cette soirée, Lorenzo aimait s'attarder à sa fenêtre. Alors, un instant, il laissait son esprit vagabonder vers le passé. Il avait été fidèle à sa promesse et n'avait plus jamais cherché à revoir Lucrezia... Mais de la savoir si proche, à moins de deux heures de cheval, le rendait, parfois comme en cette matinée, nerveux et fort malheureux. Son amour pour Lucrezia était comme un prisonnier furieux qui pourrait, à tout moment, briser les murs de sa prison. Il se promit de consacrer une grande part de ses nuits aux prostituées ou aux petites paysannes qui ne manqueraient pas d'être flattées d'avoir été honorées par Messer Lorenzo de Médicis... « Je ne dois plus penser à Lucrezia ! Non ! cette pensée-là me torture... Je ne dois plus y penser jamais... »

C'était ce qu'il se disait chaque matin en se levant, chaque soir en se couchant, à la fois désespéré de sa faiblesse et amusé de lui-même. Ce matin-là, cependant, il fallait qu'il voie sa mère au plus tôt.

Il sortit et alla la rejoindre dans l'ancien cabinet de travail de Piero qui était désormais le sien. Il arborait une figure à la fois soucieuse et réjouie qui étonna Lucrezia. Elle releva le nez de son livre de comptes.

— Eh bien ! mon grand, dit-elle, amusée et attendrie. En quel honneur ta visite si matinale ? Je pensais que tu aurais accompagné Giuliano vérifier avec lui si tout est en ordre pour les répétitions des joutes sur la place Santa Croce ! Sais-tu que le tournoi a été fixé au 28 janvier prochain ? Nous n'avons plus que trois mois pour que tout soit parfait...

— J'irai le retrouver tout à l'heure..., répondit Lorenzo. Mais j'ai fait faire l'inventaire de nos possessions, et je viens t'apporter les résultats de bilan de notre fortune et de nos biens... Je pense que cela va te plaire...

Lucrezia haussa légèrement les sourcils. Elle souriait.

— Je l'espère bien ! dit-elle vivement. Eh bien, je t'écoute... Mais tu as l'air quelque peu soucieux... Quelque chose ne va pas ?

— Il y a du bon et du mauvais..., dit Lorenzo. Commençons par le mauvais. Grand-père avait concédé d'importantes avances à Charles le Téméraire, duc de Bourgogne. Or, ce dernier ne rembourse rien. Il nous doit soixante mille ducats-or. De plus, je viens d'apprendre qu'il nous retire le monopole de l'importation de l'alun des Pays-Bas... Il inaugure ainsi une forme de chantage dont il espère tirer profit. Ou nous oublions définitivement sa dette, ou il maintient son interdit. C'est un coup très rude... Autre mauvaise nouvelle : le pape Sixte IV, cette canaille, nous retire sans compensation la charge de dépositaire de la Chambre apostolique... Il veut placer ses « neveux » à notre détriment. Troisième mauvaise nouvelle — rien ne peut enrayer la chute du prix de l'alun.

— C'est tout ? demanda Lucrezia.

— Je ne sais pas encore... L'argent que nous avons avancé aux différents antagonistes anglais pour mener à bien leur guerre civile risque fort d'être perdu... Mais cela n'est qu'une possibilité.

— Et si nous passions aux bonnes nouvelles ?

Lorenzo sourit.

— Eh bien, ma chère mère, sache qu'à ce jour la totalité des sommes que mon arrière-grand-mère, mon grand-père et mon père, ont consacrées aux œuvres de bienfaisance, aux artistes, aux constructions pour Florence s'élève à six cent soixante-trois mille sept cent cinquante-cinq florins-or [1]... Jc sais que beaucoup, dans la famille comme parmi nos amis, pensent que cet argent aurait été mieux dans nos caisses en prévision de l'avenir. Mais moi je suis d'avis que ces dépenses sont l'honneur de notre maison et que ce capital a été bien employé... D'autre part, les armes que nous avons expédiées au Moyen-Orient nous ont rapporté des sommes considérables. Ce que nous perdons sur l'alun, nous le gagnons sur les armes [2]...

— Si tu le penses ! dit Lucrezia en souriant. Mais je suis d'avis que désormais il faudra limiter les dépenses somptuaires tant que nos affaires avec le Vatican iront si mal... L'avenir de notre maison est en jeu... Pour parler d'autre chose, que te semble des amours de Giuliano et de Simonetta Vespucci ?

— Il est fou d'amour et elle l'aime aussi...

— Mais il ne peut l'épouser... Elles est mariée.

— Aussi ne l'envisage-t-il pas... De toute manière, Giuliano ne veut pas se marier. Se marier signifierait pour lui quitter le Palais Médicis et cela lui déplairait, mais surtout cela signifierait qu'il devrait te quitter et cela lui serait intolérable... Nous en avons discuté tous les deux. Et nous avons décidé qu'il ferait carrière dans le sacerdoce... Si je parviens à me réconcilier avec le pape Sixte IV, pourquoi ne pas envisager une robe de cardinal pour Giuliano ? Ce serait bien le diable s'il ne devenait pas pape à son tour et cela arrangerait bien nos affaires du côté des mines d'alun ! Je vais demander conseil à l'oncle Carlo.

Ébahie, Lucrezia dévisageait son fils. Elle ne souriait plus.

— Tu sais à qui tu me fais penser ? A ton grand-père Cosimo... Comme lui, tu décides du destin des tiens en

1. Si l'on se réfère au coût de la vie de l'époque, cette somme peut être évaluée à un peu plus de 60 000 000 francs de 1990.
2. Phrase authentique prononcée par Lorenzo de Médicis.

fonction de tes buts et seulement de tes buts... J'ai retrouvé en toi les mêmes expressions de regard, de visage, la même voix... Ne souris pas sottement. Je ne suis pas sûre que cela soit un compliment. Allons, viens ! Nous avons à préparer notre rapport pour la Seigneurie.

*

Contessina, depuis la soirée anniversaire de Giuliano, ne se sentait pas très bien, et elle refusait de quitter sa chambre. Elle avait pris froid sans doute, car novembre était pluvieux, et elle avait absolument voulu aller se promener le long de l'Arno. C'était là sa promenade favorite... Elle y retrouvait l'ombre chère à jamais disparue... Elle monologuait avec elle. Les passants qui la croisaient et qui reconnaissaient Contessina de Médicis riaient, un peu effrayés, un peu amusés, très émus souvent, devant cette vieille dame qui parlait toute seule, vive et agitée, comme si vraiment un interlocuteur invisible lui tenait compagnie. Sa dernière promenade remontait à plus de huit jours et elle se sentait de plus en plus faible et nerveuse. A Lucrezia qui était venue prendre des nouvelles de sa nuit, elle répondit :

— Ah ! je n'ai pas vraiment bien dormi... Cosimo ne me laisse pas en paix ! Depuis que je ne peux quitter cette chambre, il me harcèle sans cesse... Il m'attend sur le bord de l'Arno... C'était notre promenade favorite, tu comprends !

Très surprise et inquiète, Lucrezia informa Lorenzo que Contessina était tout doucement en train de perdre la tête.

— Il ne faut plus la laisser seule ! Pas un instant ! Dieu sait ce qu'elle pourrait faire... ou ce qui pourrait arriver !

Aussi une garde fut-elle affectée en permanence auprès de la vieille dame. Contessina n'y prêta pas plus d'attention qu'à un meuble. Elle restait maintenant des jours entiers, les yeux fixés sur le feu. Elle aimait écouter le craquement des braises dans le silence de la chambre peuplée de souvenirs... Vaguement, de temps à autre, son regard errait et se posait sur les meubles. Les objets, les tableaux... Le portrait, enfin achevé, de Cosimo, et qu'avait peint Sandro Botticelli, était juste au-dessus de la cheminée. Souvent Contessina le regardait et conversait avec lui... Elle seule entendait les réponses ou les questions... Elle s'irritait de ce qu'il lui demandait toujours d'aller le rejoindre sur les bords de l'Arno.

— ... Enfin, voyons Cosimo ! disait-elle de sa voix frêle, alors que la garde sursautait et la regardait avec beaucoup d'inquiétude. Voyons, mon Cosimo, tu vois bien que je suis bien vieille et bien fatiguée ! Comment veux-tu que je sorte dans ce froid, dans cette pluie ? N'es-tu pas bien ici ?

Un matin, la garde affolée avertit Lucrezia et Lorenzo. Contessina était morte dans la nuit, assise dans son fauteuil, un vague sourire errait encore sur ses lèvres...

*

28 janvier 1475

Officiellement, le tournoi organisé pour Giuliano de Médicis était destiné à célébrer une nouvelle alliance avec Venise. Lorsqu'il pénétra sur la place Santa Croce, tout illuminée par un magnifique soleil d'hiver, le jeune homme reçut une ovation qui n'avait rien à envier à celle qui avait salué son frère six ans plus tôt. Fièrement, il portait un étendard spécialement peint par Sandro Botticelli et qui représentait la belle Simonetta. « La Dame de Giuliano, déguisée en Minerve, debout sur des rameaux d'olivier qui flambaient, tenait d'une main un bouclier avec la tête de Méduse, de l'autre la lance et regardait fixement le soleil. A côté d'elle était lié à un olivier l'Amour dont l'arc et les flèches étaient brisés... » Le soleil figurait la gloire dont Giuliano allait se couvrir.

Les juges proclamèrent vainqueurs Giuliano de Médicis et Jacopo Pitti, et chacun d'eux reçut en récompense un casque ciselé, que leurs maîtresses respectives déposèrent sùr leur front. Au moment où la belle Simonetta Vespucci couronna Giuliano, toute l'assemblée qui s'était écrasée sur les gradins montés autour de la place Santa Croce se leva, et une immense clameur salua le petit-fils de Cosimo de Médicis...

Qu'applaudissaient-ils avec tant de ferveur spontanée, ces Florentins moqueurs, rusés, artistes jusqu'au bout des ongles, poètes et musiciens ?... La jeunesse... la beauté, l'amour... Ce que tout le monde a possédé d'une manière si éphémère, si légère, que c'est à peine s'il peut en garder le souvenir, mais dont il garde au cœur la trace indélébile...

Les jours suivants, comme à l'accoutumée, bals, banquets et amusements divers se succédèrent dans toute la ville et en particulier au Palais Médicis.

Cependant, l'année 1475 qui avait commencé si brillamment pour Giuliano de Médicis, où l'amour et la gloire paraissaient lui être donnés pour l'éternité, lui réserva également la plus grande souffrance de sa vie. Il apprit que sa belle maîtresse était condamnée à mourir d'un mal de poitrine. Elle fut emportée dans la nuit du 26 au 27 avril 1476.

Cette mort affligea non seulement Giuliano qui, désespéré, ne quittait plus sa chambre, mais également Lorenzo qui avait espéré que son frère connaîtrait la joie de la passion partagée sans en connaître les douleurs. Or, la douleur de Giuliano était, si cela était possible, plus amère que la sienne. Lucrezia était en vie. Si demain Lorenzo voulait la revoir, il n'avait qu'à prendre son cheval jusqu'à San Miniato et là il la reverrait... Mais Giuliano ! Giuliano ne reverrait jamais sa belle Simonetta. Jamais. Irrévocablement le destin avait frappé.

Cette jeune femme si belle et si romanesque fut pleurée par toute la jeunesse florentine. Le deuil fut général.

Elle fut transportée, le visage découvert, de son domicile à sa sépulture. Un cortège de jeunes gens et de jeunes filles suivit le cercueil, et tous pleuraient... Ils pleuraient sur cette charmante jeune femme morte si tôt, et aussi, sans le savoir, sur leur propre jeunesse qui allait mourir.

*

Au fil des mois et des années, Lorenzo s'était aperçu qu'il ne s'intéressait plus au pouvoir. Il évitait le plus possible d'y penser, car sinon il aurait été forcé de reconnaître qu'il avait sacrifié ce qu'il aimait le plus au monde, sa « Dame », à quelque chose qui maintenant lui paraissait puéril, mais qui à une certaine époque de sa vie l'avait fasciné... Le pouvoir. Maintenant qu'il possédait l'un, c'était surtout de l'autre dont il avait besoin. Il regrettait tout en Lucrezia. Ne plus la voir et surtout savoir que plus jamais la jeune femme ne lui manifesterait autre chose que de l'amitié lui faisait mal... L'absence de sa maîtresse ne faisait que renforcer son amertume. « Si encore elle était là ! » pensait-il parfois, lorsqu'il ne tenait pas ses pensées en laisse. Que des hommes fussent prêts à s'entre-tuer pour obtenir une parcelle de ce pouvoir, qu'il détenait désormais sans partage, l'étonnait et l'amusait. Pour sa part, il l'eût volontiers laissé à qui le demandait, si sa mère ne lui avait fait remarquer que ceux qui dirigeraient Florence à sa place en feraient aussitôt un lieu de crimes, de vols, et n'auraient de cesse que de détruire l'œuvre de son grand-père Cosimo. « Pense à Florence, mon enfant, disait Lucrezia. Notre République vaut peut-être tous les sacrifices. » Elle savait que, dès qu'elle se référerait à l'œuvre de Cosimo, Lorenzo la suivrait sans hésiter davantage.

Alors Lorenzo se lançait à corps perdu dans le travail. Ses journées commençaient très tôt le matin et s'achevaient fort tard. Il travaillait sans relâche, avec un acharnement qui n'échappait pas à son entourage. « Il cherche à oublier... », se disait Lucrezia. Et en cela elle ne se trompait pas. Mais, après avoir expédié les affaires courantes, la banque, les industries d'étoffes et d'armements, il s'occupait de ce qui lui tenait le plus à cœur : l'Art. L'Art était sa consolation, sa joie la plus pure, son seul bonheur. Il avait affecté une aile du Palais Médicis aux artistes, son favori étant le jeune peintre Sandro Botticelli, à qui il commanda plusieurs œuvres.

Lorenzo aimait aussi à s'analyser, à se pencher sur lui-même... Sans doute parce que, ce faisant, il pouvait donner libre cours à ses pensées qui sans cesse le ramenaient à Lucrezia. Il continuait à trouver un exutoire dans la poésie. Et il écrivait des « canzoniere » pour exhaler sa douleur et célébrer les beautés de l'absente...

... Amour avec ses flèches et son arc
a élu domicile dans les yeux de ma Dame...
... L'altière beauté que chaque cœur désire
Je la vois seulement dans les traits de ma mie
Elle seule je désire ardemment
Dans le temps qui jamais n'atteindra l'âge mûr
où notre doux amour restera éternel[1]*...*

Au cours de ces années riches et fertiles, Lorenzo était parvenu à une plénitude intellectuelle véritablement supérieure. Il rêvait de continuer l'œuvre de Cosimo, de faire de Florence le centre artistique le plus riche de l'Europe, donc du monde. Tous ceux qui avaient un talent, reconnu ou non, pouvaient trouver auprès du jeune maître de Florence une oreille attentive et une bourse prête à s'ouvrir. Peintres, sculpteurs, écrivains, musiciens se pressaient à Careggi où Lorenzo permettait à ces artistes d'exprimer dans les meilleures conditions leurs talents. Il était prêt, pour y arriver, à donner beaucoup d'argent. « Les artistes, les écrivains, les musiciens doivent vivre sans autre souci que leur œuvre, disait-il volontiers. Il n'est pas de richesse au monde plus importante que ce qu'ils peuvent créer... Ils nous donnent la beauté de leurs tableaux ou sculptures pour le plaisir des yeux, l'intelligence de leurs écrits pour faire fructifier notre esprit et la perfection de leur musique pour combler de bonheur l'âme la plus exigeante... Quoi de plus parfait en ce monde qu'écouter une œuvre musicale ? Quoi de plus important que l'œuvre d'un poète ? d'un peintre ? »

Il achetait, achetait tout ce qui se créait en Italie. Il n'agissait pas ainsi par caprice ni pour obéir à un instinct de possession dérisoire et sot. L'art, sous toutes ses formes, était à ses yeux la seule chose qui méritât amour et considération. « L'Art ennoblit l'Homme, aimait-il à dire. C'est la forme la plus belle, la plus achevée de l'amour... Tout le reste, ambition, pouvoir, accumulation des richesses, le dégrade... Donner de l'argent à une femme

1. « Selva d'amore », de Lorenzo de Médicis.

aimée c'est l'avilir, lui offrir une œuvre d'art, un poème ou une rose, c'est l'ennoblir... »

Tout comme son grand-père et son père, il savait que ce dont se souviendraient les peuples dans les siècles à venir, seraient les œuvres artistiques. « Platon et Dante... Brunelleschi et Botticelli... seront toujours dans la mémoire humaine. Qui donc se souviendra des contrats que je veux tellement signer avec cet infâme Sixte IV qui me prend à la gorge ? » Lorsque le nom de ce pape immonde s'imposait à lui, Lorenzo sentait l'angoisse le prendre comme dans un étau. Ce pape Sixte IV fut, indirectement, la cause d'une des plus grandes querelles qui l'opposa à sa femme la princesse Clarice.

La princesse Clarice n'avait pas vu Lorenzo depuis une bonne semaine et s'en irritait considérablement. Lorsqu'un matin de juillet Lorenzo vint frapper à sa porte, la colère de la princesse était au point culminant. Il fallait qu'elle explose. Deux raisons justifiaient cet orage. La première, des amies malicieuses lui avaient donné à lire en toute innocence perfide des poésies de Lorenzo, poésies que tous savaient adressées à Lucrezia Donati. L'autre cause de la colère de la jeune femme était que Lorenzo avait décidé de confier l'éducation de ses enfants à son ami intime, frais émoulu de l'Académie platonicienne, Angelo Poliziano. Ce que l'on racontait sur les mœurs amoureuses du jeune homme avait de quoi effaroucher la princesse Clarice. Lorenzo, qui appréciait depuis longtemps l'intelligence et le talent d'Angelo, se fâcha tout rouge.

— Je ne comprends pas comment vous pouvez vous montrer si pointilleuse sur le choix de l'éducateur de mes enfants, alors que vous n'avez pas hésité, lorsque vous fûtes à Rome le mois dernier, à vous incliner et à baiser la main de ce pape pervers et débauché qui ose se présenter au peuple romain avec les enfants qu'il a eus de ses sœurs ! C'est à vous dégoûter d'être chrétien !

Furieuse, la princesse Clarice avait bondi, bien que sa

taille fût énorme (elle devait accoucher prochainement de son cinquième enfant).

— Comment osez-vous insulter le pape ? Notre père à tous ? Celui à qui nous devons respect et obéissance...

— Encore faudrait-il que ce respect et cette obéissance fussent mérités ! Dans le cas du Saint-Père Sixte IV, cela ne me semble pas le cas...

La princesse Clarice pinça les lèvres, et son visage s'empourpra, lorsqu'elle en vint à ce qui la préoccupait davantage que les insultes de Lorenzo contre le pape.

— Je ne veux pas de cet Angelo Poliziano pour mes enfants ! dit-elle d'un ton sec. C'est un dégénéré, un pervers...

La princesse Clarice était sans doute vindicative, mais son propos n'était pas dépourvu de sagacité. Lorenzo lui paraissait trop curieux de philosophie, de littérature et de mille choses passionnantes, certes, et il ne se préoccupait pas assez à son gré de la réalité économique et politique de la cité. Extrêmement réaliste, la princesse Clarice se rendait compte par mille et un signes révélateurs que sous l'éclat, jamais égalé à ce jour, de la Maison Médicis, quelque chose n'allait pas. Avec infiniment de sagesse, elle se disait que lorsque les dépenses dépassent largement les entrées, la solidité d'une fortune est menacée... En cela d'ailleurs elle trouvait l'appui de sa belle-mère, qui la soutenait dans ses récriminations et qui, hors de sa présence, exhortait Lorenzo à plus de parcimonie dans ses dépenses...

Ce qui irritait le plus la princesse Clarice était de le voir entouré de « parasites » (c'est-à-dire tous ceux qui ne s'occupaient pas strictement de l'économie de la cité), et elle refusait de confier ses enfants à des rêveurs, des idéalistes.

— Il est indispensable que Piero, qui vient d'avoir cinq ans, reçoive une éducation de prince. Il sera appelé plus tard à de hautes fonctions... Qu'a-t-il à faire de Platon ? du grec ? de l'hébreu ? Rien, il me semble ! Il faut absolument que Piero soit quelque chose de plus solide et de plus pratique qu'un poète rêveur et inutile. Il aura un jour à gérer des centaines de milliers de florins-or, des banques et des manufactures dans tous les pays d'Europe et de l'Orient ! Ce n'est pas en rêvassant sur la beauté des étoiles qu'il pourra le faire !

Elle s'arrêta et pinça les lèvres. De nouveau, elle avait la désagréable impression de dire des choses justes et sensées, mais si maladroitement, si violemment, que l'on ne pouvait que les rejeter.

Le visage de Lorenzo devint froid et dur.

— Penses-tu que je veuille faire de mon fils un marchand ? un banquier ? Penses-tu que je veuille que mon fils ne s'intéresse qu'à l'argent ? Est-ce cela le centre de ta vie ? de celle que tu veux pour nos enfants ?

— Je ne vois pas ce que tu as contre les marchands et les banquiers ? répondit-elle froidement. N'en es-tu pas un toi-même ? et ton père, ton grand-père, qu'étaient-ils sinon des marchands... des banquiers ? Avoir honte de ses origines n'est pas particulièrement honorable.

Lorenzo dévisagea sa femme et dit, glacial :

— S'il vous prenait l'envie, Signora, de dire une telle bêtise devant quiconque, je pense que vous ne me reverriez de votre vie !... Si je souhaite pour mes enfants une autre éducation que celle que vous voulez leur donner, c'est justement pour leur éviter d'être des petits sots bornés et ignorants, dont l'instruction se limiterait aux seuls évangiles écrits justement par des sots ignorants... Je souhaite voir leur esprit s'élever au-dessus des limites que vous voulez leur imposer... Je souhaite qu'ils voient exactement ce qu'est votre Saint-Père, un homme déchu et pervers, et non un homme de Dieu respectable et honorable ! Connaître la vérité sur les gens qui font profession de religion n'est en aucune manière condamnable. Au contraire !

Lorenzo n'exagérait pas quand il accusait le Saint-Père de s'adonner à tous les vices ! le nouveau pape qui avait succédé à Paolo II se révélait, dans la perversité, pire que son prédécesseur. Ce qui ne l'empêchait nullement de faire de grandes choses à Rome.

Ce pape, né Francesco della Rovere, était la proie de passions sexuelles stupéfiantes. De sa sœur, qu'il avait aimée incestueusement, il avait eu des « neveux » pour lesquels il avait toutes les ambitions.

Devant la colère froide que lui manifestait Lorenzo et le vouvoiement qu'il avait repris, la princesse Clarice sentit une grande hostilité monter en elle.

— Je ne veux pas de cet Angelo Poliziano pour élever mes enfants ! dit-elle d'un ton définitif.

Lorenzo lui jeta un regard furieux et incrédule.

— C'est un défi que vous me lancez ? rugit-il, incapable de se contrôler.

La princesse Clarice se leva et pressa ses mains l'une contre l'autre comme pour se forcer à se calmer. Son expression était toujours hostile, mais lorsqu'elle exprima sa pensée, ce fut avec un certain calme, presque avec détachement. Et c'est elle qui reprit le tutoiement amical, espérant ainsi mettre un terme à la querelle qui l'opposait à Lorenzo.

— Prends cela comme tu le veux..., dit-elle. Je ne te laisserai pas faire, et j'ai mon mot à dire sur l'éducation de mes enfants... (Elle respira une grande goulée d'air puis ajouta d'une voix un peu brisée :) Je veux élever mes enfants comme je l'entends ! Comme j'ai été élevée moi-même... Mais je conçois que cela puisse te déplaire... Alors, je pense qu'il vaudrait mieux nous... hum... nous séparer durant quelques mois... Après tout, tu ne m'as jamais aimée, ma présence t'irrite, t'importune, et... et...

Un silence pesant s'abattit entre eux. Lorenzo, interdit, observa sa femme et la vit à la fois résolue et résignée. Il s'approcha d'elle.

— Clarice... Clarice, tu ne veux pas cela ? que je m'éloigne de toi durant quelques mois ? Je tiens à toi d'une certaine manière... tu le sais... Et je te suis si reconnaissant des enfants que tu m'as donnés !

— Oui, je sais que tu m'es reconnaissant... Mais... tu ne m'aimes pas, n'est-ce pas ? Si demain... Lucrezia Donati-Ardinghelli...

— Ne parle pas d'elle.

— Pourquoi ? Pourquoi ne parlerais-je pas d'elle ? Tu la chantes dans tous tes poèmes, tu ne l'as jamais oubliée, n'est-ce pas ? J'ai droit à une réponse !

Lorenzo ne répondit pas tout de suite. Son visage s'était

douloureusement creusé. Son regard se détourna de sa femme et fixa un point lointain à travers la fenêtre.

— Que veux-tu que je réponde, Clarice ? On t'a donnée à moi comme épouse, alors que tu étais encore si jeune, presque une enfant. On t'a donnée à moi tout en sachant que j'en aimais une autre et que j'étais fait de telle manière que je ne pourrais plus jamais aimer comme j'ai aimé Lucrezia... Tu me demandes si je l'aime encore ? Ai-je jamais cessé de l'aimer ? Pas un jour, pas une nuit où sa pensée ne m'obsède, ne me torture... C'est cela que tu voulais savoir, Clarice ? Eh bien, tu le sais maintenant ! Lucrezia m'a quitté le jour de la naissance de notre premier enfant, il y a de cela sept ans... Et si demain... si demain... dois-je continuer ?

La princesse Clarice secoua la tête. Ses yeux étaient pleins de larmes. Elle se précipita dans sa chambre et enfouit son visage dans son oreiller pour étouffer ses pleurs... C'est cette nuit-là qu'elle mit au monde, avant terme, une petite Luisa qui, elle, sut trouver tout de suite le chemin du cœur de son père.

XXII
LA CONSPIRATION DES PAZZI

Toute chose est fugace, éphémère
Tant la fortune du monde est inconstante
Seule la mort est sûre, et toujours dure.

A L'AUTOMNE de 1477, à l'âge de vingt-neuf ans, Lorenzo comptait déjà cinq enfants : Lucrezia, qui venait d'avoir ses sept ans ; Piero, qui achevait sa cinquième année ; Maddalena, une fort jolie petite fille de trois ans ; un autre garçon, Giovanni, dont on avait juste de fêté le deuxième anniversaire ; et la ravissante nouvelle-née, Luisa, venue au monde au mois de mars.

C'est par des détails de cette importance que se jalonnait l'existence de Lorenzo depuis son mariage. Il adorait ses enfants et c'était là une vie de famille riche et pleine, qui d'une certaine manière le satisfaisait. De temps à autre, une jeune maîtresse venait calmer ses ardeurs qui ne trouvaient aucun assouvissement auprès de la princesse Clarice. Ce n'était pas qu'il la détestât, ou même qu'il ne l'aimât point, mais elle lui était totalement, absolument indifférente. Lorsqu'il venait la voir dans sa chambre, il était toujours à la fois désagréablement surpris par son manque de beauté et touché par l'amour inconditionnel qu'elle lui manifestait. Elle le regardait avec une telle adoration soumise qu'il se sentait dans l'obligation de lui faire gentiment l'amour, puisqu'elle paraissait en avoir tellement envie, puis, à peine la porte refermée sur lui, il l'oubliait... Au bout de quelques jours, il se souvenait qu'il avait une femme, que la moindre des politesses était qu'il lui rendît visite, et tout recommençait... Chaque année ou presque, la princesse Clarice mettait un enfant au monde. « J'espère que le prochain sera un garçon, disait-elle en souriant, alors qu'elle allaitait la petite Luisa. J'ai déjà trois filles ! et deux fils... Il serait bon que j'eusse un autre fils ! »

Elle s'efforçait de toujours sourire, même lorsqu'elle avait le cœur brisé de jalousie, même lorsqu'elle apprenait les nombreuses trahisons de Lorenzo, et que la rage qui l'envahissait aurait pu la conduire jusqu'au meurtre.

La princesse Clarice, malgré sa réelle bonté et d'autres indéniables qualités, ne parvenait ni à se rendre désirable à son mari, ni à attirer à elle la sympathie des Florentins, mais nul ne songeait à nier que c'était elle la Première Dame de Florence et non plus Lucrezia de Médicis. La princesse Clarice avait revendiqué son rang social avec la violence des timides et l'opiniâtreté des gens dépourvus de générosité ou même d'intelligence, et l'essentiel de sa vie se bornait à diriger le Palais Médicis, tâche que la jeune femme exécutait fort bien, sachant manier l'économie (et même, disaient ses domestiques, l'avarice la plus sordide) et l'intendance avec une compétence que son esprit limité aux tâches ménagères, n'avait pas en d'autres matières.

A chaque naissance Lorenzo lui manifestait beaucoup de reconnaissance sincère. D'autant plus que, conscient de sa propre laideur et du manque d'attrait de son épouse, il s'étonnait de la beauté de sa progéniture.

— Cela ne va pas durer ! disait-il. Ils deviendront laids en vieillissant !

Comme toujours, c'est à sa mère qu'il se confiait. Et Lucrezia haussait les épaules en riant.

— Quelles sottises dis-tu là ! Ils sont adorables et le resteront ! Jamais je n'ai vu enfants si beaux et si bien portants...

Elle raffolait de ses petits-enfants qu'elle gâtait outrageusement.

*

En ces jours de novembre 1477, le plus grand plaisir de Lucrezia de Médicis était de se promener au bras de Lorenzo le long de l'Arno.

L'automne cette année-là était superbe et les arbres présentaient une multitude d'ors qui allaient du jaune pâle au roux sombre, se détachant sur un ciel clair.

— Il me semble que tu es devenue pâle et que tes joues se sont creusées..., dit Lorenzo qui s'émouvait devant le visage strié de rides fines et les longues traînées d'argent qui émaillaient la chevelure autrefois si noire. Tu n'es pas malade, au moins ?

— Mais non, mon grand ! Je reviens de Bagno a Morba et je t'assure que je me porte tout à fait bien.

Des passants saluèrent la mère et le fils avec effusion. Il y avait dans ces salutations beaucoup d'affection et de respect. La tendresse et la fierté qu'éprouvait Lucrezia firent battre son cœur plus vite. Trop vite. Elle s'essouffla et feignit s'absorber dans le spectacle qu'offrait le soleil couchant sur l'Arno.

Ils continuèrent leur promenade. Lorenzo souriait, heureux. Il lui prit la main fermement dans la sienne et accorda son pas à celui, moins rapide, de Lucrezia. Ils avaient dépassé les derniers remparts et suivaient maintenant un petit sentier à travers un bois tout doré par l'automne. Lorenzo sauta par-dessus un ruisseau qui barrait le sentier et tendit la main à sa mère pour l'aider.

Lucrezia sauta à son tour et, à ce mouvement, Lorenzo s'aperçut qu'elle avait perdu son agilité et sa souplesse d'antan.

Alors, mille petits détails affluèrent à sa mémoire... Sa mère ne montait plus en selle aussi facilement qu'autrefois lorsqu'elle se préparait pour une chasse à courre, elle ne courait plus, rapide, légère, à travers les vastes salles du Palais Médicis, elle ne volait plus dans les escaliers... Lorenzo l'observa attentivement. Il remarqua alors que le dessous de ses yeux était gonflé... Soudain, Lucrezia s'arrêta de marcher et planta son regard dans celui de son fils.

— Qu'as-tu à me regarder ainsi ?

— Je t'admirais, mère...

Lucrezia secoua la tête et eut un petit rire triste.

— Joli mensonge ! Écoute-moi... Si tu dois être peiné parce que tu vois ta mère vieillir, tu auras beaucoup à pleurer, mon fils ! Je ne pense pas pouvoir rajeunir, et crois-moi, cela me peine autant que toi ! J'ai l'intention de vivre encore longtemps, et je n'irai pas en rajeunissant...

Lorenzo hésitait.

— Tu es sûre que tu n'es pas malade ? vraiment, je te trouve un peu pâle...

— Bah, quelques infirmités qui arrivent avec l'âge..., dit Lucrezia d'un ton léger.

— Mais il ne peut être question de vieillesse, mère ! Tu n'as que cinquante-cinq ans !

— Ni mon père ni ma mère n'ont vécu jusque-là..., dit Lucrezia en soupirant. Je suis allée plus loin qu'eux sur la route de la vie. J'espère que tu iras encore plus loin que je n'irai...

Lorenzo ne répondit pas. Une pensée fort triste lui étreignit le cœur. « Vivre si longtemps ? Est-ce bien nécessaire ? »

Lucrezia avait posé sa main sur le bras de son fils. Elle se sentait heureuse en cette belle fin d'après-midi d'automne. Lorenzo était au faîte de sa gloire, et c'était son œuvre à elle. Mais, tout en exultant de fierté, tout en se félicitant, elle n'ignorait pas les graves menaces qui pesaient sur son fils bien-aimé.

— Lorenzo, mon fils, j'aimerais profiter de ce moment où nous sommes seuls, où nous pouvons parler, pour te mettre encore une fois en garde contre toi-même..., dit-elle en s'arrêtant pour souffler.

— Que veux-tu dire, mère ?

— Tes dépenses, mon enfant ! Tes folles dépenses ! Oh, certes, ce n'est pas pour toi ! Mais ton grand-père Cosimo, quand il donnait cent mille florins à l'hôpital des Innocents, ou pour la bibliothèque San Marco, en faisait rentrer le double dans la semaine qui suivait... Toi, mon enfant, tu donnes, tu donnes... Et il ne rentre rien ! Est-il vraiment nécessaire d'entretenir ces ambassades fastueuses ? de donner ces réceptions si coûteuses ?

Longtemps, Lorenzo expliqua à sa mère que cette politique de prestige attirait à Florence les rois, les princes, les marchands les plus importants du monde, que jamais les commandes n'avaient été aussi florissantes. Et que s'il perdait de l'argent d'un côté, il n'allait pas tarder à en rentrer le double de l'autre.

Lucrezia n'était pas convaincue, et rien ne parvenait vraiment à dissiper son anxiété. Elle savait que ce n'était pas à Florence, mais au Vatican, que se formaient les dangers les plus menaçants contre Lorenzo, et qu'il ne fallait pas donner prise à leur ennemi en affaiblissant les caisses de la Banque. Lucrezia savait tout cela. « Jamais aucun prince, aucun roi en Europe, en Italie, n'a connu une telle popularité que celle de mon fils », pensait-elle tout en s'appuyant sur le bras de Lorenzo alors qu'ils retournaient vers le Palais Médicis. « Alors, que cette popularité, cette adhésion parfaite entre le peuple et son Prince suscitent l'envie et la jalousie, comment s'en étonner ? Mais il faut faire attention à l'argent ! »

Lucrezia avait raison de s'inquiéter et de mettre son fils en garde. De nombreux Florentins de l'opposition avaient trouvé un refuge à Rome et une oreille compatissante auprès du pape Sixte IV, qui était résolument contre Florence... ou plutôt contre Lorenzo. La lutte pour le pouvoir à Florence avait pris des proportions ahurissantes, qui pouvaient s'expliquer par le fait que la République était riche, prospère et glorieuse... Mais seuls les Médicis avaient pris en compte une politique d'aide aux misérables, seuls les Médicis avaient le souci d'une justice sociale qui obligeait les riches à aider les plus pauvres. C'était plus qu'il n'en fallait pour maintenir une opposition active, haineuse, virulente. Une opposition qui de jour en jour devenait plus menaçante, plus dangereuse aussi, car elle avait des alliés au Vatican. La conversation entre la mère et le fils avait pris une tournure sérieuse. Lorenzo était miné par les calomnies dont il était l'objet. Récemment, ses ennemis l'avaient accusé d'être un dictateur. Et c'était comme toujours à cause des impôts dont Lorenzo exigeait le versement, non pour lui-même (et dans toute l'histoire de sa vie, nul ne put jamais l'accuser d'avoir soustrait un ducat des caisses de la Seigneurie), mais pour l'État.

— Prendre quelques ducats-or à un riche pour soulager la misère d'autrui, c'est le conduire à vous maudire, vous et vos enfants et petits-enfants jusqu'à la vingtième génération..., dit Lorenzo. On dit de moi que je suis un dictateur ?... soupira-t-il auprès de sa mère. Penses-tu vraiment que je le sois ?... Moi un dictateur !... Ces misérables n'en seront donc jamais à une insulte près ?

Lucrezia le regarda avec anxiété. Allait-il laisser éclater l'une de ses colères incontrôlables ?

Lorsqu'il se laissait aller à ses rancœurs, Lorenzo devenait franchement désagréable. Seule sa mère pouvait le supporter, et surtout lui dire en face la vérité, alors que ses plus proches conseillers et parents, comme ce cher Tommaso Soderini, Gentile Becchi ou Bernardo Rucellai, l'ami, le beau-frère bien-aimé, s'éloignaient de lui un temps pour échapper à ses remarques acerbes, ses colères ou son ironie... Lucrezia savait que lorsqu'il donnait libre cours à ce que son caractère avait de plus mauvais, c'était soit que le souvenir de son amour perdu revenait en sa mémoire, soit qu'il l'avait aperçu dans quelque fête ou quelque réunion mondaine... Alors Lorenzo devenait pour quelques jours vraiment odieux, et mieux valait ne pas avoir à faire à lui à ces moments-là... En vain sa mère lui mettait-elle des parchemins sous les yeux, en vain cherchait-elle à lui parler des préoccupations que lui donnaient les mauvais résultats financiers qui lui parvenaient de toute part, Lorenzo ne travaillait pas, s'enfermait dans un silence pesant et quelquefois disparaissait pour des journées entières.

La promenade de la mère et du fils s'achevait. Très vite Lucrezia revint à ce qui l'inquiétait depuis quelque temps. Ces complots que tous redoutaient, qui se fomentaient presque à découvert. Elle reprocha doucement à Lorenzo de refuser d'écouter son entourage qui lui demandait d'être prudent. Il se fondait sur l'amour que lui portait le peuple de Florence. Et puis... Florence n'était-elle pas pacifiée ? Quelle ville en Europe pouvait rivaliser avec elle sur le plan intellectuel, artistique et même économique ? Elle éclairait, forgeait, préparait l'avenir de toute une génération d'hommes... Qui donc pouvait troubler la paix ?

— Lorenzo, tu dois prendre garde à toi ! Ces gens sont

capables de tout ! de tout ! Ils veulent le pouvoir ! Depuis tant d'années ! C'est là leur idée fixe... Prendre ta place !

Lorenzo eut un petit sourire ironique.

— Prendre ma place ? Qui ? Francesco Pazzi, le frère de mon beau-frère, soit dit en passant...

Il regarda sa mère avec attention. Et parce qu'il fut soudain touché par le visage fatigué, pâle de Madonna Lucrezia, Lorenzo dit en riant :

— Mère ! sais-tu qui sont ces hommes qui veulent prendre ma place ? Stefano Porcaro ? un gentilhomme, paresseux, pervers, efféminé. Girolamo Gentile ? Niccolo d'Este ? il est apparenté de loin à la famille d'Este sans en avoir ni la fortune ni l'envergure... ce sont là les hommes qui veulent prendre ma place. Ils n'ont pas d'opinions, pas de courage, ignorent ce qu'ils veulent comme gouvernement ! L'important pour eux c'est d'abord d'occuper la place ! Ils réfléchiront ensuite à ce qu'il convient de faire... Et qui souffrira de cette situation : le peuple... Puis-je les laisser faire ?

Lucrezia hocha la tête.

— Ces gens-là n'hésiteront pas... même devant le meurtre ou la guerre civile ! Ils sont soutenus par le Saint-Père...

— Je sais, dit tout bas Lorenzo. J'ai reçu un message... Je crois que tu te doutes de son contenu ?

Lucrezia évitait son regard.

— Les accords sur les contrats d'exploitation de l'alun...

— ... ont été annulés. Tous. Sans aucune compensation... Mais tout peut encore être sauvé... Tout ! les mines d'alun, Imola... Nous allons nous battre...

Lucrezia redressa la tête et sourit.

— Que vas-tu faire de Francesco de Pazzi ? N'oublie pas que son frère est de notre clan...

— Guglielmo nous sera fidèle... Du reste, Bianca m'a affirmé qu'il ne marcherait pas avec nos adversaires.

Lucrezia soupira... « Bianca est une ambitieuse, pensa-t-elle, et jusqu'où ira cette ambition ? Elle est plus intelligente que son mari, plus forte aussi... Rien ne prouve qu'elle ne cherche à manœuvrer dans l'ombre... Ira-t-elle jusqu'à faire assassiner son frère ? Voyons ! je deviens folle ! Bianca aime Lorenzo ! Elle le combattra peut-être pour prendre sa place, mais je suis sûre que quiconque toucherait à un cheveu des membres de sa famille trouverait sa dernière heure face à elle... »

*

Lucrezia de Médicis avait raison de s'inquiéter. Les derniers mois de l'année 1477 furent mauvais pour la Maison Médicis, et pour assombrir encore son humeur, Bianca de Pazzi de Médicis venait de lui apprendre que Francesco de Pazzi avait obtenu de la Curie de traiter toutes les affaires pontificales, et cela représentait une grosse perte pour la Banque Médicis.

C'était une douce soirée de décembre et tout le clan Médicis devisait, semblait-il agréablement, assis autour de la cheminée où crépitait un bon feu. Il y avait là Lucrezia de Médicis, ses filles Nannina et Bianca, et ses fils Lorenzo et Giuliano. Cependant la discussion était infiniment grave.

— Francesco de Pazzi est une banque rivale de la nôtre à Rome..., dit Lorenzo, soucieux. Oncle Giovanni perd beaucoup en perdant le Trésor du Pape... La banque de Pazzi va décupler sa puissance avec cette alliance ! Qu'en pense ton mari, Bianca ? Qu'en penses-tu toi-même ?

Bianca réfléchit une seconde puis se lança :

— Écoute, Lorenzo... Guglielmo et moi sommes de ton côté quoi que tu puisses penser ! Bien sûr, nous ne nous entendons pas toujours comme il conviendrait entre un frère et une sœur, mais je puis t'assurer que jamais un instant ne m'a effleurée la pensée de te trahir ! Certes, la banque de Francesco va se développer... et certes encore, le pape est de son côté ! Peut-elle être vraiment un danger pour nous ?...

Lorenzo et Giuliano se regardèrent. Depuis la mort de sa belle maîtresse Simonetta, Giuliano avait changé. Il avait mûri d'un seul coup, et désormais travaillait beaucoup avec son frère aîné. Jamais les liens qui unissaient les quatre enfants de Lucrezia n'avaient été aussi forts, surtout depuis que les menaces qui pesaient sur leur maison étaient aussi proches et précises. Les deux frères, à haute voix, passèrent en revue toutes les menaces qui pesaient sur leur maison.

La mort de Charles le Téméraire sur un champ de bataille avait ruiné la filiale Médicis de Bruges qui ne reverrait pas de sitôt les soixante mille florins-or qu'elle avait prêtés au duc de Bourgogne... Les filiales de Naples, de Venise et de Londres n'étaient pas en meilleure posture et s'acheminaient lentement mais sûrement vers la faillite. Quant à Lionetto de Rossi à qui Lorenzo avait fait assez confiance pour le maintenir à la tête de la banque de Lyon, c'était encore plus catastrophique. Non seulement la banque de Lyon était en faillite, mais il était certain que Lionetto avait volé l'argent de ses clients.

— Il paraît qu'il est en pleine déliquescence... Il boit... il participe à des orgies, il entretient plusieurs maîtresses..., dit Giuliano. Il eût mieux valu le laisser se tuer... Il sera la honte de ses enfants...

Lucrezia sursauta et fixa Giuliano.

— Ce sont mes petits-enfants ! ne l'oublie jamais. La banque de Lyon sera leur seul héritage !

— Mais comment la redresser ? intervint vivement Bianca. Une faillite frauduleuse ne peut que nuire à l'ensemble de nos banques.

— Aussi n'y aura-t-il pas de faillite ! trancha Lorenzo. Nous allons dédommager tous ceux que Lionetto a dépossédés et nous fermerons provisoirement la banque de Lyon... puis nous nous débarrasserons de Lionetto, d'une manière ou d'une autre. Rassure-toi, mère, nos cousins Rossi seront traités comme il se doit. Je n'oublierai jamais qu'ils sont tes petits-enfants... Il ne faut pas désespérer. Nous traversons une phase difficile mais si nous sommes ensemble, nous nous en sortirons...

Certes, il restait encore d'énormes possibilités de faire rentrer de l'argent frais. Les fabriques de tissus tournaient à plein, et bien que l'alun eût repris son cours habituel, c'était tout juste si l'on parvenait à satisfaire les commandes. Il aurait suffi à Lorenzo de jeter moins d'argent par les fenêtres pour que les comptes s'équilibrassent.

Cependant, malgré toutes ces difficultés, jamais la popularité des Médicis n'avait atteint un tel niveau qu'en cet hiver 1477. C'est à ce moment-là que le peuple, qui aime à doter ses dirigeants de surnoms, appela affectueusement Lorenzo « le Magnifique ». Tout comme il avait surnommé son grand-père Cosimo « le Père de la patrie », et son père « le Goutteux ».

Or, ce titre de « Magnifique » n'était nullement dû à l'ostentation de sa vie privée, qui en l'occurence était relativement modeste. Ce surnom lui fut donné en raison de ses capacités intellectuelles, de sa générosité, de ses qualités humaines si rares et si belles que nul ne pouvait rivaliser avec lui. Tous ceux qui l'approchaient, et ils étaient nombreux, repartaient enchantés de sa simplicité, de sa bienveillance, et souvent le trouvaient « beau ». « Sa beauté vient de l'âme, et cette beauté-là est inaltérable ! » disait le visiteur ravi, sous le charme d'une conversation dont il sortait persuadé qu'il était lui-même un homme d'une exceptionnelle intelligence et d'une grande culture...

« Rien n'est trop beau pour Florence ! » disait Lorenzo, tout comme son grand-père. S'il avait dépassé Cosimo dans l'éclat, le rayonnement, Lorenzo ne parvint pas à l'égaler dans le domaine des affaires.

En fait, Lorenzo, authentique autocrate-démocrate, jouissait d'un pouvoir absolu, mais jamais ce pouvoir ne le grisa. Et bien qu'il eût toutes les capacités pour être ce qu'il était, le maître de Florence, bien qu'il dépassât de loin tous ceux qui l'entouraient, de sa vie entière, il ne fit preuve d'arrogance. « Souverain aristocratique de la Toscane, véritable arbitre de la politique de l'Italie tout entière, aiguille de la boussole italienne, traité en égal par les souverains de France et d'Italie, il n'y eut jamais chez lui cette prétentieuse outrecuidance qui chez la plupart des individus aurait pu être l'inévitable complément de tant de grandeur. Lorenzo vivait sans aucun apparat. Aucun garde ne veillait aux portes du Palais Médicis. Tous les Florentins pauvres ou riches étaient traités sur le même pied d'égalité [1]... »

Peu avant les fêtes de Pâques 1478, Sandro Botticelli fit

1. Guichardin.

livrer les fresques commandées par Lorenzo. *La Primavera...* Et ce fut un choc très doux pour lui de reconnaître dans « Flore » sa belle Lucrezia..., comme ce fut un choc pour Giuliano de reconnaître dans les traits de Vénus ceux de sa belle Simonetta dont il gardait le deuil en son cœur. Il se reconnut aussi dans le personnage de Mercure qui dissipe les nuées et il dit :

— Me voici uni pour l'éternité à ma belle maîtresse Simonetta...

Mais Lorenzo ne dit rien.

Dans cette allégorie du printemps, que Botticelli aurait pu intituler *Le temps reviendra,* la chère devise de Lorenzo, c'était toute l'histoire amoureuse des deux frères Médicis qu'il racontait. Et même si on ne le voit pas sur le tableau où il est seulement évoqué par les lauriers, toute la peinture parle de Lorenzo et exalte son exprit et son talent de poète et sa volonté d'inaugurer des temps nouveaux.

*

La grande inquiétude de Lorenzo de Médicis, en ce début d'année 1478, venait de Rome et de tout ce qui se tramait contre lui.

Comme beaucoup de papes avant lui, beaucoup de monarques et de chefs d'État (passés et à venir), Sixte IV usait du népotisme comme d'un moyen de contrôler tous les rouages du gouvernement pontifical. Mieux : il donna à ce népotisme habituel un essor sans précédent. Il avait fait nommer ses *fils-neveux (ou neveux-fils)* à des postes clés. Et Giuliano della Rovere ainsi que Pietro Riario, aussi prodigues et débauchés que leur *père-oncle,* profitèrent du monopole des faveurs du souverain pontife.

Non content d'être seulement incestueux (et bon père), le Saint-Père était aussi un pédéraste convaincu qui entretenait autour de lui une cour de mignons à qui il réservait des postes enviés.

Son « neveu » favori, Girolamo Riario, venait d'épouser une petite bâtarde de Galeas Sforza duc de Milan, Catherine Sforza. Le pape souhaitait pour le jeune couple la principauté d'Imola. Cette Seigneurie, Lorenzo de Médicis la souhaitait aussi... Un troisième larron, Francesco de Pazzi (frère de l'époux de Bianca, la sœur de Lorenzo), se rangea du côté du pape, avec le secret espoir de s'emparer de ladite principauté (qui ne se souciait guère de changer de maître et ne souhaitait que garder son statut de principauté indépendante).

Le pape profita de cette querelle autour d'Imola pour retirer à Lorenzo tous les droits d'exploitation des mines de Tolfa. Et une guerre d'usure éclata entre le Vatican et Florence. Le marché du Vatican paraissait clair : « Vous laissez la principauté d'Imola à mon neveu bien-aimé le comte Girolamo Riario, et je vous laisse l'exploitation et les bénéfices de mes mines d'alun, ou bien vous maintenez votre volonté... et c'est la guerre ! »

Mais la principauté d'Imola n'était qu'un prétexte. Francesco de Pazzi et ses amis souhaitaient le pouvoir que détenait depuis près de dix ans Lorenzo de Médicis. Et de nouvelles conspirations se fomentaient contre Lorenzo.

XXIII

LES HEURES NOIRES

Avril 1478

Après la mort de Charles le Téméraire, on pensait donner sa fille Marie, unique héritière d'immenses territoires, en mariage à Giuliano de Médicis. Mais ce dernier venait d'être père d'un charmant petit garçon[1], et il coulait des jours paisibles à Fiesole dans sa « Villa Médicis ». La mère de son enfant était une toute jeune fille, Antonia Gorini, dont les parents, des fermiers, étaient fort contents que leur petit-fils soit un Médicis. Seul Lorenzo avait été dans la confidence de la naissance du petit bâtard, car Giuliano ne pouvait rien cacher à son frère aîné. Il n'éprouvait aucune jalousie vis-à-vis de Lorenzo. Il avait été trop aimé de tous, grands et petits, pour éprouver des sentiments bas ou vils. Les deux frères partageaient la même passion pour la musique, la peinture, la poésie, la philosophie, les chasses à courre et les parties de campagne.

Toute la ville de Florence portait à Giuliano la même tendresse que sa famille. Et si quelqu'un avait dû connaître le bonheur en ces jours d'avril 1478, c'était bien le dernier-né de Lucrezia Tornabuoni de Médicis.

Depuis quelques jours, Giuliano se sentait faible, fiévreux, mélancolique, en proie à divers malaises indéfinissables. Et puis les souvenirs se pressaient dans sa mémoire. Bientôt, ce serait le jour anniversaire de la mort de Simonetta.

Antonia lui conseillait de se reposer, de rester au lit toute la journée.

1. Il deviendra pape sous le nom de Clément VII.

— Pourquoi te rendre à Florence aujourd'hui ? Rien ne presse !

— Tu n'y penses pas, mon amie ! dit Giuliano, le cœur sur les lèvres à l'idée de bouger. Lorenzo a organisé un souper... Il a invité l'un de nos ennemis, le cardinal Raffaello Riario, et quelques autres dont je n'ai pas retenu le nom ! Mon frère espère que ce banquet les rendra mieux disposés à notre égard.

— Pourquoi vous détestent-ils tellement ?

— Mais, ma jolie, ils ne nous détestent pas ! Ils veulent notre place, nos possessions. C'est là tout ce qu'ils veulent ! Ils veulent Imola, ils veulent les mines d'alun. Ils veulent Pise et Volterra, ils veulent nos banques et nos manufactures, et ils veulent la gloire de Lorenzo. Mais ça, ils ne l'auront jamais !

— Et le reste ? Le reste... Peuvent-ils l'obtenir ?

— Oui... en nous tuant tous !

Antonia réprima un petit cri d'angoisse.

— Ne va pas à ce souper, Giuliano... Pense à moi ! Pense à l'enfant... notre enfant.

Giuliano céda. Il céda non par peur, mais parce que les nausées et la fièvre allaient augmentant. Il ignorait qu'en faisant savoir à Lorenzo qu'il ne se rendrait pas à ce souper, il venait, provisoirement, de sauver la vie de son frère et la sienne.

Giuliano ne se trompait pas en présentant les invités de son frère comme leurs pires ennemis. Pourtant, ces ennemis d'aujourd'hui avaient été leurs amis d'enfance. Stefano Porcaro, Girolamo Gentile, Niccolo d'Este, Francesco de Pazzi, Bernardo Bandini, toute la suite du cardinal Riario, avaient fait partie de leur brigata. Ensemble, ils étaient allés se faire déniaiser par la même jolie putain, Raffaella, qui avait succédé à Angelica... Lorsque Giuliano avait disputé, trois ans plus tôt, sa célèbre joute, tous avaient été ses servants, et tous avaient acclamé sa victoire.

Le plus dangereux de tous était Francesco de Pazzi. La famille des Pazzi était l'une des plus vieilles familles patriciennes de Florence. Mais, à la différence de l'ensemble des aristocrates qui considéraient comme déshonorant de travailler, elle avait su aller avec son temps et acquérir des biens importants. Sa fortune en 1439 venait immédiatement après celle des Médicis, mais les dépenses inconsidérées des trois fils Pazzi l'avaient fortement endommagée même s'il y avait encore de beaux restes. Les Pazzi figuraient plus qu'honorablement sur les registres des impôts, et s'enorgueillissaient de siéger à la Seigneurie et d'entretenir une cour qu'ils espéraient l'égale des Médicis. Lorsqu'un des fils de Jacopo de Pazzi, Guglielmo, épousa Bianca de Médicis, ceci fut considéré dans la famille comme un « nécessaire déshonneur ».

Avec l'avènement de Sixte IV, les Pazzi avaient pensé, à juste titre, que la chance allait tourner en leur faveur, car, à n'en pas douter, Il y avait entre le pape et eux une concordance d'intérêts. Sans le Saint-Père, les Pazzi eussent peut-être manqué d'audace.

A partir du moment où il fut certain d'avoir l'appui du pape, plus rien ne put arrêter Francesco de Pazzi. Il était encore riche, il était jeune, célibataire, ambitieux. Déjà il imaginait : « Lorsque les frères Médicis ne seront plus en place, je serai gonfalonier de justice à vie... »

Il soigna particulièrement sa liaison avec l'un des « neveux » du pape, le jeune et fringant cardinal Raffaello Riario. Durant toute l'année 1477 et jusqu'à ce printemps 1478, cette demi-douzaine de jeunes aristocrates pervers, paresseux et sans grande valeur, forts de l'appui du pape Sixte IV, allaient fomenter, puis exécuter l'une des plus répugnantes conspirations qui soient. Sur des prétextes futiles, des stupidités à faire rougir un enfant de six ans, six hommes, dont trois d'Église, allaient commettre un assassinat et provoquer une guerre civile qui allait faire des centaines de morts...

Deux jours plus tard, Giuliano se sentit mieux et quitta Fiesole pour se rendre à Florence. La ville se préparait aux fêtes de Pâques et se parait de ses milliers de bannières flottant au vent.

En cette veille de Pâques, les cloches sonnaient à toute volée sur Florence en liesse. Les Florentins allaient et venaient dans les rues ensoleillées. L'air était tiède et parfumé. Sous un ciel d'une admirable pureté, Santa Maria del Fiore, somptueusement fleurie, arrondissait sa coupole audacieuse. « La plus belle cathédrale de toute l'Italie ! » disaient les Florentins qui se pressaient sur le parvis en attendant le cortège qui suivait le cardinal Riario, l'archevêque Salviati et la centaine de personnes qui faisaient partie de leur suite. Et personne, personne ne pouvait se douter, à voir ce cardinal qui n'avait pas vingt ans, cet archevêque à peine plus âgé, ce cortège somptueux, cette suite impressionnante, que parmi eux se dissimulaient de nombreux spadassins et soldats armés.

— Il y aura foule ! dit à voix basse le cardinal Riario à l'archevêque Salviati qui se tenait à ses côtés. Cela nous permettra de nous sauver plus facilement après avoir exécuté notre plan... Vous savez tous ce que vous avez à faire ?

Dans la ville, des tables avaient été dressées pour le gigantesque banquet offert par les frères Médicis aux Florentins.

Au Palais Médicis, les préparatifs allaient bon train. On sortait la vaisselle précieuse ; les vases étaient remplis de fleurs. Les domestiques, les esclaves n'en finissaient pas d'astiquer, et d'astiquer encore. Le musicien favori de Lorenzo, Antonio Squarcialupi, préparait violes et luths, et houspillait ses élèves qui allaient se produire le soir même.

Les Médicis espéraient désarmer ainsi la hargne de ces prêtres avides de s'emparer de leurs richesses et de leur pouvoir. Mais jamais à aucun moment, l'idée de la possibilité de meurtres n'effleura l'esprit des Médicis qui ne prirent aucune précaution. Personne ne s'inquiéta de ces mercenaires armés qui traînaient dans la ville. Personne à Florence ne pouvait imaginer que l'on pouvait assassiner pour des raisons aussi futiles : une animosité d'hommes d'affaires rivaux. Tous les Florentins en cette veille de Pâques, dans la ville ensoleillée, pensaient qu'ils vivaient enfin dans un monde civilisé.

Le lendemain, le dimanche 26 avril 1478, Lorenzo quitta son Palais et se rendit à pied à la cathédrale en compagnie du cardinal Riario. Encore un peu affaibli par son récent malaise, Giuliano le suivait, encadré de Francesco de Pazzi et Bernardo Bandini qui riaient et plaisantaient sur leurs dissentiments passés.

— Bah ! disait Francesco avec un beau rire ouvert, franc, loyal. Il ne faut plus penser au passé ! Pense à l'avenir et reparlons-nous. Tu ne crois tout de même pas que je vais laisser l'ambition détruire notre belle et bonne amitié ? N'oublie pas que je suis le frère de ton beau-frère !

Et Bernardo Bandini de renchérir :

— Tu épouseras qui tu voudras quand tu le voudras ! ou bien, si tu le souhaites, tu seras cardinal ! Je suis fort bien vu au Vatican. Demande-moi ce que tu veux ! Laissons là nos querelles... et amusons-nous. De quoi demain sera-t-il fait ? Dis-moi ! en voilà une belle étoffe... Laisse-moi toucher... De la soie épaisse et douce... Et voyons tes chausses...

Bernardo le tâtait affectueusement sur tout le corps. Giuliano, confiant, heureux, se laissait faire. Ils le palpaient de tous côtés, faisant mine de le bousculer affectueusement comme autrefois... En fait, ils voulaient voir si le jeune Médicis ne portait pas une cotte de mailles sous son pourpoint. Il n'en portait point, il ne portait pas davantage d'épée ni de dague... Il était complètement désarmé et il riait de bonheur à l'idée d'avoir retrouvé deux très chers compagnons d'adolescence.

Ces jeunes gens avaient son âge. Ils étaient ambitieux, mais si gais, si drôles dans leurs plaisanteries.

Le groupe pénétra dans la cathédrale où effectivement une foule énorme se pressait. Les deux prélats entraînèrent Lorenzo vers le chœur, tandis que Francesco et Bernardo Bandini se rangeaient auprès de Giuliano. La messe commença.

Au moment de l'élévation, alors que les fidèles s'inclinaient pieusement, selon la coutume, un cri étouffé et un bruit de chute brisèrent le silence. Puis soudain il y eut une clameur... On vit Francesco de Pazzi penché sur Giuliano et qui frappait, frappait et continuait à frapper comme s'il ne devait jamais s'arrêter avec une fureur telle qu'il se blessa lui-même à la cuisse... Dans sa folie meurtrière, Francesco frappa dix-neuf fois. Profitant des cris et du tumulte, les deux prélats s'étaient rués sur Lorenzo qui ne put éviter le coup de poignard qui le blessa au cou. Cependant, il eut la force de tirer son épée et de faire face à ses assaillants. Auprès de lui, sa « consorteria » tenta de s'organiser et de frapper les spadassins qui venaicnt à la rescousse des prêtres assassins.

La foule épouvantée, hurlant de terreur et de fureur, cherchait à sortir. Enfin les portes de la cathédrale s'ouvrirent. Alors la foule jaillit en criant :

— Palle ! Palle [1] ! On assassine les Médicis !...

Dans l'effroyable tumulte qui régnait maintenant dans la cathédrale, Lorenzo, entouré de ses amis, courut vers le corps de son frère. En voyant le cadavre déchiqueté, allongé dans une mare de sang, l'épouvante, la douleur et la haine le submergèrent.

Angelo Poliziano et Sandro Botticelli parvinrent à l'arracher du corps sans vie et tentèrent de l'entraîner à la sacristie. Là, les jeunes gens s'efforcèrent d'arrêter l'hémorragie en pressant des linges sur la plaie béante.

Le tumulte et les cris allaient grandissant et gagnèrent les rues de Florence :

— On a assassiné les Médicis !

Le peuple s'était rassemblé autour de la cathédrale. En voyant son chef à demi mort, transporté sur une civière, en apprenant que le beau Giuliano le bien-aimé avait reçu des dizaines de coups de poignard, le peuple florentin éprouva une grande colère.

Pendant ce temps, sous la conduite de l'archevêque Salviati, un petit groupe de conjurés se dirigeait rapidement vers la Seigneurie. La conjuration avait été savamment calculée pour paralyser Florence. En voyant entrer l'archevêque et sa suite, le gonfalonier Petrucci ressentit d'abord quelque étonnement soupçonneux. C'était un homme dans la force de l'âge qui avait vu naître les Médicis et qui les considérait comme ses fils. Il demanda à l'archevêque quelles étaient les raisons de sa présence à la Seigneurie alors

1. Cri de ralliement des partisans des Médicis. Les « Palle » sont les boules figurant sur les armoiries des Médicis.

que la messe de Pâques n'était pas achevée. Devant l'embarras de ses visiteurs qui avaient pour mission de ne rien faire qui pût alerter la Seigneurie, une inquiétude soudaine vrillait le cœur de Messer Petrucci et ses soupçons se firent certitude. Quelque chose n'allait pas du côté de la cathédrale. Avec beaucoup d'urbanité, il fit patienter les quelques personnes qui avaient envahi la grande salle d'audience, et dépêcha un messager à Santa Maria del Fiore pour voir s'il ne se passait rien d'insolite. Quelques instants plus tard, il reçut la nouvelle. Au même moment, sous les fenêtres de la Seigneurie, éclataient les cris :

— Vive les Palle !

Il y eut un grand tumulte dans la salle soudain envahie par les Florentins. Puis Petrucci, avec l'aide des fidèles, s'empara de l'archevêque Salviati, et le pendit promptement à une fenêtre. Pour faire bonne mesure, on pendit avec lui toutes les personnes qui l'accompagnaient et que l'on put attraper. Une heure plus tard, une douzaine de cadavres se balançaient par les pieds aux fenêtres de la Seigneurie, et une bonne cinquantaine jonchaient les escaliers et le hall de la Seigneurie tandis que la chasse aux conjurés commençait à travers la ville.

Dans le Palais Médicis, on ne savait encore rien de ce qui s'était passé à l'intérieur de la cathédrale. Lucrezia et sa belle-fille, la princesse Clarice, achevaient de superviser les préparatifs du banquet. Les deux femmes étaient dans la grande salle des fêtes du premier étage, lorsqu'il se fit un grand tumulte au rez-de-chaussée. Inquiètes, elles allaient s'engager dans l'escalier quand elles furent arrêtées dans leur élan par Angelo Poliziano qui, essoufflé, couvert de sang, se mit en travers de la porte.

— Ne sortez pas... Pour l'amour de Dieu... ne sortez pas ! un grand malheur est arrivé... un grand malheur en vérité !

Ce fut comme si l'éclair avait foudroyé Lucrezia de Médicis. Elle ressentit un coup terrible et douloureux, l'impression que quelque chose se déchirait en elle, et qu'elle allait mourir de douleur, là, dans l'instant... Elle poussa un hurlement sauvage :

— Mon fils !

Puis elle se tut, hagarde, cramponnée à sa belle-fille, qui, pâle, la mâchoire inférieure tremblante, demanda, chancelante d'effroi :

— Lequel ?

Angelo Poliziano sanglotait maintenant.

— Lorenzo a été blessé... Sa blessure n'est pas grave mais... mais...

Il se tut, incapable d'achever, brisé de sanglots.

Ce fut la princesse Clarice qui, rassemblant son courage, insista :

— Parlez, Messer... Dites... Lorenzo est blessé... Et... et Giuliano ?

— Giuliano est mort..., dit Angelo dans un souffle inaudible. Assassiné... massacré... Il est mort !

De nouveau, il se tut devant le regard de Lucrezia. Elle le regardait, immobile, effrayante de pâleur.

— Giuliano ? Giuliano ?

Puis elle se précipita dans les escaliers et répéta en hurlant :

— Giuliano ! Giuliano ! non ! non ! non !

Et ce « non » était le refus de tout son être devant la mort de son fils bien-aimé, de son benjamin, son préféré. C'était là son cri, le seul mot qu'elle parvînt à prononcer dans sa folle douleur. Il résonnait dans tout le palais où se lamentait la domesticité.

Arrivée au bas des escaliers, Lucrezia vit son fils Lorenzo qui se tenait péniblement debout, soutenu par ses amis.

— Lorenzo... Lorenzo... mon petit. Dis-moi la vérité ! Ce n'est pas vrai, n'est-ce pas ? Ce n'est pas vrai ? Il ment ! il ment, mais pourquoi me mentir ainsi ? Pourquoi ? Où est Giuliano ? où est mon petit ? Mon petit... !

Puis sa voix se brisa dans un gémissement. Des borborygmes affreux, hoquets, paroles sans suite, où dominait ce « Non... non... » qui était maintenant comme une plainte sans fin.

Lorenzo, malgré sa faiblesse, serrait sa mère contre lui et mêlait ses larmes aux siennes.

— Ma petite mère... ma douce petite maman... là... là... Repose-toi... contre moi... Je suis là, maman, ma douce, ma petite, là... là...

Il la berçait contre lui, l'empêchant de tourner la tête du côté de la pièce où l'on avait étendu le corps de Giuliano.

— Dis-moi, mon fils, gémissait Lucrezia, dis-moi, où est-il ? Je veux le voir... mon petit... où est-il ? Comment est-il ? Il faut tout me dire...

Lorenzo hésitait.

— Nous l'avons transporté dans la petite salle. Il y repose. Sandro Botticelli est auprès de lui...

Lucrezia leva les yeux, implorante.

— Je veux le voir..., murmura-t-elle.

— S'appuyant l'un sur l'autre, la mère et le fils pénétrèrent dans la chambre mortuaire. Sandro Botticelli sanglotait sans retenue auprès du corps de Giuliano qui paraissait dormir. Paisible, tranquille... Si beau dans la mort, son pâle visage encadré de boucles noires, épaisses, luisantes. Plus rien de mal ne pourrait plus jamais l'atteindre. Lucrezia s'approcha, prit la tête de Giuliano et le berça contre son sein.

— Mon petit... mon petit..., gémissait-elle, mon petit à moi... mon petit va dormir... dormir...

Elle fredonna une berceuse, celle qu'elle chantait autrefois pour endormir les enfants, il y avait des années... et des années.

Lorenzo, effrayé, demanda l'aide de ses amis pour arracher Lucrezia à Giuliano.

Tandis qu'à l'intérieur du Palais Médicis, l'heure était à l'extrême douleur, le peuple florentin laissait exploser sa rage. Des hommes armés d'épées, de dagues, de gourdins et de fourches firent la chasse aux conjurés, et ceux qui avaient le malheur de tomber dans leurs mains n'étaient pas livrés à la Seigneurie... Ils étaient exécutés sur-le-champ ! La haine qui les animait n'avait pas de bornes. Non seulement les criminels avaient tué Giuliano, avaient gravement blessé Lorenzo, mais ils avaient détruit en même temps plusieurs années de paix civile, un bonheur léger et facile qui charmait toute la population. Plus rien ne serait jamais comme avant.

Une foule énorme entoura le Palais Médicis et demanda à voir Lorenzo pour être sûre que lui au moins était vivant. Blessé, des linges ensanglantés autour du cou, pâle, soutenu par ses amis, il sortit sur le balcon et les harangua :

— Amis ! Écoutez-moi ! Ma blessure n'est pas grave, et je guérirai vite... Je vous le demande en grâce ! Pas d'exécutions sommaires, pas d'arrestations ! Ne laissez pas la colère vous dominer...

Mais tout cela fut en pure perte. Florence ressemblait aux pires jours de la guerre civile. Le tocsin sonnait, sonnait, couvrant sa voix. La multitude affluait de tous les côtés. Les Florentins portaient des armes de fortune : fourches, faux, haches, poignards... et le cri de ralliement sortait de toutes les poitrines :

— Palle ! Palle !

Bientôt la foule qui avait salué Lorenzo se répandit dans la ville. On s'emparait maintenant de tous ceux que l'on soupçonnait d'être du côté des Pazzi. Ils furent massacrés avant de pouvoir protester de leur innocence. Il s'en fallut de peu pour que Bianca et Guglielmo ne fussent eux-mêmes arrêtés et tués. Grâce à Angelo Poliziano, ils parvinrent à quitter leur demeure et à se réfugier au Palais Médicis.

Francesco de Pazzi avait trouvé un provisoire refuge chez lui. Il fut arraché de son lit où il se cachait pour soigner la blessure qu'il s'était faite lui-même. Dans un état second, comme inconscient du sort qui l'attendait, il vit venir à lui des hommes déchaînés, la haine au cœur, le fiel aux lèvres. La foule l'amena en chemise jusqu'à la fenêtre où l'archevêque avait été pendu par les pieds. La robe violette recouvrait à demi le corps renversé, dévoilant entièrement ses cuisses, son sexe. Francesco leva la tête et regarda. A chaque fenêtre, doucement ballotté par le vent, un pendu par les pieds, la tête en bas, et chaque pendu avait été un ami qui, trois heures, quatre heures auparavant, riait encore avec lui... Il n'avait plus qu'à mourir. Il le demanda comme une faveur qui devait lui être accordée très vite. A demi porté, à demi traîné par une dizaine d'hommes, il atteignit le haut de la tour du Palais Vecchio. Quelqu'un lui passa une corde au cou et le jeta par la fenêtre. Il ne lui fallut qu'une seconde pour mourir... En bas, une formidable huée salua son cadavre qui se balança lentement, frôlant tantôt l'un, tantôt l'autre, des cadavres voisins...

Au Palais Médicis, après l'heure de grande douleur, vint le moment de la prostration. Hébété, Lorenzo s'efforçait d'empêcher sa mère de retourner sur le cadavre de Giuliano. Elle gémissait, se débattait contre la princesse Clarice qui la maintenait de force sur son lit.

— Pourquoi veux-tu m'empêcher de voir mon petit ? Je te promets de ne plus pleurer, suppliait-elle d'une voix raisonnable de petite fille qui demande la permission d'aller jouer.

Puis elle se prenait la tête dans les mains et dans une psalmodie plaintive, elle murmurait : « Non... non... non... », refusant cette mort de tout son être, de toutes ses forces. « Mon enfant est mort... mort... mort... » C'était une étrange litanie sans fin, une plainte, un gémissement qui petit à petit ne semblait même plus avoir de signification.

Bianca, Nannina et la princesse Clarice se relayaient auprès de Lucrezia. Elles lui bassinaient le front avec de l'eau froide, pleuraient avec elle, l'embrassaient, la consolaient du mieux qu'elles pouvaient.

Mais la perte de son fils préféré fut pour Lucrezia un choc tel qu'elle ne se remit jamais. Au docteur del Medigo venu en hâte à sa demande, Lorenzo demanda, avant d'accepter de se laisser soigner :

— Ma mère... ma mère ! Occupez-vous d'abord de ma mère... Parlez-lui... je vous en supplie ! Je crains qu'elle ne perde la raison...

Le docteur del Medigo s'approcha de Lucrezia et l'ausculta longuement. Puis, hochant la tête, il sortit une petite fiole de sa sacoche. Lucrezia but la potion avec avidité.

— C'est bon ! dit-elle en esquissant un sourire hésitant. C'est même très bon...

Ses yeux papillotèrent et son visage se détendit brusquement.

Aidé de Lorenzo, le docteur del Medigo l'étendit doucement sur le lit.

— Elle va dormir ainsi au moins douze heures ! dit le médecin. Je vais vous laisser quelques fioles. Donnez-lui à boire dès qu'elle se réveillera et avant qu'elle se souvienne de ce qui s'est passé. La malheureuse a reçu un choc extrêmement violent... On peut tout craindre...

Lorenzo se sentit défaillir.

— Vous voulez dire... qu'elle... qu'elle risque de perdre la raison ?

Le docteur del Medigo hocha la tête affirmativement. Il évitait les regards des enfants Médicis.

C'est à ce regard fuyant, à ce refus de parler que Lorenzo comprit que l'état mental de sa mère était désespéré.

— Je vous en prie..., insista-t-il. La vérité... dites-moi la vérité !

— Je vais essayer... Écoutez-moi. Comme je viens de vous le dire, votre mère a reçu un choc très violent. Ce genre de choc peut détruire la raison sur le coup... Ce que j'espère, c'est qu'avec la potion que je viens de vous donner, et que vous devez lui faire prendre aussitôt qu'elle se réveillera, elle va dormir longtemps, très longtemps, et dans ce sommeil artificiel, peut-être, je dis bien peut-être... trouvera-t-elle la force de résister à sa douleur lorsqu'elle se réveillera tout à fait.

— Peut-être ? seulement peut-être ? supplia Lorenzo qui à cet instant souhaitait désespérément entendre un mensonge.

Mais le docteur del Medigo soupira :

— Lorenzo... Vous êtes un ami, un ami trop cher à mon cœur pour que je puisse accepter de vous faire des promesses illusoires... J'espère que votre mère se remettra ! Je l'espère de tout mon cœur... Malheureusement le choc a été rude... Trop rude ! Maintenant, laissez-moi soigner votre blessure... Elle est fort vilaine et il me semble que vous avez perdu beaucoup de sang...

Tard dans la nuit, alors que le docteur del Medigo était parti depuis longtemps, Lorenzo et ses sœurs étaient assis au chevet de leur mère qui souriait dans son profond sommeil hypnotique. Son visage était détendu dans le sommeil, rajeuni, comme lavé, débarrassé des traces que lui avaient laissées les années... A un moment donné, Lucrezia s'agita, son souffle s'accéléra, elle ouvrit les yeux, hagarde.

— Mon fils... où est mon fils ?

Lorenzo se précipita, une fiole ouverte à la main, et lui donna à boire. Sans protester, elle se laissa faire.

— Là, petite mère... là..., dit Lorenzo, il faut dormir maintenant...

De nouveau, le visage de Lucrezia se détendit. Elle sourit à Nannina et Bianca qui la soutenaient, tandis que ses yeux s'embrumaient déjà de sommeil.

— Pourquoi Giuliano n'est-il pas avec vous, mes petits poussins ? demanda-t-elle d'une voix hésitante. Il faut aller le chercher...

Le sommeil la gagna avant même qu'elle pût recevoir une réponse.

Ce fut cette nuit-là précisément que la princesse Clarice mit au monde une petite fille toute fragile. Si délicate que les matrones qui supervisèrent sa venue au monde firent la grimace.

— En voilà une qui ne fera pas de vieux os, chuchota la plus âgée. Sa tête n'est pas plus grosse que mon poing et elle pèse moins qu'un petit poulet de ferme...

Cela avait commencé peu après le départ du docteur del Medigo. La princesse Clarice était montée voir si tout allait bien à l'étage où dormaient ses enfants. Fort heureusement, rien n'était venu troubler le sommeil de ses cinq bambins... Après avoir redressé un oreiller, arrangé une couverture, la princesse Clarice, lasse soudain, s'était appuyée contre la vitre froide. Tout à coup, elle ressentit une douleur vive, cuisante et bien connue. « Non ! ce n'est pas possible ! se dit-elle. Il s'en faut de plus d'un mois encore... »

Lentement, elle gagna la porte de la chambre d'enfant, sortit sur le palier, le front en sueur, en proie à une terreur animale d'accoucher là, à même le sol, sans personne pour l'aider... La douleur était maintenant plus intense, comme si on lui plongeait un couteau dans les entrailles. Elle appela à l'aide, mais sa voix était si faible que personne ne pouvait l'entendre... Alors elle se redressa et s'agrippa à la rampe de l'escalier, poussant un hurlement qui déchira l'air.

Elle perçut des bruits de pas et de voix... Elle continuait à hurler, les mains sur son ventre, elle criait sa douleur atroce. Elle entendit quelqu'un qui appelait à l'aide, et il lui sembla qu'on la tirait à travers un long tunnel sombre...

Lorsqu'elle revint à elle, elle était couchée sur son lit, et elle reconnut Bianca et Nannina, ses belles-sœurs. Elle ne les avait jamais aimées, et pourtant, à ce moment-là, elles lui furent plus chères que sa mère, plus chères que Lorenzo... La douleur brûlante qui lui sciait le ventre ne cessait pas. Elle n'était plus que ce ventre qui s'ouvrait, se déchirait, se tendait, afin d'expulser son encombrant fardeau...

A deux heures du matin, cette nuit-là, la princesse Clarice mit au monde une petite fille qu'elle appela « Contessina ».

Vers quatre heures du matin, Lorenzo était debout près de la fenêtre. La lune brillait, et la nuit était là, vaste, lumineuse cependant, dans son intense obscurité. Le souffle du vent d'avril entrait dans la chambre, chargé des odeurs de la terre et des arbres en fleurs. Lorenzo avait l'impression de revenir de loin après un long voyage. Et dans ce voyage il avait tout perdu. Son frère, sa jeunesse, les rires et le bonheur... Il était encore tout pénétré par la sombre terreur que lui avaient inspirée les hurlements dans la cathédrale, le corps ensanglanté de Giuliano.

Soudain, une des matrones qui avait accouché la princesse Clarice fit irruption, un paquet gémissant dans les bras.

— Quoi donc... qu'est-ce que c'est ? demanda Lorenzo brutalement.

La matrone ne se formalisa pas. Elle tendit à Lorenzo le paquet qui vagissait doucement.

— Madonna Clarice a demandé à ce que... Votre fille Contessina, Messer Lorenzo !

Lorenzo prit le petit paquet contre lui et son cœur se

rétracta. Il ne sentait pas les larmes qui coulaient sur ses joues.

Il conçut pour sa petite fille née dans ce tumulte furieux un amour sans limites... C'était une passion dont l'origine venait peut-être de la phrase prononcée par la matrone :

— Il faudrait la faire baptiser très vite, Messer Lorenzo... Madonna Clarice craint que l'enfant ne vive pas très longtemps...

Alors, pour la première fois de sa vie, Lorenzo fut grossier avec un être de condition inférieure :

— Taisez-vous donc, vieille folle ! Ma fille vivra aussi longtemps que vous !...

*

L'enterrement de Giuliano fut à la mesure de l'amour que les Florentins lui portaient. Tous étaient plongés dans un deuil profond et amer, pleurant Giuliano le brillant, le bien-aimé, l'idole des siens. Les amis les plus chers portèrent le cercueil ouvert, abondamment fleuri, jusqu'au tombeau des Médicis... On chuchotait dans le cortège. Chacun y allait de sa haine contre le pape que l'on savait responsable du grand malheur qui venait de frapper la Maison Médicis.

— Ce vieux pervers est increvable..., dit un quidam qui marchait derrière le cercueil. C'est là une des injustices divines qui laissent rêveurs, de quoi remettre en cause l'existence de Dieu... Pourquoi cette vieille crapule ne meurt-elle pas ?

Son voisin répliqua, *sotto voce* :

— Le méchant est coriace. Il résiste davantage...

— Dieu existe-t-il ? demanda l'autre, pensif.

— Là est la question..., lui fut-il répondu. Là est toute la question... Mais il n'y a que les morts qui connaissent la réponse. Lui... (Il désigna le cercueil que l'on posait maintenant sur un socle.) Lui, reprit-il, il connaît la réponse...

XXIV

LA VENGEANCE DU VATICAN

Comment la paix peut-elle
jamais habiter un cœur
que l'avidité afflige et excite
de trop d'espoir ou de crainte[1] *?*

ALORS QUE Florence pleurait ses morts, au Vatican à Rome, les choses allaient bon train. Girolamo Riario, le « neveu » favori du pape, entra dans une grande fureur en apprenant l'échec de la conspiration et l'arrestation de son frère le cardinal Raffaello-Pietro Riario. Alors ce jeune forban, dédaignant les lois internationales, viola l'immunité diplomatique et s'empara de l'ambassadeur florentin, Donato Acciaiuoli, qu'il fit conduire aussitôt au Vatican.

Il y eut un grand remue-ménage diplomatique où l'hypocrisie, la lâcheté, la traîtrise jouèrent leur rôle habituel. Traditionnel ballet où chacun des ambassadeurs, de Venise, Naples ou Milan, s'employa à jouer un rôle éminent (tous ayant l'arrière-pensée de dépecer Florence au mieux des intérêts de leurs pays respectifs), et où tous, à l'unanimité, arrivèrent à la conclusion que Florence avait évidemment tort et devait des excuses au pape ! « Jamais Florence n'aurait dû faire connaître au monde entier la responsabilité du pape Sixte IV et du cardinal Riario ! Il fallait cacher cela... ! » Et oser pendre un archevêque, même coupable de meurtre, où cela s'était-il vu ?

Il y eut de la part des ambassadeurs une grande et vertueuse indignation, contre Florence bien évidemment, et

1. « L'altercation » de Lorenzo de Médicis.

l'un des billets papaux fut retenu comme base raisonnable de négociation :

> *Parce que les citoyens en étaient venus entre eux à quelques discussions civiles et d'ordre privé, ce Lorenzo de Médicis, avec les prieurs de la liberté, ayant tout à fait rejeté la crainte de Dieu, et se trouvant enflammés de fureur, vexés par une suggestion diabolique et emportés comme des chiens par une rage insensée, ont sévi avec le plus d'ignominie qu'ils ont pu posséder sur des personnes ecclésiastiques. Oh ! Douleur ! Oh ! crime inédit ! Ils ont porté leurs mains violentes sur un archevêque et, le jour même du Seigneur, l'ont pendu publiquement aux fenêtres de leur palais*[1] *!*

Tous les ambassadeurs conseillèrent à Lorenzo de céder au pape. La puissance pontificale était au zénith et lutter contre Sa Sainteté pouvait conduire aux plus grands malheurs... Il fallait libérer le cardinal Riario, faire amende honorable et laisser le comte Riario prendre possession d'Imola.

Lorenzo refusa tout en bloc. Il était indigné par la lâcheté que manifestait l'ensemble des principautés italiennes. Sa seule consolation en ces heures pénibles fut le soutien de Louis XI de France qu'indignait le comportement papal.

C'est alors que le pape Sixte IV décida de prendre en otages tous les Florentins vivant à Rome. Giovanni Tornabuoni donna l'ordre aux marchands florentins qui se trouvaient à Rome, de partir au plus vite, après avoir mis leurs biens et leur argent en sûreté. Le pape savait que le palais de Giovanni Tornabuoni leur servirait de refuge. Aussi fit-il entourer le palais par des gardes armés. Mais le nombre des otages lui paraissant insuffisant, il envoya ses gardes à la recherche d'autres Florentins qui s'apprêtaient à partir, et les fit arrêter. Il espérait ainsi faire plier Lorenzo. Se comporter comme un sauvage, un Turc musulman pour qui la prise d'otages ne signifiait rien de bien répréhensible, ne gênait pas Sa Sainteté.

Entre-temps, Donato Acciaiuoli fit preuve d'une très

1. Texte authentique de la bulle papale.

grande lâcheté. Il s'inclina devant le pape, plaida l'irresponsabilité de son maître Lorenzo et promit de l'amener à résipiscence.

Libéré par Sixte IV, Donato Acciaiuoli se garda bien de retourner à Florence. Il envoya un message à Lorenzo et à la Seigneurie, demandant que l'on relâchât dans les plus brefs délais « *... ce malheureux jeune cardinal Raffaello-Pietro Riario, qui a été entraîné bien malgré lui dans une manifestation fort désagréable...* ». Pas un mot de regret sur la disparition dramatique de Giuliano, le désespoir de sa famille... Pas un mot de condamnation pour la participation de Sixte IV à cette conspiration.

On est diplomate ou on ne l'est pas, et Donato Acciaiuoli l'était dans tous les sens du terme. Il avait toute la fourberie intelligente, sinueuse, souriante, toute la lâcheté et l'hypocrisie inhérentes à ceux qui exercent cette intéressante profession.

Les marchands, moins craintifs que leur ambassadeur Donato Acciaiuoli, se déclarèrent haut et fort solidaires de Lorenzo.

Étant dans son tort, n'ayant pas encore déclaré la guerre à Florence, et sur les instances des cardinaux qui lui faisaient valoir combien la prise d'otages était condamnable aux yeux du monde civilisé, Sa Sainteté relâcha les Florentins. Mais il tenait une autre vilenie en réserve.

Girolamo Riario, « *infâme par sa naissance, infâme par son existence*[1]... » avait porté au plus haut la haine de son oncle-père. Le pape ne pardonnait pas à Lorenzo d'être encore vivant, alors, en accord avec son fils-neveu, il en vint à prononcer la condamnation de Lorenzo pour avoir tué lui-même son frère, et avoir osé le faire dans une église, pendant la messe ! Et il lança un édit d'excommunication contre Lorenzo et la Seigneurie, et même contre toute la ville de Florence.

Cette bulle papale était inouïe de rage, de grossièreté et de mensonge. Sixte IV déclarait Lorenzo et ses amis :

1. Jugement porté sur Riario par Louis XI de France.

... abominables et infâmes... jusque dans leurs enfants... Avec ces hommes maudits personne ne doit parler sous peine de péchés graves. Prendre leur fortune pour la donner au Pape devient une action légale autant que sainte... Leurs maisons doivent être détruites et laissées en ruine, afin que la postérité ne perde pas le souvenir de leur scélératesse... Florence doit être livrée à la Papauté, Lorenzo de Médicis et sa famille, le Conseil des Huit, la Seigneurie, les Prieurs, les gonfaloniers et tous leurs complices... Si la ville refuse, elle serait elle-même soumise à un terrible interdit que partageront Fiesole et Pistoia.

Lorenzo, dans un geste d'apaisement, fit libérer le cardinal Riario. Mais cela ne suffit pas au pape. En fait, Sa Sainteté ne souhaitait qu'une chose : s'emparer de Florence afin de la donner au comte Riario.

La réaction de la ville fut immédiate. Un pamphlet circula qui traitait le pape de suppôt de l'adultère, l'accusant de se livrer à l'inceste et d'être le vicaire du diable. Florence soutenait Lorenzo, et cela, dans son malheur, lui fut fort secourable. Jamais il n'avait connu pareille détresse.

Il ne pouvait plus compter sur sa mère. Lucrezia, enfermée dans ses appartements, brisée par le chagrin, perdait par instants l'esprit. Lorsque, par bribes, la raison lui revenait, elle s'efforçait de venir en aide à son fils, mais ses efforts étaient vains. Très vite elle retournait à sa léthargie. Le désespoir de Lorenzo était sans bornes et souvent il pensait à la mort comme seule ressource possible :

... Il me suffira de dire que mes souffrances furent fort sévères, dont les auteurs étaient des hommes de grande autorité et talent, et pleinement déterminés à accomplir, par tous les moyens en leur pouvoir, ma ruine totale. Et moi, d'autre part, n'ayant rien à opposer à de si formidables ennemis que ma jeunesse et mon inexpérience (hormis, en vérité, l'assistance que je reçus de la Divine Bonté), je fus réduit à un tel extrême d'infortune, qu'il me fallut en un seul et même temps pâtir de l'excommunication de mon âme et de la dispersion de mes biens, lutter contre les tentatives de me dépouiller de mon

autorité dans l'État, faire face aux tentatives de semer la zizanie dans ma famille et essuyer de fréquents complots fomentés pour m'arracher à la vie. Si bien qu'un certain temps j'en vins à penser que la mort elle-même était un mal moins grand que ces maux qu'il me fallait affronter[1]*...*

Mais Lorenzo de Médicis choisit de se battre. Une longue lutte était exactement ce qu'il lui manquait pour asseoir définitivement sa puissance. Une lutte qui ne prit fin qu'à la mort du pape en 1484.

Six longues années où Lorenzo connut toutes les détresses mais aussi toutes les joies que peut procurer à un homme de pouvoir l'amour inconditionnel de son peuple. Six longues années au bout desquelles Sixte IV, vaincu, lui accorda son « pardon » d'avoir fait assassiner Giuliano.

*

Pendant l'été 1478, les âmes simples qui subissaient la guerre et les malédictions d'un pervers portant la tiare de pape ne se doutaient pas du malheur qui frappait les habitants du Palais Médicis. La vie familiale était brisée, et les enfants de Lorenzo étaient devenus fort sages et obéissants. Ils étaient encore trop jeunes pour comprendre ce qui se passait dans cet étrange monde des adultes où tous pleuraient sans discontinuer, où même la grand-mère Lucrezia, ce roc qui, autrefois, il n'y avait pas si longtemps, dirigeait tout son monde d'une main de fer, paraissait ne jamais devoir se relever. On les avait emmenés en hâte à Fiesole, dans la Villa Médicis. La princesse Clarice, mal remise de ses couches, les rejoindrait plus tard.

L'aînée, Lucrezia, était un peu triste parce qu'elle allait bientôt avoir huit ans et il lui paraissait impossible qu'on lui fît une jolie fête avec tous ces drames qui endeuillaient la famille. Mais elle avait de la fierté et elle ne se plaindrait pas.

— D'abord, dit-elle d'un ton définitif, quoique légèrement enroué, il ne faut plus parler de l'oncle Giuliano !...

1. *Mémoires* de Lorenzo de Médicis.

Elle avait adoré son jeune oncle, qui lui rendait cette adoration. Il jouait souvent avec elle, l'emmenait sur son cheval en croupe, « comme une princesse qu'on enlève !... », et savoir qu'elle ne le reverrait plus jamais lui faisait très mal. Prenant son rôle d'aînée au sérieux, Lucrezia avait promis une solide correction à ses frères et sœurs si jamais ils ennuyaient leur grand-mère. Elle ne savait pas encore très bien ce que la mort signifiait... La seule chose qu'elle savait était que cela devait être une horrible punition, puisque sa mère avait dit : « Dieu l'a puni pour avoir péché !... », ce qui lui avait valu un regard terrible de papa qui avait répliqué : « Vous êtes priée de cesser de dire ce genre de sottises devant mes enfants ! » Du coup, maman s'était mise à pleurer. Lucrezia s'était sauvée. Elle détestait entendre ses parents se disputer.

— Bon je le répète ! Il est interdit de parler de l'oncle Giuliano... Ça rend grand-mère Lucrezia trop malheureuse... Si jamais toi, Piero, ou toi, Maddalena, ou toi, Giovanni, vous dites un mot, un seul, sur l'oncle, je vous arrache les cheveux et les yeux ! Et puis, ajouta-t-elle pour faire bonne mesure, je vous donnerai des gifles !

Elle les regarda à tour de rôle sévèrement. Piero, six ans et demi, tremblait de la tête aux pieds, Maddalena, quatre ans, regardait sa sœur avec circonspection, se demandant visiblement ce qu'elle ferait si jamais Lucrezia se laissait aller à tout ce qu'elle avait promis de faire. Lucrezia devina sans doute ce qui se passait dans la tête de sa petite sœur.

— Toi, Maddalena, ouvre seulement la bouche et je t'étrangle ! lui dit-elle avec force.

Finalement, l'enfant hocha la tête en signe d'acceptation et avala sa salive.

— Oui..., dit-elle enfin.

Elle aussi avait adoré son oncle et elle était fort malheureuse. Et puis, tout le monde était triste dans cette villa de Fiesole où les gouvernantes n'arrêtaient pas de pleurer et de geindre.

Maddalena se tourna vers son petit frère de trois ans, Giovanni, et l'attira contre elle, et bravant sa sœur :

— Lui non plus ne dira rien..., promit-elle.

— Moi, je veux maman ! dit Giovanni en pleurant.

— Écoute, le consola Lucrezia, magnanime, si tu arrêtes de pleurer, quand maman sera là, tu pourras porter la nouvelle petite sœur...

Giovanni hésita. Il ne savait pas s'il s'agissait là d'un si grand honneur. « Moi j'aurais préféré un petit chien... », pensait-il, tout triste, et n'osant formuler son souhait. Quoi qu'il en fût, il se tut.

Les quatre enfants se regardaient maintenant en silence. Ils n'osaient pas jouer, ni chanter ni faire de bruit... Furtivement, ils regardaient les gardes qui, en cuirasses rutilantes, faisaient les cent pas.

Tante Nannina et tante Bianca les appelèrent. Ils entrèrent dans la grande salle où les deux jeunes femmes se tenaient. Elles avaient pleuré longuement, cela se voyait. Elles hoquetaient encore comme si leurs sanglots venaient juste de s'achever. Soudain, une crainte terrible mordit le cœur de Lucrezia. Elle se mit à hurler :

— Mon papa est mort !

Aussitôt, les trois autres enfants joignirent leurs clameurs aux siennes et leurs tantes eurent beaucoup de mal à les calmer.

— Mais non... mais non, voyons ! dit Nannina en la cajolant. Pourquoi dire une chose pareille ?

— Alors, pourquoi tu pleures ?

— Ta tante Bianca doit nous quitter très vite et partir très loin...

C'est ainsi que les enfants de Lorenzo apprirent que leur tante Bianca et l'oncle Guglielmo devaient partir en exil, le plus tôt possible. Les enfants ne demandèrent pas la raison de cet exil. Il était clair que c'était encore une histoire de grandes personnes.

Cependant, cet exil était pour Bianca, Guglielmo et leurs enfants une mesure indispensable à leur sécurité. La colère des Florentins était telle que tous ceux qui portaient le nom des Pazzi risquaient d'être exécutés. Guglielmo n'avait dû jusqu'à ce jour la vie sauve qu'au fait qu'il était le beau-frère de Lorenzo et qu'on hésitait encore à porter la main sur lui.

Les enfants apprirent que leur grand-mère Lucrezia allait

venir vivre à Fiesole, et qu'il leur faudrait être très très sages et ne pas faire de bruit. Nannina, qui était auprès de ses neveux et nièces, répondait comme elle le pouvait aux mille questions qui l'accablaient.

— Et maman, et la petite sœur Luisa, elles vont venir aussi ? Et le nouveau bébé ? Et papa ?

Quatre paires d'yeux fixaient Nannina et Bianca. Les deux jeunes femmes n'en pouvaient plus de tristesse. Elles ignoraient quand Lorenzo trouverait le temps de venir à Fiesole... Leur belle-sœur n'en finissait pas de se rétablir de ses couches. Elle avait perdu tant de sang que l'on avait craint pour sa vie et pourtant, aux dernières nouvelles, il semblait bien qu'elle se portât mieux.

— Votre maman et vos petites sœurs seront là bientôt avec maman. Votre grand-mère...

La voix de Nannina s'enroua. Elle allait pleurer. La petite Lucrezia lui prit la main et l'embrassa.

— Ne pleure pas, tante Nannina. Je te promets que je serai sage. Tu vas rester avec nous, toi aussi ?

— Non, ma chérie, je dois rentrer chez moi... Qui donc va s'occuper de vos cousins si je reste ici ? Mais je te promets de rester jusqu'à ce que ta maman soit là !

Pensive, l'enfant resta un instant sans répondre, puis :

— Mais ils sont grands... eux ! tandis que nous, nous sommes petits... et maman est toujours malade...

Nannina allait répondre quand elle entendit le bruit d'un cortège... Elle ne se trompait pas. Près des grilles qui fermaient l'entrée de la villa, une litière, des chevaux, plusieurs gardes à cheval, en armes...

— Maman ! cria-t-elle à Bianca qui se leva d'un bond.

Les deux femmes se précipitèrent. Deux gardes soulevèrent Lucrezia de Médicis et la déposèrent doucement sur le sol. Si petite soudain, si frêle... Et ces cheveux blancs... Ce regard terne, sans vie... Elle dévisagea ses deux filles et esquissa un sourire hésitant.

La princesse Clarice était arrivée elle aussi, allongée dans une autre litière. Elle descendit, suivie d'une nourrice qui tenait la nouvelle-née Contessina, et, accrochée à ses jupes, la petite Luisa chancelant sur ses jambes d'un an.

Lucrezia se laissa embrasser par ses filles. Nannina et Bianca sanglotaient en la soutenant.

— Mes petites..., souffla-t-elle. Mes petites... Et Giuliano ? Comment va Giuliano ? Il a été gravement malade, m'a-t-on dit... alors... vous ne dites rien...

Bianca et Nannina échangèrent un regard épouvanté. Une déception amère fit place au sourire qui un instant avait illuminé le visage de Lucrezia. Elle se tourna vers sa belle-fille avec une hostilité qui frisait la haine.

— Ah... Giuliano est mort... c'est vrai... J'avais oublié... il est mort...

Elle prit appui sur ses filles et marcha vers le perron d'un pas hésitant. Soudain, elle s'arrêta et eut de nouveau ce visage hostile, haineux qu'elle avait eu pour la princesse Clarice. Mais c'était sur sa fille Bianca qu'elle portait son regard.

— Maman... maman ! cria Bianca en larmes. Pourquoi me regarder ainsi ?

Le visage de Lucrezia de Médicis se durcit davantage.

— Tu as épousé un Pazzi, n'est-ce pas ? Un Pazzi ! Alors pourquoi as-tu tué ton frère ?

— Maman ! oh, maman..., hoquetait Bianca, désespérée. Ressaisis-toi, je t'en prie ! Je t'en prie... Je n'ai tué personne ! Et surtout pas Giuliano... Oh, maman !

Lucrezia hésita, elle regarda ses filles, ses petits-enfants qui étaient là en rang devant elle, la dévisageant avec crainte.

— Ne restons pas là, mes enfants..., dit-elle d'une voix hésitante. Il fait si chaud ! et je meurs de soif... Donne-moi ton bras, Bianca. Pourquoi pleurer ainsi ? Pleurer n'a jamais fait ressusciter les morts, n'est-ce pas ? Il va falloir que tu quittes le pays, ma chérie... Tes jours sont en danger si tu restes ici... J'ai déjà trop perdu en perdant deux enfants... Que ceux qui me restent ne se mettent pas en péril est tout ce que je demande... — Ne m'en veux pas, ma petite fille... ne m'en veux pas... Parfois je crains de perdre la raison...

La princesse Clarice était arrivée à sa hauteur, et elle lui tendit la petite Contessina qui dormait profondément.

Cette fois, Lucrezia eut un vrai sourire.

— C'est votre nouvelle petite sœur..., dit-elle en présentant le bébé aux cinq enfants qui lui faisaient face.

Ils regardèrent ce petit morceau de chair rose qui vagissait sourdement, laissant de temps à autre échapper un soupir. Piero et Giovanni étaient extrêmement déçus. On leur avait promis un petit frère et ils espéraient vaguement un frère qui aurait été une réplique de l'oncle Giuliano.

— Est-ce que je pourrais avoir un petit chien ? demanda bravement Giovanni, conscient qu'il réclamait une chose énorme.

Sa mère allait répliquer vertement, mais sa grand-mère vint à son secours.

— Sans aucun doute... ! dit-elle. La petite sœur est bien trop petite pour pouvoir jouer avec toi... Un petit chien fera bien l'affaire... Et lorsque Contessina sera plus grande, tu pourras jouer avec elle...

— Oh... cela peut attendre ! dit Giovanni, ravi. Je l'aurai quand, mon petit chien ?

— Demain ! dit Nannina qui voyait sa mère défaillir et son regard de nouveau s'égarer.

Elle lui prit le bébé des bras et fit signe aux gardes. L'un d'eux s'empara de Lucrezia de Médicis et la porta jusque dans sa chambre. Nannina s'empressa de lui donner un peu de cette liqueur qui lui faisait oublier toutes ses souffrances...

Quelques jours plus tard, une imposante litière et de nombreux carrosses emportèrent Bianca, Guglielmo et leurs enfants vers Venise. L'exil allait durer plusieurs années.

Après le départ de Bianca et de sa famille, Nannina avait tenu à faire une petite fête pour Lucrezia, et la table regorgeait des friandises préférées de l'enfant qui ne savait comment ne pas trop laisser exploser sa joie. *Malgré tout,* on fêtait ses huit ans !

— Regarde, ma chérie, dit Nannina en prenant sa nièce sur ses genoux, il y a là une grosse tarte comme tu les aimes... Es-tu contente ? Et vous, les enfants ?

Ils étaient contents. Ravis même. Sur la table il n'y avait que de belles et bonnes choses à manger... Le soleil était de la fête, et tante Nannina souriait devant ce tableau ravissant et si rassurant : des enfants se pourléchant avec gourmandise, si heureux, si bien portants, et innocents encore de tout mal...

Avec étonnement et un plaisir vrai, elle écoutait le babil joyeux des enfants, le gai tintement des plats qui s'entrechoquaient, le bruit des carafes pleines de sirops. « Dès que possible, je retournerai à Florence auprès de mes petits... », pensa Nannina, le cœur étreint à la fois d'amour et de tristesse. Mais ce n'était pas un sentiment désagréable.

*

Dans la situation désespérée où Lorenzo de Médicis se trouvait, sans autre conseiller que son beau-frère Bernardo Rucellai et les philosophes de l'Académie platonicienne, il se risqua à un geste qui allait faire l'admiration de tous. Le seul souverain italien qui pouvait faire quelque chose de positif pour Florence était le roi Ferdinand de Naples. Le souverain, jusqu'à l'arrivée de Lorenzo, était dans l'expectative. Se soumettre au Saint-Père était pour lui assez avantageux. S'allier aux Médicis était, à coup sûr, encourir l'excommunication qui frappait tous les alliés de Florence...

Lorenzo partit seul en décembre 1478. Sans armes et sans armée. Il arriva à Naples par la mer, et il y fut accueilli avec honneur et une vive curiosité, non seulement par le roi, mais par le peuple, avide de connaître celui qu'on voulait écraser.

Au cours du banquet donné en son honneur, Lorenzo, assis à la droite du roi de Naples, s'efforçait de séduire tous ceux qui l'entouraient. Il fit un petit discours qui lui gagna la Cour dans son ensemble, même si le roi était encore réticent, voire dubitatif :

> *... Mes ennemis prétendent qu'ils n'ont point de haine contre la cité de Florence, mais contre moi seul, et c'est pour cela que j'ai jugé bon de faire ce voyage à Naples, seul et sans armes. Voyage très utile car si mes ennemis me veulent, ils m'auront sans mettre Florence en danger... Je sais le péril où je me mets. Cependant je suis disposé à préférer le salut public au mien propre...*

Ce discours souleva l'enthousiasme des Napolitains et fit pencher le roi du côté de Lorenzo.

Suivirent cinq mois de discussions et de tergiversations, cinq mois où Lorenzo ne perdit pas une heure, pas une journée. Il espionna l'esprit fermé du roi de Naples (porté à la traîtrise). Il sut le convaincre par son éloquence, sa façon avisée de juger des affaires... Il fit des présents à chacun des membres influents de la cour napolitaine, il donna des fêtes, promit l'alliance de Florence... Cinq mois pendant lesquels Lorenzo fut constamment sur ses gardes. De nombreux espions du pape vivaient à Naples et n'attendaient qu'un léger fléchissement du roi Ferdinand en faveur du Saint-Père.

Et puis, par un beau matin d'avril 1479, un an après la mort de Giuliano, Lorenzo revint enfin à Florence, porteur d'un traité d'alliance avec Naples. Florence l'accueillit en sauveur, en maître, en roi, dans un délire de ferveur inimaginable. Cette alliance, ce pacte de non-agression, était sa sauvegarde, sa sécurité.

Cependant, Lorenzo ne marcherait plus jamais seul dans les rues de Florence, comme il aimait tellement le faire. Dix estafiers en cape l'escorteraient toujours. Et les fêtes, les tournois, les Palio se raréfièrent et ne s'honorèrent plus de sa présence. La douleur d'avoir perdu Giuliano ne guérissait pas : « J'ai tout perdu en perdant mon frère bien-aimé, et plus jamais je ne pourrai participer à une fête où désormais il ne sera plus... » Et ce qu'il ne disait pas, mais qui sans doute comptait doublement, était la détérioration de la santé mentale de sa mère.

Aussi Lorenzo consacra-t-il beaucoup de son temps à sa mère. Il était auprès d'elle le matin à son réveil, tenait des séances de travail dans sa chambre, veillait à son coucher... De temps en temps, il permettait à l'un ou l'autre de ses sept enfants de venir la voir... mais pas tous en même temps, pour ne pas la fatiguer... A la moindre lueur de raison, il s'efforçait de la faire participer à ses soucis sur la gestion financière. Dans ses moments de lucidité, qui parfois pouvaient durer plusieurs jours, Lucrezia se montrait toujours de bon conseil et d'un grand soutien pour Lorenzo.

Ce rôle que jouait Lucrezia auprès de son fils, la princesse Clarice n'avait aucune chance de le tenir jamais. Lorenzo s'exaspérait de sa présence et, bien qu'il lui fît un autre enfant le jour de son retour de Naples en avril 1479, et qu'il lui fût très reconnaissant du petit Giuliano qui vint au monde en décembre 1479, il ne pouvait toujours pas supporter sa présence. La hautaine princesse Clarice s'obstinait à élever ses enfants en princes et non en artistes bourgeois, et le petit Piero, quoiqu'il n'eût pas encore neuf ans, manifestait déjà une morgue et une prétention détestables. Non, Lorenzo n'aimait pas sa femme, et ne parvenait même pas à la supporter courtoisement plus de dix minutes. Très vite, il s'emportait contre elle, s'exaspérait de sa suffisance, la trouvait sotte et sans intérêt, et parfois allait jusqu'à l'injuste et l'odieux dans les scènes qu'il lui faisait.

Il avait retrouvé un ancien amour de jeunesse, la jolie Bartolommea de Nasi. A ceux qui s'étonnaient de ce choix, Bernardo Rucellai, resté le confident de Lorenzo, disait : « Elle lui rappelle Lucrezia Donati... C'est vers Bartolommea qu'il est allé lorsque Lucrezia s'est mariée... Et c'est de nouveau vers elle qu'il retourne maintenant qu'il est si seul et si malheureux... Il est très attaché à cette femme, et il va la voir souvent... »

Mais ce que même Bernardo ignorait, c'était que Bartolommea de Nasi voyait souvent Lucrezia Donati-Ardinghelli, et que, sans penser à mal (la jeune femme n'avait guère d'esprit et pensait que Lorenzo était réellement épris d'elle), elle mentionnait fréquemment le nom de Lucrezia Donati qu'elle voyait presque quotidiennement, et c'était cela que Lorenzo venait chercher chez elle, uniquement cela. Après lui avoir fait l'amour, il s'installait auprès du feu en hiver ou dans le jardin en été et l'écoutait deviser sur Florence, ses habitants, et Lucrezia, encore et toujours Lucrezia...

XXV

LA MORT DE LUCREZIA DE MÉDICIS

Printemps 1483

LUCREZIA DE MÉDICIS, Lorenzo et la princesse Clarice étaient assis au chaud soleil du début de mai. Aux pieds de Lucrezia jouaient la petite Contessina, dont on venait de fêter le cinquième anniversaire, et le dernier-né, Giuliano, qui avait déjà plus de trois ans...

Lucrezia se sentait particulièrement bien ce jour-là. Elle semblait s'être remise de la profonde mélancolie qui l'avait si longtemps tenue enfermée dans ses appartements. Et son entourage, étonné, ravi, s'enchantait de la voir enfin prendre part à la vie familiale. Elle riait avec ses petits-enfants, s'appuyait affectueusement sur le bras de Lorenzo, réclamait ses filles. Bianca était revenue d'exil depuis peu, et son époux n'allait pas tarder à revenir lui aussi. C'était comme un renouveau, mais personne ne s'y trompait. Malgré ses sourires, malgré les efforts qu'elle faisait pour s'intéresser à tous, il était clair qu'il ne restait plus rien de la Lucrezia Tornabuoni d'autrefois. Ses cheveux étaient tout à fait blancs, sa haute taille comme ramassée sur elle-même, et sa maigreur effrayante. Se déplacer lui demandait des efforts surhumains, et si ses filles où son fils ne s'étaient pas trouvés en permanence auprès d'elle pour lui offrir une main, un bras secourables, il lui eût été impossible de se mouvoir...

L'hiver 1481-1482 avait été extrêmement pénible pour elle. Elle avait toussé sans arrêt et, à plusieurs reprises, Lorenzo et ses sœurs avaient craint le pire. Aussi, de la voir là, souriante, paisible, ses petits-enfants jouant à ses pieds, était pour Lorenzo une grande joie. Il s'empressait auprès d'elle, s'inquiétait à la moindre toux, lui offrait un verre d'eau, une friandise...

— Je suis tellement heureux, maman chérie, de te voir ici, en cet après-midi...

Lucrezia hochait la tête et souriait. Un peu lasse, elle ferma les yeux et aspira l'air chargé d'effluves.

Jamais les collines qui cernaient Florence ne lui avaient paru aussi vertes, le ciel aussi transparent, d'un azur aussi vif... Jamais la douceur de vivre n'avait été aussi poignante et jamais elle n'en avait eu conscience, comme en cet instant, avec autant d'intensité, avec cette ferveur extatique et douloureuse.

« Nous apprenons à vivre et à comprendre le sens de la vie quand il est trop tard, à la veille de la mort... », pensa-t-elle en regardant ses petits-enfants. Elle mit Giuliano sur ses genoux et cet effort lui arracha une violente quinte de toux.

Tout de suite inquiet, Lorenzo prit l'enfant qui se débattait et tendit un gobelet d'eau fraîche à sa mère. Lucrezia but, remercia et ferma les yeux, s'efforçant de reprendre souffle. « Trop tard... », se dit-elle, épuisée.

« Trop tard. » Le temps était passé pour elle, elle le savait. Combien de jours lui restait-il ? « Pas trop, mon Dieu !... pas trop ! Je n'en peux plus ! » Et pourtant, depuis quelques jours, elle était obligée de reconnaître qu'elle allait beaucoup mieux.

La noire mélancolie de Lucrezia avait peu à peu cédé la place à un commencement de phtisie. « C'est souvent le cas sur des natures fragiles et nerveuses comme l'est Madonna de Médicis, avait dit le docteur del Medigo. Après une longue période de tristesse, à la suite d'un deuil, on dirait que l'organisme renonce à vivre et s'abandonne à toutes les maladies. La maladie de votre mère, mon cher Lorenzo, vient d'une trop grande douleur morale... Pour guérir, il faudrait d'abord qu'elle en ait le désir... et je ne pense pas que ce soit le cas... »

Le docteur del Medigo ne se trompait pas. Lucrezia n'avait plus aucune envie de vivre. Elle savait intuitivement qu'il n'y aurait plus jamais de printemps pour elle.

Entre ses cils, elle regardait Lorenzo, son fils. Comme il

avait vieilli depuis la mort de Giuliano... Comme tout était changé ! Il n'y aurait plus jamais de fêtes, plus de tournois, plus de bals, plus jamais, ni pour elle, la vieille Lucrezia Tornabuoni de Médicis, ni pour Florence ni pour Lorenzo.

Enfermés dans leur douleur, les Médicis s'étaient repliés chez eux. Lorenzo travaillait beaucoup. « Trop », pensait sa mère, son cœur se gonflait de fierté et d'amour... Lorenzo était ce que tout homme au monde devrait être... Il était aimé, respecté, adulé, par Florence. « ... Même Cosimo n'avait pas atteint un tel degré d'amour ! » Et cela, c'était son œuvre à elle.

Elle ferma les yeux en poussant un petit soupir satisfait, offrit son visage à la brise tiède, au soleil du printemps et allongea les jambes sur le tabouret placé devant sa chaise haute... Aussitôt, Lorenzo fut debout, arrangea une couverture qui était tombée, les oreillers qui s'étaient affaissés. La princesse Clarice tendit un livre. C'était *La République* de Platon.

— Si tu veux bien, ma fille, je me passerai de Platon aujourd'hui, dit en souriant Lucrezia. Ce philosophe est sans doute exceptionnel, puisque mon Lorenzo y consacre sa vie, mais, je dois en faire l'aveu, il m'ennuie beaucoup... Comme tous les philosophes, il enlève leur charme aux choses... Il n'est pas toujours nécessaire de philosopher sur tout ! On peut aussi de temps à autre vivre... simplement vivre...

Lorenzo éclata de rire. Lucrezia sursauta et le regarda, étonnée et ravie. Brusquement, elle prit conscience que plus personne ne riait dans cette maison.

— Maman..., dit enfin Lorenzo, comme j'aime t'entendre parler ainsi ! Penses-tu être assez bien maintenant pour te rendre à Bagno a Morba ? Clarice doit s'y rendre prochainement, sa santé est fort mauvaise en ce moment !

Lucrezia observa sa belle-fille qui avait rougi en entendant Lorenzo. La moindre manifestation d'intérêt la comblait de bonheur. Son regard se fit soumis. Implorant. Ce regard agaça Lucrezia.

— Non ! dit-elle d'un ton sec, je n'ai pas envie d'aller prendre les eaux... Je suis si bien ici... Cette villa de Fiesole est l'endroit au monde que je préfère...

C'était la dernière maison qu'avait fait construire Giuliano et, là, elle retrouvait des traces infimes de son fils. Penser à son fils ne réveilla pas la vieille et familière douleur, car elle savait qu'elle irait bientôt le rejoindre. Mais lui rappela le petit-fils qu'il avait laissé en ce monde.

— Comment va mon petit-fils Giulio ? demanda-t-elle.

Lorenzo sourit.

— Il est encore plus beau que tu ne peux l'imaginer... Tout est arrangé. Dès le mariage d'Antonia Gorini avec Filippo Pulci, je prendrai le fils de mon frère avec nous... Cela nous fera huit enfants..., ajouta-t-il en lançant un regard affectueux à la princesse Clarice qui derechef rougit.

Elle savait que le docteur del Medigo lui avait interdit un autre enfant. Depuis, Lorenzo avait définitivement déserté sa chambre.

Lucrezia se jeta en arrière et ferma les yeux. Jamais elle n'avait connu cette sensation de légèreté, d'immatérialité. Elle faisait partie intrinsèque de la nature, du vent, des odeurs... elle était l'eau du fleuve qui coulait en contrebas de la propriété, elle était l'herbe chaude que l'on venait de faucher, l'acacia en fleur sous lequel elle se protégeait du soleil, elle était les talus d'iris parfumés qui bordaient le sentier du parc... Elle se fondait en ces arbres, ces prés, ces fleurs, ces odeurs. Elle ouvrit les yeux.

— Lorenzo, mon fils... j'aimerais que tu m'emmènes en promenade...

Lorenzo sursauta.

— Hein... mais...

— Voyons... je me sens si bien... Fais aménager une carriole et emmène-moi... Je voudrais voir le printemps dans la campagne une dernière fois...

Lorenzo se récria :

— Comment, une dernière fois ?

Lucrezia eut ce sourire charmeur auquel nul jamais n'avait pu résister.

— De quoi demain sera-t-il fait ? Peux-tu me le dire, mon fils ? Emmène-moi !

Un instant plus tard, une carriole légère, découverte,

tirée par deux chevaux, emportait la mère et le fils à travers la campagne toscane.

Lucrezia était ravie. De nouveau, elle eut la sensation que tout ce qui l'entourait ce jour-là était exceptionnel, comme si elle le découvrait pour la première fois. Jamais les paysages toscans ne lui avaient paru aussi beaux, avec ces collines à peine recouvertes d'une légère couverture d'herbe tendre, humide, le vent aussi caressant sur son vieux visage fatigué... si fatigué... Et jamais la vie ne lui avait paru plus douce alors même qu'elle s'apprêtait à la quitter...

Elle était profondément reconnaissante à Lorenzo d'avoir cédé à ce désir insensé d'une dernière promenade. Elle se laissait aller contre l'épaule de son fils. La vie gonflait en elle, éclatante, vigoureuse, pleine de sève, elle avait de nouveau quinze ans, et elle se rendait à un rendez-vous amoureux... Le tiède soleil de mai l'enveloppait de sa douceur. C'était cela, vivre ! Cette exaltation de l'être vers les forces de la nature, cette soumission totale et sensuelle à ses lois. Elle l'avait toujours su ! Mais alors, où était son erreur ? Car il y avait une erreur quelque part puisque ses enfants avaient tellement souffert... et que Giuliano... Non, ne pas penser à Giuliano... il était interdit de penser à l'enfant mort... Quelle sotte elle était ! Pourquoi tant de tristesse ? N'allait-elle pas le revoir bientôt, son enfant bien-aimé ? « Giuliano... », soupira-t-elle, tandis que sa tête roulait sur l'épaule de Lorenzo. Elle souriait dans la mort.

Lorenzo ne comprit pas tout de suite que sa mère l'avait quitté. Ce n'est que lorsque la carriole fut secouée par une fondrière et que le corps sans vie de Lucrezia tomba sur lui, qu'il sut. Alors il serra le corps de sa mère contre lui, et fit signe au cocher de faire demi-tour. La princesse Clarice attendait sur le perron. Immédiatement, elle fut au fait et s'approcha de Lorenzo. Il ne pleurait pas... Il y avait en lui la grande douleur d'avoir perdu sa mère, et, dans le même instant, il savait que la vie de Lucrezia, depuis la mort de Giuliano, n'avait été qu'un long, un torturant calvaire. Il souleva le corps encore tiède de

Lucrezia Tornabuoni de Médicis et le porta jusque dans sa chambre. « Comme maman a maigri, se dit-il, elle ne mange pas assez ! Il faudrait... »

Puis, après avoir déposé le corps sur le lit, il se prit la tête entre ses mains. « Quc peut-il m'arriver de pire, maintenant que j'ai perdu ma mère ? Quoi d'autre ? J'ai perdu mon unique refuge au milieu de tant de peine... »

*

Le jour de l'enterrement de Madonna Lucrezia, pendant la messe de Requiem, le regard de Lorenzo s'attarda un moment sur une belle jeune femme au visage plein, aux hanches rondes, et qui portait un enfant dans ses bras. Ce visage dans l'ombre lui paraissait familier, et il le trouva beau. Aussi beau que ceux qui naissaient sous les doigts des peintres qui, désormais, vivaient à demeure chez lui. Puis il baissa la tête et oublia ce beau visage entr'aperçu dans l'ombre qui, l'espace d'un instant, l'avait distrait de sa douleur.

Au moment des condoléances, lorsque parents et amis l'entourèrent avec affection et s'empressèrent auprès de la famille, Lorenzo se trouva soudain face à face avec Lucrezia Donati. Avant même qu'il pût mettre un nom sur la dame qui lui tendait les mains en signe de compassion, c'est à l'accélération des battements de son cœur qu'il la reconnut.

Elle avait beaucoup changé depuis la dernière fois où il l'avait vue. Elle n'avait plus rien de l'ensorceleuse d'autrefois. Il y avait là, devant lui, une fort belle femme, un peu grasse et souriante à travers ses larmes, qui portait un enfant d'un an environ contre elle, et qui sans doute allait en mettre un autre au monde, vu la proéminence de son ventre...

— Puis-je vous voir bientôt ? demanda-t-elle.

Il reconnut la belle voix grave, et les yeux couleur de violette qu'encadraient des petites rides très fines.

— Oui ! Oh oui ! Merci d'être venue.

Elle lui tendit la joue, et il y déposa un baiser. Puis il pleura sans honte, le visage dans ses mains. Lorsqu'il parvint à se ressaisir, Lucrezia Donati avait disparu. Il ne devait la revoir que quatre semaines plus tard, alors qu'elle venait d'accoucher.

*

Niccolo et Lucrezia étaient venus s'installer dans le Palais Donati quelques jours avant la mort de Lucrezia de Médicis. Manno Donati aussi était mort, laissant, comme il fallait s'y attendre, sa femme sans argent. Ses sœurs étant éparpillées aux quatre coins de l'Italie, seule Lucrezia pouvait prendre soin de sa mère. Alors, pour plus de facilité, le couple avait décidé de venir vivre avec Caterina, dans cette grande maison délabrée capable de loger une famille nombreuse.

Depuis le jour où elle avait décidé de vivre avec Niccolo, Lucrezia n'avait jamais regardé en arrière. Même lors de la conspiration des Pazzi, elle ne s'était manifestée que par une lettre envoyée à l'ensemble de la famille Médicis. « *Comme tous les Florentins* », écrivait-elle, « *ma maison, ma famille, et ce qui reste de ma fortune sont à votre service pour sauver Florence de la dictature de l'Église...* » A l'époque de ce drame, elle mettait au monde un fils, depuis longtemps désiré, ses deux premiers enfants étant des filles.

Lucrezia Donati-Ardinghelli, en ouvrant de nouveau le Palais Donati à la vie sociale, devait faire face à de nombreuses difficultés financières. Ce n'était certes pas la gêne qu'elle avait connue dans son enfance, loin de là, mais Niccolo, passionné d'agriculture, consacrait tout son temps à ses fermes et à sa famille, et ne se souciait plus de faire fortune.

Prévoyante, Lucrezia avait décidé que ses enfants devaient avoir d'autres fréquentations que les petits paysans de San Miniato, aussi avait-elle tendrement insisté pour que Niccolo acceptât d'aller vivre à Florence au moins six mois de l'année. Jaloux, Niccolo avait longuement réfléchi, puis s'était rendu aux raisons de sa femme. Il avait acquis la certitude que, pour Lucrezia, les choses les plus importantes au monde étaient désormais son mari et ses enfants.

Lorsqu'un jour, il lui avait demandé si cela ne lui ferait rien de revoir Lorenzo de Médicis, elle avait eu un beau rire.

— Mais j'en serais ravie ! Quels bons moments nous avons passés ensemble lorsque nous étions jeunes ! Ce sont de si jolis souvenirs ! Étais-je malheureuse alors... Et ces larmes... Dieu que je pleurais, Dieu que je souffrais !

— Alors, il ne te reste plus rien pour lui ? Tu ne l'aimes plus du tout ? insista Niccolo.

Elle avait réfléchi avec intensité, puis :

— Ma foi... je n'en sais trop rien. Toi, je t'aime, nos enfants, je les aime. Toi, les enfants, tout cela est à moi, à moi entièrement... Je n'aurais pas aimé te partager avec une ambition politique... Un mari à moi et qui m'est fidèle ? J'étais faite pour cela il me semble. » Elle le fixait soupçonneuse, jalouse, toujours. « ... Des enfants... ne sont-ils pas beaux, nos enfants ?... Alors, que pouvais-je faire d'un Lorenzo dans ma vie ?...

En disant cela, peut-être pour rassurer Niccolo, peut-être aussi pour se rassurer, elle-même, Lucrezia n'était pas tout à fait sincère. Elle pensait souvent à Lorenzo avec regret. Mais ce qu'elle regrettait, ce n'était pas seulement l'homme, c'était aussi la frénésie de ses sentiments, l'ivresse des jours passés, ces jours de mai qui ne reviendraient jamais... C'était cette exaltation de tout son être vers un autre, cette ardeur à vivre, à aimer, à désirer, à souffrir... Si elle avait voulu être honnête avec elle-même, elle aurait dû reconnaître qu'il ne s'était pas passé un seul jour depuis qu'elle avait rompu avec Lorenzo, où elle n'avait pensé à son amour perdu. Mais cela, jamais Lucrezia ne l'eût reconnu. Au contraire. Aussi, lorsqu'elle affirmait avoir complètement oublié Lorenzo, était-elle absolument sincère, mais tout aussi absolument qu'elle se mentait à elle-même.

Après ces douze années passées aux côtés de Niccolo (elle ne comptait pas les cinq premières années de son mariage où elle avait si peu et si mal vécu avec son mari), Lucrezia pouvait se dire une femme heureuse. Elle adorait ses enfants, elle était ravie d'avoir mis au monde un second fils, elle aimait passionnément son mari, et elle estimait qu'elle n'avait rien à désirer.

Quant à Niccolo, il était totalement heureux. Il ne vivait

que pour et par Lucrezia... Même ses enfants, qu'il adorait, n'étaient en fait que le prolongement de sa femme...

Il avait appris avec beaucoup de satisfaction que Lorenzo s'affichait avec une maîtresse, une femme point trop jolie qu'il avait quelque peu culbutée dans son jeune âge, Bartolommea de Nasi... D'ailleurs il ne se passait pas de jours sans que courent de nouvelles rumeurs sur les aventures que l'on prêtait au « Magnifique ».

Lorsque le bruit de ces aventures amoureuses parvenait jusqu'à eux, Niccolo observait sa femme par en dessous. Mais Lucrezia riait de tout ce qu'elle entendait, menaçait Niccolo des pires représailles si jamais il lui prenait l'envie d'en faire autant. Et, fort occupée à élever ses enfants, à batailler avec les quelques domestiques qui leur restaient, et à tenir les comptes et sa maison elle oubliait aussitôt les frasques de son ancien amour.

*

Lorsque Lorenzo se remémorait ce long parcours qui, du jour de l'enterrement de sa mère, l'avait conduit jusqu'en ce mois d'août 1484, il n'en revenait pas de la rapidité avec laquelle le temps passait. Il venait d'apprendre avec soulagement la mort du pape Sixte IV ; mais Giovanni Tornabuoni n'avait pas résisté à la guerre que lui avait faite le Vatican. Il était mort en 1482, laissant son fils, Lorenzo, un beau jeune homme de dix-neuf ans, aux soins du Magnifique qui aussitôt l'avait invité à vivre au Palais Médicis. Il n'oubliait pas combien sa mère avait été attachée à son frère.

Lorenzo s'occupait beaucoup de ses enfants. D'ailleurs, ses moments de bonheur véritable se passaient en leur compagnie. Et pourtant, il savait combien les aînés étaient gâtés et superficiels. Lucrezia venait de fêter ses quatorze ans et déclarait à qui voulait l'entendre (surtout à ceux qui ne le voulaient pas) qu'elle épouserait son cousin Lorenzo Tornabuoni, lequel, touché par l'amour que lui manifestait sa jeune cousine, n'en faisait pas moins les yeux doux à tout ce qui portait jupon. Mais Lucrezia, bien qu'encore très jeune, savait déjà ce qu'elle voulait. « Je veux Lorenzo ! Papa, je veux que vous lui donniez ordre de m'épouser ! Personne d'autre, n'est-ce pas, papa... ? » Le Magnifique disait oui et souriait devant cette opiniâtreté qui ne laissait rien présager de bon. Il devait également se battre avec Piero qui était « aussi paresseux qu'on pouvait l'être » et avec Maddalena qui se donnait des airs de petite femme et exigeait des robes décolletées jusqu'à l'indécence, alors qu'elle n'avait que douze ans...

Mais c'était pour ses deux autres filles, Luisa et Contessina qu'il s'inquiétait le plus. Toutes deux étaient gravement atteintes de phtisie et il était clair que Luisa ne verrait pas le prochain printemps. Quant à Contessina, sa fragilité était telle que tous pensaient, sans oser le dire, qu'il valait mieux qu'elle mourût au plus tôt... La princesse Clarice, elle-même très malade, passait tous ses étés à Bagno a Morba dans l'espoir de les sauver, mais le docteur del Medigo ne se montrait guère optimiste. Alors, Lorenzo passait le plus clair de son temps avec les deux petites malades, interdisait qu'on les contrarie sous aucun prétexte. Heureusement qu'elles étaient de bonne nature, sinon elles seraient devenues des petits monstres d'orgueil.

Lorsqu'il en avait le loisir, Lorenzo s'entretenait longuement avec Angelo Poliziano sur l'éveil intellectuel de ses enfants. Il était vain de vouloir s'illusionner. Seule Lucrezia paraissait avoir quelque disposition à l'étude, et encore, seulement si elle obtenait d'abord ce qu'elle voulait : une robe, un bijou, ou quelque friandise... Quant à Piero et à Giovanni, les garçons, ils ne pensaient qu'à jouer. Lorsqu'un jour Lorenzo entendit Piero dire : « A quoi bon travailler puisque nous sommes si riches ? », il comprit que son fils était perdu pour les lettres et les sciences, et perdu pour comprendre et aimer Florence comme ses ancêtres l'avaient fait, et il le tança d'importance : « Bien que tu sois mon fils, tu n'es qu'un citoyen de Florence comme les autres. Et même, il t'appartient d'être plus cultivé, plus instruit, plus généreux, plus intelligent... »

Cependant, bien que ses enfants fussent pour lui une source de déception permanente, il les embrassait, les câlinait, les emmenait en promenade, leur passait tous leurs caprices... Il se réjouissait de les voir autour de lui et de l'affection qu'ils lui manifestaient. Bref, malgré sa lucidité qui lui faisait voir ses enfants tels qu'ils étaient et non comme il aurait souhaité qu'ils fussent, Lorenzo les adorait et ne savait rien leur refuser. C'était d'ailleurs le seul lien réel qui le rattachait encore à Donna Clarice.

Lorenzo et Donna Clarice se partageaient les petits mots que leurs enfants glissaient sous la porte de leur chambre. L'un de ces billets écrit par Piero ne quittait pas le réticule de Lorenzo :

> *... Giuliano ne fait rien, mais il rit toute la journée, Lucrezia coud, chante et bavarde, Maddalena heurte sa tête contre les murs mais sans se faire mal, Luigia*[1] *est toujours prête à dire quelques sentences, et Contessina fait beaucoup de bruit dans la maison...*

Lorenzo lisait ces billets avec une grande émotion et les faisait lire à d'illustres visiteurs, lesquels, étonnés, ne comprenaient guère que l'on pût perdre son temps à de tels enfantillages...

« Enfantillages, s'occuper de ses enfants ? rétorquait Lorenzo. Comment peut-on dire une sottise pareille ! Sachez, Messer, qu'une heure passée avec l'un de mes enfants vaut pour moi une heure de paradis ! Et voyez combien il faut lutter pour leur faire un monde meilleur... un monde de paix ! »

En effet, il avait fallu continuer à lutter contre le Vatican jusqu'à la mort de Sixte IV le 12 août 1484. Il eut comme successeur un Génois, Giovanni Battista Cibo, ou Cybo, qui prit le nom d'Innocent VIII. La seule différence (notable, il faut en convenir) entre les deux papes, c'est qu'Innocent VIII ne prit même pas la peine de déguiser ses fils en neveux et que, s'il les eut de mères différentes, celles-ci n'étaient pas ses sœurs.

Innocent VIII était un bon vivant qui aimait beaucoup l'étude et la prière. Avant d'être sacré pape, il avait aussi

1. Nom familièrement donné à Luisa.

beaucoup aimé les femmes. A la cour de Naples, il était connu comme un coureur de jupons impénitent et surtout pour y avoir laissé au passage un bon nombre d'enfants (on lui en prête au moins seize !)... Cette bonne réputation fit rire les Florentins qui augurèrent beaucoup de bien de ce Saint-Père qui avait un si beau palmarès de père. Très tranquillement, Innocent VIII appelait ses enfants « mes péchés de jeunesse » et s'occupait activement de leur avenir. Les Florentins avaient raison ! Le Saint-Père était un bon père... de famille.

L'un de ses fils, Francesco (dit Franceschetto) Cibo, aussitôt son père assis sur le trône pontifical, sans vergogne aucune avait demandé l'une des filles Médicis — « ... *peu importe laquelle...* » — comme épouse. A quarante ans, il était bien connu pour ses débauches. En cela il ressemblait à son père, pour qui une femme restait la meilleure chose que Dieu eût créée pour le plaisir de l'homme.

Et Lorenzo pensait que ce ne serait pas une mauvaise chose d'avoir un pied au Vatican, ne fût-ce que par le biais d'un mariage. Innocent VIII n'était pas un méchant homme.

« ... Il ne faut jamais perdre le goût de la vie... », pensait Lorenzo, ou plus exactement, reprenant à son compte une phrase que sa mère disait souvent... « ... La vie est pleine de surprises et même après les jours les plus noirs, il y en a toujours un, plus lumineux, plus beau que l'on n'aurait pu l'imaginer et qui justifie une existence... Peut-être l'une de mes filles sera-t-elle la belle-fille du pape ?... Toute la puissance des Médicis renaîtra alors !... »

*

L'année précédente, en 1483, peu de temps avant de mourir, Louis XI, devenu l'ami intime de Lorenzo, avait conféré au jeune Giovanni de Médicis l'archevêché d'Aix-en-Provence.

... Le 19 mai nous reçûmes avis que le roi de France avait donné à mon fils Giovanni l'abbaye de Fontdoulce (du diocèse

de Poitiers) ; le 31, on fit savoir de Rome que le pape avait confirmé la concession, et l'avait décrété capable de recevoir des bénéfices, Giovanni étant alors âgé de sept ans. Le 1er juin, Giovanni m'accompagna de Poggio a Caïano à Florence où il reçut l'onction de l'évêque d'Arezzo dans la chapelle de notre famille, avec la tonsure : il fut dès lors appelé Messer Giovanni. Le lendemain nous retournâmes à Poggio. Le 8 juin arriva l'avis que le roi de France avait remis à Messer Giovanni l'archevêché d'Aix-en-Provence[1]*...* »

Florence connut alors la paix. Une vraie paix aussi bien intérieure qu'extérieure. Et Lorenzo put se consacrer à ses chères études, à ses enfants, à ses amis et à la poésie... Ce fut le début d'une ère singulièrement paisible et heureuse, « *une saison prospère au-delà de tout ce que l'Italie avait connu depuis mille ans !*[2] ».

Lorenzo n'ignorait pas qu'on lui reprochait de gaspiller son temps à écrire des vers, surtout des vers d'amour qui révélaient ses désirs, ses espoirs, ses douleurs... C'était là le refuge de ses rêves perdus... Mais en ces années où ses enfants grandissaient, insouciants, remplissant le Palais Médicis de leurs cris et leurs disputes, la joie, les fêtes, les cris étaient de retour au Palais Médicis. Sept enfants étaient là, beaux, remuants, exigeants, et avec eux venaient souvent jouer leurs cousins Rucellai et Pazzi, les cousins Tornabuoni... Il n'y avait pas de mois où l'on ne fêtât un anniversaire, des fiançailles, et où simplement toute cette jeunesse ne décidait de s'amuser.

Bianca était revenue d'exil avec sa famille. En ces mois d'été 1484, dans ce merveilleux Palais que Lorenzo lui avait restitué, elle éprouvait quelque chose qui ressemblait à de la paix, à une sorte de contentement. Pourtant, le médecin del Medigo ne lui avait pas caché la gravité de son état.

Très étonné, il l'avait vue sourire. Comme il manifestait son étonnement, elle lui avait dit avec un petit rire :

1. *Mémoires* de Lorenzo de Médicis.
2. Guichardin.

« Cela vous surprend ? Qui peut vraiment avoir envie de vivre lorsqu'on sait ce qui se passe ? Pour ma part, je suis contente de me débarrasser de cette torture... Plus vite la tombe s'ouvrira pour moi, et mieux cela sera. »

Elle avait observé avec mélancolie sa fille Giuseppina, fort jolie brune de quinze ans, et le jeune et si beau Lorenzo de Pierfrancesco de Médicis, son cousin, qui se promenaient ensemble, main dans la main, puis elle avait ajouté :

« S'ils savaient ce qui les attend ! Ils en finiraient tout de suite avec la vie ! »

Elle devait mourir un mois plus tard.

*

L'année suivante, par une belle journée de mai, Lorenzo se rendit dans l'atelier de Verrocchio. Il désirait lui commander quelques statues pour orner son jardin et il se dépêchait, ravi d'échapper pour quelques heures aux paroles creuses des conseils de la Seigneurie. Il attendait le sculpteur lorsque son regard fut attiré par une fort belle statue représentant le buste d'une femme tenant un bouquet de fleurs. Son cœur battit un peu plus vite lorsqu'il reconnut dans le visage de pierre celui de Lucrezia Donati.

Le buste, achevé depuis plusieurs années, attendait un acquéreur, c'est ce que lui apprit Andrea del Verrocchio qui s'empressait auprès de son illustre visiteur.

— C'était une commande de Messer Ardinghelli..., dit l'artiste, mais il semble que Messer Niccolo n'ait pas les moyens de l'acquérir...

Lorenzo allait l'acheter lorsqu'un page annonça la Signora Ardinghelli. Elle attendait dans le jardin que l'on voulût bien la recevoir. Lorenzo s'approcha de la porte-fenêtre et, un instant très court, il l'observa sans être vu.

Lucrezia était particulièrement belle. Elle était vêtue d'une robe de soie très fine, mauve, et ses cheveux étaient relevés en chignon torsadé au-dessus de la nuque, dégageant le cou plein, la gorge généreuse, largement dénudée. Il sembla à Lorenzo que tout son sang refluait et il chancela. A ce moment, Lucrezia Donati sentit peut-être le poids d'un regard posé sur elle, car elle regarda dans la direction de Lorenzo. Alors, dans un moment d'affolement éperdu, Lucrezia pensa à s'enfuir, puis elle se ressaisit rapidement et s'approcha de Lorenzo, aussi blanc que la statue de marbre sur laquelle il s'appuyait.

Il sentit nettement un frémissement lui parcourir les veines et le sang lui monter à la tête, quand il regarda le sourire joyeux et les yeux caressants de la jeune femme.

— Lucrezia..., murmura-t-il. Lucrezia.

— Lorenzo..., dit-elle, souriante. Lorenzo... quel plaisir de te voir ici.

Parfois, elle l'avait entr'aperçu au hasard des événements florentins, des mariages, des naissances, des morts... Un jour elle l'avait rencontré au cours d'un bal, et le hasard de nouveau les avait mis face à face le temps d'une gaillarde. Ils avaient dansé, main dans la main, s'étaient salués, les yeux dans les yeux, puis la danse les avait séparés... Au fil des années, il y avait eu encore quelques Noëls ou jours de l'an, où ils s'étaient retrouvés côte à côte, mais c'était toujours devant des dizaines, voire des centaines de personnes, et jamais leurs rencontres n'avaient dépassé les trois minutes de bon aloi.

A la naissance du dernier enfant de Lucrezia, la princesse Clarice s'était ostensiblement rapprochée de la famille Donati-Ardinghelli et avait même accepté d'être la marraine de leur dernier, un petit Piero qui allait maintenant sur ses cinq ans... C'était habile de sa part, une manière d'exorciser un danger toujours présent depuis le retour des Ardinghelli à Florence.

C'était donc, en ce jour de mai chaud et ensoleillé, la première fois depuis des années que Lorenzo et Lucrezia se trouvaient face à face. Ils se regardaient fixement sans mot dire, vaguement hébétés, en proie à de tumultueux souvenirs.

Le sculpteur Verrocchio les observait tour à tour. Il comprit qu'il devait les laisser seuls.

— Eh bien, Lucrezia..., dit enfin Lorenzo lorsque, sous un vague prétexte, Andrea del Verrochio partit. En voilà une surprise !

Elle eut un petit rire gêné. Elle leva les yeux vers lui et ne put s'empêcher de se dire qu'il avait changé. Son visage s'était ridé, il était plus grave, plus triste, et des cheveux blancs striaient les boucles noires qui encadraient ce visage laid, magnétique et douloureux... Et ce sourire... Ce sourire toujours si charmeur, si enfantin...

— Je..., dit-elle, j'étais venue pour... Pour ce buste sur lequel tu es appuyé... Niccolo l'avait commandé il y a presque un an, mais... mais...

Elle rougit soudain. Comment dire : « Mais nous n'avons plus les moyens de le payer » ? Pour la première fois depuis des années, elle fut gênée de ses difficultés financières, et honteuse de se sentiment qu'elle jugeait vil. Elle redressa la tête dans un geste d'orgueil et instantanément Lorenzo retrouva la Lucrezia d'antan, celle qui relevait tous les défis.

— Nous n'avons guère les moyens de nous offrir une statue de ce prix... J'étais venue proposer à Messer Andrea del Verrocchio un arrangement...

Alors Lorenzo sourit. Il souriait ainsi autrefois lorsque Lucrezia avait envie d'une jolie robe, d'un bijou, d'un tableau... C'était avec ce sourire qu'il offrait le présent désiré. Elle retrouva, l'espace d'un instant, ses seize ans, et sentit courir dans ses veines la même allégresse passionnée qui l'habitait alors... Il lui prit les mains et les baisa. Comme c'était étrange ! Alors que ce simple geste autrefois la faisait presque défaillir de bonheur, sur le moment elle n'éprouva qu'un agréable sentiment chaud et amical. Elle en fut un peu déçue... Mais à quoi donc s'attendait-elle ? Il y avait longtemps qu'elle avait cessé d'aimer Lorenzo, et qu'elle était heureuse. Ils évoquèrent leur jeunesse, et ils eurent des rires faux en se souvenant de leurs souffrances passées...

Ils parlaient, parlaient, emplissaient l'atelier ensoleillé peuplé de statues de pierre du bruit vain des mots. Ce qu'ils se disaient n'avait aucune importance. La santé de leurs proches, les enfants et leurs petits drames, la fille aînée de Lorenzo, Lucrezia, qui en était à ses premières amours.

— Celles qui durent toujours..., précisa-t-il. Elle s'est éprise de son cousin Lorenzo Tornabuoni... Mais lui ne l'aime pas vraiment, je le soupçonne de s'être violemment épris de sa cousine Giovanna des Albizzi... Lorenzo et Lucrezia... N'est-ce pas étrange?... Comme les choses se répètent...

Lucrezia Donati riait. Elle était là, devant lui, les joues un peu empourprées, comme il l'avait rêvée tant de fois au cours de tant de nuits sans sommeil. Elle était là, mûre comme un beau fruit plein de sève. Il pouvait l'attirer contre lui. Elle ne lui aurait opposé aucune résistance... Du moins aimait-il à le croire. Il avait gardé les mains de la jeune femme dans les siennes, et sous cette étreinte chaude et possessive, quelque chose soudain se mit à trembler en elle et chanta par tout son corps. Il y avait longtemps qu'elle n'avait pas ressenti cette surexcitation, cette poussée mystérieuse qui la laissait un peu honteuse. Elle regardait les mains de Lorenzo ces belles mains, longues et fines, si aristocratiques, si fortes, et qui dégageaient une telle puissance. Elle eut une envie folle de les baiser. « Si je reste ici plus longtemps, pensa-t-elle affolée, je ne sais ce que je ferai... »

— Je dois... il faut que je m'en aille..., dit-elle brusquement. Mes enfants et le petit Piero, le filleul de ton épouse... Tu comprends... il m'attend, n'est-ce pas? Et mon mari...

Elle disait n'importe quoi... n'importe quoi.

— Comme tout cela est loin maintenant! dit enfin Lucrezia. Il ne faut plus y penser... Mais voyons, qu'est-ce que je raconte? Personne ne pense à rien, n'est-ce pas? Et je suis là à papoter, il faut que je rentre, c'est l'heure de nourrir mon dernier-né...

Lorenzo tenait toujours abaissé sur elle ce regard passionné qui l'emplissait d'une exquise terreur.

— Va... va..., dit-il enfin de cette voix rauque qu'elle avait tant aimée autrefois. J'ai été très heureux de te revoir Lucrezia... Très, en vérité...

— Moi aussi, Lorenzo. Adieu.

— Adieu.

Elle se sauva, aussi agile, nerveuse et agitée qu'une jeune fille de quinze ans venant de rencontrer son premier amant. La porte se referma sur elle, et Lorenzo resta seul dans l'atelier du peintre...

Le soleil entrait par les grandes portes-fenêtres ouvertes

sur le jardin, éclaboussant de lumière le beau buste de femme intitulé *La Femme aux primevères*. Doucement, Lorenzo caressa le marbre froid et pur, ses mains passèrent sur le front, les yeux, le cou, la gorge, que rien ne viendrait réveiller jamais... Alors brusquement il pleura. Il pleura longuement. Et ces vers qu'il avait écrits se heurtaient dans sa mémoire :

Dans quel pays aller,
que je ne te trouve pas,
triste souvenir ?
En quelle sombre caverne dois-je fuir
que tu ne sois toujours en moi
triste souvenir,
qui de mon mal fait la joie.

XXVI
MARIAGES

Au printemps de l'année 1487 le pape tenait toujours à marier son fils Franceschetto Cibo à l'une des filles du Magnifique, et il insistait. La princesse Clarice, fort malade, hésitait à donner son consentement. Non pas pour refuser une telle alliance, qui somme toute la flattait, mais pour garder auprès d'elle ses filles qu'elle adorait.

— Qui donc veux-tu marier ? demanda-t-elle à Lorenzo qui par une froide matinée de janvier lui lisait la missive du pape, alors qu'elle était encore au lit. Lucrezia ? elle est folle éprise de son cousin Lorenzo... Maddalena ? elle n'a pas treize ans !

— Elle les aura en juillet prochain...

Malgré son extrême faiblesse, la princesse Clarice bondit, ce qui lui arracha une violente quinte de toux.

Affectueusement, Lorenzo lui soutint le front tandis qu'elle crachait son sang dans une cuvette... Il attendit qu'elle fût plus calme pour dire :

— Mon amie, je ne déciderai rien sans ton accord... Surtout en ce qui concerne nos filles. Je te ferai simplement remarquer que si notre petite Lucrezia est en effet fort éprise de notre cousin, Lorenzo, lui, me paraît très amoureux de sa cousine Giovanna des Albizzi. Je n'en ai pas encore parlé à notre Lucrezia, mais il semble qu'il y a mariage dans l'air...

La princesse Clarice ferma les yeux. Lorenzo lui essuya le visage à l'aide d'un linge...

— Quant à notre Maddalena, dit-il, elle fera ce que tu lui diras de faire... Et moi, j'accepterai tout ce que tu me commanderas... Dis-toi bien cependant qu'une alliance avec le pape est une nécessité pour nous. Nous pourrions reprendre ainsi le contrôle des finances du Vatican.

— Sois tranquille, je parlerai à Maddalena..., dit-elle dans un souffle.

Et comme Lorenzo se levait, prêt à se retirer, elle agrippa son bras. Toujours cette soif d'un amour perpétuellement refusé.

— Ne pars pas tout de suite. Reste encore un peu auprès de moi... » Elle le regardait, implorante. Nos filles sont... jolies, n'est-ce pas ? dit-elle, espérant retrouver l'intimité qui les avait unis quelques instants plus tôt.

Lorenzo entra dans son jeu. Il lui caressa le front.

— Oui. Elles sont ravissantes... Lucrezia, Maddalena, Luisa et Contessina sont considérées parmi les plus jolies fillettes de Florence. N'est-ce pas étonnant avec un tel père ?

La princesse Clarice eut un sourire touchant de dérision.

— Et une telle mère !

— Voyons, mon amie ! protesta Lorenzo. Nos filles ont hérité de toi une allure de fierté et de dignité, qui n'appartiennent qu'à toi... Et elles en sont très fières...

— Voyons, ne proteste pas..., soupira la princesse Clarice. Je sais bien que je ne suis pas très belle... Chut ! ne dis rien ! J'ai bien souffert, non pas de ma laideur, car je sais que je ne suis pas franchement laide..., mais de l'insignifiance de ma personne... ce n'est pas pour moi que j'aurais souhaité être plus... plus agréable à voir... mais pour toi... Pour que tu sois fier de moi...

— Tais-toi... Je t'en prie tais-toi... Tu t'épuises à parler ainsi...

Chaque fois que Lorenzo lui jetait en pâture quelques mots consolants, la princesse Clarice, sans en être dupe le moins du monde, lui en était singulièrement reconnaissante. Et ces quelques mots, dits par compassion, peut-être aussi par cette sorte de tendresse machinale que l'on éprouve pour ceux qui vivent à vos côtés, lui furent très doux.

Lorenzo avait repris la conversation, et il tenait entre les siennes les mains brûlantes de sa femme. Il parlait de ses difficultés avec son beau-frère Lionetto de Rossi qu'il allait faire condamner.

— ... Trop de malversations ! Et malgré l'aide que je lui ai apportée à plusieurs reprises ! Nous ne pouvons pas nous permettre... Je vais prendre chez moi son fils et nous en ferons un cardinal... Mais de lui, je ne veux plus entendre parler ! Ce petit est fort intelligent... Si seulement Piero pouvait lui ressembler...

— Tu es déçu par nos fils, Lorenzo ?

— Non... Oui... Je les aime, cela est certain, mais... Ah, si Piero était moins sot, moins prétentieux ! Il est un peu fou d'orgueil, n'est-ce pas ? Je suis plus satisfait de Giovanni qui montre de belles qualités intellectuelles. Et Giuliano, lui, est un garçon magnifique, à la fois bon et intelligent... Il ressemble beaucoup à mon malheureux frère...

— Tu verras... Piero peut encore s'amender ! Il est si jeune ! On le dit très épris de sa cousine Alfonsina. La fille de mon cousin ne me plaît qu'à moitié... Elle est si sotte parfois... Que t'en semble ?

— Il me semble que les filles Orsini sont un fort bon choix ! N'en ai-je pas épousé une ? Mais il devra attendre encore un peu... J'aimerais d'abord marier Lucrezia et Maddalena. Sonde-les, ma chère, vois quelles sont leurs dispositions...

C'est ainsi que Lorenzo donna son accord pour le mariage de son fils avec la princesse Alfonsina Orsini...

Quelque semaines plus tard, peu avant le carnaval, la princesse Clarice était rétablie autant que faire se pouvait. Elle assistait aux repas familiaux, participait vaguement à la tenue du palais, aidée en cela par ses filles qui l'assistaient avec beaucoup de dévouement... Malgré la prédilection qu'elle avait pour Maddalena, « l'œil de sa tête », la princesse Clarice avait beaucoup d'attention pour sa fille aînée qu'elle voyait maigrir et pâlir presque à vue d'œil. « L'amour peut tuer si l'on n'y prend garde ! se disait la princesse Clarice, et cela fait si mal parfois... »

Pensive, elle regardait ses mains amaigries qu'elle tendait vers le feu. L'anneau nuptial avait du mal à rester en place. « Je n'ai que trente-six ans..., se disait-elle, parfois étonnée mais sans révolte, et déjà la mort me menace... »

Puis elle revenait à sa fille aînée. « Il faut l'aider à me parler... ma pauvre petite fille, comme elle doit souffrir... »

Cette conversation qu'elle espérait avec Lucrezia eut lieu plus tôt qu'elle ne l'avait prévu.

Au lendemain du bal donné à la Seigneurie pour les fiançailles officielles de Lorenzo Tornabuoni et de Giovanna des Albizzi, le déjeuner du matin réunissait la famille autour de la table. Lucrezia, qui avait brillé de toute sa jeunesse et de sa beauté, s'efforçait de sourire aux boutades de ses frères. De nombreuses demandes en mariage allaient pleuvoir à la suite de cette réception... Comment allait-elle choisir ?

Ravi du succès de sa fille, Lorenzo de Médicis se disait qu'elle avait oublié son « amourette du printemps » et, manifestement, il était fort content du bonheur de ce « petit Lorenzo »... Il se souvenait, lors de son premier voyage à Rome vingt auparavant, du garçonnet qui, alors âgé de trois ans, frappait contre sa poitrine en disant : « Lorenzo, c'est moi !... c'est moi Lorenzo !... »

Le Magnifique feignait de ne pas voir le visage triste de sa fille, Lucrezia.

La princesse Clarice était restée chez elle. Elle était, comme à son accoutumée, assise auprès de la cheminée, les yeux fixés sur les flammes. Soudain, sans avoir frappé, Lucrezia entra chez elle en coup de vent...

— Maman ! Oh ! maman...

Lucrezia se précipita vers sa mère et s'effondra en sanglotant à ses genoux.

— Là, ma petite... là... là... dis-moi... dis-moi tout... fit-elle en lui caressant doucement la tête.

Alors Lucrezia déversa son chagrin. Elle dit les phrases à double sens, les mots, les compliments qu'elle avait interprétés à sa façon, les baisers légers qui parfois effleuraient ses lèvres.

— Et c'est là tout ? demanda la princesse Clarice.

— Comment ? mais c'était comme une déclaration d'amour ! Oh, maman ! Je ne peux pas accepter... Il m'aimait ! Il m'aimait ! il me l'a dit !

— Comment cela ma chérie ?

— Lorenzo... !

Elle hoquetait, et répétait à travers ses sanglots : « Lorenzo... Lorenzo... », incapable maintenant de prononcer d'autres mots, incapable de formuler sa pensée.

— Il m'aimait...

— Calme-toi, mon petit cœur, ma jolie belle... Allons, dis-moi encore... Il t'aimait, dis-tu ? En es-tu sûre ?

Elle savait, elle, que jamais Lorenzo Tornabuoni n'avait éprouvé pour sa jeune cousine autre chose qu'une fraternelle affection.

Lucrezia leva vers sa mère un visage ravagé par les larmes. Sa mère, sans avoir besoin de questionner davantage, comprit la situation. « ... Il l'a connue toute enfant... Dix ans de plus qu'elle... Ce qui pour lui était une petite fille jolie à aimer peut-être, une petite sœur de cœur, ne pouvait le satisfaire... Je connais Giovanna des Albizzi, c'est la petite-fille d'Alexandra des Albizzi et c'est aussi une fort belle fille... Le mariage est parfait à tout point de vue. » La princesse Clarice caressait toujours la tête de sa fille, qui reposait sur ses genoux...

— Allons petite, un peu de dignité, entends-tu ? dit-elle un peu sèchement en feignant l'indignation. De la dignité ! Cela va t'avancer à quoi de te laisser aller aux larmes ?

Mais Lucrezia n'en était plus à se soucier de dignité.

— Je suis si malheureuse, maman... si malheureuse...

La princesse Clarice soupira :

— Je sais... je sais.

— Mais non ! tu ne peux pas savoir ! Comment pourrais-tu savoir ce que c'est que d'être rejetée par l'homme que l'on aime ! C'est le pire qui puisse arriver... !

— Oh non ! dit la princesse Clarice, caressant toujours la tête de sa fille. Je connais quelque chose de pire...

Et comme Lucrezia, incrédule, levait vers elle des yeux interrogateurs, elle continua :

— ... le pire, ma petite chérie, c'est d'épouser un homme que tu aimes et qui ne t'aime pas, c'est de voir chaque jour ses yeux indifférents se poser sur toi, ses paroles qui paraissent s'adresser à toi, et qui en réalité sont destinées à une autre... C'est de savoir que lorsqu'il ne partage pas ta couche, il est dans les bras d'une autre, de celle qu'il aime, de savoir que dans les moments les plus intenses... les plus intimes que l'on puisse avoir avec son époux, c'est encore à une autre qu'il pense... Et que c'est... c'est cette autre qu'il serre dans ses bras, qui reçoit ses mots d'amour, ses... ses...

Incapable de continuer, la gorge serrée, la princesse Clarice s'interrompit un instant. Rapidement, elle passa un mouchoir sur son front mouillé de sueur.

— C'est cela qui est le pire..., reprit-elle d'une voix lasse, brisée. Alors, crois-moi... Pleure un bon coup, et redresse la tête... que nul ne voie ton chagrin, que nul ne t'entende gémir... C'est indigne de toi... Quand cela te sera trop difficile, viens me voir... Et puis... Pas de faux-fuyants, n'est-ce pas ? Tu assisteras à tous les bals, au mariage, au banquet ! Avec de belles robes... Je te veux la plus belle et ce sera sans mal ! Tu danseras, tu riras, et tu ne laisseras rien paraître de ta peine... Je ne te veux ni humiliée ni abaissée... Tu es Lucrezia de Médicis de Orsini... Ne l'oublie jamais... Des coups du sort tu dois te rire...

Galvanisée par le ton de sa mère, Lucrezia se releva, déjà honteuse de s'être laissée aller. L'orgueil, l'immense orgueil des Médicis était là, comme une planche de salut. Elle allait s'y agripper. Lorsqu'elle sortit de la chambre de sa mère, la petite Lucrezia de Médicis, si jolie avec ses boucles d'un roux sombre, ses yeux d'un bleu-gris foncé, son teint exquis, sa silhouette ravissante, et ses délicieuses manières de petite chatte, avait changé. Elle était devenue femme, une femme qui se tenait droite, et qui souriait malgré la peine et la douleur qui la déchiraient. « Je serai mariée avant eux ! se dit-elle, la rage au ventre. Et personne ne saura jamais... Personne ! Maman a raison... A quoi me servirait de perdre toute dignité, tout orgueil ? »

Elle ne manqua aucune des fêtes, nombreuses, données en l'honneur de son cousin et de sa fiancée... Elle fut exquise, volontaire, pleine de charme, et lorsque son regard innocent et caressant se posa sur Jacopo Salviati, petit-neveu de l'archevêque qui dix ans auparavant avait été pendu aux fenêtres de la Seigneurie lors du complot des Pazzi, elle décida que ce serait lui et nul autre qui serait son époux... Au grand étonnement de tous, Lorenzo accepta et même favorisa cette union. « ... Jacopo n'est pas coupable des horreurs de son grand-oncle, et sa famille est des plus honorables... Et puis il faut réconcilier les deux familles les plus influentes de Florence. Il ne sert à rien d'avoir de la rancune et de haïr... Cela n'est bon pour personne... Et il est immensément riche!... Cela ne gâte rien! »

Mais les fiancés devraient attendre un an avant de se marier. En effet, lorsque Lucrezia lui avait fait part de son désir d'épouser Jacopo Salviati, Lorenzo avait dit :

— A priori, je ne suis pas contre... Et même, je vais te dire : ce mariage m'enchante. Cette alliance avec nos pires ennemis ne peut que nous renforcer. De plus, j'ai besoin de l'appui des Salviati à la Seigneurie... Mais... et toi? Que veux-tu exactement?

— Me marier... très vite.

— Cela, il m'a semblé le comprendre... tu n'es pas éprise de lui, n'est-ce pas?

— Non... Mais je l'aime bien. Je suis sûre que nous nous entendrons...

Elle était pâle, mais paraissait ferme et résolue.

— Tu es encore si jeune, ma petite fille!

— Voyons, papa, j'ai déjà dix-sept ans!

Songeur, Lorenzo dévisageait sa fille. Dix-sept ans? Déjà? Dix-sept ans, cette petite fille aux cheveux roux qu'il avait adorée dès que les matrones la lui avaient mise entre les bras... Il se souvenait de sa fragilité alors, de sa propre déception alors qu'il aurait aimé un fils... Puis le petit paquet hurlant qui tenait entre ses mains — comme cette petite chose avait vite su gagner son cœur!

— Eh bien, papa? à quoi rêves-tu? Tu me regardes comme si tu ne me voyais pas!... Alors? me donnes-tu ton consentement?

Lorenzo chassa les souvenirs qui fleurissaient comme autant de fleurs mortelles dans sa mémoire.

— Oui. Oui sans équivoque. Attends un an cependant.

Donne-toi la chance de rencontrer un homme que tu puisses aimer et que je pourrai agréer...

— Ah, mon petit papa ! quel sentimental tu es !

— Peut-être... peut-être... Dis-moi... Ta sœur Maddalena a-t-elle quelque amoureux ?

Étonnée, Lucrezia secoua la tête.

— Cette petite sotte ? Voyons, papa, ce n'est qu'une petite fille ! Pourquoi me demander cela ?

— Le fils du pape souhaite l'épouser... Et là encore, c'est un mariage qui me serait agréable.

— Tiens donc... Et pourquoi ?

— La seule manière de tenir le pape dans notre main est de le lier à nous... Peux-tu comprendre cela ?

— Moi, oui. Mais c'est à Maddalena qu'il faut le demander...

— Tu viens de me dire que c'est une sotte...

Lucrezia eut un petit rire.

— C'est une sotte pour les choses de l'amour. Elle ne permet ni qu'on l'embrasse, ni qu'on la touche... Mais en ce qui regarde la grandeur des Médicis, tu peux lui parler... Elle t'adore et ne fera que ce que tu lui ordonneras de faire.

— Et toi ?

— Moi ?... moi ?

— Oui, toi. Ferais-tu ce que je t'ordonnerais de faire ?

Lucrezia hésita un instant et son regard vacilla lorsqu'il se planta dans les yeux de son père.

— Franchement non, papa... Je crois que je t'aime tout autant que Maddalena, Luigia ou Contessina, ou les garçons... Mais moi, je ne veux faire que ce que je veux... Je ne reconnais à personne le droit de décider pour moi...

Lorenzo eut un grand rire et embrassa sa fille.

— Ah ! Bon sang ne peut mentir ! Envoie-moi ta sœur... si elle est dans les dispositions que tu me dis, nous allons la marier au plus tôt à Franceschetto Cibo...

XXVII
SAVONAROLE

COMME à l'accoutumée, dans l'immense salle à manger du Palais Médicis où trois tables formant un U avaient été dressées, la famille Médicis prenait son repas dominical en toute intimité. Intimité où une vingtaine de personnes au bas mot se pressaient dans un aimable et joyeux désordre, s'asseyant ici ou là suivant l'inspiration du moment. Ce dimanche-là, Lorenzo accueillait au palais un jeune sculpteur qu'il avait découvert dans l'atelier de Domenico Ghirlandaio. Le jeune adolescent, Michelangelo Buonarroti, âgé d'une quinzaine d'années environ, bâti en force, regardait avec fierté la salle bruissante de gaieté. Lorenzo lui avait dit de venir s'asseoir à sa table, mais, intimidé, le jeune garçon était resté un peu à l'écart et se contentait d'observer autour de lui avec curiosité. Il y avait là beaucoup de rires et d'animation. L'un des favoris du moment, Giovanni Pico della Mirandola, était assis un peu à part, et une controverse passionnée l'opposait à Angelo Poliziano et à Marsile Ficin. Bien entendu, le sujet de la conversation était ce moinillon de Ferrare qui venait d'être nommé prieur au couvent San Marco et qui ne jugeait pas nécessaire de venir remercier Lorenzo de Médicis de ses bienfaits.

— Par le fait de ce petit moine fort laid, fort sectaire et fort fanatique, ce siècle finissant qui a vu s'épanouir si merveilleusement la fleur de l'humanisme, la plus haute civilisation intellectuelle et artistique de tous les temps, va aller sur son déclin ! Voilà ce que j'ai à dire ! clamait Angelo Poliziano d'une voix si forte que le silence se fit et que plusieurs personnes prêtèrent attention à cette nouvelle polémique qui s'annonçait fort excitante.

Angelo Poliziano était déjà légèrement ivre, mais, comme

toujours, c'était lorsqu'il était dans cet état de semi-ébriété que sa pensée était la plus vigoureuse, la plus lucide, la plus percutante... On le savait, c'est pourquoi tous les convives étaient si attentifs soudain.

Des regards allèrent vers Lorenzo de Médicis. Et, comme le Magnifique protestait en riant :

— Vous exagérez ! Voyons, en quoi ce médiocre dominicain peut-il menacer Florence ?

Marsile Ficin dit très sérieusement :

— Fais attention, mon cher frère... Il ne s'agit pas d'un simple mortel, il s'agit d'un démon des plus rusés, et même pas d'un démon unique, mais d'une troupe diabolique qui assaille les malheureux mortels par les ressorts les plus subtils et les séduit par d'extraordinaires machinations. Cet Antéchrist possède une astuce incomparable pour simuler la vertu et dissimuler le vice avec une constance parfaite ; un vaste esprit, une audace implacable, l'art de se faire valoir sans fondement, un orgueil luciférien, le don de soutenir partout ses mensonges les plus impudents par des imprécations et des serments, un visage, un ton, une parole qui étincelle souvent dans le discours, en imposant aux auditeurs une conviction qui naît moins de la persuasion que de la violence [1].

Pico della Mirandola protesta de l'intégrité de Girolamo Savonarole :

— Il faut réformer l'Église et la société ! L'Église a tort d'imposer des dogmes sous la menace des pires châtiments. Elle a tort d'interdire la libre lecture de la Bible des juifs ! Vous le savez tous ! Savonarole est le seul à pouvoir nettoyer ces véritables écuries d'Augias que sont devenues nos églises... Il est net de toute souillure... Le Vatican donne l'exemple du vice le plus insolent ! Personne ne peut dire le contraire... Savonarole est un homme qui se croit le justicier de Dieu !...

Des rires moqueurs saluèrent cette diatribe passionnée et les deux plus âgés des philosophes mirent sur le compte du jeune âge de Giovanni Pico une telle naïveté.

1. Paroles authentiques du philosophe Marsile Ficin.

Giovanni Pico della Mirandola avait rencontré Girolamo Savonarole dans de singulières circonstances qu'il n'aimait pas trop évoquer. C'était lui qui avait demandé au prêtre de le suivre jusqu'à Florence. « Florence ! avait dit Savonarole. Florence ! cité du vice... du stupre, dirigée par un tyran dépravé... » Le jeune philosophe, sous le charme fascinateur du moine, n'avait pas relevé la stupidité de ces appréciations. Et maintenant, encore convaincu de la sainteté de son ami, il s'acharnait à le défendre.

— Ces fous de Dieu sont surtout des fanatiques, des pervers, répliqua Angelo Poliziano. L'Inquisition espagnole s'appuie sur eux pour édifier ses criminels bûchers. Girolamo Savonarole est de ceux-là, avec en prime une haine féroce pour la beauté en général et l'art en particulier... Il nous hait, nous, les platoniciens, parce que nous voulons apporter le « Nouveau Sçavoir » au peuple... Lorsque le plus pauvre, le plus misérable parmi les hommes, connaîtra la vérité à propos des mensonges éhontés sur lesquels le Vatican repose, il n'aura que mépris pour l'Église... C'est contre cela, cette connaissance, que Savonarole lutte... Ne peux-tu comprendre, mon cher Giovanni Pico, que tu tombes dans un piège ? En fait, il représente à Florence l'Inquisition, ce que l'Église catholique a de plus odieux, de plus répugnant... Il applique les règles les plus strictes... Est-ce cela ce que tu veux dans notre doux pays ? L'Inquisition espagnole à la manière florentine ?

Lorenzo, songeur, écoutait en silence. Il avait eu, et ses ancêtres avant lui, si souvent maille à partir avec les hommes d'Église ! Comment ne pas approuver ce que disait Angelo Poliziano ou Marsile Ficin ? « Ce jeune homme, ce Pico della Mirandola est sous Le charme du Verbe... Mais il est intelligent et saura d'ici peu remettre en question tout ce qu'il admire en ce moment... »

Une violente douleur lui tordit l'estomac. Son visage se couvrit de sueur et le sourire qui flottait sur ses lèvres se transforma en rictus. Il s'efforça de mâcher quelques bouchées de pain, car la souffrance se calmait lorsqu'il avalait quelque chose. Aussi brutalement qu'elle était apparue, la douleur cessa. Lorenzo respira et regarda autour de lui.

Personne ne s'était rendu compte de son malaise. La discussion, fort vive, continuait entre les trois philosophes.

« Je vais mourir..., se dit Lorenzo. Ma tâche est achevée, et je vais mourir... » Mais cette pensée-là ne l'effrayait pas.

Lorenzo regardait avec un mélange de fierté et d'amertume ses enfants. Lucrezia, sa fille aînée, avait fini par épouser ce Jacopo Salviati qu'elle avait choisi par dépit. Lorenzo n'était pas mécontent. Son gendre avait une jolie fortune (la seconde de Florence !), n'était pas mal de sa personne et promettait d'être un parfait bon à rien. Depuis deux ans, elle vivait à Pise avec son mari, et s'occupait avec indifférence et compétence du bébé qu'elle avait mis au monde... Avec la même indifférence, elle en attendait un autre, et la naissance était prévue pour le mois suivant.

En fait, du jour où son cousin Lorenzo Tornabuoni avait épousé Giovanna des Albizzi, Lucrezia avait senti que quelque chose mourait en elle et ne renaîtrait jamais.

Son autre fille, Maddalena, n'était pas mieux lotie que sa sœur. L'époux que lui avait choisi Lorenzo avait trente ans de plus qu'elle, et comme il l'avait dit lui-même, il était carrément « faisandé ». Maddalena le détestait visiblement, mais elle avait bec et ongles et savait fort bien s'en servir le cas échéant. A plusieurs reprises, elle avait quitté son époux, et même l'avait mis à la porte du beau palais qu'ils occupaient à Rome. Franceschetto, très épris, revenait fort piteux, implorait son pardon... et reprenait sa vie de débauche la semaine suivante. Tout lui était bon, jeunes gens, jeunes filles, moins jeunes... Il prisait particulièrement les orgies qui métamorphosaient comme autant de bêtes immondes chacun des participants... C'était cette perversité, cette ignominie qui transformait un homme au demeurant charmant et fort amoureux de sa femme en un animal répugnant, qui mettait Maddalena en fureur... Elle était décidée à ne pas accepter ce genre de vie et se défendait avec acharnement.

Fort aise lorsqu'il l'apprit, Lorenzo de Médicis savait que sa seconde fille avait déjà eu à Rome quelques amants et elle ne s'en cachait absolument pas... Mais tromper Franceschetto Cibo, le fils du pape, pouvait receler quelque danger et Lorenzo n'avait de cesse de mettre sa fille en garde.

Sa plus grande déception était son fils Piero. Il avait épousé sa cousine Alfonsina Orsini, qui ne le cédait en rien à son mari sur le plan de la prétention la plus sotte et de la vanité. Piero avait trouvé en sa cousine l'exact miroir de ses propres penchants. « Un bel imbécile... », pensait Lorenzo en observant le jeune homme parfaitement harnaché, élégant, sûr de lui, parfumé, et qui marchait avec componction. Le regard arrogant fixé droit devant elle, sa femme, appuyée à son bras, choquée par le débraillé bon enfant de cette cour qui n'en était pas une, évitait le contact de ces personnes qui n'étaient pas « nées » et qui faisaient un tel tapage. « Un sot et une sotte !... » pensa durement Lorenzo exaspéré. « Mais que faire ?... C'est mon fils ! et l'enfant que porte cette petite dinde sera mon petit-fils ou ma petite-fille... » Il les observa longuement, le visage durci, sans s'apercevoir que le jeune Michelangelo Buonarroti ne le quittait pas des yeux et paraissait deviner tout ce qui agitait le Magnifique.

De nouveau, le visage de Lorenzo se contracta. La violente douleur qui le torturait depuis quelques minutes lui broya l'estomac. Une sueur glacée inonda son front. La douleur cessa et il vida un grand verre de lait... Son regard rencontra celui de Maddalena qui allait et venait d'une table à l'autre, son ventre proéminent annonçant l'imminence d'une naissance... Elle riait, insouciante, gaie... Lorenzo soupira et un instant il pensa à la princesse Clarice. « Elle aurait été si heureuse de voir naître ses petits-enfants ! » se dit-il en voyant Lucrezia et Maddalena parler avec leur belle-sœur Alfonsina. Toutes trois étaient enceintes. Il avait regretté plus qu'il ne l'aurait cru la disparition de sa femme, morte quelques semaines après sa petite Luisa, juste après le mariage de Lucrezia. Année terrible que cette année 1488, où, en quelques mois, il avait perdu sa femme et sa fille. Il ne fallait pas penser à Luisa... C'était se condamner à l'extrême douleur qui ne trouve aucun remède, aucune consolation...

Il décida de s'efforcer à plus d'équité vis-à-vis de Piero. Il était injuste avec lui. N'était-ce pas lui qui l'avait outrageusement gâté ? qui n'avait jamais rien su lui refuser ? Et pourtant il l'aimait, son fils. Comme il aimait tous ses enfants. Il n'était que de le voir en cet instant, tenant sa petite Contessina d'une main, son petit Giuliano de l'autre, parler avec Giovanni (le futur cardinal) avec lequel il adorait s'entretenir.

Les aînés vinrent embrasser leur père avec affection et s'inquiétèrent de sa santé.

— Alors, vos douleurs à l'estomac, père ? demanda Piero avec une réelle inquiétude, car lui, non seulement adorait mais vénérait son père comme il eût adoré Dieu lui-même.

Lorenzo sourit sans répondre. La douleur parfois atroce, comme celle qui venait de le scier en deux, s'était tout juste dissipée. Piero s'installa sans façon face à son père et lui conta sa chasse de la veille... Son regard chaud et brillant, plein d'affection, ne quittait pas le visage émacié de Lorenzo... Il espérait capter l'attention de son père, l'intéresser, lui faire oublier... « Mais oublier quoi ?... » se demandait le jeune homme perplexe, face à un mystère incompréhensible.

— Père, demanda tout à coup Contessina, qui est ce jeune garçon là-bas au fond, tout intimidé à ce qu'il me semble, et qui regarde sans arrêt vers nous ?

Lorenzo regarda dans la direction que lui désignait sa petite fille... Il eut un mince sourire.

— C'est un artiste, ma petite jolie, un très grand artiste... Il n'a pas quinze ans, mais c'est déjà un jeune garçon de très grand talent... Il étudie avec Domenico Ghirlandaio et je lui ai proposé de venir vivre ici. Il n'ose pas venir à notre table ! Il s'appelle Michelangelo Buonarroti, et je dois dire que jamais je n'ai vu un tel don... Va le chercher et amène-le à nous...

Lorsque Contessina lâcha sa main pour courir vers Michelangelo, Lorenzo étouffa un soupir en regardant sa fille. Comme elle était petite et fragile pour ses douze ans ! Elle avait hérité de sa mère et de ses ancêtres Médicis sa mauvaise santé.

Contessina s'approcha de l'adolescent qui la dépassait de toute la tête, et elle lui tendit la main. Elle souriait.

— Je m'appelle Contessina..., dit-elle avec grâce. Mon père me dit que tu es un grand artiste. Il aimerait que tu viennes t'asseoir à notre table... Et moi aussi, cela me ferait plaisir...

Comme dans un rêve, Michelangelo suivit Contessina. Elle

portait une fort jolie robe de soie vert sombre. Ses cheveux noirs étaient entretissés de perles fines, et il avait eu le temps de voir qu'elle avait des yeux bleus, cerclés de mauve et la peau très blanche... trop blanche... Rien n'était plus émouvant que cette fillette gracile, visiblement malade, qui souriait et lui tenait la main pour le conduire vers le Magnifique qui accueillit le jeune artiste par ces mots :

— Alors, Michelangelo... Heureux d'être parmi nous ?...

— Oh Messer ! s'exclama le jeune garçon, c'est une si grande joie pour moi... un si grand honneur...

Maintenant, Lorenzo entourait les épaules de sa fille de son bras... Le contraste était saisissant entre cet homme de haute stature et la fragilité de l'enfant...

— Contessina, mon ange, dit Lorenzo, peut-être est-il imprudent que tu restes parmi nous ce matin ? Le docteur aurait souhaité que tu restes encore au lit quelques jours...

— Oh, papa ! dit Contessina, les yeux pleins de larmes. Je suis tout à fait bien maintenant... Je t'en prie...

Dès que ses enfants le tutoyaient (et oubliaient sciemment les sévères leçons de leur mère, sachant combien cela plaisait à leur père), Lorenzo fondait littéralement d'amour paternel. Et alors, il lui était quasiment impossible d'aller contre leur désir ou leur volonté. Il installa donc Contessina et Michelangelo à ses côtés pour le déjeuner, obéissant, ce faisant, aux lois qu'avait édictées son ancêtre Cosimo de Médicis qui se refusait à table à toute préséance et à toute hiérarchie.

Les chanteurs, les musiciens, les jongleurs, les mimes se succédaient, s'écartant pour laisser passer les pages qui portaient les plats... Les convives allaient et venaient, s'asseyaient pour manger, se levaient pour danser si un air de musique leur plaisait, ou bien restaient assis à deviser tranquillement... Nonobstant la douleur qui de temps à autre le transperçait, Lorenzo se sentait, ce dimanche-là, particulièrement heureux... Il interpellait ses trois plus chers amis qui n'en finissaient pas de débattre sur Savonarole.

— Allons ! Angelo ! Giovanni... Marsile... laissez donc ce

suppôt du diable là où il est et venez prendre un peu de vin avec nous...

Michelangelo dévisagea les trois hommes qui venaient vers eux et murmura pour Contessina seule :

— Comme les deux plus âgés de ces hommes sont laids, et comme le plus jeune est beau... Étonnant contraste, n'est-ce pas ?

La fillette approuva, avec cette gaieté fébrile des poitrinaires. Contessina était si animée qu'un peu inquiet et surpris, Lorenzo la dévisagea. « Cela ne lui ressemble guère cette gaieté débridée... Que se passe-t-il en cette enfant ? »

Elle bavardait sans arrêt. Soudain, elle prit la main de Michelangelo entre les siennes et l'observa avec beaucoup d'étonnement.

— Comme tu as de grandes mains, Michelangelo ! C'est pour cela que tu veux être sculpteur ?

— Je ne sais pas..., répondit l'adolescent, troublé par le contact des petites mains brûlantes de Contessina. Je ne sais pas... Ce que j'aime, c'est faire vivre le marbre, y imprimer toute la force, la puissance et la douleur humaines, lui faire rendre tous ces visages beaux ou laids.

Contessina soupira et reposa sur la table avec précaution, exactement comme elle l'aurait fait d'objets précieux de grande valeur, les mains du jeune artiste.

— Comme tu as de la chance, Michelangelo... tes mains vont te servir à créer de la beauté... C'est le plus grand don qui se puisse concevoir sur cette terre.

*

C'est par un beau jour de mars 1490 que Girolamo Savonarole était arrivé à Florence afin d'y détruire tout ce que le raffinement de la civilisation y avait construit. On disait qu'il avait été dépêché par l'Inquisition espagnole qui souhaitait étendre ses ravages dans toute l'Europe, et tout indiquait qu'il y avait dans cette assertion un fondement de vérité.

Il est comme cela certains êtres que le bonheur d'autrui dérange, et le moine de Ferrare était de ceux-là. En ces beaux jours de printemps, Florence offrait l'image même du bonheur terrestre. Riche, puissante par son commerce et ses industries, splendide par son rayonnement culturel, c'était le centre d'une civilisation accomplie. On y venait de toute l'Europe pour s'y rencontrer et s'y frotter à un art de vivre nouveau. Lorenzo de Médicis, sous la forme d'une dictature légère et parfaitement bien acceptée, avait fait siens les principes élaborés par les anciens gibelins :

> *... Le peuple est la source de toute-puissance... Il délègue son pouvoir au prince, qui l'exercera au nom du peuple, mais qui* (le prince) *est subordonné à la volonté populaire. L'Église ne peut être une puissance temporelle. Le clergé doit se soumettre aux tribunaux laïcs. Le clergé et le pape lui-même doivent souscrire au vœu de pauvreté. L'idéal politique est celui des communes bourgeoises, démocratiquement dirigées par des chefs élus par le peuple...*

Que pouvait comprendre un barbare, un rustre comme Girolamo Savonarole, à la beauté des choses humaines, lui qui apprenait si difficilement et comprenait ce qu'il avait appris encore plus difficilement ? De plus, sa laideur était telle que ceux qui le voyaient pour la première fois étaient saisis d'un malaise. Ce n'était pas la laideur magnétique et fascinante de Lorenzo de Médicis, Savonarole avait un aspect livide, repoussant, et il n'y avait pas assez de générosité dans cette âme obscure pour dépasser cette laideur. Avec ses lèvres épaisses, son nez busqué, sa petite taille frêle, ses yeux profondément enfoncés dans les orbites, très brillants, cet homme de Dieu ne donnait pas un aspect très convaincant de Celui qui l'avait fait à son image.

Venu des basses couches ignorantes de la société, comme beaucoup de moines qui avaient choisi le sacerdoce, soit par paresse (travailler de ses mains était plutôt dur et fatigant), soit par ambition, Girolamo Savonarole, dès le début de son sacerdoce, avait été travaillé par l'Église pour détruire Lorenzo de Médicis, et avec lui tout ce que l'Académie platonicienne et le Nouveau Sçavoir apportait à l'Europe.

Florence était enfin pacifiée, et brillait de mille feux dans toute l'Europe. Quatre générations d'hommes avaient œuvré, peiné, aimé et pleuré pour que cet État fût au firmament de toutes les civilisations... Et tout cet édifice, soigneusement édifié pierre par pierre, tout cet amoncellement de richesse, de travail, toute cette gaieté bon enfant et jouisseusc qui était l'apanage de ce peuple souriant, aimable et laborieux, allait s'écrouler de par la vieille, l'éternelle, l'implacable ennemie du plaisir et du bien-vivre, l'Église catholique. Savonarole avait compris que sur ce peuple heureux et superstitieux, il suffisait de jeter l'anathème, de parler haut et fort, et surtout de faire sourdre l'envie... Il est facile de faire peur aux ignorants. Et c'est pour lutter contre cette ignorance que Lorenzo de Médicis voulait étendre l'instruction à toutes les couches sociales, surtout aux plus démunis, et c'est pour la même raison que l'Église catholique s'y refusait avec obstination.

« On me reproche de n'être pas allé remercier Lorenzo de Médicis d'être nommé prieur de San Marco. Mais qui m'a fait prieur de San Marco ? tonnait Girolamo Savonarole du haut de sa chaire. Dieu ou Messer de Médicis ?

— Dieu ! répondait le peuple à genoux. (Que pouvait-il répondre d'autre ?)

— Alors, si c'est Dieu, c'est à lui que j'adresse mes remerciements ! Je ne dois rien à Messer de Médicis à qui je demande de se repentir ! Par ses fautes, par sa vie impie, par ses vols, sa tyrannie, sa perversité, Lorenzo de Médicis fera que Dieu s'abattra sur Florence afin de la châtier ! »

L'Église, habile à exploiter ce qu'il y a de plus vil dans le cœur humain, la peur, allait triompher en détruisant tout ce qui faisait le charme et la grâce de Florence, la joie de vivre et la paix. Tout allait disparaître, tout allait s'évanouir pour des années, sous la conduite de ce fou de Dieu qui haïssait les hommes car il ne pouvait que se haïr lui-même.

Lorenzo avait senti venir le danger en l'écoutant à plusieurs reprises. Mais, ce qui le fit bondir, ce fut le dimanche de Carême lorsqu'il entendit Savonarole hurler du haut de sa chaire :

— Il faut chasser les juifs de Florence ! La Sainte Inquisition espagnole se débarrasse de ses juifs et de ses Maures, Florence doit en faire autant... Les juifs vous entraînent vers votre perte !

Et il continuait sur sa lancée... Il fallait brûler ! brûler...

— Les bûchers de l'Inquisition se lèveront pour purifier l'atmosphère de la pourriture ! hurlait l'homme de Dieu.

Il jetait sa malédiction sur le bonheur d'autrui. Son esprit nébuleux et dissolvant extravaguait avec force. Son âme mauvaise, remplie de fiel et de haine, se lançait dans mille imprécations...

Sa laideur lui servait d'exutoire :

— La beauté telle que Florence la conçoit est une offense faite à Dieu !

La rage le rendait éloquent, et il fit entrevoir au peuple agenouillé, épouvanté, les pires cataclysmes :

— Vous êtes des païens, vous qui ne vénérez pas la Vierge, mais le tableau la représentant... Il faut brûler ! brûler... brûler !

Il prêchait... fou de rage, fou de violence, fou de haine...

Stupéfaits les Médicis s'entre-regardèrent. Brûler les merveilleux tableaux de Botticelli ? les fresques de Ghirlandaio, briser les statues de Donatello... ? Détruire ces Èves coquines dont le regard malicieux semblait être une invite à Dieu lui-même ? ces Vierges paisibles donnant le sein à l'Enfant ? ces Vénus superbes, admirablement faites dans un marbre parfait ?

— Mais, chuchota Michelangelo à l'oreille de Contessina pendant la messe, comment un homme aussi laid peut-il prêcher la joie de vivre lorsqu'il voit ce visage chaque matin dans le miroir ?

Contessina pouffa de rire et des visages indignés se tournèrent vers les deux adolescents qui évitaient de se regarder, de crainte de repartir dans un fou rire irrépressible. Alors le doigt vengeur de Savonarole se tendit vers Contessina de Médicis et Michelangelo Buonarroti.

— Pourquoi rire en ce monde de vice et de pourriture ?

hurlait le démoniaque fou de Dieu au comble de l'hystérie. Qu'est-ce qui provoque votre rire, enfants éhontés, déjà pourris par le vice ! Et vous ne rougissez pas de vos péchés ! Et vous riez à la face de Dieu !

De son perchoir, Savonarole continua à invectiver la foule stupéfaite de tant de violence.

— Votre vie, hurlait le saint homme, se passe toute au lit en fornications honteuses, dans les promenades, dans les commérages, les orgies et les débauches... Et nous savons d'où vient l'exemple ! (Son doigt vindicatif, haineux, désignait la place que les Médicis occupaient habituellement) Votre vie est une vie de porc !...

Il hurlait sa haine des hommes, il apporterait la vertu de gré ou de force, il encouragerait les enfants à cracher sur ces femmes à moitié dénudées qui se promenaient de par les rues, éternelles tentatrices qui entraînaient les malheureux hommes à leur perdition...

— La femme est un démon... L'ignoble tentatrice détournant l'homme de sa pureté originelle... C'est une truie ! De la viande de porc recouverte d'oripeaux ! Vous, peintres, poussez le vice jusqu'à les peindre nues et les exposer sur vos murs ! Il faut détruire ces tableaux... brûler ces œuvres du Diable !

Il allait lutter non pas pour le peuple misérable, non pas pour une justice sociale plus équitable, mais pour empêcher les hommes et les femmes de trouver quelques plaisirs à leur morne existence terrestre.

— Nous ne sommes pas sur terre pour le plaisir ! Il faut oublier cet humanisme qui vous entraîne à votre perte ! Dieu veut de la rigueur, de la pénitence... Dieu le veut... !

Car il savait, lui, le moinillon, tout comme cet infâme Espagnol Torquemada qui faisait dresser les bûchers de l'Inquisition au nom de « Dieu le veut ! », ce que voulait l'Éternel.

Sans doute luttait-il (ou peut-être ne luttait-il pas ?) contre une tendance à la pédérastie évidente, bien que soigneusement niée par lui. Quelques années avant son arrivée à Florence, il s'était enflammé de passion pour ce jeune prodige d'intelligence qu'était Giovanni Pico della Mirandola. Passion toute platonique... par impossibilité de passer aux actes. « Mon âme a rencontré une âme... ! » clamait-il passionnément en étreignant les mains de Pico della Mirandola tout en le dévorant des yeux. Puis il avait explosé dans de violentes colères lorsqu'il avait appris que son jeune ami se tournait volontiers vers d'autres amours plus conformes à son sexe. Et il clamait au prêche du dimanche matin sa haine des femmes en général et de celles qui couchaient avec son jeune ami, en particulier.

Mais Savonarole avait fait école. Il avait suffi de quelques mois pour qu'une foule convaincue qu'il était envoyé par Dieu le suive aveuglément. Qui dira jamais assez le danger que peut représenter sur une masse ignorante et versatile le verbe manié par un fou illuminé ?

Non content du résultat de ses sermons, Savonarole fit espionner dans les maisons particulières « qui venait au prêche, et qui n'y venait pas... », et jetait les absents à la vindicte publique. Il décida que la terre entière appartenait aux moines, que l'intelligence d'une vieille femme ignorante était préférable à celle de Platon, puis il fit construire un bûcher, et sur ce bûcher... on brûla des vêtements trop élégants, des parfums, des bijoux, des tableaux, des livres, encore des livres... Les livres des humanistes, des parchemins, des manuscrits précieux...

Et, près de ce bûcher où brûlait toute la journée tout le savoir, toute la civilisation humaine en attendant qu'y soient jetés « les hérétiques, les suppôts de Satan et les juifs », éclairée par les flammes, la figure laide et radieuse du dominicain se crispait joyeusement d'un plaisir qu'il savourait enfin.

Des fenêtres de son palais, Lorenzo pouvait voir le bûcher. Il pensa que la mort était préférable à ce qu'il voyait et il demanda à se faire transporter dans sa chère Villa Careggi.

— C'est là que sont morts mes ancêtres, mon père, ma mère... C'est là que je veux mourir aussi afin de me rapprocher d'eux...

Le jour de son départ, il fit le tour du Palais Médicis. Il

savait qu'il ne le reverrait jamais plus... Il regardait ses merveilleuses collections d'objets anciens, ses livres inestimables, ses tableaux, ses cornalines gravées... Il caressa sa viole, sa harpe, son luth sur lesquels il ne jouerait plus. « Voilà, pensait-il, voilà notre œuvre à nous les Médicis... la beauté et le Nouveau Sçavoir... Et l'Église va détruire tout cela pour retourner en arrière, pour des siècles d'obscurantisme... L'Église catholique ! L'Inquisition... Mon Dieu, est-ce cela que vous avez voulu ? Cette Église qui attise les haines et les bûchers, et qui sera pour l'éternité responsable de tous les crimes qui seront perpétrés en son nom ? Est-ce cela Votre vouloir, Seigneur ? Parce que si c'est cela, ne me comptez plus parmi les vôtres... »

Il s'approcha de la fenêtre. Il y avait foule aux portes du palais. Une foule silencieuse qui s'était amassée là pour lui dire adieu... Comment avaient-ils su, tous ces Florentins venus là pour l'acclamer, qu'il allait les quitter ? Un silence absolu régnait sur la place. Il ouvrit la fenêtre. Les Florentins étaient là, les yeux levés vers lui... Et une immense clameur le salua : « Viva il Magnifico ! »

XXVIII

LA FIN DES CHOSES

A CAREGGI c'était de nouveau le merveilleux printemps, l'air pur de Toscane, les collines douces à l'œil, les fleurs à profusion et le chant des rossignols le matin à l'aube...

Tôt réveillé, Lorenzo écoutait leur matinal concert. Puis les gazouillis de ses petits-enfants que les mères calmaient par des : « Chut... chut... voyons ! vous allez réveiller grand-père... »

Non il n'était pas seul à Careggi. Il y avait là ses amis très chers, ses fidèles, Angelo Poliziano, Marsile Ficin qu'il considérait comme un frère aîné et avec lequel il s'entretenait longuement, Giovanni Pico della Mirandola, écervelé génial qui s'était laissé prendre un temps au débordement de Girolamo Savonarole. Et puis il y avait Nannina Rucellai, sa sœur, lourde, triste et courageuse... Il ne mourrait pas seul... Il y aurait ses enfants, Lucrezia, Maddalena, Piero, Giovanni, Contessina, Giuliano..., ses amis les plus chers... Mais il n'y aurait pas « Elle ».

A Florence, Savonarole hurla sa joie en apprenant que Lorenzo allait mourir.

— Voici que le glaive de Dieu s'abat sur la terre avec la rapidité de l'éclair...

Lorsqu'Angelo Poliziano lui rapporta ces paroles, Lorenzo eut un mince sourire.

— Cet homme est fou... Mais le pire, vois-tu, mon ami, le pire, c'est de voir combien le peuple est versatile, et surtout ignorant... Cet homme néfaste parle de vertu, de chasser le vice, et dresse la croix au-dessus de sa tête pour justifier ses dires... Mais pour lui, le vice est un tableau de Botticelli, et la vertu est dans ces livres mensongers que sont les Évangiles..., dans l'Inquisition qui s'est instituée en Espagne et en Italie du Sud et qui se propage à une vitesse foudroyante dans toute l'Europe... Pauvre Florence ! Où est Pico ?

— Il est reparti... Il craignait tant de te déranger.

— Ah ! Et moi qui craignais de l'ennuyer en le priant de venir jusqu'ici... Mourir au milieu de ceux qui me sont chers est un privilège et une bénédiction...

Il se tut. « Et elle ? songea-t-il, qui l'avertira de ma mort... ? Que dira-t-elle ? »

— Dois-je le faire appeler ?

— Oui. Mais fais vite ! Et envoie-moi ma sœur Nannina... C'est tout ce qui me reste de mon passé...

Angelo Poliziano sortit en larmes et envoya un messager à Florence.

Au matin du quatrième jour d'avril 1492, Lorenzo se réveilla si peu reposé, si affaibli qu'il envoya chercher le médecin. Après l'avoir ausculté, le jeune docteur Piero Leoni, impressionné par l'importance du malade qu'il soignait, fit une figure longue d'une aune et lui ordonna de rester au lit, de ne point manger ni boire. Pour Lorenzo, ce n'était pas une privation, il n'avait aucune énergie et se lever lui paraissait au-dessus de ses forces... Sa sœur Nannina se précipita à son chevet. Après un bref conciliabule avec les enfants de Lorenzo, elle décida de faire venir un médecin fort connu, le docteur Lazzaro da Ticino. Piero se fit fort de ramener cet illustre médecin dans les deux journées.

Vers la fin de la matinée, il y eut un léger mieux et Lorenzo reçut les visites de ses enfants. Cela lui était une douce joie que de les voir, affectueusement empressés, si sincères dans leur affection.

— Où est mon Piero ? demanda-t-il.

On lui expliqua qu'il était parti à San Miniato à la recherche du docteur Lazzaro da Ticino.

— Cela n'était pas nécessaire..., soupira Lorenzo. J'aimerais avoir auprès de moi ceux qui me sont chers. Mes enfants, mes amis...

Une fois seule avec lui, Contessina lui glissa un billet.

— C'est Donna Ardinghelli qui m'a demandé de te le remettre en grand secret... Je suppose que ses affaires vont très mal et qu'elle a quelque secours à te demander...

Lorenzo ferma les yeux sans répondre, les mains crispées sur le billet. Donna Ardinghelli... Lucrezia Donati... Lucrezia... Lucrezina... ma Lucrezina...

— Non..., chuchota-t-il d'une voix haletante. Ce n'est pas ce que tu crois... Ce n'est... Va ! merci... Va maintenant... laisse-moi seul !

Péniblement, il déchiffra le parchemin :

> *J'ai appris que tu étais gravement malade... Je viendrai te voir demain en fin d'après-midi... Avertis autour de toi, que l'on me laisse entrer..*

Elle allait venir ! Il allait la voir. « Une dernière fois, Lucrezia... laisse-moi te serrer contre moi une dernière fois... Je t'ai tant aimée... » Son cœur battait vite, trop vite... Il fallait qu'il se calme.

Il voulut se lever et s'habiller, et c'était là pour lui un très grand effort. Il ne lui fallut pas moins de deux heures pour achever sa toilette. Il demanda à ses enfants de conduire jusqu'à lui Donna Ardinghelli lorsqu'elle se présenterait et de les laisser seuls. Puis il se fit conduire dans le jardin.

Toute la nature explosait dans un printemps précoce, vibrant d'espoir et de beauté. Alors sa mémoire s'efforça de fouiller le passé, d'en extraire les moments d'extase, de passion ; même les moments les plus cruels lui étaient doux maintenant. Il avait seize ans, et il allait rejoindre sa belle — « la plus belle fleur de Florence... » Et il allait l'aimer au bord du fleuve Arno, juste à l'endroit où ce dernier se jette dans les eaux de l'Ombrone... Lucrezia...

Il était plongé dans ses souvenirs quand il sentit une présence derrière lui. Il n'eut pas besoin de se retourner pour savoir.

— Lucrezina ? murmura-t-il, le cœur défaillant.

Il l'entendit faire quelques pas, et Lucrezia Donati se planta devant lui. Il ouvrit les yeux. Comme elle était belle ! La quarantaine dépassée, mais le beau visage plein était frais, et rose... les yeux couleur de violette... les cheveux d'or... A peine changée, à peine touchée par le temps...

— Donne-moi la main...

Elle lui tendit les deux mains qu'il baisa avec ferveur.

— Dès que j'ai su que tu étais malade..., commença-t-elle. J'ai voulu...

— Je sais... Je sais... Laisse-moi te regarder...

Elle était à contre-soleil et projetait une ombre sur l'homme assis, à demi courbé par la maladie et qui la regardait avec avidité.

— Tu connais la légende d'Orphée, n'est-ce pas ? lui demanda-t-il. Il faudra revenir me chercher au royaume des morts, Lucrezia... Si tu en as le courage... Et puis tu sais... Je serai dans le Paradis de Dante, au premier ciel, celui de la Lune, là où se rejoignent les âmes qui n'ont pu assouvir leur vœu... Mon vœu, c'était toi ma Lucrezina... Me rejoindras-tu dans ce premier ciel ?

Elle frémit sans comprendre. Elle n'avait pas lu *La Divine Comédie*. Dante lui importait aussi peu que possible... Elle était venue voir Lorenzo parce qu'il lui était insupportable de le savoir malade, mourant, et qu'elle voulait l'assurer de sa tendresse.

Il avait gardé ses mains entre les siennes et les couvrait de baisers. Elle s'installa auprès de lui, et longuement lui parla, du passé, de leur jeunesse... Il riait parfois... Deux heures passèrent ainsi, pleines de souvenirs anciens.

— Merci... merci d'être venue... dit-il enfin. Peux-tu revenir demain ? J'irai mieux et nous pourrons faire quelques pas ensemble...

Elle acquiesça et le baisa sur le front. Il entendit ses pas décroître sur les graviers du chemin.

Le lendemain, puis le surlendemain, à la même heure elle revint, fidèle aux rendez-vous qu'il lui avait fixés. Effectivement, il put faire quelques pas, appuyé sur le bras de Lucrezia. Maintenant ils parlaient peu... Et d'ailleurs elle ne restait pas très longtemps. Au soir du 6 avril, il lui demanda de ne pas venir le jour suivant.

— Savonarole doit venir me rendre visite. Je l'ai fait mander. Cet homme est dangereux pour Florence. Très dangereux... Il me faut l'amadouer et lui faire comprendre qu'il doit cesser ses imprécations contre moi, contre ma famille... Il peut, par les mots qu'il emploie, mettre notre cité à feu et à sang ! détruire toute beauté à Florence... Il me faut l'empêcher de nuire... Va, ma Lucrezia... mais reviens-moi vite ensuite... De ta présence désormais je ne peux me passer... Un mot encore... Que dit ton mari de tes visites ?

— Niccolo ? Il ne le sait pas... Nul ne sait que je viens te voir, et nul ne doit le savoir. Je compte sur la discrétion de tes enfants, de Nannina... Niccolo serait fou de chagrin...

Lorenzo ne parvenait pas à lâcher les mains de Lucrezia.

— Il t'aime... bien sûr. Mais quel mal puis-je lui faire désormais ? Que peut-il craindre d'un mourant ?

— Tais-toi ! Tu vas déjà mieux... mieux qu'il y a trois jours ! Vois ! tu marches et tu me fais la cour, comme autrefois... Bientôt tu seras tout à fait rétabli... Ne parle plus de Niccolo... c'est mon mari...

Il la dévisagea, soupçonneux.

— Et toi, tu l'aimes toujours autant... ton Niccolo ?

Lucrezia rougit. Et c'était charmant cette rougeur sur le visage de cette quadragénaire un peu trop épanouie...

— J'aime beaucoup mon mari, chuchota-t-elle, mais toi...

— Oui ? Eh bien, continue.

— Toi, tu es ma jeunesse... Et c'est toujours vers le printemps et sa jeunesse que l'on se retourne à l'automne de sa vie.

Lorenzo soupira :

— Va, ma Lucrezia, ma Lucrezina, va... reviens-moi bientôt...

Mais il ne devait plus jamais la revoir.

Sa sœur Nannina vint à son chevet dès qu'il fut seul et lui prit la main.

— Nannina... Je vais bientôt mourir..., dit-il.

Le visage de Nannina se crispa dans un sourire faux.

— En voilà une idée ! Tu verras tes quatre-vingts ans au moins...

La main de Lorenzo s'agita dans la sienne.

— Ne mens pas, Nannina, ni à toi-même ni à moi... De nous cinq, tu vas rester seule, ma pauvre sœur... Maria d'abord, puis Giuliano..., il faudra m'enterrer auprès de lui, Nannina !... Puis Bianca... et maintenant moi...

Nannina laissait couler ses pleurs.

— Nous avons eu de bons moments, hein, Lorenzo... Veux-tu voir un prêtre ?

— Est-ce bien nécessaire ?

— Il paraît que tu te sentirais mieux avec ta conscience...

— Bien. Puisqu'il le faut... Attends !...

Il soupira et détourna la tête. Il fixa la porte de sa chambre et son visage creusé se fit plus sombre, plus gris... Nannina regarda elle aussi vers la porte et comprit tout de suite ce qu'il cherchait.

— J'irai la chercher, Lorenzo... si tu le veux.

Il secoua la tête, et dit :

— Non... non !... ce n'est pas nécessaire... Elle est venue me voir ces derniers jours... C'est moi qui lui ai demandé de ne point venir aujourd'hui... Mais tu lui diras...

Et ce rappel d'une ancienne situation, vécue trente ans auparavant, leur arracha un sourire.

— Va, ma Nannina. Va me chercher un prêtre puisqu'il le faut. Et puis, tu diras à Angelo et à Marsile que j'aimerais m'entretenir un peu avec eux... Et tu m'enverras mes enfants... Et ensuite... ensuite... lorsque je ne serai plus, n'est-ce pas ? tu iras là-bas... chez elle... Et tu lui diras... que ma dernière pensée était pour elle...

Nannina embrassa son frère sur le front et sortit.

Lorsqu'elle revint, accompagnée du prêtre, padre Guido, Angelo Poliziano était auprès de Lorenzo et lui disait qu'un messager était parti pour Florence chercher Giovanni Pico della Mirandola. Dès qu'il vit le padre Guido, Lorenzo demanda à rester seul avec lui.

Quand le prêtre se fut retiré, Lorenzo demanda à parler à chacun de ses enfants, et, s'adressant à Piero il lui dit :

— Les citoyens de Florence te reconnaîtront comme mon successeur... Souviens-toi de suivre toujours le chemin le plus honorable et préfère le bien de tous aux intérêts particuliers... Méfie-toi du pape et de son entourage... Les ennemis de Florence sont au Vatican... N'oublie jamais cela... Et dis-toi bien ceci, mon Piero... A l'heure de la mort, quelle valeur exacte ont donc les possessions terrestres ? Aucune... Aucune ! Songe à être heureux... heureux... ! Ne sacrifie rien à l'argent ni au pouvoir... tu serais perdant...

Le lendemain, 7 avril, Angelo Poliziano et Marsile Ficin se présentèrent à la Villa Careggi. Lorenzo avait passé une très mauvaise nuit. Ses enfants et Nannina s'étaient relayés auprès de lui et, ce matin-là, hagards, épuisés, ils regardèrent avec un peu d'hostilité les deux philosophes qui s'empressaient. Mais Lorenzo voulait les voir. Aussi cédèrent-ils à sa volonté. La souffrance avait tenu éveillé le Magnifique toute la nuit, une souffrance atroce, exactement comme s'il avait un poignard dans le ventre, qui lui interdisait tout mouvement. Les médecins avaient été appelés d'urgence par la famille ; chacun savait maintenant que ce n'était plus qu'une question d'heures. Mais, plus que la souffrance physique qui torturait le Magnifique, c'était l'inquiétude qui lui était le plus intolérable...

— Ce Savonarole ! Je sais, moi, que c'est un homme dangereux ! Je le sais... Et pourtant... Je l'attends ce jour même... Je l'ai fait mander... Mais comme il tarde à venir ! Pourquoi ? Les hommes sont si fous, murmura encore Lorenzo en serrant la main de Nannina, qu'ils peuvent parfaitement préparer le bûcher sur lequel on les brûlera... Savonarole peut nuire à mes enfants... C'est pourquoi je dois le voir et peut-être essayer de le sermonner... Il se fait attendre ! Je n'en obtiendrai rien sans doute, mais je dois essayer...

Lorsque Savonarole avait appris que le Magnifique voulait le rencontrer, il avait triomphé et décidé de le faire attendre aussi longtemps que possible.

— Dieu a puni le tyran ! Dieu est grand... Gloire à Dieu. Reddition... Reddition... Le Magnifique se repent de ses péchés... C'est lui qui s'en ira et moi qui resterai !

Il vint tard dans la soirée. Il faisait déjà nuit. Et c'est avec une joie mauvaise sur la figure qu'il pénétra en conquérant dans la chambre de Lorenzo, persuadé que le Magnifique allait crier grâce, se repentir, se jeter à ses genoux. Mais Lorenzo lui opposa jusqu'à la dernière seconde sa ténacité courageuse et lucide, et il montra surtout qu'il était au-dessus des religions.

Ce qui se dit entre les deux hommes restés seuls, nul ne le sut et nul ne le saura jamais, ce qui se passa non plus... Toujours est-il que lorsque Girolamo Savonarole[1] pénétra dans la chambre de Lorenzo, celui-ci vivait encore et même paraissait aller mieux, et lorsqu'il en sortit, Lorenzo était mort.

— Il a refusé de se repentir ! dit Girolamo Savonarole en se retirant et en laissant la famille en pleurs.

1. Tout ce que Savonarole a pu écrire sur la mort de Lorenzo n'est que mensonge destiné à le valoriser.

ÉPILOGUE

1743

ANNAMARIA LUDOVICA
OU LA DERNIÈRE DES MÉDICIS

Dans les rues de Florence une vieille dame allait, appuyée sur le bras d'un jeune homme fort élégant, vêtu avec cette recherche italienne qui allie le bon goût à une certaine extravagance. L'Électrice Annamaria Ludovica de Bavière avait déjà soixante-dix ans quand mourut, sans descendant, son frère Giovanni, dernier gouverneur de Toscane. Aux approches de la mort, elle était venue vivre à Florence et depuis elle passait son temps avec un jeune érudit, le marquis de Rimmuncini. Solitaire, sans enfant, veuve d'un bon à rien d'Autrichien fort heureusement décédé depuis assez longtemps pour qu'elle pût l'oublier, en ces beaux jours de mai à Florence elle devait inaugurer le mausolée familial enfin terminé. Sa santé déclinait rapidement et elle savait que ses jours étaient comptés, et sans doute y avait-il là quelque chose de singulièrement pathétique et de très beau en cette femme âgée qui cherchait à comprendre et à étudier la vie de ses ancêtres avant que la mort ne vînt l'appeler à les rejoindre.

Elle avait beaucoup souffert, à la mort de son frère, de voir le nouveau grand-duc Francesco II laisser le gouvernement de la Toscane à un certain M. de Beauvau, qui reçut le titre de prince et l'administra comme une simple province autrichienne.

Le nouveau gouverneur et sa femme étaient de basse extraction et leur trait principal était une vulgarité qui n'avait d'égale que leur ignorance et leur manque de goût. Lorsque la grande-duchesse Annamaria apprit que les tableaux, « ses » chers tableaux, étaient accrochés selon un nouveau principe répondant à deux normes : la fraîcheur de la dorure des cadres et la position des personnages, « lesquels ne devaient en aucun cas tourner le dos au trône », elle décida de ne plus avoir affaire à « ces gens-là ». Et, effectivement, elle ne les rencontra plus jamais, bien que vivant dans la même maison.

Elle habitait dans une aile séparée du Palais Médicis et vivait dans une retraite toute de splendeur. Elle accueillait quotidiennement ce jeune érudit avec lequel elle aimait se promener, et avec lui elle continuait à acheter, à enrichir ses collections. Instinctivement, elle allait vers ce qui se faisait de mieux en peinture et elle avait des engouements passionnés qui lui faisaient dépenser des sommes folles pour enrichir la Galerie des Offices. C'est elle qui acheta des toiles de l'École flamande, allemande, et de quelques grands maîtres italiens et espagnols. « Pour Florence ! disait-elle alors. Pour Florence, le meilleur et le plus beau... »

Ce qu'elle aimait par-dessus tout, c'était lorsque son jeune compagnon venait la rejoindre avec une nouvelle histoire, une nouvelle anecdote concernant ses ancêtres.

— Asseyez-vous là..., disait-elle au jeune homme en lui désignant un fauteuil qui lui faisait face, et contez-moi cela...

Les heures passaient, et Florence du temps de sa splendeur, du temps de Cosimo, de Piero et de Lorenzo il Magnifico, renaissait de l'oubli.

Après tant de malheurs (sa vie avait été une succession de deuils et de drames épouvantables), la grande-duchesse n'aspirait plus qu'à l'éternel repos. Mais ce jour-là, ce jour de mai 1743, elle aimait singulièrement la vie. Elle se promenait depuis le début de l'après-midi dans les rues, et elle écoutait d'une oreille distraite son compagnon lui exposer ses vues sur l'avenir de Florence, sur ce qu'il fallait qu'elle fasse, elle, la dernière héritière des Médicis, pour sa ville.

— De quel avenir me parlez-vous, marquis ? dit-elle en s'arrêtant quelques secondes pour se reposer, il n'y a plus d'avenir pour moi ! Heureusement d'ailleurs ! On fait beaucoup d'histoires au sujet de la mort, mais on oublie une chose ! c'est qu'au moins là, dans votre cercueil, on vous laisse en paix... et ce, pour l'éternité... Vous êtes jeune, marquis... Vous verrez que le plus dur à vivre, ce n'est pas le moment où l'on franchit les portes de l'éternité, ce sont les trois ou quatre décennies qui vous restent à vivre pour y arriver... Sans doute étais-je trop laide pour trouver quelque plaisir à l'existence... Bon ! ne parlons plus de cela, parlons encore de mes ancêtres, puisque, aussi bien, vous connaissez leur vie mieux que quiconque en ce monde.

Ils reprirent leur marche lente, régulière, ponctuée de repos. Elle aimait se promener dans cette ville où chaque édifice, chaque rue, chaque œuvre d'art, était le fait de ses aïeuls. De très anciens souvenirs, des ombres amies devaient l'accompagner, elle, l'héritière de la plus fabuleuse collection d'œuvres d'art, de tableaux, de livres anciens du monde.

Parfois, le couple échangeait des propos insignifiants, chacun étant plongé dans ses pensées. Soudain, le jeune marquis de Rimmuncini lui dit :

— En digne descendante des Médicis, vous dépensez des sommes énormes pour les malheureux. Les indigents de Florence vous vénèrent comme la Vierge. Mais vous n'arriverez pas à « tout » dépenser ! Qu'allez-vous faire de cet immense héritage qui va rester ? Le laisserez-vous aux Autrichiens ou aux Français ?

Elle le regarda sans étonnement. Elle pensait exactement à la même chose.

— Faire ? que puis-je en faire ? l'emporter avec moi dans ma tombe ? Quand je pense que toutes ces merveilles vont être distribuées à de vagues cousins allemands ou français, des parents éloignés dont je ne me soucie pas... D'abord, tout cela m'appartient-il vraiment ?

Le marquis se méprit sur le sens de la question.

— La convention entre les puissances étrangères qui ont assigné le trône de Toscane à un usurpateur ne concerne en aucune manière les biens de la famille Médicis dans leur totalité... Tout cela vous appartient bel et bien... Ces palais, les collections, les villas... Tout !

La voix du jeune marquis s'enflait de fierté. On eût dit que c'était lui qui faisait don de telles richesses à l'Électrice de Bavière.

La grande-duchesse eut un petit rire.

— Marquis... vous ne m'avez pas bien comprise... Mais, peu importe... Rien de tout cela ne m'appartient... Non ! rien...

Surpris, son compagnon la dévisagea mais ne répondit rien. « Même le roi Louis XV de France ne pourrait s'offrir de telles merveilles sans mettre les finances du royaume en péril ! » pensait-il sans oser dire ce qu'il souhaitait, lui, Florentin de longue date.

Ils pénétrèrent alors dans le Palais Pitti où l'on avait rassemblé dans diverses galeries une partie des tableaux appartenant à la grande-duchesse Annamaria.

C'était presque devenu un rite quotidien. Devant chaque tableau, le marquis relatait une anecdote, révélait un souvenir.

Ils s'attardaient devant l'*Adoration des mages* de Sandro Botticelli. Le visage grave, émacié, de Cosimo retint l'attention de la vieille dame.

— Mon arrière-arrière-arrière-grand-père..., murmura-t-elle. Quel homme ! Peut-être aurais-je pu aimer un homme semblable ? Pourquoi n'y en a-t-il pas davantage sur cette terre ?

Elle passa devant une sculpture représentant le visage de Piero le Goutteux, et encore un tableau de Sandro Botticelli, *Portrait de Giuliano de Médicis,* réalisé d'après le masque mortuaire du jeune homme. Et puis *La Primavera,* cette merveilleuse fresque, l'essence du génie botticellien. Doucement, la grande-duchesse Annamaria, de sa main vieillie, parcheminée, tachée, le caressa.

— Le Printemps... La seule saison de la vie où il fait bon vivre..., murmura-t-elle.

Elle marchait lentement, ne quittant pas le bras du marquis à travers les salles pleines d'ombres à jamais disparues.

Elle s'arrêta devant le portrait de Lorenzo il Magnifico. Le visage pensif et triste de son aïeul la toucha.

— Quel homme extraordinaire... et quelle vie extraordinaire... Je me demande... Cette femme qu'il a tellement aimée, Lucrezia Donati, qu'est-elle devenue ?

— Elle ne lui a survécu que quelques années... et son mari Niccolo Ardinghelli est mort quinze jours après elle... Il avait de graves soucis d'argent.

Le couple reprit sa marche. Toute l'histoire des Médicis défilait devant l'ultime héritière. Piero l'Infortuné chassé de Florence après la mort dc son père Lorenzo... Cosimo Ier, Cosimo II, Cosimo III, Francesco Ier et la belle Bianca Cappello... Lorenzino de Médicis... Alexandre de Médicis, l'odieux... Catherine de Médicis, reine de France... Marie de Médicis, reine de France... Tous ces hommes, toutes ces femmes avaient contribué à la légende. Tous les portraits devant lesquels le couple s'attardait longuement étaient l'œuvre des plus illustres peintres de tous les temps, Botticelli, Bronzino, les frères Ghirlandaio, Giotto, Paolo Uccello, Masaccio, Fra Angelico, Piero della Francesca, Piero di Cosimo, Fra Filippo Lippi, Michelangelo, Leonardo da Vinci, Raffaello...

Des portraits, des statues, des médailles, des sculptures, des faïences, des orfèvreries, tout cela par centaines..., exposés dans les grandes salles du Palais Pitti... Tout cela appartenant à la seule Annamaria Ludovica, et avec ces merveilles, d'autres merveilles en bijoux, en vêtements, en meubles, en palais... Une richesse fabuleuse.

De très anciens souvenirs, des sentiments contradictoires devaient envahir l'esprit de la grande-duchesse quand, propriétaire ultime et solitaire, elle errait ainsi dans les longues galeries des Offices du Palais Pitti.

Elle s'attardait devant les portraits des jeunes Médicis.

— Il n'y a donc aucun portrait de cette malheureuse Contessina dont vous m'avez parlé hier ? Cette enfant dont le sculpteur Michelangelo était, paraît-il, amoureux ? Comment se fait-il qu'il n'ait jamais pensé à faire une statue d'elle ?

— Souvenez-vous, duchesse. Je vous ai raconté qu'en mai 1493, un an après la mort de Lorenzo il Magnifico, tous les peintres, tous les sculpteurs furent pris de folie et allèrent eux-mêmes porter leurs œuvres sur les bûchers dressés par Savonarole ! Sans doute que, parmi ces œuvres détruites, il y avait des portraits, des sculptures de Contessina... Elle aimait Michelangelo... Mais une Médicis n'aurait jamais pu épouser un sculpteur, fût-il de génie... Vous le savez mieux que personne, duchesse, les Médicis n'ont jamais fait de mariages d'amour...

— Sauf Cosimo le Vieux...

— Oui. Sauf Cosimo le vieux... Le Père de la patrie...

Ils sortirent du Palais et le soleil de mai les inonda.

Lentement une décision se précisait dans l'esprit de la vieille dame. Ils atteignirent la place de la Seigneurie et elle s'arrêta devant le Palais Vecchio.

— Ainsi, c'est sur cette place que finalement on l'a brûlé...

— Qui donc ? s'étonna son compagnon.

— Mais Savonarole ! Cet homme malade... ce fou de Dieu. Le 23 mai 1498... C'était une bonne chose de faite ! Savez-vous, marquis, que si l'on enlevait tout ce que mes ancêtres les Médicis ont donné à cette ville, bibliothèques, musées, galeries d'art et tant d'autres choses encore, les industries de la laine, industries d'armement, banques, commerce international, rien de ce qui attire encore aujourd'hui le monde entier dans cette ville n'existerait... On dit de notre siècle que c'est le siècle des Lumières, mais les Lumières auraient-elles pu éclairer le monde sans l'apport de l'Humanisme, du Platonicisme, de la Renaissance italienne ? (Elle s'arrêta, essoufflée.) Marchons encore... Je suis un peu étourdie... Parlez-moi encore d'eux...

— Eh bien, allons jusqu'à l'église San Lorenzo... C'est là que l'histoire des Médicis a commencé et c'est là qu'elle a fini... Cette histoire, duchesse, s'étend sur les trois cent quarante ans qui relient la tombe du vieux Giovanni de Bicci de Médicis à ce... mausolée que vous vous réservez. Dans ce sanctuaire, tous les enfants Médicis ont été baptisés, jeunes hommes et jeunes filles s'y sont mariés, et c'est là qu'ils sont ensevelis. Toute leur vie est là, recouverte de ces pierres tombales. Leurs drames et leurs joies d'amour... Car ils avaient tous reçu ce don exceptionnel, parce que rare : le don d'aimer. Ils ont été parfois bons, parfois méchants, parfois cruels, parfois justes, parfois injustes, mais tous ont su aimer.

Et quand ils aimaient, ils étaient prêts pour l'homme ou la femme aimé à conquérir le monde... C'est ici que le Père de la patrie a été enterré, ici aussi que Giuliano, l'enfant chéri des Florentins, a été enseveli après le meurtre de la conspiration des Pazzi. Son frère Lorenzo a demandé, avant sa mort, à être enterré avec lui...

Doucement, à mi-voix, le marquis lut quelques vers gravés sur une plaque de marbre :

... Cette Chambre des Défunts,
où gigantesques,
les formes du jour et de la nuit
Pétrifiées...
Reposent à jamais...

— Les Médicis ont disparu mais leur œuvre demeure. Quoi qu'on ait pu dire sur vos ancêtres, duchesse, ils furent, en tout état de cause, de véritables Florentins. Ils ont aimé Florence avec une ardeur inégalable. Leur succès était dû, dans une très grande mesure, à un esprit noble et libéral, naturel chez eux. Ils se sont, toujours et tous, même les pires d'entre eux, identifiés à Florence, à son histoire, et ils seront liés à jamais à cette ville. Qui évoquera Florence dans les siècles à venir évoquera immanquablement les Médicis... Jamais rien ne pourra effacer leur nom de la mémoire des Florentins et du monde civilisé. Ce n'étaient point des gens ordinaires et ils survivront éternellement aux flammes des bûchers dressés pour brûler la beauté et la grandeur des choses humaines...

Annamaria Ludovica s'attarda de nouveau devant la tombe de Lorenzo et de Giuliano.

— Sur ma pierre tombale, je veux que l'on inscrive « *Ultima della stirpe reale dei Medici*[1] »... Marquis ?

— Oui, duchesse ?

— Vous serez mon exécuteur testamentaire. A part quelques legs que je tiens à laisser à certains fidèles amis et quelques parents, tout, vous entendez, tout le reste, j'en fais

1. La dernière de la lignée royale des Médicis.

don à l'État toscan à tout jamais, à condition que nul objet ne puisse être exporté de Florence et que les collections servent au bien public de toutes les nations...

La grande-duchesse demanda ensuite à faire quelques pas sur les bords de l'Arno.

— C'est là, j'imagine, que mes ancêtres aimaient se promener les soirs de printemps, lorsque le vent est si doux...

— Sans doute, duchesse... C'est la promenade favorite des Florentins... Quelle merveille, cette ville ! Pourquoi, duchesse, tant de beauté ne peut-elle adoucir le cœur des hommes ? Qui pourrait répondre à cela ? Et vous ? le comprenez-vous ?

— Oui, je crois que je comprends... Il y a entre eux trop de haine et d'envie, et un grand refus de la plus élémentaire compassion pour les plus démunis des leurs. Le jour où ils comprendront le message des artistes, des philosophes, des poètes, ce jour-là seulement les hommes changeront le cours des choses. Pour le moment, ils ne pensent qu'à tuer et à s'enrichir...

Elle resta silencieuse un moment. Déjà les brumes crépusculaires s'élevaient de l'Arno. Le vent se fit encore plus doux, plus caressant...

— Avez-vous jamais songé que l'année de la mort de mon aïeul Lorenzo le Magnifique en 1492, un Juif portugais converti, Christophe Colomb, découvrait l'Amérique ?

Il eut un petit rire surpris.

— C'est vrai ! Je n'avais pas fait le rapprochement... Et pourtant !

— Eh oui ! La fin d'une civilisation et la naissance d'un autre monde... N'est-ce pas étrange, marquis ? Mais ces Médicis, ne sont-ils pas étranges eux aussi ?...

*

Épilogue

La grande-duchesse Annamaria Ludovica de Bavière mourut quelques jours plus tard. Elle faisait don à l'État toscan à tout jamais de la totalité de ses avoirs en biens, œuvres d'art, collections, bijoux, palais, villas... Par cet acte, elle s'est acquis un titre vraiment impérissable à la gratitude de Florence et de l'Italie...

TABLE

QUATRIÈME PARTIE
L'âge d'or

CINQUIÈME PARTIE
La montée des périls

La composition de ce livre
a été effectuée par Bussière à Saint-Amand,
l'impression et le brochage ont été effectués sur presse CAMERON
dans les ateliers de la S.E.P.C. à Saint-Amand-Montrond (Cher)
pour les Éditions Albin Michel

Achevé d'imprimer en avril 1991.
N° d'édition : 11685. N° d'impression : 1014-617.
Dépôt légal : mai 1991.